上海社会科学院法学研究所所庆60周年丛书

# 潘念之文集

上海社会科学院法学研究所 编

潘念之

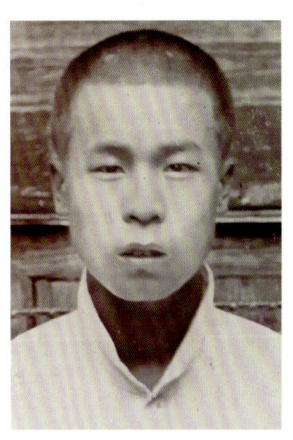

约摄于 1917 年(15 岁)

1928 年 9 月与同伴摄于东京不忍池畔,左为毛溥天,右为潘念之

20 世纪 20 年代末 30 年代初的照片

1933 年 1 月离开集美乡师时的送别照(前排右一为潘念之)

摄于1956年(54岁)

1961年12月与上海社会科学院同事的合影(前排右二为潘念之)

《中国大百科全书·法学卷》编辑会议。摄于1982年。前排：潘念之(左四)与张友渔(左五)，以及姚梅镇(左一)、韩德培(左二)、李浩培(左三)、陈盛清(左六)，后排：沈宗灵(左四)、张国华(左五)、江平(左六)、陈光中(左七)、吴家麟(左八)、关怀(左九)、高铭暄(左十)等合影

摄于1983年(81岁)

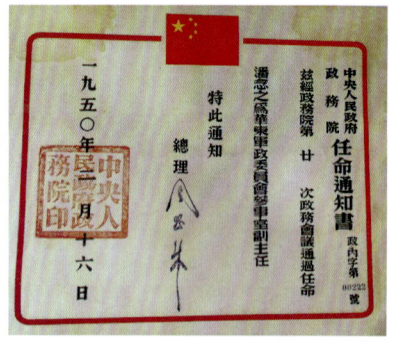

1950年2月政务院总理周恩来签发的任命潘念之为华东军政委员会参事室副主任的通知书

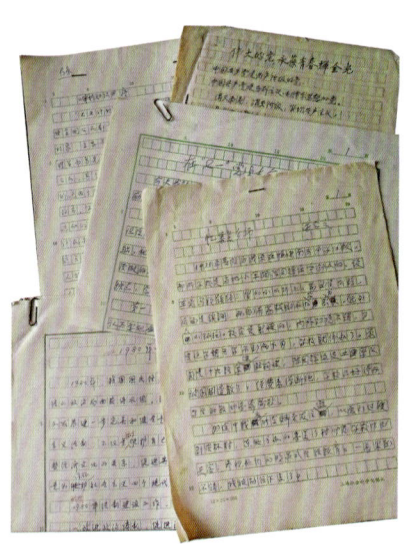

潘念之部分手稿

潘念之发表的部分文章

# 编辑说明

潘念之同志(1902—1988年),是中国共产党的早期党员、文化宣传工作者与社会活动家、新时期著名法学家,也是本所的老领导。他出身于浙江省新昌县的一个农民家庭,从青少年时代就参加了反对封建、争取自由和民主的进步活动,接着又接受马克思主义,于1924年加入中国社会主义青年团,翌年参加中国共产党。此后,在长期的革命实践中,他先后在各地从事党团组织、文化与宣传、统一战线、工商经营、政权建设、教育科研管理与学术研究工作。他曾经在恶劣的地下工作环境中失去与党的联系,并且在中华人民共和国成立以后长期蒙受不公正对待。但是他始终坚持初心,不计荣辱,从不放弃。无论是青少年时期的发奋读书,追求真理,参加革命前后学习、应用马克思主义基本原理,中华人民共和国成立后担任领导工作时对政策和路线的探索,还是在后来蒙受冤屈的26年间起草工作总结、编辑法学刊物、在夜大学讲课、正式担任大学教职,以至"文革"前就被聘请参加《辞海》的编辑工作,他数十年如一日,孜孜不倦,研读思考,为后来探索、开拓新时期的法学打下了坚实的基础,做好了学术准备。

党的十一届三中全会以后,潘念之同志的冤案得到平反。他先后担任上海社会科学院法学研究所、华东政法学院,以及上海市和全国一些社会团体的领导工作,并曾担任上海社会科学院顾问和上海市人大常委会法制委员会副主任。当时的中国,刚刚从极"左"路线的羁绊下解放出来,法制领域更是百废待兴。潘念之同志以耄耋之年,焕发出巨大的工作热情,积极投身于科研、教育机构的建设,并且在法学事业中筚路蓝缕,勤于笔耕,达到了他学术生涯的辉煌时期。在1979年起的不到10年时间里,他根据党的基本路线与方针,密切结合我国法制建设的实践,多次在公开场合发表讲话,并且陆续在重要报刊上发表许多论文,编写出版了一批有分量的学术著作和多部法学工具书。他大声疾呼吸取历史教训,加强社会主义民主与法制建设,维护我国法制的统一与尊严;他论述了法律的本质属性和"法律面前人人平等"的问题,反复强调推进马克思主义法学研究的紧迫性与重要性;他结合宪法修改,指出了宪法在我国社会主义法律体系中的突出地位,要求认真学习和实施新宪法;他对多部单行法律法规的制定修改提出意见,并在法学基础理论、法制史、经济法、民事诉讼法等的研究中发表了真知灼见;他主张提高审判人员的政治业务素质,加强精神文明建设,重视对青少年进行法律教育。作为副市级的老革命、老干部,他胸怀坦荡,严于律己,为法学事业的规划与发展呕心沥血,并注意培养与提携年轻学者。潘念之同志的可贵品质、学术成就与广泛的社会影响,奠定了他作为新时期社会主义法学领域重要开拓者与泰斗级人物的地位,他与张友渔同志一起被法学界誉为"北张南潘"。2018年5月,上海市社会科学界联合会公布68名已故著名学者为首批"上海社科大师",潘念之名列其中。

在上海社会科学院法学研究所60周年所庆之际,为缅怀潘念之同志的生平业绩,纪念他的学术成就,研究他的学术思想,在上海市委宣传部与上海社会科学院的领导下,本所决定编辑出版这部《潘念之文集》。潘念之同志生平经历跌宕起伏,工作领域广泛,著述甚丰,过去没有相应的汇集可供参考。编者为此在潘念之同志长期生活与工作的上海探寻查访,并且屡次走访了他的家乡浙江新昌和他工作过的宁波、杭州以及北京等地,在图书馆、档案馆、史志馆查阅文献资料,尽量搜集潘念之从青年时代到晚年的代表性论文与其他文章。本书所收文章以公开发表的为主,也包括一部分内部刊印的文章或者手稿。潘念之亲属潘绍中、潘丽娟、潘大彤等给予文集大力支持,并热情提供了许多文稿与照片等珍贵资料。

在此基础上,编者对文章进行整理编排,主要根据其时代与主题分为六辑,并有附录。所收文章尽量保持原样,以反映历史真实;为便于阅读,进行了少量文字的技术处理。部分改动之处,已用括号〔 〕注明。原来署名潘念之的,文末不再标出;署别名、笔名或者与别人合署的,予以标注。

文集资料搜集整理和编辑工作由本所研究员程维荣担任。本所所长叶必丰对文集的编辑工作给予悉心指导,并审阅了部分文稿;所办公室主任裴斐对编辑工作给予了支持与多方帮助。本所尤俊意、华友根、黄来纪、顾肖荣、费成康等老同志,以及副研究员邓少岭博士等提供了资料或相关情况,或者审阅了文集部分内容并提出编辑意见。本所助理研究员胡译之博士,研究生萧平、马瑜浠、袁慧、李淑雅、郭晓娜等参与了部分文字的录入与整理工作。

在此,谨向参与、支持和关心文集编辑出版工作的各位同志,向新昌县史志馆等提供相关资料的机构,向潘念之同志亲属,向上海社会科学院出版社表示衷心感谢。编辑工作中可能存在的遗漏、误植等各种情况,敬请读者批评指正。

上海社会科学院法学研究所<br>
2019 年 2 月

# 目　　录

编辑说明 ················································· 1

## 第 一 辑

团宁波地委组织部报告 ··································· 3
团宁波地委三月份工作报告 ······························· 7
团宁波地委关于半年来学运状况的报告 ····················· 11
团宁波地委关于浙四中学潮的报告 ························· 13
团宁波地委关于组织情况的报告 ··························· 15
宁波地方团员统计表 ····································· 16
三只笨熊
　　——秋天的剧本 ····································· 18

## 第 二 辑

最近的国际对立形势 ····································· 23
记沈钧儒先生 ··········································· 26
维持现状与保障和平
　　——中国与苏联的危机在哪儿? ······················· 29
同盟外交与和平外交 ····································· 34
绥远抗战问题 ··········································· 37
汉奸军队的出路 ········································· 38
汉奸军队的投诚 ········································· 39
青岛日水兵登陆事件 ····································· 40

西安事变 ········································· 41
德意日三国联盟 ····································· 42
泛美洲和平会议 ····································· 43
西班牙战事 ········································· 44
"一·二八"抗战的历史意义 ··························· 45
一九三七年是什么年? ······························· 48
日本准备着一个更广大的侵略 ························· 49
成都及北海两案解决了 ······························· 50
西北事件大可忧虑 ··································· 51
法西斯干涉西班牙内战变本加厉 ······················· 52
英意订立地中海协定 ································· 53
墨索里尼要做回教保护人 ····························· 54
革命的发展与危机 ··································· 55
日本议会的解散 ····································· 57
爱尔兰将完全独立 ··································· 58
半月来的救亡工作人员训练所 ························· 59
国民大会两法规修订案的内容 ························· 64
五月谈雪耻 ········································· 67
伦敦看到绥东 ······································· 69
根本铲除投机卖买 ··································· 71
抗敌救国要用自己的力 ······························· 72
参加神圣的民族战争 ································· 74
怎样运用华侨资力 ··································· 77
倭酋更调与对华增兵 ································· 78
怎样去做内地民运工作 ······························· 80
继续五四的民主精神 ································· 83

# 第 三 辑

《经营经济学》译序 ································· 93
《社会制度发展史》译序 ····························· 98
《思想家大辞典》叙例 ······························· 100

老子 …………………………………………………… 103
孔子 …………………………………………………… 105
商鞅 …………………………………………………… 108
孟子 …………………………………………………… 110
庄子 …………………………………………………… 112
荀子 …………………………………………………… 114
韩非 …………………………………………………… 116
董仲舒 ………………………………………………… 118
朱熹 …………………………………………………… 120
康有为 ………………………………………………… 122
苏格拉底 ……………………………………………… 124
柏拉图 ………………………………………………… 125
亚理斯多德 …………………………………………… 127
奥古斯丁 ……………………………………………… 129
霍布斯 ………………………………………………… 131
洛克 …………………………………………………… 132
孟德斯鸠 ……………………………………………… 133
卢梭 …………………………………………………… 134
马克思 ………………………………………………… 136
恩格斯 ………………………………………………… 138
列宁 …………………………………………………… 140
中国民族解放战争与苏联 …………………………… 143
战时民众运动的一般原则 …………………………… 146
后方民众运动概论 …………………………………… 150
"五五宪草"研究 ……………………………………… 155
现代宪法的本质 ……………………………………… 160
现代宪法的危机 ……………………………………… 162

# 第 四 辑

祝上海二次人民代表会议成功 ……………………… 167
工商界民主团结的组织路线 ………………………… 168

欢迎东北华北参观团光荣归来 …………………………………… 172
关于科学研究工作的几点意见 …………………………………… 174
谈科学研究工作 …………………………………………………… 179
也谈法的阶级性和继承性 ………………………………………… 182
关于"两个过渡"的相互关系问题 ………………………………… 191
纪念《论人民民主专政》发表十周年 …………………………… 196
《中华民国临时约法》的产生和被撕毁 ………………………… 203

# 第 五 辑

发扬民主,加强法制 ……………………………………………… 215
关于加强社会主义法制问题 ……………………………………… 220
加强法制必须重视法学研究 ……………………………………… 229
民主和法制是密切相关联的 ……………………………………… 231
急起直追,把马克思主义法学研究搞上去
　　——在上海市法学会年会上的讲话 ………………………… 234
关于"法律面前人人平等"的问题 ………………………………… 240
论"在法律面前人人平等" ………………………………………… 249
再论"法律面前人人平等"的问题 ………………………………… 254
有关修改宪法的几点意见 ………………………………………… 266
学《决议》 谈民主 ………………………………………………… 275
社会主义民主和社会主义法制的伟大发展 ……………………… 277
维护我国法制的尊严与统一 ……………………………………… 285
走向高度民主 ……………………………………………………… 288
"四根擎天柱"写进宪法草案意义重大 …………………………… 290
民事诉讼法对促进国民经济发展的作用 ………………………… 291
开展法学基础理论的研究 ………………………………………… 293
关于《继承法》草案的修改意见 ………………………………… 296
认真学习新宪法　切实遵守新宪法 ……………………………… 298
新宪法一定能够实行 ……………………………………………… 303
发展马克思主义法学 ……………………………………………… 305
政治思想教育与法制的关系 ……………………………………… 307

关于机构改革的几个问题 ································ 313
对《保护妇女儿童合法权益的规定（草案）》的意见 ············· 320
实施《统计法》是国家的大事 ······························ 321
繁荣马克思主义法学研究 ································· 323
共同开创法学研究新局面 ································· 327
略论宪法和我国新宪法的特点 ····························· 329
法学
　　——《中国大百科全书·法学卷》序 ···················· 337
中华人民共和国国家机构 ································· 358
阶级性始终是法律最重要的特征 ··························· 366
从经济体制改革谈经济法 ································· 384
建设精神文明要有法制保障 ······························· 393
以企业经营活动为中心的经济法学设想 ····················· 395
关于经济法的几个理论问题 ······························· 398
关于编写经济法教材的几点意见
　　——在财经院校经济法教材编写会议上的讲话 ············ 405
不存在所谓"大经济法"问题
　　——复某学刊编辑部的信 ···························· 410

# 第 六 辑

伟大的党，永葆青春辉金光 ······························· 417
中学"法律常识"课是守法教育　要用模范的事例鼓舞青少年 ······ 420
一定要做好政法理论工作
　　——代《政治与法律》丛刊发刊词 ···················· 421
关于贯彻规划座谈会精神、制订法学研究所规划的发言 ········· 424
在上海法学界人士法制工作改革座谈会上的发言 ·············· 428
在"七一"党员大会上的发言 ······························ 435
新年祝愿 ············································· 437
不正之风是应该纠正的 ··································· 438
《青年法律知识手册》序 ································· 440
《政治学基础理论》评介 ································· 445

信念、收获、再努力 …………………………………………………… 448
《审判知识》序
　　——进一步提高审判人员的政治业务素质 ………………… 450
《国际法概论》序言 …………………………………………………… 453
忆集美乡师 ……………………………………………………………… 456
《法律纵横谈》序 ……………………………………………………… 459

<h1 style="text-align:center">附　　录</h1>

潘念之年谱 ……………………………………………………………… 465
潘念之主要著述、译著目录 …………………………………………… 486

# 第一辑

第一章

# 团宁波地委组织部报告

（地委新近改组，涂于本月八日起重行担任组织部事，本报告亦自那日起，前此事均前职员已有报告，不赘。）

报告事项：

(1) 支部之组织

(2) 对民校的促进

(3) 对《宁波评论》的维持

(4) 对"雪花社"的关系

(5) 民治教育会之发起

(6) 劳动研究会之发起

(7) 青年读书会的现状

(8) 机器工人协会的现状

### （一）支部之组织

宁波地方范围内已有三个支部成立：第一支部在第四中校；第二支部在甬江女子中校；第三支部住在四明高级中校。现在复组成第四、第五两个支部。

第四支部在四明报馆区，有同志四人，即谢传茂、王任叔、汪子望、蒋斌。该支部于九日由涂前往组织，当推定子望同志为书记。议定每星期三为支部会议日期。在这次会议中，除区委秋人、地委枫涂的报告外，另议决三件：一、在《四明日报》附刊上，出一劳动专号（由子望负责）；二、在本支部区域内，组成一民校区分部（由传茂负责）；三、组织宁波店员联合会（建议于地委）。

第五支部在白沙铁路工程处，有同志三人，即王以德、应香水、周天僇。该支部于十日派天僇前往组织，区委秋人亦出席指导，当时推定天僇同志为书记；议定每二星期开支部会议一次。

### (二) 对民校的促进

宁波民校自江浙战事发生以来,即处于无形停顿状态,本部对之议定三项:

(1) 设法清理从前债项。

(2) 组成正式党部,淘汰游离党员。

(3) 改组执行委员会,并推传茂、天僇、××及学生同志一人加入。

以上各项由天僇、传茂二同志负责进行,并为本团在民校活动之负责人。

### (三) 对《宁波评论》的维持

《宁波评论》近以经费欠缺,稿件不多,每致延期出版。该评论颇可为本团发言机关,不能不设法维〔持〕,因之议定下列各条:

(1) 在一星期召集其委员会,讨论继续进行。

(2) 经费另行募捐。

(3) 改良推销。

(4) 编辑旨趣为:"根据本团主张,讨论宁波问题"。

以上各条由传茂同志负责进行。

### (四) 对"雪花社"的关系

"雪花社"为宁波青年团体,发起于三年以前,至今仍贯注进行,未尝中变,成绩很好,社会上之信用亦好,惟该社素以友谊团体自居,故颇注意各社员个人间之修养,而不乐社会上之活动,即其社员人数亦甚缺,外间欲加入而为社员亦殊非容易,其为社会所称誉者,亦以其为纯洁青年之修养团体也。

今日〔年〕七月由本团同志之该社社员提议改组,转向社会活动,改组成功,社会分服务、研究二部进行,服务部专从事于社会活动,研究部则研究各种学术,各部设部干事一人,总社设总干事一人,然该社素有美德之注意于社员个人德操之锻炼,却仍未失,现惟开始作社会活动与放宽限制,将广收有志青年而已,故现在该社实一良好青年训练团体也。

本年该社服务部进行事项为招待宁波青年,宣传世界语,发起民治教育会三件(另有报告)。

社员共三十二人,本团同志十一人:谢传茂、潘枫涂、干书稼、赵济猛、王任叔、汪子望、徐诚美、李汉辅(以上宁波)、陈维毅、石愈白(以上上海)、卓恺泽

（北京）。现本团暂停介绍本团同志入该社，对该社的活动，由枫涂负责。

改组宣言及改组章程另附。

### （五）民治教育会之发起

民治教育会由"雪花社"名义发起，惟实即本团同志之为该社员者所进行。民治教育会为教育民众，使注意于政治而努力于政治之团体，而尤注意于劳农界之活动。故该会实为辅助本团之转和缓之根本进行之团体。

现该会正在筹备进行，并在本月十六日开发起人会，当时即举行创立会。本团同志之加入发起者七人，为周天僇、干书稼、潘枫涂、赵济猛、汪子望、王任叔、谢传茂。

### （六）劳动研究会之发起

劳动研究会为甬江女子学生所组织。该会本早已组织，惟昔时只本基督爱世之心，聊为劳工界作一假面怜惜罢了。今年十月，本团同志徐诚美、李汉辅等加入后，即在中从事于真实的阶级奋斗的思想之传布，现并由地委支配工作，想农工部已有报告了，该会中有同志五人。

发起宣言及章程另附。

### （七）青年读书会的现状

青年读书会，系上月地委所发起，托由周天僇同志办理，惟自发表以来，外间加入的极少，因之进行颇甚迟缓，下次地委地〔常〕会中，当提出讨论。

读书会系对外教育团体，盖外面青年们颇有趋近我们的宗旨，然尚未十分成熟，亦有若干青年颇有造就之可能，而思想尚幼稚，或未有主义信仰的。这两种人我们都承认为有训练之必要，所以特地组织这个团体，以读书研究为口号而去造就若干同志。

组织成功时，同志将全部或一部加入，惟外间尚无人时，则暂不组织，盖无所为训练也。

### （八）机器工人协会的现状

机器工人协会为本团同志应香木、王以德、陈维毅等所发起，会员只二十余人，均是沪杭甬铁路工人，会务亦不甚发，此因工人缺人指导，一时未能向外面扩张，而内部亦因经济不多，故未能有时，此农工部已有报告，不赘。

现时地委新行改组，正在规复进行，上所报告，大抵是计划多，进行缺，此则时间使然也。而本地第四中校，现时尚在停课中，致半数同志，四散乡间，亦进行之一大阻碍。今该校已将行开学，同志归来，各团体、各组织当即可进行。

一九二四、十一、十四、涂

（原载《浙江革命历史档案选编》第 1 卷，浙江人民出版社 1987 年版）

# 团宁波地委三月份工作报告

这一个月，我们只在准备中。这一个月的工作，也只可说是准备的工作，对外固然不能有所发展，深入各工农中有所进行，对内亦仅只粗具形式，理清头绪而已，兹将各项进行事件，作总报告如下：

## 一、组织方面

（一）学生增减数。本月内，本分校共有正式学生三十四人，计工人二，学生十九，教师十一，店员一，其他一；性别女五，男二十九；年龄过二十五的七，不满二十的八，退学的一人，即吴文钦，他因思想变迁，行止与本校规律主义不合，自请退校，级务会及教务会均已照准。新加入的共七人——即吴世杰、金立刚、赵士杰、陈淑婉、余书偎、曹声潮、唐镜化，连上二次所报告的九人，现已共有候补学生十六人。

（二）支部，仍如上月状况，未有减增。

（三）教务处职员。正式职员如旧，唯因吴文钦出校，现缺一候补员。

（四）各级会议及其重大议案：

1. 初级月考一次，于十四日举行，讨论中较大的事为中山追悼事，其议决案如下：

a. 由本校推定四人与大学共同组织干事会，专办追悼事情。向外面活动，当推出枫涂、子望、吾素、鸿湘为本校干事。

b. 同学应在其所在地举行二事：

（甲）一团体（学校或工厂）单独举行追悼会。

（乙）组织加入大追悼会筹备会。

（丙）各学生均须预备宣传材料，进行宣传。

2. 全校学生远足会一次，在会中并举行同学批评会。

3. 初次教务会议六次，重要议决案如下：

a. 对于宁波国民大会，执行下列各项：

（甲）印发传单。

（乙）同志全体出席宣传。

（丙）请定同志讲演。

（丁）提议反对段定国民会议草案，及进行金佛朗案。

b. 促三义校市部执行委员会改组。

c. 促女界联合会进行如下：

（甲）向外发表。

（乙）联合各女校。

（丙）加入宁波国民会议促成会。

d. 组织《火曜》周刊，办法如下：

（甲）编辑宗旨：（1）提倡国民革命，反对帝国主义、军阀；（2）提倡科学思想与民治精神，反对迷信与专制。

（乙）稿件门类：分社论、政治述评、学说及思想介绍、地方问题专论、记载、短评等。

（丙）组织：派子望为编辑，静渊为印刷及发行。

（丁）稿件及经费，均由同学认定。

e. 促非基督委员会进行。

f. 各项训育问题（另见）。

g. 促三义执行委员会进行党务。

4. 级长会议二次，多讨论各级进行事项及训育问题。

5. 各级级考均每星期举行一次，其日期均先后排定，教务处均派人监考，执行指导及督促事务。

## 二、训练方面

本月内训育方面按照章程规定及上月议定各项进行外，尚进行数事如下：

（一）各学生定阅《中青》一份，或《劳动周刊》一份，每级定阅《向报》一份，已均执行。

（二）各级举行级考时由教务处特别提出主义上及时事问题，使详加讨论。

（三）各级举行级考时应将《中青》及《向报》内各文字,择要研究。

（四）各级除已规定每次级考填写调查表外,每周应填送活动经过表一张,格式由本校教务处自拟,另附于后。

（五）学生均须向群众或个人宣传,并将次数及效果等一并填入团员报告表内。此表亦由本分校教务处自拟,专为各学生每周报告其活动经过之用,格式附后。

（六）在级考及月考中抽出一部分时间举行批评会。

（七）举行远足会。

（八）同志自己应规定读阅主义上书籍,应读书目录及其顺序请总校教务处代定。

### 三、宣传方面

（一）贩卖总校刊物。在上月教务处已一定贩卖《中青》等刊物。以为宣传之〔工〕具。本月内已向书局定《中青》一百份,《导报》二十份,《中×》四十余本,均由初级教务处经理,分销于各学校。现在均已运动定阅,颇得好果。除此外,尚为本地书局介绍多份。至〔于〕《劳动周刊》,因本校工人运动尚无把握,未能推销多少。

（二）自行出版物。由本初级教务处议决发行《火曜》周报以后,就积极执行,募足款项后,即于本月二十四日发行创刊号。此刊物系与校外人合作,唯本校实取得编辑权,故尽可为本校出版而有操纵之可能。此刊在本地方中山追悼会时拟出一中山专号,而将来在各项节日,亦拟多出专号。

此刊在宁波当有相当地位,因本地方自《宁波评论》出世以后,已引起一般人之注意,此刊虽非与《宁波评论》一样性质,要亦为宁波特异之产物,一般人不能不另眼看也。售价极廉,拟送阅不取钱,现因出版初始,外面对此的评论尚少见。

此刊编辑的方针已在上述及,此后自然是承此志编辑。唯因为特殊适应起〔见〕,拟专辟二栏,一为妇女问题讨论,一为青年问题讨论,以引起外人兴趣,并收受其稿件。

现已出至第三期,每期均附上二份。

（三）关于中山追悼会。关于中山追悼会的进行,自教务处拟定办法后（见上）,即开始进行,现在各校的追悼会已经开过,宁波全体大追悼会亦已运动发起,现正在筹备中。教务处近已命令各级预备加入宣传,拟于那日印发传单,售卖刊物,并进行讲演。

此外,在各乡村、各市镇,直接间接亦发起追悼会多处。教务处均派人驰往讲演,收效均好。

关于此事,以后当另有专项报告。

(四)对于国民会议促成会的进行。宁波国民会议促成会发起以后,本校即设法加入,并指定二人负责专进行此项事务,在会内会外。本校均能得相当的指挥。最近发明国民大会,并定有办法(见上),惜近因中山追悼事,不能单独举行,遂少一宣传机会。

(五)与其他团体的关系,本校除与上述各团体发生关系外,尚有自行组织,或加入了若干团体,如旧时组成之宁波女界联合会、劳动研究会等,均在进行,宁波社会科学研究会则成绩颇好,均本校所进行也,他如民治教育会等,本校亦派人加入活动。

(六)对民党的关系,宁波民党市党部在去年江浙战争发生以后,遂无形停顿,现在由本校设法催促,已把执行委员会改组了一下,本校学生加入为委员的共有五人。

(七)平民夜校,宁波各学校中,多有本校学生,故各校由平民夜校之设时,本校亦必指定学生加入活动,现计有平校二、一为他人所办,本校派人加入;一为本校学生设法办起,另求外人合作的,在这二校内,本校均已指挥一切,于教材、办事上予以相当之助力。

(下略)

1925年4月3日<br>
宁波分校初级教务长　涂

(原载《浙江革命历史档案选编》第1卷,浙江人民出版社1987年版)

# 团宁波地委关于半年来学运状况的报告

(一九二五年六月)

　　这半年中宁波的学生运动，颇有长足的进步，四月以前的状况，曾有一度报告，兹谨就"五卅"事件前后的概况，报告如左：

　　宁波学生运动随"五四"之衰竭而消沉，近两年来尤其散漫无组织，名义上虽撑着一块宁波学生联合会的空招牌，实际上却等于虚设，加入的学校固然寥寥无几，内部组织更是松懈，各校多半没有学生会，即有也不能与学联结成亲密固定的关系。"五卅"前学联大权操在反动的复古的效实学生之手，当然不能成为学生利益而奋斗的机关了，年来因为国中革命潮流日多、经过国民会议促成运动、追悼孙中山、五月第一周运动的熏陶，全国学生同时奋起，宁波为五口通商之一，势不能深闭固拒；及上海"五卅"事件发生，遂改组成一崭新的学生联合会，以应付"五卅"惨杀，各校学生除了慑服在复古的势力之下育德女子中学以外，无论公立、私立的、教会立的学校一概加入学联，虽然不能完全成为一个有纪律的整固的军队一般，但内部组织已严密许多，此时同学在内办事的虽只有五、六人，但无形中已受本校之指挥，当即与民校共同号召，产出一外交后援会。嗣后演讲、募捐、调查皆以学生为中坚，通宵奔走，不避风雨，当时学联不仅注力宁波一地，且分发学生到镇海、定海、象山、奉化、慈溪等县并各乡镇去做宣传、募捐等工作。又因学联坚持罢课，颇受社会上一般反动的校长教职员之嫉视。效实、甲商等校当局曾再三诱逼学生上课，虽有少数学生几受愚，然大多数均因激于义愤，一致坚持罢课，从此宁波学联遂为彼辈之眼中钉。同时又因教会势力之高压，教会学生纷纷宣布脱离，斐迪学校一经暴发，甬江、崇德即接踵而起，此等脱离之学生，学联均设法援救，学联如此奋斗月余，未尝稍懈，更为外界仇视，于是与外交后援会中之绅士、商人便时起冲突，绅士、商人处处妥协，有一次讨论游行口号，学联主张用"打倒帝国主义，取消一切不平等条约，民族解放万岁"，他们主张用"爱用国货，取消不平等条约，中华民国万岁"，结果学联得胜，于是更水火不相容，加以发生了群众击毁葆山及焚烧日人坦花惠常宅内华人器物二事,他们以为这都是学生闯的乱子,因此越发恐怖了,十个绅士委员会便联盟辞职。后因各公团会议通过箝制学联的议案,他们才腼颜复职。但学联并未因此灰心。

此外,尚有可报告者。即宁波国家主义者李珨卿、陈叔□、童贞柯等之反动,他们看见学联所做的大半都是我们的工作,颇愤愤不平。恰巧学联演剧表演同学所编"一只手",乃借口学联宣传赤化,指示他们势力之下的学生退出学联,该剧内容极平常,惟演至工人游行用了一面红旗,喊了"打倒资本主义,全世界无产阶级大联合"等口号,不料竟因此引起纠纷,实同学之失策处,本部深深抱歉。

尚有一事值得报告者,即本地学联不但以身奋勇直前,且能注意到工人阶级,曾由学联发起了一个工会促成会,最近已组成机器工人联合会、渡船工人联合会,且均在我们之手。

暑假中学联仍继续工作,惟下期在学联中办事之同学,都因事纷纷离甬,难免渐归消沉耳。

宁波分校<br>书记　涂　学生部　少峰

（原载《浙江革命历史档案选编》第 1 卷,浙江人民出版社 1987 年版）

# 团宁波地委关于浙四中学潮的报告

(一九二五年八月十六日)

浙江第四中校,设在宁波,校长为上虞经子渊。宁波人素抱孟罗主义,而门户之见尤深,四中执在外人手里,引起巨大的怨恨,此为反经原因之一。经子渊之为人,宽容好大,大约是一个右倾的民治主义者,他的行为与思想,与顽固的宁波人相比,自是亟进;加之他素主张思想自由,他的学生们多有各派的倾向,在杭州时及在宁波均有被社会目为怪物之学生,而在人们却指为经氏所造成,此亦反经之一因。有此二因,宁波人对于经子渊之长四中,遂持反对论。在初(民国十二年),经氏初到甬,甬人即起而反对,当时因为一部人之赞成,及学生和校外青年之拥护,经子〔渊〕终于到校。次年,反经者在省议中设法取消四中预算案,消极逼走经氏,后以力争,预算复原,经氏仍留。今年"五卅"案起,四中学生最为亟进,颇惹人注意,而国家主义者所造"赤化",又多连及四中教员学生,因此反经者得大好机会勾结各绅士,群起反对,范围遂益扩大,现在反经者约有数派:(一)为极端复古之士绅,(二)为持重保守者,(三)为谋营地位而兼挟报复主义之流氓绅士兼教职员,(四)为抱守土主义之宁波学校职教员,(五)国家主义者,他们反对经氏之原因,除上述二条,尚含有抢饭碗而报复者(因经氏来四中、曾辞退许多职教员)。总此五派人,宁波之所谓士绅者,均已全体勾结,全体动员,一齐向此进发,其力量自然比前几次大,他们进攻的方法,由绅士出面向省署告检经氏"赤化"(其理,就是将《火曜》、《嗷声》等指为四中出品,谓"一只手"戏剧是经氏所授意),并造言说他办学不宜。一面在督署及镇守使署控告,强官厅逮捕。他们除在官厅进行外,在新闻上亦有进行,新闻、评论,常有捏造诬评发见。总之,他们的目的,完全是要去经,不去经不止。现在的情形如此。

这次四中校学潮问题,除各种偏狭的原因外,最重大的一点是反对思想自由。我们承认这次斗争,是新旧斗争,是解放运动,是青年与绅〔士〕之争,所以我们承认此事与我们有关,是应予闻的。四中学生,全是信仰经氏,他们拥经运动也不一次了,现在情形观去,似乎四中学潮是一时不能平息的,经留,宁波人必多方破坏,难以宁息;经去,则继任人成一问题,宁波人自然是望完全清一色宁波人来组织,办一绅士御用学校,将来四中校长潮,更非半载不了,所以此时将扩成学潮,将为我们工作之一,是无疑的。

现在经子渊自己表示决不辞职,而以外围空气紧,拟自己出日本,以校务另托数人办理,此事能否成功,当是一事,我们参加活动,当然不是拥经运动,我们是援助学生作此新旧战争,经氏为现在比较解放者,故目前口号不得不是拥经耳。现已命令四中内之本校同学,设法使全体四中学生组一校长问题委员会,专办此事,进行上对外发宣言,表示态度,辨明事实外,学校出专刊;在杭州请愿疏解,向北京浙人请援。在外呢,我们在自己刊物上披露矛〔盾〕面的言论,指摘绅士的阴谋和捣乱,并另由团体发电援助,现在各项均在进行,或已实现,或初着手。

此外尚有一点在努力,即设法联起四中回家全体学生,冀将来开校后,能得群众,一时便可进行。我们的进行如此,有否错误,请总校指正。

宁波分校<br>书记 涂 学生 少峰<br>八月十六日

(原载《浙江革命历史档案选编》第 1 卷,浙江人民出版社 1987 年版)

# 团宁波地委关于组织情况的报告

（一九二五年十月十二日）

九月份大会中，举行地委的改组，同时因各同志的迁徙，各支部亦须同样改编。今将改组后地方负责人及各支部等报告如下：

**（一）地方委员**　书记　潘枫涂

　　　　　　　　　组织　赵济猛

　　　　　　　　　宣传　李宪仲

　　　　　　　　　学生　胡世杰

　　　　　　　　　妇女　干书稼

工人部议决废除，由地委整个进行工人运动，因工人运动为本校主要工作，不能由一人独当也。

**（二）支部**　第一支部（四中校）　书记沙文威　团员九人。

　　　　　　　第二支部（启明校）　书记干书稼　团员五人。

　　　　　　　第三支部（江东）　　书记张天一　团员三人。

　　　　　　　第四支部（四明校）　书记虞一鸣　团员三人。

　　　　　　　第五支部（慎记厂）　书记赵文卿　团员五人。

此外，尚有三个支部正在组织中，有十几团员因散处各地，未能成支部。

**（三）团员**　在上半［年］，团员本已增至六十五人，暑后因迁移别处并开除几人，现计有团员三十七人，中有工人同志五人，女同志三人，兼为 C·P 同志者三人。

宁波分校地方书记　Feng Tu[①]<br>十月十二日

（原载《浙江革命历史档案选编》第 1 卷，浙江人民出版社 1987 年版）

---

① Feng Tu：即枫涂。下同。——编者注

# 宁波地方团员统计表

(一九二五年十月十七日)

本年此间共有团员 45 人，内有工人 7 人（连店友），学生 18 人，教员 17 人，女子 5 人，已加入 C·P 的 4 人。详列下表。

| 姓名 | 现在年龄 | 职业 | 编入支部 | 备注 |
| --- | --- | --- | --- | --- |
| 沃醒华 | 21 | 学生 | 第一 | |
| 李宪仲 | 23 | 学生 | 第一 | 已入 C·P |
| 陈　鸿 | 20 | 学生 | 第一 | 已入 C·P（被学校开除），现专做工人工作 |
| 胡世杰 | 20 | 学生 | 第一 | 已被学校开除，现当技术书记 |
| 金卓斋 | 21 | 学生 | 第一 | |
| 沙文威 | 16 | 学生 | 第一 | |
| 张令锵 | 16 | 学生 | 第一 | |
| 吴　雄 | 18 | 小学教师 | 第一 | |
| 周克荣 | 18 | 学生 | 第一 | |
| 沈孝绩 | 17 | 学生 | 第一 | 新介入 |
| 曹声洪 | 18 | 学生 | 第一 | 新介入 |
| 孙理林 | 15 | 学生 | 第一 | 新介入 |
| 张万青 | 16 | 学生 | 第一 | 新介入 |
| 张　坤 | 17 | 学生 | 第一 | 新介入 |
| 潘枫涂 | 24 | 中学教师 | 第二 | 已入 C·P |
| 干书稼 | 24 | 中学教师 | 第二 | |
| 赵济猛 | 22 | 中学教师 | 第二 | |
| 陈逸僧 | 19 | 学生 | 第二 | 女 |
| 虞碧华 | 19 | 学生 | 第二 | 女 |
| 赵士俊 | 22 | 家庭教师 | 第二 | 女 |

续表

| 姓名 | 现在年龄 | 职业 | 编入支部 | 备注 |
|---|---|---|---|---|
| 石愈白 | 23 | 中学教师 | 第二 | 已入 C·P |
| 赵文光 | 27 | 小学教师 | 第二 | 新加入 |
| 余书儇 | 17 | 学生 | 第二 | 女 |
| 李允皋 | 20 | 本团工人部职员 | 第二 | 由北京转来 |
| 曹静渊 | 28 | 小学教师 | 第二 | |
| 郭唤青 | 30 | 商店伙友 | 第二 | |
| 陈淑婉 | 16 | 在家 | 第二 | 女 |
| 张天一 | 21 | 小学教师 | 第三 | |
| 王 鲲 | 21 | 邮局职员 | 第三 | |
| 庄子周 | 24 | 小学教师 | 第三 | |
| 虞一鸣 | 21 | 电报局练习生 | 第四 | |
| 王安庆 | 20 | 学生 | 第四 | |
| 汪孝铭 | 18 | 学生 | 第四 | |
| 张明德 | 25 | 铁工 | 第五 | 被工厂开除 |
| 傅荣卿 | 26 | 铁工 | 第五 | |
| 蒋才有 | 22 | 铁工 | 第五 | |
| 赵文卿 | 24 | 铁工 | 第五 | |
| 唐海沧 | 23 | 小学教师 | 第六 | |
| 王赞襄 | 25 | 小学教师 | 第六 | |
| 钟志一 | 24 | 小学教师 | 第六 | |
| 陈孔代 | 25 | 小学教师 | 第六 | |
| 杨 白 | 23 | 小学教师 | 第七 | |
| 倪毓水 | 20 | 学生 | 第七 | 新加入 |
| 范有生 | 21 | 小学教师 | 第七 | 新加入 |
| 王嘉谟 | 22 | 小学教师 | 第七 | 新加入 |

宁波分校地方书记　Feng Tu

十月十七日

（原载《浙江革命历史档案选编》第 1 卷，浙江人民出版社 1987 年版）

# 三只笨熊

## ——秋天的剧本

人物：

老熊　母熊　小熊　松鼠　兔子　乌龟　大肥熊

（开幕）

老熊：看呀！那边大树上的枝丫要折下靠近我们门口了，假使使一阵大风吹来，一定要把那门塞住，那时，我们住在家里的走不出去，在外面的走不进来了，多么可怕的一件事啊！

（老熊坐着哭。）

（母熊进场来。）

母熊：你碰到了什么事情？老熊，生病么？

老熊：我正看见那边的树枝折了下来，一定要被风吹来塞住我们底门，而且还有其他的危险。

母熊：多么可怕的一件事情啊！

（她也坐下哭了。）

（小熊进场来。）

小熊：什么一回事？爸爸，妈妈。

（母熊说给他听。）

小熊：哑！妈妈，我真吓煞了，我们将怎么办呢？

兔子：（跳了上来，）为什么你们这样哭得利害？

（他们都哭着，只母熊将这事说给他听。）

兔子：哦！你们这三只笨熊，为什么不把那树枝拿了抛去呢？这样笨，笨熊！

熊们：唉！小兔子，我们永不会想到这样。

兔子：我不愿意看见你们这样笨的熊，我不能再在这里多住一刻了，我将到外面去，看世界究竟有否你们这样笨的熊。

（兔子跳了开来。）

熊们：我们将怎么办呢？现在已没小兔子告诉我们怎么办了。

（他们又哭了！）

（乌龟在一块大石边爬着。）

兔子：什么有这样奇异的闹声啦？（走到乌龟那边。）

兔子：（看着乌龟，）乌龟，你做什么？

乌龟：我想爬过这块大石，但他太光滑了，我爬不上去。

兔子：哦！这样笨的东西，你绕着石脚爬了转去，不是一样到了那边么？

乌龟：唉！我永远不会想到这样，我想，我一定能够这样做的了。

（乌龟爬转石头那边去了。）

兔子：这真是第一只笨东西了，我真奇怪，世界是这样笨的么？

（他跳了开去。）

兔子：（看见一只松鼠开着嘴坐着，便走过去，）松鼠，你为甚么这样开着嘴坐着？你这笨东西。

松鼠：我真口渴，我现在坐着等雨点落到口里。

兔子：哦！你这笨鼠，你不可以到那边河里去喝水么？

松鼠：唉！我永远不会想到这样，我想，这事我一定能够的，谢谢你，小兔子。

兔子：这可是第二只笨东西了，我可以相信世界真是笨的了。

（他走到一只张口立着的大肥熊处。）

兔子：为什么那只大肥熊张着大口，立在那株梅树下面？（他走了过去，）大肥熊，请你告诉我，你为什么这样张着大口立在梅树下？

大肥熊：你不看见那些甜美的梅子？我将等她跌在我底口里。

兔子：哦！你这笨东西，你底身边都堆着梅子，难道不能拾了一个去吃么？

大肥熊：哦！我永远不会想到这样，谢谢你，兔子。

兔子：这算是第一个笨东西了，我猜，世界一定是这样笨的，我可以回去同那三只熊住！

（他跳着走了回去。）

兔子：唉！熊们，我看见了三个东西，也像你们一样的笨，所以我回来了。

熊们：啊！小兔子，你回来了，我们真高兴，我们将试着不再笨一点了。

兔子：来，我们一道，我们将帮助这世界，脱离了那些愚笨。
（幕闭）

(原载《四明日报》1924 年 10 月 11 日，署名枫涂)

# 第二辑

第五講

# 最近的国际对立形势

十一月七日西班牙政府的迁出马德里,给与各国人民以很大的刺激;尤其是我们中国人,听了这消息,非常焦急,好像西班牙的事就是自己的事一般。这不仅出发于我们爱好和平的心理,还是由于被压迫者的解放运动,彼此有着密切关系的缘故。

此次西班牙的内战,不但是一国内革命势力与反革命势力的搏斗。西班牙叛军的主要分子是旧日的军队、教士、地主及大资产阶级,他们因得着国外法西斯国家的鼓励与援助,势力就非常浩大。人民阵线政府靠着全国人民大众的拥护,以临时召集的民团,由工人组成的义勇军,持破旧的武器,与精炼的叛军作战,而奥维多矿工却创造了胜利的"奇迹"。

现在西班牙的暂时胜利,大半是国际的不干涉协定所造成。所谓不干涉协定实际是一种国际阴谋。人民阵线政府是西班牙的合法政府,它有着自由购备武器的权利,各国把它和叛军同样看待,都加以封锁,是一件不可思议的事。不干涉协定签订以后,叛军方面仍能通过葡萄牙而得到德意两国的不断接济,而人民阵线政府购买军器的路,却被禁绝了。

不干涉协定的事实上主动者是英国。法国在国际的包围与国内反对派的胁迫中,首先起来提倡这一协定。一直至今,它都表示着动摇与屈服,它不能积极抵抗国际的侵略势力,也不能坚决执行人民大众的意见,这表示出法国的内部并不统一。苏联在参加对西不干涉约定时,本来有着附带的条件,到后因德意葡破坏条约,遂有了要退出的表示,虽然它是一贯地执行着和平政策,但不能为国际阴谋担负责任,它亦不能做西班牙政府的绞杀者,它不能不反对协定。英国在苏联提出异议时候,有着宣布苏联接济西班牙政府军及封锁西班牙地中海海岸等的威吓,英国的本意很是显然的了。

马德里已经被围了,人民阵线政府已迁至伏伦西亚继续抵抗。全国的工业地带及沿海区域仍在政府的手里,全国劳动阶级为着政府的后盾,加泰隆尼及巴斯克政府有着极大的势力，西班牙的人民阵线仍然有着胜利的可能。但假如京城落在叛军富兰科的手里，德意将使他组织法西斯的政府，并首先承认他们，作为侵略西欧的大本营。黑衣宰相墨索里尼与纳粹元首希特拉是欧洲政治舞台上的劳来哈台，他们一档一搭，在欧洲兴风作浪，自意奥匈协定以后，意国外相齐亚伯又访问柏林，订立了德意议定书，他们共同反共，共同扩张殖民地，侵略阵线便正式结成了。

助长德意侵略行动的是英国政策。现在它是世界反苏联的领袖，为着这一政策，在欧洲允许了德国的重整军备，伸足中欧；在远东放纵日本在亚洲大陆的发展。但其结果，德国势力膨大以后，反开口要求分配殖民地了，日本独占中国的行为也成为英国权益的威胁者，于是它又感到不安，不能不起而挣扎。这种来去不定，取舍两难的情形，是目前英国政策的特点。

因为英国的帮助侵略，德意声势的咄咄逼人，法国的软弱与畏葸，使得欧洲的许多小国也不得不另作打算。于是比利时宣布中立，南斯拉夫和保加利亚为意德所拉拢，罗马尼亚也起了踟蹰，至于奥匈两国早已加入德意阵线，波兰现在也奔走于英德两国门下了。这样欧洲的侵略者已有相当的布置，大战的爆发似乎已迫在眼前。

但这是一方面的情形，反过来看，我们见世界的和平势力也同样发展着。和平会议在不鲁舍尔开会时，到有三十五国的代表四千多人，他们的背后有无数的各国人民大众，都热烈的拥护着和平。各国人民喊着以飞机售与西班牙政府，要求本国政府取消不干涉协定。第二国际也召集各国代表在巴黎开会，讨论援助西班牙工人的办法。各国民众的反侵略运动也有着相当的结合。此外，法国人民阵线政府的地位，因急进党右派势力被抑制，重趋于稳固，法苏协定仍有巨大的作用。英国工党正在监视政府的反动政策，人民阵线运动也在进展中。美国选举罗斯福得到胜利，使法西斯运动一时不能抬头。这三国民主政治的保持，对于世界的侵略者是一种消极的打击。

相反的，在侵略者中间，又有着不少破绽。英意在地中海的争斗，意德为奥地利及中欧的冲突，德波为但泽的纠纷，都可随时爆发起来的。意大利的新的经济恐慌，德国的食粮不足，又是其最大的困难，虽然大喊扩张殖民地，提倡不食肉运动，但如何能阻止得人民的愤懑与革命呢？这种情形使法西斯蒂及纳粹主义者不能不冒险向外侵略，其实却使他们早日走入墓门。

在这里我们更不能不说的，是苏联国力的发展。革命后十九年的苏联，由于社会主义建设的成功，它已有能力防御外来的侵略。它有着一百六十万人的红军,有精良的飞机与炮车,有任何国所没有的军事上的一切社会便利,它为全国人民所一致拥护,能东西独立而同时应战。它的存在,它的发展,不但鼓励了各国的和平运动,也直接使侵略者局促而不敢轻易爆发战争。它已成为世界和平的堡垒。

由于以上的分析,我们觉得目前世界形势十分紧张。而它的特征为和平阵线与侵略阵线的对立,即到了德谟克拉西势力与法西斯势力的最后搏击时候。同时最老帝国主义的英国外交政策,在这时反因生死异途而徘徊起来。这时一方面侵略者的联盟已经成立,一方面人民的和平势力也在发展中;一方面英国的曲线外交尽管帮助了侵略者,而同时侵略者的相互冲突及其内部的矛盾也在日益增长中。而目前战争之所以还未爆发,完全由于苏联国力的发展。此后向和平抑向战争的推移,完全在于东、西人民的努力如何,如西班牙政府的胜败、法国人民阵线能否积极发挥其力量、英国人民阵线能否结成、中国民族革命运动的发展如何等,都是其重要的决定因素。

这个世界形势的推移,对于我国的影响是十分重大的。我们知道:帝国主义对我们的侵略,是得着国际形势的便利的;在中国境内的各国纠纷,造成了中国政策的混乱局面。敌人已经下断然的决心向我作最大的进攻了,而我们的当局尚徘徊于"降与战的歧途"中。经济提携是可以实行么?可是经济提携之后,他们又提出了防共协定;绥北进攻仅是对华北威胁么?可是华北政局日趋"明朗"的今日,绥北的形势也日趋紧迫了。存亡生死的关头早已到了我们面前,国际两大势力的对立,指示出我们的已无第三条路径可走。供侵略者作牺牲,还是加入和平集团,共同奋斗?我们如签定了防共协定,恐怕世界反苏战争爆发的一天,就是中国灭亡的一天;我们如要生存,除开加入和平阵线,组织集体安全,发动民族革命的举国战争以外,在今日的国际形势下,还有别的办法么?

[原载《大众话》第 1 期(1936 年)]

# 记沈钧儒先生

上月二十三日上海有七位救国领袖被捕,其中最使人感动而吃惊的是沈钧儒先生。历来犯"爱国罪"而被拘被囚的都是青年学生,沈先生是一位皤然老翁,现在也夹在青年人中来做"爱国犯",便有点使人发惊了。

沈先生今年已经六十三岁,矮矮的身躯,清瘦的面貌,头顶已经秃了,颔下悬着长髯。但身体很健,一生从未生过病,也没有一天觉得身体上有什么不适意。他出外时不大坐车,从前每天从静安寺路到江湾路法学院去办事,总是步行。甚至有一次因回家太晚,在一条冷街上被瘪三剥了衣服去。但除了费时间太多以外,他并不觉得步行有什么不便。

沈先生的家中有很多亲属,他的大公子是留德的医学博士,他的二、三公子是美术家和诗人。他的最小的女公子也在二十岁以上了。他还有好几位孙儿孙女。他的夫人去年才去世。

沈先生的职业是上海法学院的教务长、律师;他所任的社会上的公职,除全国各界救国联合会委员以外,还有上海律师公会的常务委员等职。他一生做过不少事情,最初是科举的名士,一位有名的进士,不久就参加革命了。浙江光复以后,曾任临时省政府的教育司长,第二年当选为国会议员,在北平住了好几年。中山先生在广州召集非常议会时,他也至广州出席。民国十六年国民军北伐时代,他是苏浙皖三省人民自救会中的一人。浙江收复以后,他被任为浙江省政府委员兼秘书长。不久发生清党运动,左倾的临时省政府被推翻了,沈先生与当时的省政府主席褚辅成先生同被拘禁于省会公安局,在后押到南京方才释放。

自从"九一八"东北失陷以后,他天天担心国家的沦亡,但他始终祈祷着政府的抵抗。他同一般人民一样,相信政府在准备,必定会抵抗。但东北失了,热河又不能保,上海和长城的战争,因为孤军作战而失败。他就觉得徒然等待是没有用的,督促政府起来抵抗,是一件必要的事情。从此上海报纸上常常记载着他,总是做什么纪念会的主席或者示威游行的先导。他的年老的血,又在沸腾了。

今年我回到上海,去拜望他时,他对我说:"人民必须组织起来,我们一定有着要自己来救护自己的一天。"在他被捕前一个月,在一家饭店中又遇到了他,他告诉我,现在政府要逮捕他们,许多朋友劝他暂时避避。但是他说:"我不打算走,我准备着被捕,什么时候拘票送到,我就什么时候上法庭去。南京也好,上海也好,我都去得。现在正需要像我这样的老人来吃点亏,使大家可以激励一下。"现在果然应着他的话受捕了。报纸的记载:

"廿三日早晨往捕时,早入睡乡,探捕五人,前往叫唤,由沈家佣人胡姓,出外开启。探捕入内后,一守门外,一串堂中,三人则随仆登楼。沈之长子寓居同里五十三号,闻讯急来探视。探捕等出示公安局来文,沈与其子稍作数语,即随探捕同往。"(廿三日《华美晚报》)

看着这记载时,沈先生当日向我说的一段话,好像正在耳朵旁边一般。

我认识沈先生,是在十几年以前,过从虽然不密,而印象极深。他的蔼然长者的风貌与诚恳而富于同情的态度,最使人感动。沈先生十分相信"法治",也是一位真挚的爱国者。他以为国家有了良好法律,政府能够依法做事,人民就不致吃苦。有一次,上海一个富商因着一件讼案,慕名而来请沈先生办理,一切手续都办定了,在讲公费时,富商表示愿意送二万元运动费,但沈先生却因此拒绝接受此讼案。后来他对人说:"不讲法律而要运动,何必来找律师呢?"所以他做事情总是公开坦白,从不避忌什么,他以为依法做事,便可心安理得。然而今番被捕,法庭的决定为行政的命令所撤销,被捕了而又被拘,在公安局拘禁至十天以上,未曾有何种审问,或者也出于沈先生的意外罢。

沈先生因领导救国会而被政府加罪,但沈先生自己却不承认为违法,因为他以为救国是人民的权利。中国既然是四万万人所组织,中国遇到危机,四万万人自然都该自动来救援,不必等候谁的旨意。沈先生的爱国,完全由于对国家的热爱,但也不是狭义的国家主义者,他不重视形式的国家,而希望有真正使人民自由平等的政治;他也不仇视所有日本人,只是反对侵略主义者。

因为他真挚,诚恳,仁慈,他也热心参加社会事业,救济贫苦,尤其爱护青年朋友。他在社会的婚丧吊问的应酬极多。他常参加他人的丧仪,也常为他人主婚。在他被捕一天,尚有两对青年夫妇等着他的证婚。他并兼着许多学校的校董与校长,但常因学校断绝伙食而至自己出钱去维持,或者学校负债,校长逃跑,弄得自己不能不去负责任。他做律师,常为许多无辜被罪的青年辩护,不但毫不收取公费,还时常给以救济。他自己没钱而常为他人借钱。三年以来许多青年因参加爱国运动而失学失业的,他常为他们找学校,找职业,甚至为他们的就业去找保人办手续。他也曾因工人被外国资本家所杀死而替他们办交涉、捐款、办理丧事、救济遗族。他的家中常坐满着客人。他也一天到晚的奔走,不得休息。但他一切都是自己料理,并没有一个书记或助手,因为他没有钱。

像沈钧儒先生一般的人,总可以说是"好人"了,然而不免被拘被囚,他也最知法守法,却被视为犯人。这真为一般人所惊骇,但也是沈先生的虽老而犹不能不奋斗的缘故罢。

[原载《大众话》第 3 期(1936 年)]

# 维持现状与保障和平

——中国与苏联的危机在哪儿？

"和平"是许多国家所需要的，但怎样达到"和平"，又是为各国的政治家所焦虑的。在这一年来的国际上，斯大林想和平，鲍尔温想和平，罗斯福想和平，甚至于墨索里尼、希特勒也想和平，然而和平不仅未见走近来，反而愈形走得远，相反的是战机在随处演进着，使和平几乎绝望。这其中自然有许多幻想家，想以幻术来奠定和平，然而大半数还是假挂和平的招牌，并未真做和平的生意。这儿姑且不论，本文所欲论的，是指有心做和平的生意，而未得到正当的途径，甚至于有误入歧途之虑的和平主义者，在这目迷五色的当儿，为了促进和平的及早实现，不得不对之加以切实的辩正，使真正期望和平者，得加以玩味与反省，这就是本文作者动笔之前的企图。

我们首先应明白在帝国主义未绝迹之前，和平是不会降临于人间世的，这其间的所谓保障和平，极容易陷入维持现状，把保障和平的神圣的社会主义者的任务，降而为维持现状的卑劣的帝国主义者的手段。这是历史所不容许的骗局，因为帝国主义者的所谓现状，是建筑在剥削制度上的，对内剥削劳工，对外剥削殖民地大众，由国内劳工与国外殖民地大众的榨取，才维持了帝国主义经济的及政治的体系的存在，故帝国主义的稳定与繁荣，其实就是人民大众的破产与灾害；帝国主义的利益，与人民大众的利益，是背道而驰的，帝国主义的所谓利，正是人民大众的所谓害，帝国主义的利益增强一级，即是人民大众的损害加深一级，故帝国主义与人民大众的本身前途，是成为一组矛盾的反变的，如承认或帮助维持帝国主义的现状，即无异承认或帮助维持帝国主义的剥削，使人民大众陷于帝国主义的敲吸舐食之下，永无作为人的合理化的生活之望。故在现状正趋于崩溃的现阶段中，人民大众的对于现状的维持，是极感不利的，如现状继续被维持一天，即无异人民大众继续被剥削一天，故在客观的事实的辩展中，已经说明了人民大众是不需要维持现状的，因为帝国主义的现状加强，即无异人民大众的剥削加深，这已是很明显的存在。根据以上的理由说来，如果今日各国的政论家和执政者，还要误认维持现状为保障和平，即其本身将不免被历史的辩展所扬弃的。同时，就事实说，人民大众的意识，一天一天的觉醒，也不容易被这般维持现状派的政客所迷惑，不过事实的真面目，往往会一时的被落后的大众所昧视了。更进一步说，这其中还含有一种必然趋势，帝国主义的维持现状，与人民大众的改革现状，是成为一组尖锐的对立的，如其矛盾发展到高度，将不免发为剧烈的冲突，这时一般维持现状派的和平，将要全都趋于毁灭的。故真正的保障和平者，应不为维持现状派所奸诱，而应当自具促进和平之道，彻底肃清剥削制度，帝国主义绝迹，然后才能见到真正的和平于国际。不然，误认维持现状为保障和平，不仅和平难得保障，人民大众受尽屠毒，而且现状亦难维持，反受帝国主义备战威胁，甚至于被右翼的暴力的突进所崩毁，故这一切的原理应被顾及与采取，尤其是不得不企望于负起和平使命的苏联。

我们如就最近二三年来的国际情形看来，苏联的保障和平运动，与英法等资本民主国家的维持现状派相吻合，虽然，苏联的各种外交方式，由其特具的经济的及政治的基础所产生，自不容与帝国主义的外交立场完全混为一谈。然而苏联的各种外交的作用的结果，为了告成一国社会主义的建设，使苏联的新经济政策成功，不愿触起帝国主义的进攻，恐危及社会主义国家的基础，故不免与帝国主义的维持现状派相妥协，务求谐和的机会大于决裂的倾向，这是李维诺夫近二三年来的企图，如参与国际联盟，成立法苏与捷苏的互相协定，及与英国签订借款合同，及促成英苏的海军协定。这一切的外交作用，也许于苏联的本身是暂时有用的，然不能迈进一步的说，"这就是保障世界和平！"同时，就已成事实的本身分析来说，苏联为了要换得英法等资本民主主义国家的中产阶层的合作，也曾化去了不容小看的代价，那就是放弃了"世界革命"的信条，最少是策缓了英法等国的革命运动，使法国共产党屈服于人民内阁的改良政策下，使印度及泛英殖民地的大众的希望落空，这才造成了与法国急进社会党的联络，与英国保守党的提携。但是代价虽用去了许多，而所收得的结果在终极的意义上考察则渺不可知，相反的事实的结果，中欧的法西斯化的暴力集团的伸展，使法国中产阶层受到相当的威胁，已有与英国的绅士化的民主阵线相连结，而忽视了法苏互助协定的存在；使西班牙的人民大众，又有被法西斯化的叛军所颠覆的可能，试看一月二日的英意协定在罗马告成后，意大利的军队还不断的闯入西班牙，就可以看到英国保守党在骨子里是怎样的在应付苏联。此外艾登在一月十一日送达法俄德意葡照会中，还主张扩大在伦敦的西乱不干涉委员会的职权,在西班牙的领海及港口,实施监察制度,禁止各国的参与西乱。这在表面上似乎是对德意援助叛军的限制,然在实质上又何尝不是想截断苏联与西政府军的联络。据一月十日伐朗西亚电称:西外长伐育亚对美联社记者谈,前时政府军的飞机超过叛军之数为四比一,其后竟一反而为一比十,截至现时止,叛军的飞机数竟超过政府军的十倍以上。照这样说来,如果对西乱的监察制度,不为德意等所反对,而竟然见诸实施,则政府军的军械无来源,而叛军拥有猛烈的空袭,则马德里的被攻下亦属可能。诚如此演下去的话,不仅叛军的势力伸入马德里,使西班牙的人民大众大受屠毒,而且可以进一步的迫使法国法西斯化,转入德意反苏集团,使苏联的西南境内乌克兰等地立刻陷入破碎之境。故苏联的近二三年的各种外交,其所费代价亦属不小,然其所得的收获恐属落空,未免患了误认维持现状为保障和平的嫌疑。苏联的挪笼英法资本民主国家的中产阶层,想借之制止法西斯化国家的挑战烽烟,这固然是可以相对的利用其矛盾之机会于某一定时空内的政策,如德意破坏现状的战线,与英法维持现状之战线,处于一种极大的对立的时空中,尚可以收到一二缓和战争之效,然尚不能自负为保障了欧洲及世界和平,设如该项政策所行使的时空有了变化,如德意法西斯化的集团,与英法的资本民主政权相对的统一,则此项政策不惟不能缓和战争,而且有自贻伊戚之误,更无所谓保障了欧洲的及世界的和平。且历史已昭告得很明白,中间性政权是最富于动摇性的,只能利用人民大众的力量,而不能尊重人民大众的利益,如中西欧的法西斯化集团告成联络之势,则法国人民内阁有被迫变质的可能,保守党专政的英国,势难免被卷入欧洲大陆的反苏集团,这是本文一再说明了的有可能的趋势。

故为真正的保障世界和平计,负起和平使命的苏联,应当与帝国主义采取不断的斗争,使帝国主义绝迹于人类,剥削制度永不存在于后之日,然后和平才有真正奠定的可能。我们相信以苏联民众对政府信仰基础的坚实,使与帝国主义作必不可免的冲突,也不致于陷入危亡之境,况只苏联与第三国际原是二而一的存在,如各国的人民大众的革命胜利,则法西斯化的反苏战线,自然会趋于衰灭,并且战争的凶焰也就不会再迫及苏联境内。不然,相反的话,苏联的保障和平与帝国主义的维持现状同流合污的结果,现状根本不能维持,和平也自归于幻灭,使法西斯化的反苏集团,很快的点起了第一把挑战的火,因之扩大化而烧毁了人类新生命的萌芽,这是任何有正义感的人所不能忽视的,也是一般人民大众所不愿有的事。故本文作者,为忠于事实起见,不得不向苏联提一忠告,绝不是一般论客,作为主看家之计,而向苏联狂吠,这是希望虚心的读者,少带偏见去分辨的。

我们知道以维持现状为保障和平的人,不仅是在我们国外的存在,而在我们的国内依然是很流行的,这种错觉或直觉之于今日,是会延误各民族大众的自救的,如自"九一八"事变以来,倡言调整中日邦交,谋最后妥协者大有人在。这种人的论调,大概主张以丰富的条件,奉送于敌人,使日阀得稍敛其野心,以为可以借之保障和平。还有一派更显著的,主张牺牲华北,以换得华南的完整,使日阀的铁蹄不致再践入长江及珠江流域。这种企图,较之欧洲的维持现状派的和平论客,还有更大的忽视客观事实之病。我们由既存的趋势看来,现状不但不能维持,而且有被破坏的可能,今日割三城,明日割五城,这就无异重踏宋明两代亡国之道,如不急起抗敌,则华北五省,尤其是在日阀直接威胁之下的冀察,有被覆亡的可能。中日关系的对立的斗争,自明代中叶以来就激进着。在东亚的中日矛盾关系中,有日帝国主义的侵略成功,即无中华民族的解放成功;有日阀的所谓大陆政策,即无中国的所谓复兴运动,这是一组对立的矛盾的斗争,妄想在矛盾中图调整的人,在中日两国内身,都是握有相当的权力的分子,故在矛盾进展中,双方都想得到相当的妥协,使对立的斗争,渐趋于对立的统一。这动机完全是受了两国人民大众的要求所策动的。日本的人民大众须要反帝,中国的人民大众须要抗敌,故中日双方的确定国策的人,都有相当的顾及。日本的广田内阁,也不能不顾及大众的反战,会促成日帝国内身的崩溃,但又不能不侵略中国。中国的国民政府,也不能不顾及人民的抗日,会分化政府的统一号令但又不能不阻止日本的侵略。故中日两国双方的执政者,都希望在矛盾中谋妥协,想奠定东亚的所谓和平即是在和平中完成侵略或亡国。然而此种矛盾的演进现状中,谋告成一调整的表面和平,实不易做到这样的如意地步。故因实际矛盾的进展中国随时发现地方的分裂运动,而日本军阀亦一再谋进犯绥蒙。在此种现状不易维持之下,少数的政客,谋将现状加以调整,欲从此保障和平,这实是一种昧于事实的主见,尤其是此种论调,操之于被侵略的中国,更是一种自掘坟墓专候装殓之举。

故国内的保障和平者,与国际的保障和平者,同样的误用了药方,在维持现状这一个方子上,吸收了大量的有害于本身的毒汁,误认维持现状为保障和平,其结果呢,在中国方面,不免受日帝国主义的威胁,有被夺去内蒙古华北的可能;在苏联方面,不免受到德意等法西斯化集团的威胁,有被劫去乌克兰等地的可能,故愿中国速起在国内抗敌,发动民族的自卫战争;苏联速起在国际策动反帝,促进欧洲人民的革命力量,才能化除中苏两国这一个危机。

(原载《中外评论》1937年第1期,署名念之)

# 同盟外交与和平外交

目前在国际上有两种主要的外交形式彼此对立着：一种是团结侵略国家在共同的侵略阵线上，而使国际和平特别是维护和平的国家与弱小民族受到莫大威胁；另一种是以对抗侵略势力和防止侵略战争为目的，而使侵略国家在对外活动上遭到各种阻碍。前一种可称为同盟外交，后一种可称为和平外交。

同盟外交的历史是比较久远的。在封建时代，诸侯和诸侯之间为了利害关系而互相勾结，以对抗别一部分诸侯，有时也会结成某种同盟的阵势，像我国战国时代的合纵连横，便是一个标本的例子。但是严格说来，这种同盟在本质上是和近代的同盟外交不相同的。同盟外交正式的产生是在欧洲维也纳会议（1814—1815）以后，俄普奥为着镇压各国的革命和独立运动，为着防止拿破仑失败后的法国复兴，曾经缔结过"神圣同盟"（Holy Aliance）。从此以后，同盟外交就不但成了欧洲国际政治的主要形态，而且也成了世界最流行的一种外交结合方式。后来在欧洲划分了两条大规模的同盟外交阵线：一方面是德国跟奥匈帝国和意大利缔结了"三国同盟"；另一方面，英法俄次第成立了"三国协定"。这两大集团完全是为了争夺世界市场资源，争取欧洲霸权及重新分割世界殖民地而结成的。此外在二十世纪初头，英日为了对抗俄国及分配在中国的利益，曾经也结成同盟。

同盟外交促成了上次世界大战的爆发，但是大战的结果，却使同盟外交暂时失势了。然而在事实上，这种外交方式还是保留在各帝国主义国家的对外政策中，资本主义各国在俄国革命成功后，就曾经结成相当整齐的反苏外交阵线，直到后来干涉俄国革命完全失败，各国相继承认苏联这种阵线才被打破了。到了最近，以有名的侵略国家德意日为中心，又形成了一种大规模的新同盟，如本年十月间意国外相齐亚诺和戈林间所完成的意德协定，日德于去年十一月底在柏林所签订的协定，意日两国于十二月初所公布的协定。这些协定虽然借名于经济或文化，而其内面却包含着军事的政治的同盟。反共防赤是他们的口号,而宰割苏联,重分殖民地便是他们的目的。

从这些事实上的观察,我们知道同盟外交的内容是:

1. 加盟者有着某种共同企图,即为抵制某种势力或争夺某种利益,它的性质是侵略的。

2. 加盟者相互援助,合力进行着他们的目的,他们在形式上是平等的,对外似乎是一致,而在内部仍然有着相互的冲突。

因此形式上在某一霸权下结合起来的集团如泛美洲协会等不能称为同盟外交,而在内容上并不含有侵略性质的结合如《法苏互助公约》等也不能称为同盟外交。所谓同盟外交是指二个以上国家为着某种对外的侵略目的而相互结合的集团外交。

这一种外交,必然发生于侵略国家中。至于社会政治制度和资本主义各国不同的国家,在本质上必不会有这种外交。十数年来苏联和平外交的出现,就表示出这一转换。在十月革命以后,那个和旧世界对立的新国家,即宣布了无侵略无屈服的和平,单独退出了战争。在后,又宣布废除过去的秘密条约,放弃旧日侵略所得的利益,开始对外进行和平的平等的外交。一九二五年以后,首先和土、德等国订立友好条约,到了一九三二年与东欧及近东各国都订立了互不侵犯条约,这样的和平外交便在国际坛坫上射出了一道新的光辉。一九三二年以后,又提出侵略国定义,提议集体保安条约而与法国及捷克订立的互助协定,更为有名。

和平外交的本质是反侵略的。而它的发展却有赖于建设新社会的成功,从互不侵犯到集体保安,和平外交总是表示着它的战斗性,因为主张和平外交的国家不但自己不侵略他国,也不能忍受他国的侵略,它要保全本国的和平,便需要世界和平的维持;要保全自己的和平与世界的和平,便不能不对侵略行动加以抑止与制裁。所以和平外交不但是消极的,也是积极的。不是孤立的,也是集体的。和平外交不能单靠一个新兴的国家来支持,它的推进和扩展还有赖于一切反侵略战争的国家、民族和各国人民大众的共同合作。正当侵略性的集团外交配着战神跳舞的节拍向前展布的时候,凡不愿意世界战争发作的国家与人民都日益团聚在和平运动的旗帜之下,这样和平外交的精神和影响,就逐渐浸透在各国对外政策中,一条广大的和平阵线就在这种状态之下形成了。特别是在苏联和各国缔结不侵犯条约和互助公约之后,和平外交阵线就足以和侵略集团抗衡。目前某些国家尤其是英国的外交政策虽然仍旧暧昧不明和动摇不定,但在人民大众的压力继续增强之下,在和平阵线的势力日益扩展之下,也可能转变它们的外交政策,加入和平集团。

和平外交虽然也采取集团的形式,有时带有军事的性质,但它与集团外交根本不同。这不消说是因前者的目的在于反对侵略,而后者却以对外侵略为本质。前者的军事互助唯在合作者之一受到了侵略时才发生效力,而在其攻击他国时并无互助的义务。后者普遍均系攻守同盟,而实际上则攻重于守。此外,集体保安条约是被置于国联机构之内。它是公开的,欢迎着任何有意于集体保安的国家参加;它能由区域的互助组织而变为普遍的集体安全制度。这些,都不是单纯的军事同盟所能含有的。

在一九一四年以前,整个世界由两个军事同盟对垒着,这便爆发了大战。而现在,同盟外交的军事集团与和平外交的集体保安的两种运动同时在进行,世界当然有不同的前途了。

(原载《自修大学》1937 年第 1 期)

# 绥远抗战问题

这半个月内,我们本国的重大时事,仍然是绥远抗战问题。

原来我们的东邻,自从一九三一年吞并我们的东北三省以后,接着便向西发展,热河、察北、冀东也先后被他们占据去了。他们的大陆政策,是要灭了全中国的,所以他们得寸进尺,不断地向我国侵略,并没有一个止境。得了热河察北以后,他们便打算夺取整个的内蒙古了,从去年春季以来,东邻的浪人,便在进行内蒙古独立运动,这时正有一个汉奸德王,受了他们的欺骗,做他们的傀儡,和手下卓什海、李守信等,共同打算组织"大元帝国",继在满洲伪国以后去做日本的走狗。这运动积极进行到了上月(十一月)初旬,果开始军事行动向绥远进攻了。

这种侵略的政治意识和军事上的情势,可以看本刊《防共协定与绥远抗战》及《从新军事学上来看绥远抗战》等文章。

这次侵略,他们也以为我们还是抱着不抵抗主义,所以他们还是用着过去的办法,叫汉奸军队来打先锋,这样他们既不担负侵略的名义,也可不劳而收获广大的土地。但是五年来的教训,已经使我们全国同胞都知道不抵抗不足以图存了。绥远主席傅作义和军长赵承绶、王靖国等也感无路可退,早已准备着拼一拼了。开战以后,我们的士气甚好,拙劣的步枪旧炮,居然战胜了敌方的飞机坦克。到了十一月廿五日,克复了地方的大本营百灵庙,十二月十日又克服了大庙。那些汉奸军队,竟溃散不成军,退到滂江、商都等处去休息整理了。

[原载《一般话》第 1 期(1937 年)]

# 汉奸军队的出路

在帝国主义者向我们侵略时候，总有许多汉奸国贼给他利用；而在敌人起兵攻打时候，那些汉奸军队，总是充当前锋。这次敌人侵略绥远，在前线作战的，也是卓什海、李守信、张万庆、王英等所统帅的汉奸军队。可是作战以后，我方将士坚决抵抗。百灵庙、大庙等处被我克复以后，伪军便如雪崩，溃不能再作战了。最近那些汉奸军队中接洽投诚的极多，王英部下自金宪章、石玉山二旅反正以后，几乎全部动摇。今日（廿四日）报载，王英见疑于敌方，已被诱至商都处决了。这消息是否确实，不得而知，但这样的事是不乏先例的。汉奸国贼，不论如何为敌人努力，而在敌人看来，还不及一只狗的地位，在他的任务已完了或不堪再用的时候，必然被委弃残杀而无所惜。郑孝胥、赵申伯辈的收场就是前例。

汉奸国贼虽然极可痛恨，而就他们的个人遭遇上说，也是最可怜悯的人。我们只要一想到天灾人祸，使多少人冻饿而死，贪生者为了保全眼前的生命而至受人利用；或者强敌当前，后方没有接济与援助，既不能战又不能退，乃被迫投降，就不能一味痛恨了。但他们对于自己的命运也未尝不知道，如一旦得了机会一定会觉悟过来，找到唯一的出路，毅然反正的。

所以汉奸军队虽是敌人的最好工具，也是最危险的工具。而我们能举行全国抗敌，使抗敌的民情与士气磅礴全国时，汉奸军队必然会全体反正，再为他们的祖国而向敌人拼命的。但自己没有决心抵抗的国策与行动时，却不配痛骂那些汉奸军队。

［原载《一般话》第 1 期(1937 年)，署名念之］

## 汉奸军队的投诚

那些汉奸军队原来是受了欺骗的贫苦人民和散兵，要不然也是被迫而降敌的。他们原来不是存心来攻杀自己的同胞，所以在战争时不会尽什么大力，而到了失败时，也最易崩溃。这意识只要看了本期中的一篇短评就明白了。他们效忠于敌人，永远没利益，惟一的出路乃是反正。现在，攻击绥远的汉奸军队，已很多在接洽反正了。汉奸王英部下投诚的更多。金宪章、石玉山两旅长带了十团人向傅作义投诚后，王英的兵士差不多完了。听说王英自己也在接洽投诚，但还有一说，他因部下反正，已被日本的监军杀死了。

现在绥远方面的敌方，已退至滂江及商都两地，作为根据地预备反攻。他们的大本营已移到嘉卜寺（德化）及多伦了。前线只有飞机不时飞来轰炸，其他汉奸军队都已暂停活动了。十九日汉奸德王还曾通电停战，这自然是有作用的。

[原载《一般话》第 1 期(1937 年)]

## 青岛日水兵登陆事件

　　十一月初绥远战争正利害时，又发生青岛日本水兵登陆事件，这事件的详细情形，本期中有着一篇青岛通讯，可以参看。青岛原来在民国四年大战以后，曾被日本所占据，到了民国十一年方才收回来。但他们仍时时刻刻在想法再占领，那边日本在政治、经济上的势力也很大。实际上青岛是在他们的势力范围内。这次日本水兵借口青岛日本纱厂罢工的事而登陆，实际则在牵制绥远的抗战。现在这事已经解决了，我方答应日本的要求，驱除所谓"不良工人"，劝导工人复工，社会局长储镇、公安局长王时肇因而辞职。工人于十四日复工，日本水兵至二十四日止，也都回到军舰里去了。

[原载《一般话》第 1 期（1937 年）]

# 西安事变

在外患严重时候,本月内又发了一件重大的内部政变。十二月十二日西安张学良的军队劫持中央军事委员长蒋介石留于西安,不得自由,张学良并通电各处,主张即日抗日,反对剿共,并有联俄联共、组织国防政府的意见。同时在西安被扣留的中央大员,尚有蒋作宾、蒋鼎文、陈诚、陈继承、邵力子、邵元冲等。邵元冲当时并中流弹而死。这事使政府及人民受到极大的刺激。

张学良在"九一八"事变时不抵抗而失去东三省以后,失去了地盘,军队也渐次消散了,前年起才被调到陕西区剿匪。五年以来,张学良的全部东北军各人,都感到亡省的痛苦,深悔过去不抵抗的错误,因而人心都转向积极,要求抗日,打回东北去,对于蒋委员长所主持的中央和平政策,早已反对。这次蒋委员长知道他们有不稳的情形,亲自去训话,并对东北军部队有所调动,却被他们扣住了。事变发生以后,中央政府开了几次紧急会议,一面派人代理蒋委员长所任的中央各要职,命令各地方政府妥慎维持地方治安,必要时得宣布戒严;一面把张学良撤职严办。到了十四日并下令讨伐,任命何应钦为讨逆军总司令,顾祝同、刘峙为副司令,指挥空陆大军,向西安推进。各地方长官也都有通电拥护中央,主张营救蒋委员长。人民团体在中央领导之下,也一致起而申请讨逆,各地都有讨逆大会或赴难团等的组织。此外宋子文因双方都有友谊,以私人资格往西安调停,阎锡山也介于中间,竭力主张疏懈。到了十二月二十五日,蒋委员长恢复自由,已乘飞机到洛阳,这一件大事就此结束了。蒋委员长离陕后的第一命令就是对西安的停战撤兵。

[原载《一般话》第 1 期(1937 年)]

# 德意日三国联盟

　　德意两国的所以如此干涉西班牙内战，固然由于西班牙叛军是他们的法西斯同志，他们要建立一个同样的法西斯国家，但也因德意二国内部经济十分恐慌，民心不稳，他们就向外构造事端，以转移人民视线。为着这种对外侵略，法西斯各国已有一个秘密同盟的组织。本年十月间，意大利外交部长齐亚纳到德国去访问，两国曾达成了谅解。十一月廿五日，德国又和东方的同志日本订立了文化协定。十二月五日，日意两国的协定也成立了。这三个侵略国家，结合一起，便将放胆横行，向各国侵略，世界形势，更加紧张，第二次大战已迫于眼前了，而最先受到牺牲的，还是我们中国。

〔原载《一般话》第 1 期(1937 年)〕

# 泛美洲和平会议

世界的侵略形势虽然很强大，和平的势力也在发展。在欧洲方面，苏联和法国、捷克的互助协定是一个有力的结合，而近来英国的工党、社会党正在进行人民阵线，日本民间的人民阵线运动也很进步。在十二月初，西大陆的南北美洲各国还举行了一次泛美洲和平会议。这会议由美国所发起，十二月一日在南美阿根廷首都开会，美国总统罗斯福曾亲自出席。到会的二十一国代表通过了泛美洲和平机构公约、中立公协、美洲各国合作宣言，重申美洲现行各种条约的义务，各国协商和平，主张战时中立及禁止军火出口的政策。在二十三日闭会时候，美国总理赫尔氏说：吾人必须消灭战争，否则战争将消灭吾人。他们正在设法遏止世界的侵略主义，他们已结合美洲各国，共同团结而为和平努力了。

本刊出版时候，十二月已经完尽，一九三六年也就过去了。这历史家所预言为最不幸的年头，虽然直到今日，尚未发生有世界规模的大战，而风风雨雨，时局已十分不宁。在这一九三六年内，《巴黎和约》《洛迦诺公约》均被希特勒撕得粉碎，华盛顿及伦敦海军公协也被日本所宣告破弃而在本年底终止了。侵略主义者正在张牙舞爪，促成世界的危机的爆发，迎着一九三七年而来的不知是些什么呢？

[原载《一般话》第 1 期（1937 年）]

# 西班牙战事

　　国际时事，以西班牙内战为最严重。西班牙自本年八月间叛军领袖富兰科等率军作乱后，至今已有五个多月，战争不曾停止过。富兰科反对人民阵线的政府，受着国内地主、军阀、教士、金融资本家及国际法西斯主义者的嗾使，想推翻民主政治，实行法西斯暴政。内战发生以后，叛军就得到德意两国的援助，不但军器来自两国，还有许多参战的军队，也是由这两国派来的。当时英法等为防止引起国际战争，曾约同德意苏联等国共同订立不干涉协定，可是此条约成立以后，西班牙政府不能向外国购买军火，而德意两国的援助叛军，反较前更多。现在西政府仅受人民大众的拥护，而与叛军相苦斗，自十一月迁都于伐伦西亚以后，玛德里即成为主要的战场。叛军虽竭力进攻两个多月，仍旧被政府军所挫败，至于最近的情形，本期中已有《最近西班牙的内战》一文，说得很明白了，请一参看。

[原载《一般话》第 1 期（1937 年）]

# "一·二八"抗战的历史意义

日本关东军中有一位特务长土肥原贤二,曾宣言要不费一粒子弹为他的祖国开辟数千里土地。又有一位参谋长松室孝良曾经给他本国政府一个情报,称对付中国的最好办法是避名取实,要敷衍面子,不可妄用武力;要利用"恐日派"的活动,不可刺激人民的感情。这两个人有着同样的见解,认为中国有许多恐日派存在,他们绝对不敢和日本抵抗,他们会在无形中使中国灭亡了的。

是的,我国确有许多恐日派存在着,他们并非发生于现在,是很早就产生了的。我国自一九〇〇年义和团事件失败以后,政府便失去了最后的抵抗精神,此后畏惧外人像老鼠见猫一般,甚至见了教民和西葸也得打躬作揖,表示和顺。历来继承政权者对于承认条约义务尊重既得权利的声明,几乎同就职宣言一般重要。地方官吏到任时也得先去拜访各国领事,表示亲睦。对外人的恐惧心理,确已成病态。帝国主义中最懂得这种病态,最善利用这个病态的,莫过于日本,自民国成立以后,它不知在中国获得多少毫无代价的权益。

可这种畏惧精神在一九二七年大革命时起了动摇,到一九三一年淞沪战争时就打得粉碎了。那些患恐日病以至于恐英病恐美病者以为帝国主义是不可侵犯的;它的力量是不可抵抗的。可是汉浔的工人群众却徒手攻入了租界,使英帝国主义仓皇失措;十九路军也以少数的兵力打败了强大的日本陆军。这样剥下了帝国主义的威严,建立了国人的自信力,使中国民族前途起了一个大转机。

恐日病患者以为中国不能与日本抵抗,最大的原因在于军力不及日本。他们以为帝国主义的整齐的军容包含着充实的力量;进步的新式武器有着绝对的威权。"九一八"东北事变发生以后,政府主张退让宽容,使东北土地失陷以后,还自以为得计,就是由于这恐日病的作祟。当淞沪抗战以前,南京方面正流行着"三日亡国论";"一·二八"的前一天,上海当局也完全承认了日本的条件。可是十九路军却似乎不曾理会这些，遇到敌人侵犯过来，便迎头痛击。这个非预定的应战，使得南京起了非常的忧虑，中央要员不得不仓忙西迁。然而十九路军的步兵却围缴了日军的坦克车，抵御了它的飞机。在虹江路、川公路、天通庵等处的巷战，使日方受了极大的打击；在八字桥、江湾及吴淞等处的阵地战，也未曾让日军得到胜利。日本的新式武器未曾给十九路军以什么伤害；而相反的，日军自己却受了极大的损失。日本倾全国之力，三易主帅，数增援军，以五师团以上的陆军及数十艘军舰的力量来攻，而孤单无援的十九路军竟能抵拒到三个月之久。所有"唯武器论"、"三日亡国论"就暴露出它的罪恶了。

胜败的结果，完全是自己决定了的。假使当时中央同十九路军一样有抗敌的决心，动员全国，调动精锐部队至上海应援，再派遣其他生力军向东北进攻，使日本方面不能集中全力于一处，胜利当然完全属于我国，东北失地也许早已收复。又假使当时的十九路军将士也像当年的东北官佐一样，一味退让，不但今日作者不能在这里执笔为《一般话》写稿，即诸位读者也不能有看《一般话》这样杂志的可能了。抗战的结果虽然订立了《淞沪协定》，但如不抗战，江浙怕已变成了东北，连《淞沪协定》也不可得呢。

所以十九路军在上海的抗战，虽然因为种种关系，未能完全胜利，但它确已指示出了帝国主义不足畏，中国人民及军队有着自卫的能力，把过去的畏惧心理、屈服心理都克服了。虽然到今日尚存一部分官僚及上流人士的恐日病可为土肥原贤二及松室孝良辈所利用，而人民的抗日情绪得有全面的展开，使全国抗敌的形势有迅速形成的可能，不能不说是由于这一次抗战的影响。所以，"一·二八"抗战虽然失败，而它的历史的意义却是光荣地存在，且是永久存在的。

在这历史的事件过去以后，我们检讨它的成败，必然可得到许多重大的教训。"一·二八"抗战，十九路军所以能以少敌众，完全由于民众的拥护。战争开始以后，上海市民也立即奋起，自动前去援助。他们组织了宣传队、募捐队、运输队、慰劳队，学生和工人还组织了义勇军去参战。军事与民众结合以后，就显出了伟大的力量。同时上海的各色各样的民众就在共赴国难的目标下自然地结合起来了，使忧虑无组织的民众、不能作战的人们不必再事忧虑，也说明只在作战中方能准备自己，组织自己。

"一·二八"的抗战，由于民众的拥护而得支持，也由于产业家、金融家的脱退抗战阵线而夭折了。上海资产阶级在抗战初起时期虽也激于民族义愤，一齐参加抗战,但因日本帝国主义利用飞机轰炸城市,损失极大;又恐战事延长,商业将完全破产,为着自身的眼前利益,他们终于劝阻了十九路军的继续作战,因而显示得上海这样依附在帝国主义势力下的城市,并不是抗敌的根据地,而买办性很浓的我国产业家、金融家也不是坚决抗敌的中心势力。

最后要指出的是"一·二八"抗战中的军略上的错误,因为当时还有等待英美援助的妄想,十九路军的战争,只采取守势,不敢攻入租界。因而日军可借租界为堡垒,进可以攻,退可以守,自日本开来的军舰及运输船可自由出入于吴淞口,在杨树浦从容登陆。假使当时十九路军能采取攻势,占领沿黄浦江一带的租界地,则日本陆军不能登岸,海军因无根据地,也必减少战斗力,战争的形势必大变更。可是十九路军始终不曾出此,徒然给与敌方以便利,而他们所祈望的英美同情究竟不曾落到殖民地人民的身上。

检讨了这一有历史意义的抗战以后,对于绥远风云正紧,敌人的广大侵略将来的时候,不能说没有一点教训罢!

[原载《一般话》第 2 期(1937 年)]

# 一九三七年是什么年？

一九三六年在惊风骇涛中隐没下去以后,接着出来的一九三七年能够风平浪静么？也许可能的,但我们不敢说。如果风浪已过了最高潮而渐趋衰势了,那平静就可能到来；但在风浪正在兴起以后,则平静的到来,必须经过一番山崩海裂,覆舟掀屋的浩劫。依着这么说,一九三七年怕是继在一九三六年的恶险年以后的浩劫年。

是的,第一件一九三六年所留给今年的是华盛顿、伦敦两海军协定失效后的各国造舰竞争。在元旦的一天英国在白根海德和泰埃思两造船所各安置了一新战舰的龙骨,作为今年的征兆。其次,一九三六年所造成的形势,是德意日三个法西斯国家的联盟,在一九三七年它们将显出一点威风罢。西方德意二国的干涉西班牙内战,东方日本的侵略中国,到了今年必然更加凶暴起来。但是相反的,西班牙人民的坚决抵抗使德意军队屡遭败北,中国人民由着五年来的教训,也已振奋起来,怕也会在这一年以全国抗战去回答日本的。法西斯蒂更趋狂暴,更趋没落；和平势力越是展开,越是巩固。一九三七年大约是这两种势力的最后算账罢。

[原载《一般话》第 2 期(1937 年)]

# 日本准备着一个更广大的侵略

日本拟在绥远方面,来一个大规模的反攻,在本刊《绥远抗战新形势》论文里说得很详了。现在再举出在其他方面的几种侵略行为。去年大除夕的夜间,有日本军舰五艘在太仓附近的杨林口,向岸上扫射。二日又至常熟沙洲市中心港测量,登岸滋扰。元旦日日本驻上海的特别陆战队在上海示威,武装兵士及坦克车在各街上游行,五日举行了检阅。他们严密准备着,随时可以发动。二日上午,有很多的日本飞机在青岛、济南、天津、北平及冀南一带散放荒谬的传单及小册子,虽然外交部提出了抗议,他们却置之不理,九日还在那几处地方再散放一次。四日那天,郑州的行政专员破获日本在该处的特务机关勾结土匪预备暴动的阴谋,扣住机关长志青,及职员山口、田中等三人,当日引渡于驻郑日本领事馆。根据抄获的秘密文件,他们在策划黄河以北各县的独立,勾结土匪供给械弹,使之暴动,搜集中国秘密军事文件地图等,实行间谍工作。

此外,在冀东方面,他们也有一种新的策动。近来平津两地常有汉奸四出散放荒谬传单,天津方面曾破获了秘密招兵阴谋暴动的机关。他们进行扩大冀东的伪组织,密令沿北宁路一带的特务工作人员随时炸毁铁路,破坏电线,劫车掳人,然后借口为"共匪"所为,以发动事变。

在最近十几天中就有这许多阴谋事件发现,很可见得他们侵略的加紧了。

[原载《一般话》第 2 期(1937 年)]

# 成都及北海两案解决了

　　日本方面虽然在预备大举侵略,我国政府却仍抱着和平态度,曲加容忍,在去年十二月卅日外交部与日使馆正式换文,解决了成都、北海两案。去年日本拟在成都设立领事馆,派田中武夫、渡边三郎、深川经三等去筹备。我国同胞因为成都不是商埠,不能设立领事馆,大家十分反对,四川人自然反对得更加利害。成都市民向那些筹备领事馆的日本人示威,因言语冲突,日人被打死两个,打伤两个。当时市民刘成先、苏得勃二人被当局认为首犯,已被处死刑。现在的解决条件:(一)我外交部长向日本政府道歉。(二)成都警备司令部蒋尚朴、公安局长范崇实因疏于防范而被免职,其他责任者亦受相当处分。(三)给予赔偿费九八八八七.一元。

　　去年七月以后,广东、广西两省曾经有北上抗日的行动,与中央发生了冲突,广东不久停止了,广西则持续了相当时候。以前在上海发动"一·二八"抗战的十九路军将士也很多加入了广西军,翁照垣、丘国珍,就是其中的两个。他们编成军队以后,于八月间进到广东南部的钦州等处。他们到了以后,人民的抗敌情绪甚高。九月三日,在北海经营药业的日本人中野顺三与当地人发生冲突,被殴死。当时日本曾调集军舰多艘想去干涉,因为翁军预备作战,未曾去得。直到翁军退了以后,方由中央派人去调查交涉。现在的解决条件是:(一)我外交部向日本政府道歉,(二)当时北海的负责人现已遣散或去职,无从另予处分,至于凶犯则依情形之轻重,分别予以处分。(三)给予抚恤费三万元。

[原载《一般话》第 2 期(1937 年)]

# 西北事件大可忧虑

现在对外虽甚困难,对内已甚紧张。蒋委员长去年十二月十二日因抗日主张不同,在西安被张学良、杨虎城等所扣留,后来由宋子文的调停,到二十五日恢复自由,飞返南京,于是箭在弦上的内战总算幸免了。

张学良扣留蒋委员长虽以为出于善意,亦认对纪律究属相勃,乃于蒋委员长返京之日,亲到南京请罪。卅一日由军事委员会组织高等军法会审,开庭审理,判处张学良徒刑十年,褫夺公权五年。当时蒋委员具呈请求特赦,一月四日经国民政府会议通过,免其徒刑,惟褫夺公权一节仍须执行,张学良现在仍被留住南京孔祥熙住宅中。

至于陕甘的善后办法,行政院于五日议决:(一)派顾祝同为西安行营主任,指挥两省军事;(二)杨虎城及于学忠撤职留任;(三)陕西主席邵力子辞职,派孙蔚如继任;(四)甘肃绥靖主任朱绍良辞职,派王树常继任。此外对于各军队也派定了驻地。惟此办法决定以后,陕甘当局如杨虎城、于学忠等并无遵令办理的表示,当时向东调动的军队亦未撤退。现在西安方面已没有中央官吏,警备及交通情形亦在战时状态中,陇海路潼关以西并未修复,电报邮政及金融汇兑亦未完全恢复。中央新委的西安行营主任顾祝同已至洛阳处理一切,外交部亦恐事态的演变未可乐观,已劝各国侨民退出陕甘,而近日前线接触的消息且盛传于市上。从种种情形看来,以前所幸免的内战,恐仍不免爆发,真是一件可痛的事。

[原载《一般话》第 2 期(1937 年)]

# 法西斯干涉西班牙内战变本加厉

西班牙内战爆发于去年七月十九日,到现在将满六个月了。当事变爆发时候,政府原可于半个月内解决它,但因国际法西斯主义者竭力援助叛军,遂致战争延长到今。上个月德国在西班牙叛军中的代表回去报告说:"富兰科极失民心,若无外国的帮助,必不能得胜。"现在西班牙叛军已得有外国输入的飞机五百架,坦克车二百五十辆,大炮二百五十尊,机关枪及其他枪弹等不计其数。在十二月初,德兵在西班牙作战约有五万人,意兵有六万人,德意两国的海军已使叛军得了海上交通的自由。现在在玛德里前线作战几乎全是德国的军队,可是德国的精锐军力仍然不能攻克玛德里。在本月初且曾失败了几次,现在的攻势已经减衰了。希特勒现在拟派援军十万人至西班牙助战,非洲摩洛哥等处已有德军驻扎其间,开辟海军根据地,向各处作秘密活动。法国政府曾发警告,称德国若再派兵到西属摩洛哥,法国也将不得已而考虑军事行动了。

至于在伦敦的不干涉西班牙内战调整委员会,虽曾议决了许多方案,都因德意两国的反对,未能实行。他们向侵略者"纳贿"的行为,反而奖励了希特勒呢。

[原载《一般话》第 2 期(1937 年)]

## 英意订立地中海协定

在欧洲政局因西班牙内战而紧张起来时候,英国和意大利却订立了关于地中海的君子协定。这协定的交涉,进行得很早了,因双方均很守秘密,外间知道的不多。到今年一月二日,英国驻意大使德纳蒙和意国外长齐亚纳在罗马签字以后,方才公开了。这协定除了双方声明互尊在地中海的权益,维持地中海的现状外,英国把驻阿比西尼亚的公使改为领事,事实上承认了意大利并吞阿国,意国向英担任不侵夺西班牙的领土。因着这英意关系的改善,对于欧洲政局——眼前对于西班牙内战,或者能够好转一点,但有的人以为由于英意协定,可以回复一九三四年的斯德来萨对德阵线,却未免过乐观了。关于这,本刊中有《鲍尔温式的和平》及《英意地中海协约及世界和平》二篇文章很可以对照一看。

此外国际上的事,如日本加强管理汇兑,美国修改中立法,法土在叙利亚的争执,也都是很重要的事,但因篇幅限定,这里不能说了。

[原载《一般话》第 2 期(1937 年)]

# 墨索里尼要做回教保护人

世界上尽多愿意保护他人的人，他们真像是天生菩提心肠，对他人都有不胜怜悯之心，以至"拔剑而起"。但在被保护者的经验，保护者实在就是主人，而主人的保护是以鞭挞和榨取来施行的。

这例子我们可从墨索里尼来得一证明。墨氏做了意大利的救主，有灵魂的意大利人民不入囚笼便得逃走了。他向阿比西尼亚"宣扬了文明"，阿人失去生命的已数万人。他到西班牙去"防共"，西国的城市大半变成为劫灰。现在他又发表了小册子，自称为回教徒及阿拉伯人的唯一保护人，大约墨索里尼又将在东非西亚一带动其食指了吧。我们不禁为回教徒捏把汗。

但回头看看东方，我们的邻国，一向自称为东亚主人的它保护了朝鲜，保护了"满洲国"，也几次声明要做全中国的保护人的。而最近日德同盟又将邀意大利加入，在东亚主人与黑衣保护者结了帮之后，我们当不仅为回教徒捏把汗而已了。

（原载《人间十日》1937 年第 2 号）

# 革命的发展与危机

三月十八日和三月二十九日是我国革命上的两个重要纪念日。前者是民国十五年北平民众革命的日子,后者是民国前一年广州起义的日子。这两次革命,时代不同,情形不同,但它们有着一贯的目的,要求民族的解放;有着显著的发展,正代表了中国革命的两个阶段。

四百年来清室统治了中国后,虽曾使汉族人民起了很多次的反抗,而在鸦片战争以后,知道主要的压迫者不是清室而是外来的帝国主义者,于是"扶清灭洋"反成为义和团时代的革命口号。但义和团失败以后,清室完全成为帝国主义的工具,欲求民族解放,便不能不首先推倒清王朝。广州起义,即是中山先生倡导革命后历次义举之一。他们纠合了数十同志,凭着自己的热血与壮志,怀着炸弹去袭击总督府。不幸而失败,他们遂成为殉难的烈士。

广州起义以后不久即爆发了辛亥革命,辛亥革命虽产生了民国,但政权落在封建军阀手中,反而向帝国主义投降了。革命中道变了质,民族解放的初志遂未贯彻。

民国十四年以后,中国革命已走上一个新的途径,不但反帝的口号已鲜明的提出,而轰轰烈烈的实际斗争,也使革命的势力更普遍而扩大了。承"五卅"之后而起的北平民众革命,是直接对帝国主义的抗争:他们反对《辛丑条约》签字各国对中国内政的干涉,尤其反对日本帝国主义的炮击大沽;他们召集广大的群众,要求政府坚决抵抗。参加此革命的不是数十个志士,而是一般人民,他们的方法不是军事的阴谋而是普泛的国民运动。他们的流血,波起了全国的热浪,摇动了帝国主义在华的统治。

民众革命以后,国民革命也即兴起了,但这伟大革命虽推翻了北洋军阀,而在获得政权以后,仍旧松懈了反帝国主义的运动。于是革命又滞缓了,帝国主义的反攻,造成"九一八"以来的惨史。

因为失败而不得不重复演出的革命,它是有着史的发展的。在眼前,帝国主义的侵略已到了最高度,国家前途已处于最危险的地位,前人所几经苦斗而仍未完成的革命大责,还需由今后的人去负担。因而这更跃进一步的当前革命,一方面虽仍然承继过去的一贯要求——民族的解放,一方面却欲须采取更坚决更广大的态度与方式来实践——对帝国主义作最激烈的抗争,同时必须发动更广大的人民大众。若对帝国主义不抗争而存着妥协的幻想,民众的力量不能培养或反加以摧残,则中国革命的历史使命,仍然无由完成,而更大的受难,要我们的后人去承受了。

近代的中国革命,都直接间接受着中山先生的教导,而他的最初立志,在于中法战争以后,他的最后遗言是"唤起民众共同奋斗"。他的经验,是一种宝贵的教训。现在我们的民族革命已经到了最严重的时期了,是否对帝国主义作坚决的战斗,是否能极力发展民众运动,集中革命力量,是今日所应立即解决的问题,也就是革命成功与失败的关键。

(原载《人间十日》1937年第3号,署名念之)

# 日本议会的解散

在广田内阁时，幸免解散的日本第七十次议会终于在林内阁中解散了，这解散的意义是日本法西斯势力的更猖獗。

本来日本的法西斯运动早已抬头，自"九一八"以来对我侵略的顺利，益加使军队的少壮分子气焰高涨，枪口的胜利堵住了建筑于自由主义上之资产阶级的势力，日本政治遂逐渐堕入军部的手中了。于是取缔言论，统制产业，排击政党，着着进攻，至"五一五"、"二二六"事变迭次发生以后，日本的内阁仅属军部的傀儡了。

这次的解散，虽然尚没有到完全取消议会消灭政党的地位，而政府却有一种企图，打算总组织一个正式的党（如德意的法西斯党与国社党一般吧），再由于政权的掩护，在选举中获得过半数时，即可在新的国会中用所谓合法的手段来包办一切，那时对于所谓既成政党，不论解散也好，让其存在也好，而军部却可以如意以偿了。

是法西斯派的这一运动能够成功么？那倒不见得。第一，上一次议会改选时，政府不是也有这样的企图了？可是结果反政府的民政党、大众党反而胜利了。第二，自上次议会改选以后，日本的人民阵线运动也日益发达。在这次议会解散以后，各派政党，连政友会、民政党也在内都联合起来，共同对政府应战了。第三，日本人民对于军事法西斯的愤怒也相当高度了，在现在更甚的压迫下，他们也未尝不能发生某种突变的作用。

在世界法西斯势力已经被打击的今日，根本孱弱的日本法西斯要起挽残局，可能性是不甚大的。然而影响它的成败的，全在于反法西斯运动的进行如何。这不仅要有它本国人民阵线势力，还得看我们的民族运动是否还如"九一八"当时的帮助敌人的得势！

（原载《人间十日》1937年第4号，署名念之）

# 爱尔兰将完全独立

爱尔兰受英国的统治七百年，不知起了多少年的革命。大战中新芬党的独立运动尤为壮烈。因为它们的困苦奋斗，终于在一九二一年建立了自由邦。自一九三二年凡勒拉当选为行政院主席以后，停付对英国的地税，次年又通过取消对英皇的效忠宣誓，对于英帝国的从属关系，几已完全断绝了。

本月一日爱尔兰又发表了宪法草案，规定：爱尔兰系完全独立的国家，人民有自由选择政府制度、决定外交政策，及发展经济文化生活之权。宪法又规定国家元首为总统，国旗为绿白金三色，国语为爱尔兰语。此宪法实行以后，爱尔兰与英帝国便断绝了最后的联系，奠定了独立共和国的基础。

爱尔兰与英帝国的脱离，并不是一日间所发生的现象，因而也非什么力量所能阻止的。虽然爱尔兰的新宪法若不得英帝国的承认，未见得能圆满实行，但事实上英帝国却也不能不承认的了。在英新皇行将加冕的今日，而爱尔兰竟有完全离英独立的表示，这亦见得英帝国崩散的先兆。大战以后，帝国主义的黄金时代已经过去，各地民族精神的发扬，殖民地与半殖民地的独立，使以剥削他民族为生活的国家，不能不没落了。老大的英帝国主义，便首先会遭到这个命运。

当然，遭到这个命运决不止英国一国，所有以侵略为务的国家，都不免有这样的一日，但其条件还在于被侵略国家的坚韧抗斗，若爱尔兰一般。否则，它们所要吞噬的是绵羊之类，则危险也未必立刻到来。

（原载《人间十日》1937年第6号，署名念之）

# 半月来的救亡工作人员训练所

**(一) 筹备的经过**

上海文化界救亡协会组织部训练委员会的工作，分两方面进行，一是对一般同胞施行战时常识训练，一是对青年干部施行救亡理论与技术的训练。对于前者，两个月间办了百数十个民众训练班，对于后者，会举办三次短期的高级训练班，三次师资训练班。此外，训委会还拟办一大规模的青年训练学校，此训练学校对于救亡工作的推进会有着相当大的力量的，可是因为文救会一时筹不到经费，终于把已经拟定的计划搁起来，一直延搁下来，无法实现。到了后来，上海各救亡团体大都感干部人员的缺乏，各地军队及团体，多向上海要求工作人员，许多回到内地去工作的青年，又多要求临时训练，文救会便感到干部训练的急要，于是便决定先办一个短时期的小规模的训练所。这工作便由训委会去执行。

训委会的筹备工作，首先是拟定训练方针，分配课程，其次是招考学生，聘请教师，寻觅所址。经过极短时间——一星期——的筹备，到十月五日居然把这救亡工作人员训练所开办了。

**(二) 训练课程**

训练所创办时候，决定三个方针：

一是以集体主义的自我教育作训练的基础；

二是从整个生活上去施行训练；

三是理论与方法并重。

根据这个方针，训练所的课程不仅是课堂上的讲授，也包括开会研究及实际工作在内，其实饮食起居也是重要训练的一端。譬如造成严格的守纪律的习惯，养成耐劳耐苦的精神，必须在饮食起居等生活中去训练的。

这里课堂上的讲授功课分为四部分,一般政治理论的讨论占百分之五十,民众运动方法的研究占百分之二十,军事常识占百分之二十,防空防毒等技术知识占百分之十。这些科目都是请定在上海的各专家担任,每一讲授时间,先由指导者作一重要的演讲,再由学者提出问题共同讨论。

上课以外,我们又规定每日晚间为自动研究的时间。此研究分为三种,一种是民众运动方法的检讨,分工运、农运、学运、妇运及军队政治工作五组,各人认定一组加入,将过去的经验及所遇到的困难,提出报告讨论。一种是救亡政策的讨论,如反帝反封建问题、民族阵线问题、军民合作问题均会提出讨论,各学员都全体加入。一种是时事讨论,每队为一组,分别讨论。这三种讨论,每组都有一指导员加入,每星期都讨论二次。

集体的研究,在这里特别重视,除了上述的晚间讨论会以外,在每日午饭后的一时半休息时间、下午课后的两时工作时间中,也很多利用之以举行各种研究会的,在每天的朝会、每周的周会及学生全体会中,也很多提出问题来研究的。

实际工作在这里感到一点困难,就是所址太难开在热闹市区,交通太不便,时间太少,很难外出做民运工作。所有的只是学生会及生活上所务上的工作。这里的学生会是开校当时就成立的,壁报、演讲、演剧、歌咏、合作、卫生、警卫等工作都做得很起劲。现在已开始做附近的里弄工作了。

### (三) 生活情形

全训练所内有职员七人,学员一百零三人。所内的行政,由正副所长主持,下面分总务、指导、工作三部,由全体职员分别担任。各部工作多由学员共同处理的。

这里有学员一百零三人,大部分是由各救亡团体派来的,他们原来是工作人员。其中女的占四分之一,职业则多数为教师学生,店员居次,工人及公务人员较少。省区计十五省两市,而以江浙籍为多。

这职业不同,籍贯不同的一百零三位青年,依照所住的宿舍,分为六队,每队由他们自选一人为小队长,由所中派一指导员为队长,许多的生活事项及研究工作都是以分队为基础而进行的。

指导员(也就是全部职员)与学生过着同样生活,住同样房子,吃同样饭,一切集会、工作都同样参加,他们也守着同样纪律。

每天自早晨五时半起身,整理盥洗半小时,六时就举行朝会,节目有歌咏,有报告,有讲演;主席记录,讲演员由学生指导员轮流担任。六时三十分早操。七时早餐。八时起上课,至十二时止。十二时午饭。午后休息一时半。二时至四时上课。四时至六时分头工作。六时晚饭。七时至九时开各种研究会讨论会。九时至九时半记日记。日记须于次日交给指导员去看。九时三十分入睡。

所址借用一只中学的四层楼。计有教室一间,宿舍七间,办公室一间,盥洗室一间。宿舍是兼作自修室餐室用的。这些宿舍原来用床铺时只住八人,现在我们移去铁床,大家睡在水门汀上,可住十五人。早晨起来,各人把铺盖卷起,堆在一只角上,移进二张方桌,吃饭时当饭桌,饭后作自修桌,有什么要讨论时大家围坐起来,又成为圆桌会议了。到了晚上,这些桌子又须移到走廊上去,张开铺盖来睡觉。这么一当三用的房子,我们不但觉得经济,也觉得变化得有趣。

在这小小的四层上,住着一百多人,因为每天工作的紧张,大家按时做事,一点也不觉得地方的狭小。洗的是冷水,睡的是水门汀,大家一点也不觉苦。最困难的是时间不足,有许多工作来不及做,做了日记整理不了笔记,开了会又搁下了工作,恨不得多长几双手,多生一只嘴呢。

**(四) 经费预算**

以最少的钱做最多的事,是我们经济的原则。这里的预算如下:

一、筹备费　十元

二、办公费

　　房租水电　五十元

　　讲义纸张　五十元

　　报纸杂志　二十元

　　邮电交通　三十元

　　文具用品　十五元

　　茶水杂支　二十元

　　药品费　　五元

三、膳食工资

　　职员膳食费四十八元

　　车资客饭及其他开销廿五元

　　工资(工人一人)十元

四、学员膳食津贴

　　贫苦学员二十人膳食津贴一百二十元

以上共计四百另三元。

　　这个预算是极紧缩的。一切应用器具,大抵是东移西借,非万不得已不自己购买,一切勉强可省的都省去了。但因种种人事的设法,我们并不觉得如何简陋。譬如书报费是太少了,但我们这里看的每天都有近百份的报纸,新的刊物,也能每人得到一份,参考书也并不少,这自然不是自己的财力所能够办,而是承各方著作家、出版家所赠送。所以在大家合作助力之下,做一点事并不怎么困难。

### (五) 半个月了

　　自十月五日开办以来,训练所的工作,已进行了半个月了。这半个月来的成绩虽不见得十二分的满意,而大体上还能如预期的做到。学员们在报名应试时候,大概有许多的理想,而进所的一天,看到满屋子的灰尘积垢,破桌烂椅,完全不是有人住的地方,是很感失望的。我们动员新来的学员,大家移的移、搬的搬,扫除的扫除,慢慢弄成一个教室、宿舍等样子了。第一天也没有茶、没有水,没有报纸可看,在后经过大家的努力,把饮食问题解决,书报等也接洽取得了。第一次大会中宣布生活方法、公共纪律时,大家也感到一点困难。三四天以后,有几个大学出身的学员请求退学了。然一方面尽管在物质上使许多过惯舒适生活者感到困难,而在精神上是使每一个人都满意的。坦白、和睦、友爱的精神,努力、紧张的空气是任何学校中所没有的。半个月来,大家在这样情形中生活着学习着,过去的不惯渐渐惯了,过去的困难也渐渐解除了。

　　最难得的是担任工科的教员,没有一人缺席,没有一人不特别尽力。一点没有报酬,连车资也得自己拿出的工作,他们比了每月拿数百元薪水时在大学作教授,更要努力数倍。在一所小小的训练所中,荟集上海各方面最有名的学者,这也是任何大学所请不到的。在这么教授者的热诚精神之下,学员们的精神也增加许多。现在这一百多人,不但努力于规定课的学习,还自动的举行自我批判,相互指导,学力较高的学员,负着指导学力较低者的责任,每一个集会,每一种工作,都由学员自动执行,自己担任职务,很少需要指导员命令的。在我们的训练方针之下,这新的事业是成功的。

　　再半个月,就有一百位新的战士跑向救亡的前线去了。我们更希望新的工作上,新的阵地上,产生着无数的救亡战士,挽着我们这垂亡的国家,走向自由解放的境地。

(原载《战时教育》1937年第4期)

# 国民大会两法规修订案的内容

国难到了今日，集中全国的人力物力以抗敌御辱的口号，已是政府与人民所共同要求了。采取民主原则而组织成的国民大会，我以为是最能表现这一口号的精神。前年国民党第五次全国代表大会曾决定召集国民大会以后，很得许多人的同情，其原则即在于此。只可惜去年所规定的国民大会组织法及代表选举法未能符合于民主的原则，例如选举法上所规定的候选人由地方行政人员推出，由中央政府圈定；组织法上规定了当然代表；最受人指摘。就是自称稳健持重的《大公报》，也屡次著立社论来指摘过了。而事实上呢，国民大会的筹备，自去年二中全会宣布大会延期以后，也在无形中停止了。直到今年二月三中全会中经过许多中委的提议，决定于今年十一月十二日召集国民大会，并将国民大会组织法及选举法应行修改之处，授权常务委员会去办理，于是这表演着集中人力的国民大会，就有实现的时期了。

现在国民大会的组织法及代表选举法的修正案，已经中常会十几次的讨论而公布了。修正的内容可分为两方面：一是对于组成大会的代表人数及产生代表的选举法的修正，二是对于大会职权的修正。

国民大会的出席代表，此次修正案重新规定为：(1)中国国民党中央执监委员及候补执监委员二百六十人为当然代表；(2)依区域选举法选出代表六百六十五名；(3)依职业选举法选出代表三百八十名；(4)依特种选举法选出代表一百五十五名；(5)由国民政府指定代表二百四十名。这里与原案比较，当然代表仍旧保存；而原来规定为列席的中央候补执监委员也改为出席代表了。此外增加了二百四十名的政府指定代表；各种特种选举如无法举行，其代表亦得由国府指定之。假定特种选举代表中有半数因无法选举而为政府所指定，则当然代表与指定代表共五百七十七人，占全体代表一千七百人中的三分之一强。至于国府委员及院部会长官列席的尚不在内。

民选代表的选举法，原来规定由村、镇长，市、县长或各职业团体的执监委、理事以十倍推定初次候选人,再由中央圈定其中的十分之三为正式候选人,然后由选民于正式候选人中选举之。现在的修正案把中央圈定的手续取消了,即把初次推定的十倍候选人作为正式候选人。

由于上述各修正,对于国民大会代表,一面是"采取更民主的原则而使全国公民得有最大之自由"去执行选举了(由于取消政府圈定候选人的办法),但一方面也更增加了非民主性(由于增添了指定代表)。这民主性的一长一消,大概是根据眼前事实而作补救办法的缘故。其原因正如中央秘书处负责人所说明:"恐有才学醇正之专家,舆论所孚之老成,及为国奋斗卓著成绩之人士,未必能全获得各地公民之认识而予以选出。"同时,我们也相信中央必能利用此种补救方法,以广揽过去的主张行动未必一致的各派人物,以"罗致全国人才,集中心思才力以制定建国宪法"。故此种补救方法如为如此目的而设,虽未必合于民主的原则,却也为事实所不得已。为集中全国的心思才力而作的修正案,是比原案为合理而适应于眼前需要的。

关于大会职权的修正,第一是把组织法上原定的"国民大会制定宪法及行使宪法所赋予之职权"改为"国民大会制定宪法并决定宪法施行日期";第二增加了"本届大会于会期完毕,任务终了"一条;第三又把宪法草案第一四六条"第一届国民大会之职权由制定宪法之国民大会行使之"全部删除了。这三点修正只有一个意义,在于限定此次国民大会的任务仅在于制定宪法并决定宪法施行日期。所以这次国民大会,不但任务减少,任期也缩短了。将来议定国家大计、执行最高政权的国民大会是要另行组织的。本来宪法草案底一四六条的规定,曾有不少法学家指摘其不合法理,因为这次国民大会是成立于宪法施行以前,它本身并不是宪法内的东西。宪法施行以后,当然一切要依宪法执行,国民大会也得依法改选,正如宪法颁布以后,行政司法等机关都要依法改组一般。在事实上,此次国民大会的法规是定于去年,当时的政治情形和现在是不同了,国民大会代表的初步选举也已办好,事实上难于根本推翻,那么要适应新的情势而有机会以集合各方面的新的人才来参加将来执行最高政权的第一届国民大会,正宜使这次的大会能合于法理而及早结束。

此次中常会对于国民大会法规的修正,在执行民主精神一点,远不曾彻底;如当然代表的仍然存在,候选人的推定仍握于公务人员的手中,未能允许人民完全自由;集中全国心思才力的方法不能表演于选举方法中而至不能不用指定法,都是缺点。但它虽被限于既成的事实,而欲设法以适应眼前的新事实的心,却也灼然可见。《中华日报》二十五日《论国民大会与宪法》一文中称:"宪政的精神不在于白纸黑字的宪法,而在于有执行宪法的条件。"在这里我也觉得民主精神与执行时代大任的实际不在于国民大会的法规,而在于将来国民大会的事实表演如何。今日我们惟有以最大的信心与赞意来拥护政府的法案,而同时以更大的希望去祈待将来国民大会能更满足人民需要,能确实负起执行抗敌御辱的重大责任。

(原载《人间十日》1937年第5号)

# 五月谈雪耻

五月,在我们中国,是一个光荣的月份,也是一个耻辱的月份。一到了五月,便有许多人在警戒着,也有许多人在激奋着。因为在这一个月内,自一日到三十一日,有着不少的纪念日,而且都是血污所染成的纪念日。

五月的纪念日,除了"五一"与"五五"以外,其余都是由日本帝国主义的侵略魔手所造成的。"五三"是民国十九年二次北伐时,日本出兵山东,在济南轰击我军营,杀害我交涉员蔡公时的日子。"五七"是民国四年日本围攻青岛,出兵山东半岛,反向我提出廿一条件的日子。"五卅"是民国十四年由上海日本纱厂枪杀工人而演成南京路血案的日子。"五卅一"是民国廿四年日本的华北驻屯军向我华北当局提出无理要求而造成华北特殊局面的日子。此外廿一年的《淞沪协定》签字于五月,廿二年的《塘沽协定》签字于五月,而同年察北人民抗日联军也起于五月。在五月中,我们积下了重重叠叠的国耻。我们不曾忘了五月,也不曾忘了国耻。

近二十年来,日本对中国的侵略,"五三"是一个大分化时期。"五三"以前,日本的侵略曾受到中国的巨大反抗,由"五四"而到"五卅",中国曾爆发了伟大的反帝运动。"五三"以后,日本的侵略急激挺近,中国就受了极度的屈辱。革命的弧线在这时是最低落了。可是在这低落中,每一次可痛的屈辱都有过光荣的流血。《淞沪协定》之前有过三个月的上海血战,《塘沽协定》之前有过长城血战。而其后又起了奋勇抗战的人民抗日联军。廿四年的冀察事变,虽然在十天之内,成立了《何梅协定》,颁布了"睦邻通令",但此后的平津救亡运动,尤其是"一二·九"起自北平而响彻全国的学生运动,也是写下了光荣的史迹。耻辱之后仍旧来了光荣,我们是从来不曾忘了雪耻的。

自国耻以来,国人就不断喊着雪耻,可是耻不但未曾雪去且愈积愈多,使五月的每一个日子都染上了污辱。然而这不是喊雪耻的人的过失。陆曹章之后仍然出现了溥仪、殷汝耕之类,并非由于陆曹章之被殴,而是由于陆曹章之虽被殴而无害于他们的存在之故。廿一条件之后，仍然来了《淞沪协定》、《塘沽协定》，也决不是抗战的罪过，其罪在于抗战不足。

有许多人在叹息："'五四'的人物是老去了。当年打过陆曹章的人，而今就有自己做了陆曹章的替身的。"然而这是不足惜的，我们并不要求过去的人不老而要求着新人物的不断产生。也有人说："五卅的时代过去了，空喊打倒帝国主义适足以引起帝国主义的反感而致祸。"然而致祸的不在于喊反帝而在于全国上下未能一致去实际地反帝（自然，抗日是更急迫更重要的反帝运动）的缘故。雪耻的方法并不是屈服、忍耐、不抵抗，而是一个强大有力而立即见之实行的反帝运动——抗日运动。

青年们，壮士们，光荣与耻辱的五月在我们的面前了，我们要以光荣去洗雪耻辱。我们需要一次新的五四运动，需要一次新的五卅运动，也需要一个新的人民抗日联军。就从这一个五月起，使过去许多五月所流的血再沸腾起来，把过去许多五月所污染的耻辱洗雪了罢！

（原载《人间十日》1937 年第 6 号）

# 伦敦看到绥东

自从去年我国法币政策得到成功，绥远抗战得到胜利，西南与西安两事件和平解决，来了统一御侮的机运，给敌人一种莫大的威胁，使敌人感到刺心的不安。于是它对于过去的蛮干政策，不得不加以考虑。它对于中国，提出再认识，昌言平等互惠，和平谈判。在国际方面，改变了独霸东亚的形势，由摒除各国在东亚的势力，一变为拉拢在东亚有势力的国家，趋向妥协了。

英日的伦敦谈判，正是日本调整外交的一件重要事件。谈判的内容是什么呢？双方未曾发表，我们无从知道。不过从报纸上看，日本似乎有着确定的目的，那就是："日本华北——不列颠华中、华南"这样的分割，在日本自然是够慷慨的，但在英国还有点不敢昧然承受。在中国民众监视之下，英外相艾登不能不向我孔特使保证："英国倘与太平洋沿岸任何国家谈判，则在此谈判中，务当严格尊重中国之利益。"但是"英日合作"的调子，在东京已屡次弹之，伦敦也屡次欢迎之。它们的冲突并不是本质的，以中国为牺牲而成立了它们的谅解，并非不可能。或者英国也难免上了日本的当罢。

但对东方的关系，英本国与各殖民地的意见并不相同，因自身处在太平洋中，于日本的政策，是会格外感到可怕的。十四日英帝国会议开幕时，澳洲首相来恩斯提出了太平洋各国依据国联组织的精神而订立互不侵犯的条约。这较之英本国的政策，是更为积极而确定的了。然而问题的解决仍然系于日本。因为它是否肯放弃其侵略政策，肯否交还从中国占领去的土地，肯否停止在中国的一切横暴非法行为，乃是能否订结太平洋不侵犯条约的基本前提。但这一前提在法西势力独裁着国政的日本是绝对没有可能的。五年以前，苏联早向日本提出订立日苏互不侵犯条约了，可是直到现在，仍被日本所拒绝。所以日本所考虑的并不是不侵犯，而是如何用更多的大炮来安定太平洋。

这实据我们只要看着绥东。现在日本增兵华北，扩大走私，扶植土匪军队，建筑军用工程（日本最近在华北一带建立大飞机场，架设各军用电线，筑造战时用地底室等)。移驻浪人,残害我同胞(近来华北同胞常被敌人残害,海河浮尸,最为惊人;移驻北宁路沿线的浪人,闻已多至二万人)。刘桂堂匪部不断在察北侵扰,蒙伪军已在改编训练,大批敌军及武器正向热察运输,关东军与华北驻屯军密切联络,武官会议,领事会议,不断举行,正在讨论新计划新方案,一路所走正是战争的路。最近数日以来,日方又故意造谣,威词煽动,在平津、青岛、汕头作军事示威。是则所谓"日本华北",他们大约要在伦敦谈判中造成既成事实,使对方不得不承认吧。

所以日本对华的再认识,不过是用一种新的手段,以缓和我们的抗日情绪,分解我们的和平团结;而对英谈判等的国际拉拢政策,乃是对我更进一步侵略的准备。所谓平等互惠,和平谈判,所谓不侵犯条约,仅是单方面的幻想而已。

从伦敦看到绥东,我们只见到日本的两副面孔,一番用心。太平洋的安全绝不能产生于两个国家的谈话中,也不能建立于不侵犯条约上,它只能在爱好和平各国的集体保安,对侵略者的共同制裁,与被侵略国家的坚决抵抗上求得之。同时中国领土的完整,也不能保证于伦敦,只能保证于从绥东到鸭绿江的战场上。

(原载《人间十日》1937年第8号,署名念之、云畴)

# 根本铲除投机卖买

十天以前,上海的纱布、棉花的价格十分高涨,高涨得异乎寻常。听说市上谣传英国借款不成,中央或许要再改变币制,因而人心恐慌,现货涨价,上海纱布交易所至于停盘。但如货币再改,现货涨价,则各货应该一律,而独纱布交易所涨价至不能开市,可见人心恐慌未必是真,而商人的操纵垄断情形,完全表露出来了。

在多头的操纵之下,不但空方损失不赀,交易所经纪人也受极大损害。因而初时请上海闻人出面调停,调停不成再请政府查究。政府虽然加以查问,但终无办法,停市还是依然,货价涨落也只好听由多空两方自己的斗法了。

交易所的设立,本为场中交易,便于荟批,是商业发展的一结果。但到了后来,卖买者因各时物价的高下,而至卖空买空,以获利益,最后遂操纵价格,垄断市面,交易所成为投机家赌博之场所。而真正卖买的商人,反无从问津。市面因以扰乱,工商业受了损害。

这种变态的发生,根本上是由于资本社会之个人营利制度。任何工商都是为着个人利益而经营,对于全人群的利害如何,是在所不计的。交易所因期货的卖买及月结之存在,其变为投机赌博之场所是一定的。但如政治清明,社会安宁时代,这种投机也会受到相当的限制与制裁的。如在今日的政局不安,官吏不肖,至有一部分人凭着政治上的便利而作市场之操纵,于是市场扰乱更甚,社会受害更深了。所以要杜绝投机而发展工商业,根本上是要改革现在的不良社会制度,在眼前也该使政局安定,官吏清廉。否则,仅有调停与查究,也是没有什么效力的。

(原载《人间十日》1937年第10号,署名念之)

# 抗敌救国要用自己的力

十几天以前，上海交易所里的市价大起变化，甚至不能开盘。据说，市上有一种传说，我国向英国的借款交涉已经失败，有人疑币值要再起变革，因而现物涨了价。正好在那时候，报纸上宣传英日谈判将具体实现，留心时事的人也抱着一种悲观，以为英日勾结成功，我们的抗敌救国将不可能。这两种疑惧实出于同一心理，即是说：现在英国已与日本勾结，不再援助中国，中国失去了英国的援助，就没有力量可以抗敌了。

这种依赖心理，十足表示出中国政治经济的特性，即中国始终在帝国主义的支配下而不能独立。但实际则中国的民族解放运动只有自己来干，要依附一个帝国主义来抵抗一个帝国主义，始终是不可能的。国际形势的审察与运用是一件事，自己的决心与力行又是一件事，两者虽然有着相当的关连，但并不是完全相依附的。为着集中力量以抗敌，我们对于英国应该尽可能的联络是对的，但这不是说我们的抗敌完全要仰瞻于英国。而实际则英国始终没有放弃与日本妥协之心的。

试看十年来英国的态度，沈阳事变发生以后，英国对日的宽容，李顿及罗斯等的来华活动，都表示得它的最初心理。但在一九三五年日本侵及冀察并向中国南部活动时，它方才感到困难，感到非来一个对付不可。于是英国政策便以"亲华"或"助华"出名，中国法币政策成功了，外交强硬了，我国一部分上层分子的依赖心理与幻想也因是而更加扩大起来。他们以为中国的抗敌救国运动是可以得到英国的援助而成功的。可是结果呢，英国用了一点小小手段以后，"日本人士赞成英日两国在华合作者即大为活动"，英国也就愉快的准备来这一个协调了。自去年下半年以来，伦敦保守党报纸不时在和东京的报纸作着应和，到现在，英外长艾登也不否认了。艾登对于孔特使的尊重中国权利的诺言，就是英日关于远东问题谈判的确证，这谈判之逐渐具体化而将成为正式的谈判，也可以由日本近卫上台时所称"前外长佐藤氏在伦敦所成功的良好关系自当继续"的话得了证明。

英日间对于远东问题的妥协是无疑的。英国对于中国的援助,惟在自己利益被侵害而其他手段失了效时才能够,它不愿失去对日本的友谊,更不愿中国之由抵抗而得了解放。因为中国如因抗日而得了独立自由,同时也必将脱离其他帝国主义而独立起来呵。所以对于中英在伦敦的交涉,如果怀着如何重大的祈待时,必然会失望的。如果将中国的民族解放运动依附在英国或其他国家的身上时,也必然要失败。抱着这样愿望的抵抗家必然没有前途。他们见到英日妥协了,自己也就脚软了,他们过去的幻想打得粉碎,他们又开始考虑到与日本妥协,考虑到亲善提倡,甚至预备更大的屈服了。

抗敌救国是中国民族自己的事,是要中国民族自己来做,绝对不能依赖于他人的。虽然在作战的策略上可以利用国际矛盾,应该吸引国际助力,然而所谓助力,还得有自己的主力,助力的作用是由于主力的如何而发生的。我们也说,中国为要抗敌,必须与和平阵线各国保持密切的关系。然联合和平阵线与依附和平阵线,完全是两件事,两者是绝不相同,要联络要先有自己的存在,想依附则根本取消了自己的地位了。

中国今日之所以能抗敌,当然由于本身有抗敌的决心,中国今日的终于要抗敌,当然由于本身的量力足以抗敌。没有全国人民都怀着抗敌的一致要求,不会产生抗敌(以下缺)

(原载《人间十日》1937年第10号)

# 参加神圣的民族战争

中华民国已经觉醒了，六年来的屈服羞耻就要洗雪了，神圣的民族解放战争已于七月二十八日在平津近郊开始了。这是四万五千人所要求的一战，这是六年来日夜期待着的一战，这是感天地，泣鬼神，震动世界的一战。

中华民国是不会被灭亡的，中华民族是不会常久受耻辱的。有任何国所没有的广大的土地，有任何国所没有的众多的人民，有任何国所没有的悠久的历史，它不但会有强大不可抗的力量，它也必有伟大不可侮的精神。过去之所以委屈忍受，任人宰割，仅是自己意见未一致，内部纠纷未停息的一时现象。到了忍无可忍，让无可让，至危及民族生存国家存立的最后关头，会立即牺牲小我的意见，停息内部的纠纷而同心协力，一致抗争的。这是中华民族最伟大的精神，也是最不可侮之处。

这次二十九军首先向敌人反攻，开始民族战争，历史上将会有它的不可磨灭的光荣，它不但再出现喜峰口英勇抗敌的精神，也完全洗净了三年来隐忍的耻辱，过去从不能受谅解之处，现在已完全取得全国人民的拥护了。我们知道国人对外意见的不统一，完全由于环境的不同，估计的不足，今日大战开始，环境迥异，各种不同的意见，自然可以统一于抗战的大目标之下。"战端一开，那就是地无分南北，年无分老幼，无论何人，皆有守土抗敌之责任，皆应抱牺牲一切的决心。"从此不但二十九军该全军前进，奋勇杀敌，全国军队，也必须无分彼此，同仇敌忾。任何不同的意见皆该使其一致，任何汉奸国贼，也将使之感化，转而为国家民族尽力。

然民族解放战争，是历史上最艰难困苦的战争，这艰难不仅存在于武器落后，接济贫乏，一切战争的物质条件不齐备上面，也存在于政治机构不够灵敏，人民组织不健全，抗战决心难于维持到底的上面。民族战争是牺牲最大，搏击最烈的战争，它要以更多的生命，更多的财产，以极高昂的代价才能歼敌取胜的，它要以许多败北和创伤而取得最后胜利的。若在战争的中途，兵力财力或者战争的精神不能继续而屈服时,便是亡国灭种,永却不复了。所以此种对外抗战,必须有最大的决心,准备最大的牺牲,作久长的抗战,宁可战至一兵不存一枪不留,而绝不能半途妥协。蒋委员长说:"如果临到最后关头,便只有拼全民族的生命,以求国家的生存,那时节再不容许我们中途妥协;须知中途妥协的条件,便是整个投降,整个灭亡的条件。"又说道:"最后关头一到,我们只有牺牲到底,抗战到底……若是彷徨不定,妄想苟安,便会陷民族于万劫不复之地。"这是绝对正确的。不以胜而轻敌,不以败而自馁,抱牺牲的决心,怀持久的精神,是每一个抗战的将士,抗战的人民所必须具备的。

  尤其在我们的民族战争中,因着侵略我的敌方,有着种种特异的情形,它特别要利用种种策略以分裂我们的抗战阵营,中断我们的战争情绪的。因而我们必须特别警戒,断不能因小胜而受诱惑,半途作苟安之计,也断不能因小败而被屈服,半途作保全余绪的侥幸之心。我们必须抗战到底,到把敌人完全驱逐出境,把失土完全收复,使敌人不能再有侵略我们的可能时候,才能停战,才是最后的胜利。

  为保障持久抗敌,取得最后胜利的可能,我们必须调整内部的队伍。我们过去的屈服,是因内部纷争的未息。我们现在的决战,是由于各方意见的一致。在此后我们更须用最大的力量来团结自己。不论任何派别,任何系统,都要真诚合作,联合到底;一切不同意见,要在取得最后胜利后再行讨论,切不可中途分离而为敌人所利用。对于汉奸国贼,一面须加以严厉的制裁,一面仍须以最妥善的方法去联络他们,使他们悔悟过来,同样去向敌人进攻。

  在军事策略上,我们更须运用自己的特长,去制服敌人的短处。更须明白战争的地域是在本国境内,敌人的根据地,供应物都在我们国内,我们不能以自己的国力去供给敌人,我们要尽可能的使战争转移到边境上,以至移到国境外。我们的战争,一开始便该是进攻之战,不能是被动的应战。我们要全面的向敌方进攻,扫尽在全国内各地的敌方队伍与奸细。我们更要在敌军调动尚未完全、布置尚未齐备时,先一举而收回任何被敌人占为根据的地方。敌人如失去在我境内的根据地,他们到了非向其本国调动人员、取给物质不可时候,战争的形势便完全不同了。

  今日我们神圣的抗战开始了,我们的前途是极端光明的,我们的胜利是绝对有把握的。我们要安详镇定,沉着应付,我们要准备任何的战争条件,我们要克服一切可能的危机。我们更要牺牲到底,抗战到底,以最大的决心去博取最后的胜利。

全国同胞们,我们来参加神圣的民族战争!

(原载《人间十日》1937年第14号)

# 怎样运用华侨资力

自"八一三"以来，报端屡次披露海外侨胞巨额捐款，为数当在数千万以上。我华侨这种热心救国的伟举，其意义不仅是经济的，政治的，同时是民族美德的最高表现。最近中委萧吉珊氏自英属马来亚归国，据谈各地侨众均能踊跃输将，对于筹款振济，劝募公债，尤能严密组织，以应祖国长期抗战之需。侨胞的这种爱国热诚，给与国内作战的英勇将士和艰苦奋斗中的国民实有极大的鼓励。

海外千万侨胞源源筹款振济同胞，募捐以应国家的急需，固已尽国民报国的天责，可是此外尚有一事为散居海外实业家所能办所能效力的，即投资国内生产事业。是自沪抗战爆发，祖国沿海口岸即被敌舰封锁，原有稚弱的民族工业摧毁无余，即欲仰给外国，尚感困难，国力元气遭受伤损。补救之方法，莫善于发展内地工业，以求自给自足。国内贤达每论及财力问题，往往忽略运用侨资一事，作者以为华侨财力参加内地生产事业并非不可能，关键在于如何启导运用。过去政府当局虽订有华侨投资国内盐冶业奖励条例，华侨回国兴办实业奖励办法等等，海外侨胞有许多还是观望踌躇，大概不外两种原因：一，国家统一基础尚未充分紧固；二，政府无确实保护办法。既在封建残余已靖，匪乱叛逆消弭，政府亦必能切实实施奖励保护条例。华侨爱国素不后人，他们一定能负起这种报国的神圣任务的。

（原载《民意周刊》1937年第10期）

# 倭酋更调与对华增兵

据路透社十八日电：日政府已下令将松井石根召回，继任倭酋为一素有"八面玲珑之武人"称号的畑俊六；并传日本为应付中国新局势所造成之长期战争，及加强其战斗力量起见，已决定对一部分在华前线日军从事调动及改编，同时增派四师团兵力来华。一般推测，此次日政府之召回松井，系因畑俊六比较长于外交，日本内阁目前之政策，拟以比较妥协之精神，处理长江外人利益，中国海关行政及上海之各项问题。是则畑俊六来华使命，固不只处理外人在华权益，而且继承日寇疯狂侵华政策。

最近两个月来，日寇在华东、华北两线遭受我军英勇的迎击，已感到原有在华的残兵败卒不敷支配，军心涣散，斗志丧失，阵线时刻有旦夕倾覆之危。寇酋虽则故示镇定，扬言"应付长期战争"，内里实在已感到焦头烂额，图穷匕见。松井的免职据传系"调度失宜"，实则系借机掩饰窘态。其次日本军人的堕落，军纪的败坏，半年来在华所种下来的野蛮罪戾，已为国际文明人士所不齿，与其说寇酋无法控制军纪，无宁说，日本军人处于在替"武士道"精神挖掘坟墓。昭和尚且无法制服自己所豢养的这群凶悍野兽，畑俊六就能够一手遮天，掩盖住这些已经暴露了的丑行么？

复次，日本军阀往往到处闯祸，坐待政府收拾，这种怪状，数年来如一日。松井驻华半年，师老于外，处置失当，惹起外人烦言，从其与山本的谈话里可以看出他的语无伦次。他说："关于上海租界问题，应本自己大无畏精神，否认其独立性。"又说："不久之前'皇军'之过场上海租界，实给与外国人士以深刻印象。"其骄矜，傲慢，夸大狂，在在引起外人反感，使日本政府穷于应付。日军阀随处惹祸，内外步武凌乱，种种窘态，无异于自取毁灭。畑俊六此来，即使抱负调整在华外人权益使命，可惜日本军人的信义与道德早已为国际文明人士所怀疑。日本政府无法控制军阀的疯狂，其侵略的结果，虽未失败于军事，也必定败于外交。我们长期抗战，是日本帝国主义的致命的打击，畑俊六虽八面玲珑，至多不过替日本再制造些丑态而已。

（原载《民意周刊》1938 年 12 月）

# 怎样去做内地民运工作

内地民众的奋起,是当前抗战转败为胜的一重要关键。可是事实上却不易做,因内地有着许多不便工作的许多特殊情形。

抗战发生以后,最先成为战场的地方是沿海的大都市,其后方渐次向内地伸展。因此,一般上说,内地各处还是和战事很少直接关系的后方,社会情形还维持战前的旧状。战事影响少,人民的刺激少,对于抗战的情绪低,各种救亡工作都不易开展,这是内地特征之一。内地地方偏僻,交通不便,居民生活简单而困难,他们的知识浅陋,文化落后,国家和民族观念是很不发展的,这是内地特征之二。内地人民,对于政治完全没有关系,自身也完全没有什么组织,对于自身福利及一切祸害,完全听之自然。土豪劣绅对于一切新的革改及外来力量是十分反对的,为抗战而唤醒民众,组织民众,也不是他们所愿意的。这种封建势力,极力妨碍动员工作,是内地特征之三。地方政治,极其腐败,官吏的腐化恶化,阻扰着动员工作,是内地特征之四。

为要克服这种困难,具体的说,我们当注意于下列各点:

第一,到内地去做民运工作,要发动本地人去做。由本地人去动员民众,不但因为言语相通,地方熟悉,工作者自身的生活不发生困难,最大的理由在于他们与本地的民众相熟悉,和地方士绅有关系。内地人对于政治没有什么认识,而对于人的信任却甚厚。一个素昧生平的人去宣传去组织,他们必定以畏惧的心或好奇的心去看他,不会有甚么效果的。情形不好的,甚至会引起反感。由本地人去进行这工作,或由有地位有信仰的人去做,就很容易得到大众的信任与随从,绝不会疑心有甚么不利于他们的事情。

第二,要开展并巩固内地的民运工作,必须训练本地的干部人才。因为在本地培养了干部,才会使工作固定不动,树立起这一坚固的基础,才会有自动的独立的发展。到内地去工作,不宜多聘外地的人去领导,而该在本地培养出大量的干部来。这办法,最初可开办训练班,选择比较进步而坚决的分子,加以短期的训练，到后应逐渐着重于从工作中去提拔干部。

第三，要使内地的民运不受打击，必须和地方官吏与绅士们联络进行。地方官吏与绅士们虽然不少是腐化恶化而妨碍着动员工作，但他们在内地很有势力，要完全离开他们，或与他们反对而做民运工作是很困难的，或竟完全走不通。此外还有一层理由，内地农民向来慑服于官吏与绅士的淫威之下，没有得到官绅们同意的运动，农民是不会轻易参加的。如果绅士官吏是顽固，不愿意动员民众的，就该用极诚恳坦白的态度去疏通去说服，只要工作的内容避免了和他们冲突的，只要能在他们所需要的工作给以帮助，对于不良官吏与绅士的阻力，总可以减小一些。

第四，要多做启发的工作，多做宣传教育的工作。内地民众文化落后，对抗战的认识十分模糊，前方的消息十分隔膜，民运工作者必须多加以宣传教育。如果能够提高他们的文化程度，增加他们的知识，自然易于把他们组织起来，动员起来。

第五，要多从民众的切身问题或地方问题做起，要使抗战的工作和他们自身的工作溶合起来，口号不可太高太远。内地民众的眼光极短小，只知眼前的自身利害，对于国家民族的问题不太关心的。民运工作必要设法使救亡工作和他们本身的利害联系起来，如一样的辅助军队杀敌，却用保卫家乡、守护祖宗坟墓等口号提出来，便易于激动他们的情绪，取得他们的参加了。

第六，要遵守各地方的风俗习惯，要适合各地方的特殊情形。农民是守旧，是固执的，如民运工作者，破坏了他们的习惯，违反了他们的固有精神时，一定会引起他们的反对，而没法进行了。这情形不但口号上工作上如此，就是工作者个人的行动与言论也该如此。如果这地有一种无理的迷信，只要它不是根本妨碍着救亡工作，就不必去破除它。如果这地对于男女的界限分得很清，工作者在自己的男女同志间，也不得不有相当的隔离。

第七，要利用原有的民间组织，要适应其固有特性因势利导。内地人民很多有着原始的组织，这种组织是有相当的历史与社会根据的团结坚固，不易破坏。我们如能好好联合起来，宣传起来，他们也会成为很好的抗敌团体。各地方各集团的特殊冲突与顾忌也该注意，如其地方有世仇的民族，在组织上应各自独立，用竞赛的办法去奖励他们，却不能把他们拉在一起，反引起冲突。

第八，民运工作者必须与民众的生活打成一片，把自己变成群众的一分子。民运工作者不要把自己看成高出于群众的人物，取居高临下的态度，把团体变成衙门，使民众生畏惧而离去。不要使自己的生活和民众不同，使民众视为异己的人。

最后,民运工作者的坚决的抗战的意志,大公无私的精神,切实负责的作风,刻苦耐劳的生活,坦白诚恳、和易亲爱的态度,也必须具备。只有这样,到后方去工作,方能克服一切困难而把民众组织起来,动员起来。

(原载《战时民训》1938年第23期)

# 继续五四的民主精神

五四运动是发生于民国八年。那时候正当第一次欧洲大战结束,英、法、日、意等国以战胜国的资格,在巴黎订结重新分割世界的和约。俄国革命已经成功,一面在树起社会主义的理念,一面要打破资本主义各国的军事包围。德国、奥匈、罗马尼亚,都起了革命,过去的专制帝王是被撵走了。波兰、芬兰、爱沙尼亚、莱多尼亚、立陶宛等国家,在民族解放和民族自决的运动下独立起来了。土耳其、波斯等半殖民地国家摆脱帝国主义的干涉而奋斗着。印度、埃及、朝鲜、阿拉伯及非洲的许多地方,都为着独立解放而起着很大的叛乱。在中国,那时候是趁着欧战的机会,国人自己经营的工商业特别繁荣的时代;也是日本帝国主义趁着欧战的机会,加紧侵略中国,提出二十一条件,强占胶州湾,侵夺东北攫利,又强迫段政府订立秘密军事协定,要进而灭亡中国的时代。同时那时候也是袁世凯称帝,张勋复辟两次被打倒以后,是南方护法政府成立,全国民众在中山先生领导下起来反对军阀的时候。从世界讲,是革命最高涨,民权最发达的时候,从中国讲,是旧势力起动摇、新思想抬头的时候。

五四运动是在这样的时代状况下产生的,它一方面是受着世界的影响,主要的还是由于本国的原因,既是青年们抗日除奸的救国运动,也是反帝反封建的民主运动。可是因着国内政治的要求,它的发展,却不仅限于青年们,也不限于政治上,而成为波及各方面的整个运动。

五四运动的直接原因,是我国政府在巴黎和会中的外交失败。因为第一次欧战,中国也是参战的一国,一九一九年在巴黎开和会时,我国出席的代表,提出了希望关税自主、收回租界等款,陈述了日本强迫订立的二十一条,并要求将一八九八年租给德国,欧战中被日本所占领的胶州湾、青岛、胶济路等归还我国。可是结果,希望的陈述,固不必说,要求的也没有允许,巴黎条约上还正式规定德国在一八九八年从中国所得的一切权利,都由日本继承享受。这外交失败的消息传出来以后,全国的民众起了怒吼,五四运动便勃发了。

首先是巴黎的中国留学生，因为他们接近和约，最先起来示威，反对和约，反对本国代表签字。接着北京的学生大动员了，在"外争国权，内惩国贼"的口号下，全城的学生都参加示威游行，火烧赵家楼，殴打卖国贼。因为和会允许日本继承德国权利的理由是中日两国早已订有旧约，中国自己已允将此利益让给日本了，所以当时是有"内惩国贼"的口号。由于政府的镇压，拘捕学生，又引起北京学生的总罢课。这消息一传播开，各省各地，全国学生便立时响应起来，宣传，演讲，游行，示威，抵制日货，反对帝国主义与反对卖国贼的浪潮，在全国奔流。

在这激进的运动中，最初政府是取镇压态度，军警与学生，到处发生冲突，殴打，拘捕，甚至枪杀的事件。可是学生运动，并不能用武力镇压下去，相反的，反增加了它的怒潮。当时这广大的学生运动，产生了巨大的结果。第一是六月十六日全国学生联合会在上海成立了，他们争得了组织的自由，更增加了运动的力量。第二是六月五日起上海的商人和工人加入罢市罢工，并也引起其他地方的同样行动，造成工商学大团结的局面。第三是民众的力量终于使政府屈膝，罢免卖国贼，拒绝巴黎和约的签字，使帝国主义者也受了一点震撼。第四是国民的政治热情因此提高了。在五四以后，各地人民参加政治运动的渐渐多起来，人民的组织也相当成立，全国性的集会也自动召集起来，甚至如国民外交等，也相当实现了。这广大的国民运动，是现代政治的主要基础，也是民主政治的重要方式。

学生们自学校冲向社会，从学术转到政治以后，其自身亦必发生巨大的变化。就是在学校以内即教育上，与思想学术上即文化上的二点，五四运动在这个方面的收获，实际上是较在政治方面的收获为大。

当时第一个在学校内发生的运动是学生自治运动。学生们一方面了解于政治上的民主以后，也立刻主张学校内的民主，自信与自尊，大大的提高，过去的封建性教育，再也不愿接受了。于是在五四的狂潮稍过，学校重新开学以后，学生自治的要求接着便来。也因为北京大学在相当进步的领导下，尤其在开明的蔡孑民先生的领导下，首先实行，其他各处学校，便接二连三的起来效仿，于是这一运动便成为一种风气，成为当时学生运动内容之一了。

第二种在学校内发生的运动是择师运动。这是随着前面的运动而必然发生的。学校内的民主既然产生，学生们自然成为学校的主体，学校的设施，如有相反于学生利益的，必不为学生所接受。校长或教师如不能以真实学问教授学生，仅滥竽充数或竟以学校为营利之所，这些人，也无疑的要受解放后的学生所排斥。那时候发生的学潮,大部分就是要求学校内部的改革和不良教师的更换,因为学生的择师运动而不能安于位的一部分教师,便也拿出师道尊严和学风嚣张的口号来压抑学生。其实,学校内的民主与这些并没有什么绝对的冲突,优良的教师,有他的学术可以教授学生,有他的德行可为学生的模楷,他仍为学生所信仰,师道仍是尊严。学生所不满和反对的,乃是官僚政客式的教育家,复古封建的学者,这些人原来是学校的罪人,自己就没有了"师道"的!当时择师运动的更大意义,不仅在其本身上,而且在于择师运动能与广大的政治思想运动的联系上。例如北京女大之反对傅××是反对官僚主义,东南大学之反对郭××是间接反对军阀,浙江第一师范之挽留经亨颐是支持着新文化运动。

上面二种运动,渐渐使学校内的空气变换了,学校当局为适应新局面,也有相当的新设施。如着重于现实的教材,自主的训育,启发的教法,过去的不合理的非人道的管理法渐渐被废除了,就是在教会学校中,非理性的教育也慢慢减少。这是整个教育民主进步的一条路。

在思想学术方面,五四运动的影响也很大。我国思想学术,因为几千年来都在儒教的统一下,是非常受束缚的。经过五四的冲决,束缚便被打开,新文化运动像大海狂潮似的激发起来。这运动外表上是反对旧礼教,接受西方的进步思想,内容上却是朝着现代的科学与民主的道路走,反对落后的封建思想。

这思想的斗争,最明显的表现在四方面。

第一是反对旧礼教,主张自由解放。如反对帝王思想,怀疑旧道德,清算孔子学说,反对专制婚姻,主张自由恋爱,差不多一切旧的都被扬弃,一切新的都在创立,甚至发生过度的毛病,如"非忠""非孝"等言论,在当时曾引起很大的是非。

第二是在文学方面反对古文,主张用语体文,反对旧文学,建立新文艺。文字的解放,是思想解放的一种方法,过去的古典文把持在一部分士大夫手中,实际是把大众隔除在学问思想之外,只有文字与文学大众化以后,学术思想方能为大众所领受,大众的学术思想也方能溶入整个学术思想界来。五四前后提倡白语文,反对桐城派的古文,提倡写实主义的人生文学,反对八股式的死文学,曾经发生很大的影响。经过无私的广大社会运动以后,这提倡便见之实现,理论成为事实了。此后不但进步的青年用白话来写作,慢慢国定的教本,政府的文告,也采用语体文了。不但在学者自己著作上用语体文,且有许多通俗刊物创办起来,专门对文化水准极低的工农同胞作启蒙教育的工作。因此,文字改革的工作,事实是成为思想解放的一步显而发展了。

第三是反对专制与玄学,主张民主与科学。民主与科学,是"新青年"的主要口号,也是当时思想运动的主要内容。这在本质上是现代的,是资本主义的,是反封建的。中国当时正是封建社会将要崩灭的时代。这民主运动特别在政治行动及政治思想上面,在当时及以后,是有许多地方充分表现着的。至科学与玄学的斗争,在民国十年曾发生一次范围广大的人生观的争论,就是科学的人生观与玄学的人生观的争论,同时还有过反宗教大同盟的组织。这两者虽然不是一件事,但对于反玄学,反宗教的一点是同样尽了力量。

第四是提倡社会主义。一方面由于工农运动兴起,思想解放;一方面由于介绍西方学术,以及苏联革命的影响,社会主义便在五四时代长了苗,成为今后中国思想的一大巨流。"五四"当时是一个狂风暴雨的时候,各方面都在激急发展中,但过了相当时期,这激潮就起了变化,甚至起了相反的逆流来打消过去的进度,但同时也有更向前的进步。社会主义的提倡,就是五四运动的高一级的进展。在五四时代提倡一般新文化的杂志《新青年》,这时候已成为专门鼓吹社会主义的刊物了。同时还有《星期评论》、《浙江评论》等新刊物,也十分努力于提倡社会主义。在民国十二年还发生过一次广大的社会主义的论战。不久这社会主义的提倡就实践的成为社会运动了。

全部五四运动,有几个特点:第一,这运动是群众性的,不论其为政治行动,其为思想宣传,都经过广大的群众运动,由群众来支持。第二,是合于时代性的,反对过去的旧的束缚,接受新的现代思潮。第三,是以知识分子为运动的中坚,而联系工商各界的人,以爱国的政治运动开始而影响及于教育学术、文化思想的各方面。这个反专制、反古典、反封建的五四运动,完全是一个民主的运动,在各方面都充分表现出这样的精神。也惟其本质是民主的,而运动又是民主的进行着,它才能成功,才能获得巨大的影响。当时的政治口号,如不通过广大的群众运动,必定不能有所成就;当时的教育要求如不为学生们的利益而提出,必定不能实现;当时的思想学术,如不为自由解放而斗争,也必定没有结果。所以五四运动的本身意义,是在民主上面,它之所以能够成功,也因其由于民主的方法。

五四运动是我国现代进步的一重要事实,这一运动不但在各方面开辟出新的道路,推动着中国前进,还是在继续不断的发展,而且愈发展愈扩大愈深入。六年后的五卅运动,事实上是继续"五四"的反帝工作,而且更扩大深入。

再十年后的"一二·九"运动是学生运动的复兴,由一般的反帝转向抗日的特殊使命上来了。其他在学生本身组织及文化思想上,更是耿续坚韧地斗争着,二十年来的历史,写上了不少光荣的篇幅。

抗战以来,青年学生们的血更沸腾起来,心更飞扬起来,他们都大批大批的跑向战场上去直接和日寇拼命,今日在冀察晋鲁等省游击区内日夜和敌人搏击的,正是卢沟桥事件发生后从平津退出的学生们。今日在江浙皖豫鄂一带游击区内工作者,也很多是上海南京等地跑出来的青年们!抗战一开始,就有千千万万的学生,从学校跑向战场,舍去旧日生活而和士兵一般去作战了。他们有着比五四时代更高的热情,有着比五四时代更高的理想,他们是为建立自由解放的中国而斗争的。这样一个斗争,范围的广大,与全国的一致性,是比五四运动要高过数十倍,数百倍。学生们在这一斗争中的活跃与任务,也要比五四运动高过数十倍。

这次抗战是长期性的,要经过极艰苦的奋斗,要动员全民众的力量,方才能得到最后胜利。为要是长期奋斗,精神历久而不衰,必须不断的发扬鼓励,增加新的活动力。为要普遍动员,使广大群众都能起来参加抗战,必须使抗战通过群众运动而成为群众的事业。这就是一个民主的问题。在本质上,抗战的民主性比"五四"更大,在要求上,抗战的民主精神也比"五四"更切。因为现在我们需要青年去作战,要给青年以力量,要青年们的精神焕发不衰,就要经常给以激励。五四运动是因着民主精神的发扬而得了巨大的成功,现在要增强抗战的力量,当然更需要充分的民主精神。

抗战将近三年,学生们的狂风暴雨时期确已到过。可是这个时期很短,仅仅一年左右,在许多地方就见到退潮的痕迹了。譬如许多跑出学校的学生,不久又心灰意懒地返回学校去了,(我们当然承认回到学校并非绝对不应该的,但是认之为无可奈何的办法是不对的),许多打算改学军事的青年仍旧去学一般科学了,在前线工作的青年也成批的退到后方来了。甚至还有少数的人竟消极灰心,反而去过以前所不愿过的腐化生活。这些现象,当然是部分的少数的,可是这部分的少数的发现就可使人们警戒、考查,并设法补救。这些现象之所以发生,是由于青年们的热情没有得到充分的鼓励,他们的艰苦作风没有得到应得的奖勉,他们的忠正意见有时不能被采纳,他们亲近民众的办法有时亦不被提倡而遭阻扰。他们所受的教育文化,他们所有的精神思想,在实际社会中不能得到配合。就是过去青年学生们虽然作过民主运动、现代化运动,他们自身也受得这样的教养,但这运动还未深入民间,并未影响及各方面,现在更伟大的局面,是需要更广大深入的民主运动来奠定基础、开阔道路的。因为这个基础和道路的未曾建立,学生们的热情,便在很短期中发现了退潮的现象了。

可是抗战尚在继续之中,青年们的热情是不能让其衰退下去的,要认清社会,要克服困难前进,不要畏难而退,不要因社会的落后而消灭热情,要扩大民主运动而推动社会前进。而在目前民主运动的进行,比五四时代要便利许多,因那时完全是民间的运动,而现在是由政府来提倡的。自第四次参政会至第五次参政会,实施宪政,已成为确定的案子,政府既有实行的命令,民间也有推进的运动,这当然是没有问题的了。所以现在的一切民主设备,应集中于宪政的总目标下,一切民主运动,应在宪政运动中去进行。因之,目前参加宪政运动是"五四"以来学生运动内容之一。

学生们参加宪政运动的第一步工作,是对于一般宪政运动的推进。因为一方面学生是国民的一部分,当然也要求宪政的实行,同时也只有整个的宪政能够真正实行时,学生的部分民主,才能实现,才有保障。

第二是健全并扩大学生们自身的组织。要动员,要工作,要由组织去发动方能广大而有办法,"组织就是力量"。五四运动以来,学生会的组织,本来是很发达的,尤其在国民革命军北伐时代,各地学生会是非常活跃,也尽力很多。不过以后却因为种种原因而衰落下去,学生运动和它的力量也随着低落了。抗战以后,国家需要学生们再度活跃起来,学生会的组织也自然该健全起来。在训政时期约法中,规定人民有集会结社的自由,人民得依职业组织团体。学生会的组织是国法所允许的。现在宪政将要实施的时候,学生们的首先工作,是恢复并健全自身的组织,自各校内以至全国的。

在学校以内,目前学生们所需要的是抗战教育。抗战教育不仅是增加或掉换几种课程和教材,而是形式,内容,精神,方法,整个一致,全般适应于抗战需要的教育。固然课程与教材,要着重于战时知识,而更要紧的是培养起民族意识,抗战意志,战斗的精神与力量,为配合于我们的抗战的课程,更需有艰苦奋斗的作风,机动自主的精神。凡此种种,都不是过去形式主义的教育所能完成的,高度的民主精神,是抗战教育的主要条件之一。所以抗战教育固然反对专制的封建教育,也反对死读书的学究教育,同时也不是把学校变成军营的军事化。后者看来像是战时所特别适宜的,但实际它和前面所说的精神完全相反,除了青年的兵役意义以外,它对于抗战教育是并没有帮助的。

在一般的文化教育上,目前青年学生们还要负担推广民主思想、启蒙文化的责任。这在过去虽然尽过几次的力,但就目前的状况看,实在觉得不够。而为着抗战的需要,一般民众的现代知识的提高,民主精神的培养,是非常迫切需要的。只有民众的脑子有了现代化的装备,他们的战斗力便会提高起来,只有政治走上民主的轨道,一切政府的力量,组织的力量才能尽量发挥出来。

这些——参加一般的宪政运动,健全学生自身的组织,实施抗战教育,推进民主思想与启蒙文化,是学生们继承"五四"的民主精神所应有的努力,也是对于今后宪政所应尽的力量。在落后国家的中国革命中,学生们是特别有着光辉的地位与任务,"五四"以来,学生运动的历史,已将这光辉屡次表现了,现在在这伟大的抗战中,中国学生当然要更大的继承它的光荣的奋斗历史,完成其伟大的任务。抗战的时期还相当的长,国家正需要我们,不要让热情减低,不要把斗志衰退,向前奔驰!先激发自己的同学们,仍旧跑向社会,跑向战场去;再激发全国同胞们去和敌人作战!继续"五四"的民主精神,继续学生运动的光荣历史。

(原载《读书月报》1940年第2卷第3期)

# 第三辑

第三册

# 《经营经济学》译序

经营经济学(Betriebswirtschaftslehre)是一个新名辞，是近十数年来由德国学者所研究而成立的学问。在经营经济学尚未成立以前，关于这一方面的学问，多作为国民经济学底一分科，或某种技术论性质的科目而研究之。其发展底经过，亦颇有相当历史。自十七世纪商业学成立以来，所有 Handelswissenschaft、Handelsbetriebslehre、Prinatwirtschaf-tslehre、Einzelwirtschaftslehre、Erwerbswirtschaftslehre、Betriebswissenschaft、Betrieb-Wissenschaft 等均是经营经济学尚未成立以前研究这一学问所用的名称。近世经济学(Wirtschaftswissenschaft)自国民经济学(Volkswirtschaftslehre)成立以后，乃蔚然成为一大科学。在国民经济学成立以前，有研究个人经济的《家政学》(*Hauswirtschaftslehre*)及国家经济的《财政学》(*Finanzwissenschaft*)。古代希腊克塞纳芳(Xenophon)底《经济学》(*Economicus*)即系记载农场管理及家事经营的实际教训，解释经济为善良的主人善于支配其家属的任务。相传为亚里斯多德(Aristotles)所著的《经济学》，分经济为四部，一王之经济，二太守之经济，三都市国家之经济，四家之经济，虽已由个人的家计而扩张至于王国，但仍然为由私人出发的单独经济。中世纪商业发达，婺利求富者移其力于此，经济学者底研究，亦渐由以家族经济为主的家政学而转移于以企业为主的商业学上。及后经济理论发达，乃成国民经济学，并一切经济事情而综合研究之，所以学者以国民经济学为综合的经济学(Gesamtwirtschaftslehre)，以家政学、财政学、商业学为单独经济学(Einzel-wirtschaftslehre)。近世产业发达，渐由个人事业而及于国家行政范围以内，其影响所至也不仅为从事产业之个人，而是整个社会，于是昔日为个人致富的技术论的商业学等，逐亦进展至以产业自身为主题的经营经济学，与国民经济学相并而成立。单独经济与国民经济的分别系由于经济单位的立场而生，国民经济学与经营经济学的分别系由于经济主体的立场而生。国民经济学是研究参加者与生产者底关系即经济组织的学问,经营经济学是研究生产设施生产机构即经济经营的学问。如何使人们能集力或从事于生产,如何把由生产所得的成果分配于社会是国民经济学上的重要问题,但如何经营着各种经济事业最能收得其成效,乃是经营经济学上的中心问题。人们有参加生产创造文化的义务,亦有享受此生产文化的权利,固不成问题,但若能以最小量的劳力而获得最大量的效果,即为直接间接增大了人类享受的权利。现代人之能较古代人过其高度生活,即是此种收获力底增高所赐,所以欲促进文化底发展,添加人类底幸福,即须注意此经营效力。如果跟着社会制度底改良,人与人底关系能够圆满解决,则进而所应讨究者,唯有人与物的关系,即国民经济学上的问题解决而仅留了经营经济学上的问题。此即经营经济学底所以为现代及将来所重视者,正有超过于国民经济学之处。

经营经济学底成立,盖有两个促进的主因。

其一是产业合理化(Rationalization of Industry)。自从产业革命以来,一方面应用极新式的机械以增进生产能率,一方面应用科学的管理法(Scientific Management)以增进劳动效率,产业性质乃大变更。适应于此种产业性质,产业制度(System of Industry)及生产机构(Institution of Industry)亦不得不因之而生变更,现在之由于生产结合及共同生产所成之卡尔太尔(Kartell)、新提加(Syndicate)、康哉伦(Konzern)、托辣斯(Trust)底发生,即其表演。此种产业上的内外变化,使无不发生效果之劳力,无不受利用之设备,材物点滴均收入于生产中,金钱迅速流转,经营能力增进极大。然正因如此,产业底组织骤形复杂,问题亦多,其专力于此的研究,遂应于需求而起。

其二是社会主义运动(Movement of Socialism)。欧洲大战以后,社会主义的精神,渐渐吸入于各国政治中。影响及于全社会的生产事业,把握于私人手中,弊害甚多,而为人群而设的政治,不仅为维持人类间的关系抑亦应为人类而直接创造福利,因而生产事业亦被收为一国政治的重要事项。政治能合理进化,国家即可减省其消极的劳力(如战争、理讼、征收)而移用于积极的生产上。社会主义国家,为领导人民与自然争,得自然之利以为人类用,去自然之害以为人类安,则所谓政治,无非属于经营。最达于理想的国家,其职务即为总司一切生产事业之设施管理及其生产成果底分配,国家机关为产业之中枢,亦即为人类交通之机钮。今日各国公企业、国营产业底发达,较之前一世纪的国家,相差奚止十倍,国政之焦点,亦渐移入于此经济事务中。最近各国财政状况,赋税收入渐减,国营产业底收益骤增,即可见得此种趋势为不谬。

于是经营经济学遂含有政治学的性质而被研究了。

经营经济学在上述两种条件之下,其成立为独立的学问,乃是当然之事。然其历史则实甚新,虽递遭变化底经过,为期颇久,但在经营经济学这名称下而建树起学问的体系来,在其母国的德意志,也不过是十六五年来之事。一九一六年德国汤杜林教授(Tondury)开始使用了经营经济学的名称,其后由修麦伦白(Schmalenbach)底采用,乃普及于一般。而尼克理须(Nicklisch)、拉德那(Leitner)、莱猛(Lehmann)、华尔勃(Walb)诸人,实为这一学问底创造功劳者。虽然各学者底主张,时有争论,关于经营经济学底本质与体系的见解,亦未完全一致,然此非独新起的经营经济学如此,即对于国民经济学亦然,经营经济学已建立了整然的体系,填定了充实的内容,实已不愧为科学而被一般学者所承认。多数大学已设有经营经济学一科目,著作也很完备而充实了。

经营经济学在英美称为 Buisness Hdministration 或 Business Economics,与德国的 Betriebswirtschaftslehre 稍不同其性质。在德国为科学的研究,从理论上建设起来的学问,在英美则颇偏于实际的技术论方面,为实业家企业家创造了一个应用经济学(Applied Economics)罢了,与其译为经营经济学,倒不如叫企业经营论或营业经济学较为适当。此盖由于英美两国底产业历史及发展使然。除英美二国外,在法兰西与意大利,均亦偏于技术论方面,此学问尚在幼稚时代,实犹未达于科学的经营经济学底地位。英国在十八世纪即有《制造的经济》(Charles Babbage, *The Economy of Manufacture*, 1832)发表,提倡经营技术底合理化,为这一学问底先驱。其后由各专家研究,渐次长成,乃与政治经济学(Political Economics)相并而成立企业经营论(Business Economics)。最近由于阿修来(Willian Ashley)与塞尔唐(Oliver Sheldon)等底研究,乃渐加以理论的与体系的补充,渐可与国民经济学相对立而成为经营经济学了。在美国于欧洲大战以前,为纯技术论的推依拉(Taylor)派行其学说,所谓科学的管理法,在企业经营论上声势极盛,虽闻亦有产业福利与产业财务底研究,然处于推依拉派之下,并无影响。大战以后,科学的管理法渐渐转为对于产业经营研究之经营底集约的统制(Colletive Control)与包括的计划(Comprehensive Planing)的问题,更由伏而便(T. Velben)及哀第(B. Eday)等制度学派者(Institutionalism)底加工,于外形内容上均加了洗刷,亦较为进步了。然而究其实际,自推依拉主义(Taylorism)以至于福特主义(Tordism)为止,无不专重于技术的努力,所谓企业经营论,究不失其美国学派的特色,而经营经济学,遂不得不以德国学者底所说,为其标准的理论。

日本经济学者才于五六年前有对于经营经济学底研究与发表。本书著者增地庸治郎于一九二三年前后留学德国，专攻经营经济学，回日以后，所献极大。一九二六年成立日本经营经济学会，网罗全国经济学者百数十人共同研究之，每年举行年会，提出论文，进行调查考察，颇为努力。至今办有一种专门杂志——《经营经济研究》，刊行论文二册——《经营经济论文集》，其专家著述，总计尚不过四五册，大学中设有经营经济学科者已有数校。

至于万事落后的我国，对于这一新起的学问，尚未注意及之，自无足怪。本书著者于四年前在其《〈经营经济学〉序论》上说："经营经济学的名称，在日本是很新的罢，无论为著书的标题，为大学的讲义，均未见有用过的。"这四年前的日本情形，正是今日中国底状况，可是四年后之日本，对于这一学问的研究已十分发达，不知今后之中国，将于何日才能于经营经济学上得了地位。我国一切学问均系抄袭他人，对于国民经济学尚未有一番功夫，谈经济学者只断片零碎而及之的今日，要再涉猎了新起的经营经济学，或为力所不及。间尝搜集各书店出版物及大学科目，偶有工商管理法及工业政策、商业政策等学问，差可归入于经营经济学范围内。然此系旧式科目，学问底进展，常跟着实际状况而蜕变，随着企业界底新的转换，学者对于这一方的研究，已不能不由技术论而进于科学的研究，由分枝散片进而至于系统的叙述。在此民族精神兴起，力图对外奋斗之际，中国自身产业之发展，非在一整个的计划与管理中进行之，势不能于层层压迫之下而争得生存。此种计划应如何建立，管理应如何执行，都是经营学上的问题。经营人才底养成，更不得不以经营经济学为第一种必修学科。本书译事将竣时，见上海各报所载，工商部有召集各银行家、实业家，商议组织工商管理委员会之举，虽其内容如何尚不得而知，但其为图谋发展中国底产业经营而作一集体的研究，却很确然。事实迫起学问底进展，这是一证。中国新产业底发展，行将于实际中要求此一学科底科学的研究，自是必然，此后大学底经济学院、商学院、工学院管理系等，必将设此经营经济学之一学科，亦是时势所必然。

事实上的要求如此，顾中国对于此学问的学术著作如何，译者寡知，实未见到，此即不得不从事此译之一原因。

本书系日本改造社出版之经济学全集第三十六卷底一部分，增地庸治郎底《经营经济学》底全译。其体裁为总论性质，因关于各论的工业经营、商业经营、会计学、交通论等，以其系全集之一，为避免与全集中其他部分重复而省略了。书共七章，第一章系叙述经营经济学成立史；第二第三两章，讨论经营经济学底内容，为学的研究，属于纯理论部分；第四第五两章系对于经营底外的机构底研究；最后二章系对于经营底内质的研究，为问题的研究，系实际部分。书中所论，理论与实际并取，在理论方面对于各家学说均有简单的介绍与批评，在实际问题上，对于经营、企业上的重要事项均有叙述，能给与读者以一个经营经济学底概念，并有了关于产业经营上的大体知识。各国关于经营经济学的著作，为数虽不甚少，但或有偏重于理论，或有偏重于技术，其巨帙大著，亦不是最初介绍过的适本。此书底长处，即在其理论与实际并重，编制得宜，叙述均齐，先了解了一个完备的概念，然后再进而研究其他著作，庶乎有条不紊。作为入门书的通论，本书洵是最适宜之课本。同时并信其最能适合于为大学中经营经济学科底教本。目前我国最需要者为此一类书，故于许多巨著中选译了这一本。他日有机会，或再就经营经济学底祖国——德国学者底巨著，译之以飨读者。

著者增地庸治郎系日本东京商科大学教授，是现年三十五岁的青年学者。一九一七年毕业于东京高等商业学校（即现在的东京商科大学）即入专攻科，在上田贞次郎博士底指导下研究工商经营科。卒业后历任住友总店、住友制钢所的职务，并兼任大阪高等工业学校讲师，担任工业经营一科。一九二三年留学德国，师事经营经济学的大师尼克理须氏，专攻经营经济学。一九二五年归国，担任东京商科大学教授，任"商工经营"及"工场经营及计理"二科。为日本经营经济学会底主持者，"经营经济研究"底编辑者。经营经济学为增地氏专攻科目，对于其一般理论及会计与工厂经营诸问题有了特殊兴味。其所著书，除本书外有《经营经济学序论》、《经营学要论》及翻译数种。论文散见于各杂志专集中者甚多。

本书译文，因原书系编入于经济学全集中，而译文为单行本之故，几处辞语有了修改。书中"我国"、"本邦"等词均改为"日本"，以免误会。其所引证的材料，因我国无可靠之统计可以更易，同时此种材料亦无分于内外，遂依原书袭用了。书后所附参考书目，系译者所参酌增改而编定，欲为读者作进一步研究之助。

（原载《经营经济学》，中华书局1931年版）

# 《社会制度发展史》译序

这一册《社会制度发展史》是日本高桥清吾氏编译英美学者健克斯、俾亚特等底著作,并自己加以补充而成。其中尤以采自健克斯(Edward Jenks)底《政治史略》(A Short History of Politics)的为多。《政治史略》前已由严几道先生译为中文,改名《社会通诠》。严氏译文,雅顺可诵,施惠于学者的殊多。惟《社会制度发展史》系集合各家学说而成,其内容较之《政治史略》,颇多补充增添之处。尤其是《政治史略》出书以后,各国社会形式底变化,日益激烈,经过欧洲大战,全世界均起了巨大的改革,俄国革命产生了与旧社会完全相反的政治经济制度,德国革命又起了一新的调和;此种补充,当有十分可贵的价值。其他社会理论见解上介绍了各家学说底立场,亦足以助读者研究的便利。所以《社会制度发展史》较《政治史略》为完全,本书亦可以补严译底不足。

社会进化史底研究,已在现代社会科学中占得重要位置,而渐渐引起学者们底注意。但其内容,正如高桥氏所述,因各人底立场不同,各人底见解亦异,学说纷纭,莫衷一是。本书所述各点,是否均为真理,译者殊不必加以赘论,当让读者用犀利的眼光去分别它。惟所谓"以事实为事实而认识之",译者亦承认其为研究学问应取的态度。吾人苟能用科学的方法,冷静地加以鉴别,而勿以感情的头脑去幻想,当可免于大误。

本书编著者曾引用了多种名著,亦可为读者底参考,今一并抄列于后:

1. Jenks — *A Short History of Politics.* —*The State and the Nation.*
2. Kropotkin — *Mutual Aid.*
3. Gumplowicz —*Sociologie und Politik.*
4. Oppenheimer — *Der Staat.*
5. Marx — *Communist Manifest.* —*Das Kapital.*
6. Beard — *Economic basis of Politics.* — *Cross Currents in Europe.*

7. Croce — *Historical Materialism*.
8. Stier-Somlo — *Reichsverfassung*.
9. Brunet — *La Constitution Allemande*.
10. Giddings — *Studies in the Theory of Human Society*.
11. Mill — *Representative Government*.
12. Morgan — *Ancient Society*.
13. Maitland — *The Constitutional History of England*.
14. *The Russian Constitution*. (International Conciliation)

一九三一年十月一日　潘念之记

（原载《社会制度发展史》，大江书铺1933年版）

# 《思想家大辞典》叙例

世界历史,为人们活动底成绩;社会变革,由思想进化而形成。此种人类活动,思想进化,即为人类文化发展之推演者。个人为组成世界社会的分子,故集合古今中外之人物,记其行事,述其言说,不仅为一最广大的"人物志",亦即是一部错综并列之"世界史"。惟世界人物至多,就其尤有关于人类活动历史者而言,亦不知有几千百万;若欲一一加以记述而汇为一书,当非一二人之力所能及。《思想家大辞典》,不仅在数量上系采撷《人名辞典》之一部分,使事简而易成,其内容亦与普通的人名辞典有所不同。因此乃专取世界的思想家,即对于人类活动之过程上尽其思想的贡献者,加以简略的介绍。所叙述以说明其学说之大体及思想本质者为主。本书即系将人类开化以来之理智进化的过程,不论其为政治的,经济的,社会的,宗教的,哲学的,艺术的,科学的,均作了简略而概括之记载。所以若"人名大辞典"可作为世界史,本书当可比为"世界学术思想史"。在人物志上固有其地位,在思想史上更欲占得位置。今日人事繁纭,生活多忙,吾人恒苦无暇以闻该博之人间学说,若欲于研究上或工作上求古今学说为之参证,则此种概括而简略的作品,或不无小补。且人类文明之发展,既有思想之变迁为之说明,虽思想乃由于经济的或物质的转易而嬗递,而文明为沿当时所起之思想而推进,则是确然。一部人类活动史,不论其为何种斗争与革命,均不外为此新旧思想之冲突主于其间。吾人生于今日,承先人之遗递,启未来之新运,斗争激烈,思潮汹涌,何可不明瞭于古今种种学说而自为之地。如此则本书之完成,于今后之思想界或亦不无影响焉。

惟此种重大工程,殊非易举,我们以二人之力,尽二年有半之时间而总促成之,虽参考取证,前人已有种种功绩贻留于我们,而编次之未良,审核之未博,错误之处,自知难免。惟刍荛之献,聊胜于无,我们之所以敢于大胆付梨枣者即在于此。

兹将编纂之体例,缕述于后,借求指正。

一、本书编纂之目的有二,第一备学者稽考世界学者略史,其二则介绍古今中外之学说及思想于读者。

二、本书体裁系辞典式,搜罗古今中外之一切思想家,依次胪列,记叙各个人底生平行事外,更述其学说主张,并举出其重要著作。

三、本书与普通的"人名辞典"或"名人传记"不同,所有英雄豪杰、帝王将相等历史人物,均非所取,惟以在学术上有所建树,对社会有所主张者,纳诸篇幅之中。

四、本书所取的思想家,大约范围如下：

A. 其学说主张有文字的著述者。

B. 其思想由后人整理而成为一系统或门派者。

C. 其行动影响及于社会,成一种风气,造成思想转变之动因者。

D. 自然科学上之发明家。

五、在上列标准中,我们又置重心于社会思想、哲学思想及艺术思想之各方面。

六、依时间上说,虽自太古及现代,凡有史可证之思想家,均所采取,但更注重于现代。凡今日世界思想之支配者,新潮流之掀动者,莫不加以较详密的记述。

七、依地域上说,东西各国,均无所轩轾,如印度、朝鲜等弱小民族之革命家,向为各书所不注意者,本书特尽量纳入。

八、现尚生存之本国思想家,或其思想尚未完成,难作定论,或因直笔所书,发行上有所不便,特将此一部分删略。惟编纂之初,曾函询各本人,多得其亲自书告之历史及学说,实为珍贵之材料,今既删裁,只得将来另筹发刊,兹特在此道歉。

九、本书搜罗之人名,凡三千余人,虽于现代思想有较重要关系之思想家,均欲列入,但篇幅简短,未能悉备,挂一漏万,在所难免。

十、书中人名排列次序,以汉文为主,非汉文各国之人名,概取译名,惟另于译名下附注原文或罗马字母拼音。

十一、外国文字之音译,今日尚无一定标准,本书采取译名时,颇感困难。现所取者,凡译名已通行者,虽声音不甚切贴,亦取旧译（如穆勒、嚣俄等）,其各书所未见,或虽有译者而尚未通行于各书,则依自定之标准以译汉名。

十二、因译名不能与各书全相同,特于书后附编西文人名索引,凡外国人名,均可一索而得。

十三、中文各国之人名，亦另列一中文人名索引于后。

十四、关于时间的记载，因本书为世界的，概以西历纪元为主，惟本国人名，另于西历后，附注本国纪元。

十五、本书编纂，初时以日文本《思想家人名辞典》、英文本《世界人名录》(Who's Who in World)及《英文百科全书》(Encyclopaedia Britannica)中之人名部分为蓝本，惟其间增删过半，材料去取，亦大加更易，面目上已属新编。其他参考书目，种类繁多，不及备载。

十六、本书编纂起于1930年岁初，计历二年有半。初时从事者共五人，及计议妥当开始工作时，诸人多以个人关系，先后离沪，未克参加，全书之编纂，惟念之及采苓二人主之。搜集材料、考订异同及复阅校核之工作，多由采苓所任，执笔起稿多半由念之担任，书后所附之索引及全书序次排列等又出于采苓之手。所以此稿之完成，实我两人合力之结果。

1933年3月20日　潘念之　识于上海

[原载《思想家大辞典》，世界书局1934年版，该辞典署名潘念之、张采苓（编）]

# 老子

　　Lao Tzu,中国大哲学家,道家之祖。姓李名耳,字伯阳,谥曰聃,"老"是尊称,亦说因其生而白发,故称"老子",周代楚苦县厉乡人。其生卒年月不详,约早生于孔子,孔子曾向之问礼。他曾为周室守藏吏,后见周衰,乃辞官,西出函谷关,隐居而终。当他出关时候,关令尹喜强其著书,乃著《道德经》上下二篇凡五千言,即今所传之《老子》。

　　老子为道家之祖,其学说以"自然无为"为主,为个人主义底表演,一部分类似于今日的无政府主义,与儒家底力行主义,与墨家底苦行,与法家底严治均不相同,以其幽玄玄妙之理,独自组成一大哲学系统。道家各人的主张,都本于他底学说,但后世方士神仙之说,附牵伪托其名,却是违反其旨不可信了。

　　老子思想与儒家不同,由其根本立场即相异,儒家以人为中心,道家以自然界为中心。儒家以人类心力为万能,道为人类不绝努力所创造;道家以自然界的理法为万能,以道为先天的存在,是一成不变。这所谓道,为老子学说底中心,亦即是他底宇宙观,老子以天地为大宇宙,以我心为小宇宙,其本体即假称为"道"。道是什么呢?他说"有物混成,先天地生。寂兮廖兮,独立不改,周行而不殆,可以为天下母。吾不知其名,字之曰道"。道底意义如何,他说"人法地,地法天,天法道,道法自然"。在后他又说"道生一,一生二,二生三,三生万物"。可见所谓道是脱于时间空间,不限于因果律,是超认识的实在。道是虚的,故能包容万物,因其包容,故生万物,有着统治万物之力。但它是无意思,无目的,而悠久无边的。

　　然则所谓道者不过是不可知的自然,是万物生生灭灭之理,所谓宇宙观即是万物应于自然而生灭罢了。人亦是万物之一,其生其灭亦应于自然而起,是以其生是道之所发现,其死是归于自然,生死之间,并无所谓可喜可悲。惟人既应自然而生,亦应听自然的变异,不可强自作为,人为的事情,反是使人困辱。所以老子最主张"无为""寡欲",而最忌自恃聪敏。他说"为者败之,执者失之",又说"罪莫大于可欲,祸莫大于不知足,咎莫大于欲得"。其所主张乃是"生而不有,为而不恃,长而不宰"。见素抱朴,返于自然,不知名利之为何,然后大道乃行。这是他底人生观。而他底论理主张则为退为虚,他说"我有三宝,宝尔持之,一曰慈,二曰俭,三曰不敢为天下先"。又说"去甚,去奢,去泰"。又说"天下之至柔,驰骋天下之至坚"。

他底思想应用于政治上,为"无治为治",使其世返于太古之原始社会。他说"以辅万物之自然而莫敢为"。他主张人们自然底生活,为政者不宜加以干涉,自然生活为最适宜之治,而人为之治反是损害了他。他说"民莫之令而自正","不见可欲,使民心不乱","天下多忌讳而民弥贫,民多利器,国家滋昏,人多伎巧,奇物滋起,法令滋彰,盗贼多有"。他以仁义礼知为政治之窳劣所致,而最上者是无为。"上德无为而无不为,下德无为而有以为;上仁为之而无以为,上义为之而有以为;上礼为之而莫之应,则攘臂而扔之。故失道而后德,失德而后仁,失仁而后义,失义而后礼。""太上下不知有之,其次亲而誉之,其次畏之,其次侮之。""功成事遂,百姓皆谓我自然。"这是充分表示了他底无治主义。因而他以为民之难治,由于多智,以智治国,为国之贼。他竭力排斥战争,称"佳兵者不详之器"。战争最反于自然,最是启欲而多为,自为他最反对,他重不争之德,忌兵乃是当然之事。

总之,老子底思想是主张清静无为,返于自然,以厌于当时的紊乱,而极力主张排除现代文化而归于混朴太古。他说"大道废有仁义,慧智出有大伪,六亲不合有孝慈,国家昏乱有忠臣","绝圣弃智,民利百倍;绝仁弃义,民复孝慈;绝巧弃利,盗贼无有","五色令人目盲,五音令人耳聋,五味令人口爽"。所以他极力主倡"为道日损,损之又损,以至于无为。无为而无不为"。最后老子底终极理想乡,乃是"小国寡民,使有什佰之器而不用,使民重死而不远徙。虽有舟舆,无所乘之;虽有兵甲,无所陈之。使人复结绳而用之。甘其食,美其服,安其居,乐其俗。邻国相望,鸡犬之声相闻,民至老死不相往来"。

(原载《思想家大辞典》,世界书局 1934 年版)

# 孔子

Confucis,公元前551—479,中国大学者,儒家之祖。姓孔名丘字仲尼,周代春秋时鲁国昌平县陬邑人。父名叔梁纥,母曰颜徵在。孔子生三岁而丧父,家贫困,青年时曾为委吏、乘田等官职。好学不倦,至忘寝食,晚年专心读《易》,至于韦编三断。对于所习,不耻下问,尝称三人行必有我师。问礼于老聃,问官于苌弘,学琴于师襄,博闻强记,古今典籍无所不读,学识极博。初游于周奇,仍复归鲁,不久鲁定公任以中都宰,时年已四十六岁了。后升司空、大司寇,公元前500年相定公,会齐侯于夹谷,使齐返鲁侵地。公元前496年(鲁定公十四年),孔子年五十六,摄行相事,诛佞臣少正卯,施行政事,国家大治。旋以齐国进女乐,季桓子受之,孔子遂辞职去鲁,周游于列国。他在外凡十四年,经卫、曹、宋、匡、郑、陈、蔡、叶、楚、齐各国,向各国诸侯说道,均不能行,且在外受了不少困辱。公元前484年(周敬王三十六年,鲁哀公十一年)归鲁,孔子知其道不能及身而行,乃一方在杏林设坛教徒,一方从事于著作,祖述尧、舜、禹、汤、文、武、周公之教,以传于后人。经他所删定的书,有《诗》、《书》、《礼》各种,更依《鲁史》作《春秋》,演《周易》作《爻传》。弟子号称三千人,其中身通六艺者七十二人,而颜回、闵损、冉伯牛、仲弓、冉有、季路、宰我、子贡、子游、子夏称为"孔门十哲"。公元前479年(周敬王四十一年,鲁哀公十六年)去世,葬于鲁城北泗上,即今之孔林。孔子之道,在其生时虽不能实行,后经汉武帝底表彰,至今二千余年,一直统治着中国底思想界。后世君主并屡加封爵,称王称圣,至为尊崇,各地建设"孔庙",春秋祭祀,礼至隆重。孔子底后裔封衍圣公,世代相传,至1912年革命后才废止。

孔子底学说,即二千年来儒家所宗之道,为中国学者底中心思想,现在将其重要各端,约略述之。

"仁"是孔子思想底根本,无论关于哲学,关于伦理,关于政治,都以仁为其根据,他以仁为人类立身行事之总枢。他说"仁者人也",可见此是一抽象的人道,而不是具体的规条。他解说仁底意义极为多端,如"樊迟问仁,子曰爱人",又说"夫仁者己欲立而立人,己欲达而达人,能近取譬,可谓仁之方也",这是仁对于待人一方面的解释。又如"颜渊问仁,子曰克己复礼为仁",又说"从心所欲不逾矩,斯人之极至",这是仁对于修己一方面的解释。他又尝论伯夷、叔齐、箕子、比干、管仲诸人底行事,一一许之以仁,可见仁亦是对国家社会之道,为其体相,并不一致,只求其行所得宜就是。所谓"忠恕"之道,差不多可说是仁底体现,因"行而有信"谓之忠,"推己度人"谓之恕,也常为孔子所称为一贯之道。总之,"仁"是圣人之道,是君子所信守而勿离,是对人对己对社会对国家的道德底总体。

孔子底伦理主张是"正名分"。封建社会上下等级均有差别,父子昆弟之间均有一定的礼仪,周公底功绩,即在于作此区别,以系封建社会底存在。孔子时社会秩序已不同于昔,僭越渐生,纷乱叠来,旧礼制旧社会,行将破碎。孔子是主张维持礼教,谋复先王之道的,故主张正名分以为救济。子路问为政奚先,他说,"必也正名乎!……名不正则言不顺,言不顺则事不成,事不成则礼乐不兴,礼乐不兴则刑罚不中,刑罚不中则民无所措手足"。又齐景公问政,他回答说,"君君,臣臣,父父,子子"。所谓君君,臣臣,父父,子子,即社会中的人群,各自信守其他位,不相侵越,保守着一定的秩序。其所守之义即"为人君止于仁,为人臣止于敬,为人子止于孝,为人父止于慈,与国人交止于信"。由于此乃生五伦五常,以及六顺十义,维持人伦底大纲就完成了。人伦即是名分底正序,孔子正名分的大业在作《春秋》。所谓"孔子作《春秋》而乱臣贼子惧",笔削口诛,颇欲借以校正当时的乱名。儒家伦理底结晶体,即为从正名分所得的条理。

孔子底政治主张是"德治主义",亦即所谓"人治主义","贤人政治"。孔子屡称道尧舜之大德,文武周公之治,他对于原始社会底熙熙攘攘,上下雍雍之世,实为非常钦慕。他以宗法社会底伦理修己之务,亦欲以宗法社会底伦理现之于政治,所以他主张礼义为国,主德治而不主法治。国家一如家族,家长以教化教之于子弟求其贤良,国君亦以教化施之于人民而冀其安顺,故他主张人君以德化民。他又信健全的政治,必有赖于健全的人民,故对于人民底政治道德、政治习惯,视为先务,欲使之为善,而不务使不为恶。他说,"正者正也,子帅以正,孰敢不正"?又说"君子之德风也,小人之德草也,草上之风必偃"。"上好礼则民莫不敬,上好义则民莫不服,上好信则民莫敢不用情",这是德治底作用。"道之以政,齐之以刑,民免而无耻;道之以德,齐之以礼,有耻且格",

这是法治底效果。他底政治方法，自是以礼教之，以乐和之，而由于修义道德为始了。"天相下民，作之君，作之师"。"自天子以至于庶人，壹是皆以修身为本"。有人问他为何不为政，他说"《书》云：孝乎惟孝，友于兄弟，施于有政。是亦为政，奚其为为政"？

最后，孔子底教育主张是"有教无类"。他极热心于教育子弟，尝谓"自行束修以上，吾未尝无诲焉"，"空空如也，我扣其两端而竭焉"。他无论为政出游，俱与学生相偕，随时启发之，相关至切。盖他相信无论何人均可因宜施教，使之为善。他对于人性的见解，未曾鲜明道其善恶，惟说"性相近也，习相远也"，"中人以上可以语上也，中人以下不可语上也"，"惟上智与下愚不移"。可见他以为多数人均有待教化而移其性，并为人性三品说之所祖。孔子教人先以修己，再以为政。《大学》所称，修身之道第一在格物致知，第二在诚意正心修身，这是明明德，德既明，然后能齐家治国平天下以亲民，如此乃止于善。这就是克明峻德以协和万邦之意。孔子底教育目的在于修己正人、政教合一的意义。

（原载《思想家大辞典》，世界书局1934年版）

# 商鞅

Shang Yang，公元前？—338，中国政治家，法家学者，姓公孙氏，周代战国时卫国庶公子，自幼喜习刑名之学，初事魏相公叔座为中庶子。公叔死后，西入秦，见孝公，得其信用，为左庶长，后任相（纪元前352—338），排除一切反对者，卒定变法之令，废井田，开阡陌，改赋税之法，行之十年，国家大治，道不拾遗。秦王封之商于十五邑，称商君。但因用法太严，贵近多怨望，孝公死后，被刑而死。

商鞅为纯然的法治主义者，专尚法，不说术，治国底第一要义为制度法律底改定。他底政治目的是富国强兵，而得其实利。富国之法，以务农为本，取缔工商，使民归农，废井田制，极力开垦畔道，整理耕地，扩大生产，并奖励人口，欢迎移民，禁止父子兄弟同居。强兵之法，使民怯于私斗，勇于公战，以斩敌首级之多寡为奖赏底分秩。严刑重法，愚民轻学，使归于国家政策驱使之下，尽了法治之极。

他论法颇多独特之处。他以为法底起源，由人君底悯乱裁奸，人君治国，可以"不法古，不修今，因世为之制，度俗而为之法"。以法、信、权三者为治国之要具。"法者君道之所共操也，信者君臣之所共立也"。法为本基，信以守法，权以行法。他以人民为应遵法而不可议法，行严厉的赏罚，罚为禁奸，赏为助禁，特重视罚，称"罚九赏一者国强，赏罚相半者，国渐衰微"。于是他极刑罚之惨酷，设什伍连坐法，以恶人无所隐身，其效力一时亦颇洪大。商鞅对于时代与法制的关系亦如其他法家，认时移法变，道德是随着社会而变革的。"三代不同礼而王，五霸不同法而霸。""治世不一道，便国不必法古。"道德因时而变，治法因宜而施，没有一定。于是他治秦，便专力富国强兵，而排斥学问道德。"辩慧者乱之赞也；礼乐者淫佚之征也；慈仁者过之母也；任誉者奸之鼠也。""国有体，有乐，有《诗》，有《书》，有善，有修，有孝，有悌，有廉，有辨。国有十者，上无使战，必削至亡。国无十者，上有使战，必兴至王。"商鞅底极端政治，结果造成秦底富强，秦底霸业，亦造成其军国主义，专制主义。他底著作有《商子》二十九篇，现存二十四篇，但此书不是他所自著，而由他底学者所记述而成。

(原载《思想家大辞典》，世界书局 1934 年版)

# 孟子

Monfucis，公元前372—289，中国大学者，儒家底重镇。姓孟名轲字子舆，一说字子车，周代战国时邹人。幼时受其母伋氏底良好教训，长后受业于子思之门，笃信于孔子之道。后游历梁、齐、宋、鲁、滕诸国，所至以先王之道，向诸侯进言，劝其改末流，施仁政，均不能容。滕文公虽信其说而有改革意，又以早死未成。此时孟子年已五十七岁，知其道之不行，遂回国，与学生万章等讲《诗》、《书》，论述孔子之意。其学生记述孟子对诸侯的言行及与学生论辩之语为《孟子》七篇。孟子生于战国时代，去古更远，封建底法制文物，几乎荡焉无存，各家学说，杂然骈出，庄、老、杨、墨、商、韩之道，充盈其闻。孟子为儒家后起之圣，乃祖述孔子之道，力辟杨、墨之说，尊王道，斥霸术，排功利，重仁义，儒家学说得了他底阐述，更为光辉晶莹，他为得孔道之正传，后世尊为"亚圣"，以次于孔子。

孟子的学说第一说明人性为善，与荀子的"性恶说"相反，即与告子底性无善无不善的主张亦不同，他以人类底心，均天生有共通之点，此共通之点为人生底善德，亦即道之所由出发。他说："口之于味也，有同嗜焉，耳之于声也，有同听焉，目之于色也，有同美焉。至于心独无所然乎？"它底表露即是"人皆有不忍人之心"，"见孺子将入井，则莫不有怵惕恻隐之心焉"。这是人类共同之性。因而他举出四端说"恻隐之心，人皆有之；羞恶之心，人皆有之；辞让之心，人皆有之；是非之心，人皆有之。……恻隐之心，仁之端也；羞恶之心，义之端也；辞让之心，礼之端也；是非之心，智之端也"。他以仁义礼智为人类之四德，若从而扩充之，即可以保四海。此种本然之善德，孟子以为是人性本然所具。他说"孩提之童，无不知爱其亲也；及其长也，无不知敬其兄也"。又说"人所不学而能者，其良能也；所不虑而知者，其良知也"。此说遂为明代王阳明良知说所根据。孟子既以人性为善，其变而为恶者，乃是本心为外物所蔽而致，即是因势为恶，物欲陷溺之故。他也尝以人性比水，以水向下为性善之喻，但若加以外力,"搏而跃之可使过颡,激而引之可使在山",亦有变成逆流之可能,但此是变态,而非常理,"是岂水之性哉,其势则然也"。此性善说为孟子学说之出发点,亦是他底唯心论的特点。

其次孟子主张仁义,排斥功利之说,他以为人在社会中,应从适于人己之道的仁义而行,不能讲求利,专求利则人皆利己而损人,国家社会于是紊乱,伦常秩序于是毁坏了。所以他说"上下交征利则国危矣","君臣,父子,兄弟终去仁义,怀利以相接,然而不亡者未之有也"。所以他说"何必曰利,亦有仁义而已矣"。他由此去功利取仁义之主张,用于政治上,劝人君与人民同乐,与邻国同政,反对聚敛人民以利己,反对攻略异国以利己。无论好色好货,均求其能与民共之。但孟子所谓仁义与墨家之"兼爱"不同,他主张爱人由爱己而出,爱有等别,即"老吾老以及人之老,幼吾幼以及人之幼"。他与杨朱底"为我"亦不同,他主张利己亦利人,不能损人利己,即所谓"己欲立而立人,己欲达而达人"。所以他底"仁义说"一方反对墨子底兼爱为无父,一方亦反对杨朱为我为无君。此外孟子在政治思想上主张"民本说",他曾说"民为贵,社稷次之,君为轻"。他主张施政以民意为归,皆须为人民利益谋。若人君违反人民利益以为己,主张加以征伐。他称道汤武革命:"闻诛一夫纣矣,未闻杀一君也。"

孟子底经济思想为保民养利,一方主张恢复古代的井田制,一方则主张自然发展,勿加侵扰,或过度采掘。因那时候人口与自然之利尚能调和,只要令其自然滋长,即能得其所求。所以他说:"五亩之宅,树之以桑,五十者可以衣帛矣。鸡豚狗彘之畜无失其时,七十者可以食肉矣。百亩之田勿夺其时,八口之家可以无饥矣。"其他关于市廛租税方面,他亦主张人民当避除苛扰以兴民业。儒家均有政教合一的主张,孟子亦主张人君不但以政为重,亦宜重教,所以他说"设为庠序学校以教之";"壮者以暇日,修其孝弟忠信"。但孟子以道德与经济相合,以物质条件为迁善改恶之本,主张先使之暖衣足食,然后教之以礼仪。他说:"无恒产而有恒心者,惟士为能。若民则无恒产,因无恒心。苟无恒心,则放僻邪侈,无不为矣。及陷乎罪,然后从而刑之,是罔民也。""是故明君制民之产,必使仰足以事父母,俯足以畜妻子,乐岁终身饱,凶年免于死亡。然后驱而之善,故民之从之也轻。"此与《管子》底"衣食足然后知礼仪"之意相同。

(原载《思想家大辞典》,世界书局1934年版)

# 庄子

Chuang-Tzu，中国道家学者。姓庄名周，或称字子休，周代宋国蒙人，其时代不可考，大约与惠施同时，后于孔子百年左右。唐代玄宗时曾称庄子为南华真人，称其所著《庄子》为《南华真经》，亦几以仙道家目之。他曾为蒙之漆园吏，楚威王闻其贤，欲迎为相，辞而不就。著书有《庄子》五十二篇，晋郭象注本删为三十三篇，传至今日。或云其中内篇七篇为庄子所作，余为其学生所著。

庄子祖述老子思想，使之放了异彩，在道家哲学史上筑起不朽的一大础石。庄子底宇宙观亦同于老子，将宇宙底本体称为"道"，道即为无。他更进一步，以为无之前有"无无"的时代，无无之前有"无无"的时代。这即是"太极为无极"之意。道是无始无终，无限无极，天地万物即由此无名之道而生。因而道外无万有，万有以外无道，道之发现为万物，而天地万物亦不得不均一是道。南郭子底问道恶乎在，他答说"无所不在……在蝼蚁……在稊稗……在瓦甓……在尿溺"。这即是道的一元论，道以外不另立神为主宰，道即无，道即自然，世界即道底现象，道即世界底现象。他亦将这本体论用于人生观上，以人类亦与万物同为道所发现，不过人类命运，一切均为天命所左右，主张绝对的宿命论，同时亦得了生死如一之悟"由无生有，变而为生，由有还无，变而为生，由有还无，变而为死。生来死往，变化循环，亦犹春夏秋冬四时代序"，因而人生竟是一梦，"庄周梦为胡蝶，栩栩然胡蝶也……俄然觉则遽遽然周也"。生与梦均是幻觉，生不足赖，死不足悲，而解脱于形生老死之外了。死虽是归于悠远的本体，然乐死即是执死，与执生乐生无异，故生与死亦惟凭之自然。"上而与造物者游，下而外于死生"，达到于此境地的乃是真人，是圣人。然欲为至人必其心为虚无，无为自然，无欲恬淡，必是积静虚坦，怀"心齐坐忘"的修养。如此乃为无用之人，无所受羁，逍遥于寂寞的境地，悠悠自适而得全其天命。这即是他底人生究极的理想。

他在政治上主张无为，主张返于自然，一如老子。他设喻说"南海之帝为儵,北海之帝为忽,中央之帝为浑沌。儵于忽常相遇于浑沌之地,浑沌待之善。儵与忽谋报浑沌之德,曰,人皆有七窍以视听食息,此独无有。尝试凿之,日凿一窍,七日而浑沌死"。此即承认自然为绝对美,绝对善。他反对伯乐治马,匠人治木,因马与木之性非为中伯乐与匠人之意,而伯乐与匠人治之,却所以伤之。他主张"无为之治",极力攻击仁义之说,反对造作。"为之斗以量之,则并与斗斛而窃之;为之权衡以称之,则并与权衡而窃之,……为之仁义以矫之,则并与仁义而窃之。……彼窃钩者诛,窃国者为诸侯,诸侯之门而仁义存焉,是非窃仁义圣知耶?"其言极为透彻。所以他主张"绝圣弃知,大盗乃止,摘玉毁珠,小盗不起,焚符破玺,民乃朴鄙,掊斗折衡,民乃不争"。他攻击儒家,更极力无赦。他以政治为诸侯守己之武器,而仁义即所以助长大恶,他底为政之道是"游心于淡,合气于漠,顺物自然,而无容私焉,而天下治矣"。庄子守己以退,毁弃物质文化而求精神文化,亦与老子同。"知其雄,守其雌,为天下谿。知其白,守其黑,为天下谷。……曰坚则毁矣,锐则挫矣"!"是不材之木,无所可用故能若是之寿。""其嗜欲深者,其天机浅。"庄子对于儒墨各家均多排评,他在道家中的地位,一如孟子之在儒家。

(原载《思想家大辞典》,世界书局 1934 年版)

# 荀子

Sun Tzu，约公元前310—230，中国大学者，儒家底大师。姓荀名况，人称荀卿，亦称孙卿，周代战国赵人，其生卒年不甚详，约后于孟子六十年。齐国自威王至宣王皆好客，四方学者多集，邹忌、孟轲、邹衍、慎到、田骈、淳于髡等皆至，荀子年五十岁时游学于齐，诸贤均已老死，襄王时他受尊为老师，三次为祭酒，后以被谗去齐。转往楚国，仕于春申君为兰陵令。及春申君死，他亦停职，遂老居兰令，从事于著书，有《荀子》一书。此书在刘向时有三百二十三篇，经其校除重复，定著三十三篇，题为《孙卿新书》，后杨倞复编为二十卷为之作注，更名《荀子》，即今传本。

荀子与孟子同为儒家的重镇，其所说本于周公、孔子之教。他并通五经，孔子书之传于汉以后者，多出于他。他底学问，盖出源于子夏、仲弓，他虽亦属于儒家，但与孟子底主张，尝有所出入，唐代韩愈称孟子为"淳乎淳"，荀子为"大醇而小疵"，足见荀子在儒家，已不及孟子之得正统，故再传至他底学生韩非及李斯，便出儒家入法家了。荀子对于人性底解释，主"性恶说"，与孟子相反，他说"人之性恶，其善者伪也"。此因荀子承认人底情欲，他以为人生必有恃于物质上的供养，此为生之本然，既有所衣，则求其文绣，既须于食，则食求其酒肉，亦是人情之当然，为自然所发生之欲望。顺是以行，则贵为天子，富有天下，亦必为人情之所同欲，故"人之性若从其情，则必出于争夺，犯分乱理而归于暴"。所以说人性是本来利己的恶的。但情欲之发展，将使社会紊乱，所以明白此理之圣人，乃作为礼义，以人为的工夫使情欲有所节制，使人性向于善。此人为工夫，即是荀子之所谓"伪"。他说"古者圣人以人之性恶，……故为之立君上之势以临之，明礼义以化之，起法正以治之，重刑罚之禁之，使天下皆出于治，合于善也"，所以圣人作礼义为防免性恶之发展，是人为工夫。君子小人之分不在于其性，其性则尧舜与桀跖相同。君子之所以贵，在其能化性，能起伪；小人之所以不足取，在其率性而行。荀子底"性恶说"，大为法家所张目,即后世戴东原、俞樾等论性,亦多本于此。

其次荀子底"礼乐论"亦很重要。礼义底发生及其作用,已如上述。他说"君子审于礼,则不可欺以诈伪。……礼者,人道之极也"。他以人性恶而礼以正之,与法家之人性利己而法以断之,殆已相同,所以荀子底思想已逼近于法家,他说"然则礼义法度者,是生于圣人之伪,非故生于人之性也",其言更显。荀子以"礼有三本,天地者生之本也,先祖者类之本也,君师者治之本也"。他底礼的观念,乃出于旧宗法、旧习惯而维持其统治,关于封建社会底上下差别,他亦予以承认,并即以此之齐。他说"然则从人之欲,则势不能容,物不能赡也。故先王案为差别的度量分界为礼,以之而正性伪。因人之情欲,原均相同,而世间的享受却不相同,所以遂作之礼,而必使人民遵守之,以人为之力而强使之齐。他说:"然则从人之欲,则势不能容,物不能赡也。故先王案为之制礼义以分之,使有贵贱之等,长幼之差,知愚能不能之分,皆使人载其事而各得其宜,然后分谷禄多少厚薄之称。……故或禄天下而不自以多,或监门御旅抱关击柝而不自以为寡。"如此差别度量而各守其分,即是所谓礼底真意。乐是辅助礼之不足,因礼犹有出于伪而行,应于意而不通于情,乃再用乐以融洽之,使人更能消所怨,乐所行,以去其情欲之恶,于是上下差别之分乃能更得一层保障。

荀子在政治上的见解,将社会之发生分为防外敌之必要、分业之发达与社交性三者,更开明国家成立底由来,称"无土则人不能安居,无人则土无由守,无道法则不成为人,无君子则道不举,故土与道与法,作为国家之本也"。他那时已提倡国家为由土地、人民、法制、君主之四要素而成。他底所谓"法"是社会契约之意,他说"君者国之隆,隆一而治,二而乱",明白地承认君主制。但政治则依其所行而分为三种,以礼乐刑政治民为王政,以信义而行政治为霸政,以权谋术数而统国为亡政,他最推崇王政。所谓王政,当然就是孟子所谓王道。在《解蔽》与《正名》二篇上,亦表示了他底"心理说"与"论理说",即一方说明知情意的三作用,一方以名实混淆为天下紊乱之源。

(原载《思想家大辞典》,世界书局1934年版)

# 韩非

　　Han Fei,中国法家学者,周代战国末期中人,为韩国远族公子,生卒年期已不可考,或说卒于纪元前 223 年(秦始皇十五年)。他口吃,不善说话,惟善于著书,曾同李斯共师事荀卿。那时韩国已很削弱,他几次上书谏韩王,均不被采纳,遂以忧愤之至情,抒胸中之见,论述治国之道,著《孤愤》《五蠹》《内外》《说难》诸篇,凡十余万言。后因秦攻韩,韩王遣非使秦,秦始皇见而悦之,未信用,旋被李斯、姚贾等所谗,下狱饮毒而死。

　　韩非是先秦一大思想家,集法家底大成,合儒道于一,因他学于荀卿之门,又服膺老子之说。他又并合申不害底"徒术而无法",商鞅底"徒法而无术",称"术者王之所执,法者臣之所师,君无术则蔽于上,臣无法则乱于下"。又将尹文子之徒所唱的"形名"之说,应用政治上。即《史记》所称"喜刑名法术而归其本于黄老"。他底思想有二个基本观念,第一是"人性利己说"。他本于荀卿"性恶说",以为人生一切行为,皆出于利己的动机,只以利之所在,即而行之,无所谓仁与不仁,君臣、父子、夫妇、昆弟之间,无不由利害观点而相结合。第二是"因时说"。他以为人类社会底变迁为不可避免之数,制度与法律亦宜因时而更异,"圣人不期修古,不法常可,论世之事,因为之备"。

　　此外他对于学说,主张以参验与实用之观念为其基础,具有科学的精神,他排斥在当时高谈尧舜之治,崇尚先王之制,而游说纵横,以巧辩惑人的人们。根据于这些主张,他乃提倡伟大的"法治论",对于法治的理论,阐述得很详尽。他称法底性质为"法者宪令著于官府,刑罚必于民心,赏存于慎法,而罚加乎奸令者也"。他以法治为当时合宜的政治精神,"夫古今异俗,新旧异备,如欲以宽缓之政治急世之民,犹无辔策而御悍马,此不知之患也"。他以法为爱民之本,刑罚非是憎民,"故法之为道,前苦而后乐,仁之为道,偷乐而后宁。圣人权其轻重,出其大利,故用法之相忍,而弃仁之相怜也"。他称法之作用为"夫圣人之治国,不恃人之所以为我善也,而用其不得为非也。恃人之为我善也,境内不什数；用人之不得为非，一国可使齐。为治者用众而拾寡，故不务德而务法。……国法不可失，而所治者非一人也"。他论法底使用应得其平，"法不阿贵，绳不挠曲，法之所加，智勿能辞，勇者勿敢争，刑过不避大臣，赏善不遗匹夫"。法治之外，他又讲求人君之术，以法为官之所师，以之为治民之标准，术为君之所执，以之为整饬百官之方法，而其术则本于老子虚静无为之旨。人君之要务有五：一、隐秘其言行，二、勿见所好恶，三、勿任贤，四、勿信亲近之人，五、勿泄密计于近臣。而以赏罚为用"言已应则执其契，事已增则操其符，符契之所合，赏罚之所生也"。"故群臣陈其言，君以其言授其事，以事责其功，功当事，事当言则赏，功不当其事，事不当言则罚"。他底著作有《韩非子》五十五篇，其中数篇为后人所伪托。今所传者共二十卷。

（原载《思想家大辞典》，世界书局1934年版）

# 董仲舒

Tung Chung-Shu,中国经济学家,汉代大儒。号桂岩子,前汉广川人。少时专治《春秋》,下帷讲授,三年不窥园囿。汉景帝时为博士,武帝元光元年(纪元前134年)应贤良对策,上"天人三论",得武帝喜,任江都相。中废为中大夫,寻以上书言灾异下狱,得赦后迁胶西王相。晚年以病辞归,终其身后事于著述。

董仲舒宗奉孔孟,为汉代儒家正统。他专治《春秋》,常以《春秋》灾异言政,深受当时纬学底影响。他思想底中心为"天人合一观",曾说,"道之大原出于天",天创造了万物,天掌着吉凶祸福赏罚等一切命令的大权,是一绝对的支配者。人为天之爱子,为万物之灵长者,得天之眷顾独深。天之副在乎人,人之性情由于天,他将人比于天,人之四肢等于天之四时,五脏等于五行,大节十二,等于月数十二,小节三百六十六,等于日数三百六十六,喜怒哀乐犹春夏秋冬,休息动作犹天之有昼夜。故人底一切均应于天命,顺天则得赏,逆天则受罚。他底伦理说亦如此,"道之大原出于天,天不变,道亦不变",这是说道德律具有最高的威严。他又以天有五行相生之序,故人类道德中亦须子受亲业而完全之。他又是提倡"五常之道",谓之仁、义、礼、智、信,为后来儒家伦理上之重要法律。他论人性,反对孟荀底性善性恶说,谓性有贪有仁,如天之有阴阳,贪为利己性,仁为同情性,惟利己可由教化而改为善。他说:"性比禾,善比米,米由禾出,米未必尽善;善由性出,性未必尽善。"于是他放弃善恶论而注意于教育论。

他在政治上主张三本,第一承天之意,顺天之命。第二明教以化民,使民性善良。第三正法度,分上下之序以防欲。其中心思想仍归于天的观念上,此主张仍为儒家底法旨,正名分,重教化,原是一样。他伸明义利之辩,所谓"仁人正其谊不谋其利,明其道不计其功",尤与孟子之说相同。董氏思想行动,在汉儒中是醇乎醇者,为一代的大师,而对于儒教复兴上的功绩尤为伟大。自秦代焚书以后,儒家同遭恶劫,汉代虽解禁,而黄老之思想独盛,他在贤良对策中,上尊重儒术的计划,为武帝所采用,又促成学制改革,兴太学,设五经博士,使授《诗》、《书》、《易》、《礼》、《春秋》,以儒学为国家之教。又与公孙弘等大儒,同努力于儒家学说底提倡,使武帝下诏尊孔子,罢斥百家,使天下之学均一统于儒。中国二千年的经学一统之傅,完全出于他底功绩,而思想上底封锁,亦即是他底结果。他底著作有上疏百二十三篇,关于《春秋》的论文数十篇。现收为文集一卷,《春秋繁露》十七卷。

(原载《思想家大辞典》,世界书局1934年版)

# 朱熹

Chu His，1130—1200，中国大儒，宋代理学之大成者，宋代婺源人，字元晦，后改字仲晦，小字五二，卒后谥文。绍定时追封徽国公，淳祐时从祀孔庙，清康熙中位于十哲之次，世称朱子，或朱文公。始居崇安，榜其厅曰紫阳书堂，故称紫阳，又会构草堂于建阳之云谷，榜曰晦庵，自称云谷老人，亦曰晦翁。晚卜筑于建阳之考亭，作沧州精舍，自称沧州病叟，又更号遯翁。考亭为其讲学之所，因而其学说亦称考亭学派。

父松为政和县尉，因侨寓建州。熹幼时从父遗言，师事胡宪、刘勉之、刘子翚三人，十九岁举建州乡贡，登进士第，任同安县主簿，颇举治绩。二十四岁见李延平，听"洛学"之正统，深悔于从来夸弄空学，遂为其门人，潜心精神底修养。三十三岁为文学博士，尝向孝宗直言不可与金人议和之旨，受宰相汤思退之反对。三十九岁受召，为南康军之知，从事于刷新学风，振作政教。1175年（宋淳熙二年）与陆象山会与鹅湖，作了哲理上知名的辩难，即后人所称为"鹅湖之会"。其后会招陆象山至白鹿洞书院，使之讲《论语》。但嫉视他底名声的陈贾、林栗，以他为"徒舐张载、程颐之残唾"，借名道学以传其伪，加以弹劾。五十九岁上封事于孝宗，历任秘阁修撰、潭州知事，后见召于宁宗，又曾仕官，但因直言韩侂胄底暴横，仅四十五日而罢官。他底反对党趁此机会，即以他底学说为伪学，加以痛骂，甚或言他窥伺神器，上书请将他处斩，即他底学生中，亦有背叛而加害于他的。1195—1196年间（庆元初年）受伪学禁制之祸。但他处之泰然，在竹林讲舍中继续讲学，或有规谏他的，他说"祸福命也"，毫不在意。在迫害与贫穷之中，倾其赅博的识见，绝伦的精力，综合我国古今哲学，集其大成，并组织了一大体系。

他调和周濂溪底"太极图说"，程伊川底"理气说"，以宇宙底本体为"太极"，称太极抱摄"理"、"气"二元，对于理气底关系，称"理为形而上之道，生物之本；气为形而下之器，生物之具"。由内在于太极的原理而生阴阳二气，由于阴阳之交感而生火、水、木、金、土之五行，具二气五行，万物以生。当生成之际，因其所受得之气清浊不同，万物乃有差别。他底人性说，为调和张横渠与程伊川之说，以之分为"本然之性"与"气质之性"的二元。前者为由于"理"而生，因而是寂然不动，至善纯粹，未发之状态。后者为由于"气"而生，受得气之清浊。若以前者为月，后者即为云，遮掩了前者的即是后者，他更区别了"心"与"性"，与"情"，以心为主宰一身，性为心之体，情为心之性。心分为"道心"与"人心"，前者为本然之性，后者乃受了气质之性而成。且以"仁"为存在于人类中的"理"，诸德皆为它所包容，以"居敬"与"穷理"为修养之二大纲，唱"先知后行"说。主张应先知规正之道，然后遵行，以不知其理而行的为"妄行"，知而不行的为"徒知"。他反对司马光之《资治通鉴》，为要以南宋为正统的天子，著《资治通鉴纲目》，立"通鉴纲目"大义名分论，对于后世底"皇统说"，亦很有影响。

他底著作甚多，重要的有《资治通鉴纲目》六十卷，《仪礼经傅通解》三十七卷，《论孟精义》《论孟惑问》各三十四卷，《学庸论集注》二十六卷，《伊洛渊源录》、《近思录》各十四卷，《易本义》十二卷，《韩文考异》十卷，《诗集传》八卷，《小学》六卷，《家礼》五卷，《楚辞集注》、《易学启蒙》各四卷，《通书解》、《正蒙解》各二卷，《孝经刊误》、《中庸辑略》、《西铭解义》、《太极图说解》各一卷。后人所编纂的有《朱子文集》百二十卷，《朱子语类大全》百四十一卷，《朱子全书》六十六卷。

(原载《思想家大辞典》，世界书局1934年版)

# 康有为

K'ang Yu-Wei，1858—1927，中国经学家，立宪政治运动者。字更生，号长素，广东南海县人，他自幼颖悟，称神童，长习经世实用之学于朱九江，读译自西籍之政治法律等书，受得欧洲思潮底洗礼。后又习《公羊传》于廖平，渐超政治改革之思想。笃志十年，学问大进。1893年（清光绪十九年间）举于乡，1895年成进士。康氏见当时国事日非，谓非变法自强，不足以救国，以当时最流行的公羊学说，比附于此中心思想，加以润色，号称"新学"，一时风靡于国内。1895年应试北京，更联络各省士子三千人上书言时事，称"公车上书"，为中国群众政治运动之开始。当时受政府底申斥，被逐回省，在广州开馆讲学，名万木草堂，其学生梁启超，徐勤、汤觉顿辈均为一时英才，共同努力鼓吹，万木草堂之名，遂轰传于新学士子间。时又集两广同主义者，组织桂学会，他底维新运动，就此开始。当时北有强学会，上海有《时务报》馆，各地维新运动之组织，一时甚盛。

1898年（光绪二十四年）康有为率梁启超等再入北京，组织保国会，以变法维新、保国保族为宗旨，并以其主张上书于德宗，时清廷中有改革与守旧之争，德宗年轻志进取，乃下诏宣明改革之志趣，召见康有为、梁启超、谭嗣同等，大相契合，即任康氏为总理衙门京章，命谭嗣同、杨锐、林旭、刘光第等共参新政。康氏等拥德宗实行改革，下令废止八股，设立学校，洞开言路，肃清吏治，淘汰冗官，着着进行。但因是更触守旧派之怒，慈禧太后与荣禄等举行政变，幽德宗于瀛台，捕斩谭嗣同等六人，诏万事复旧，康梁逃赴国外。康梁均持君主立宪主义，主张改良，反对革命，在东京时虽与革命党领袖孙中山相见，卒以意见不同，不能合作。他们在国外组织保皇会，谋复德宗底政权，并遣唐才常赴武汉举行武力运动，旋又失败。康遂至南洋新嘉坡、欧、美各国游历。1911年（清宣统三年）革命发生，康氏仍在海外唱"虚君共和说"。康氏常欲将孔子底思想成为宗教，袁世凯为大总统时，他努力于尊孔运动，并在上海组织孔教会，主张定孔教为国教。1917年(民国六年)6月,康氏参加张勋底复辟运动,起草《复辟宣言》,为其中重要人物,失败后逃入美国公使馆,继遁至天津。次年获赦,遂晏居以老。

康氏底思想,初时主张革新,影响于中国思想界者极大,惟一成不变,至革命以后仍主张恢复君主,尊奉孔教,遂变成反动,而为思想进化上之妨碍者了。康有为在学术上亦占极重要的地位,为晚清今文学派底集成者。他受廖平底影响,专力研究《春秋公羊传》,以何休注为本,专求其微言大义,为其思想底发源。在学术有三特点:

第一,他著《新学伪经考》,以盛清时所称为"汉学"者为"新学",凡古文经学皆指为刘歆所伪作,而孔子时所用字及秦汉文字皆同,并无古今文之异。于是使清代考证学派底立脚点根本发生动摇,一切古典皆重新检点估价。

第二,他著《孔子改制考》,以《春秋》为孔子改制之作,六经亦皆系孔子所自作,并非删述。孔子改制恒托于古,尧舜为孔子所托,其盛德大业,皆为孔子理想上所构成。他所谓改制,含有政治革命社会改造之意,常言"通三统"谓夏、商、周三代不同,随时因革,又言"张三世",谓社会依乱世、升平世、太平世而演进。认孔子之改制为上掩百世,下掩百世,比之于基督,尊为教主,因而孔子遂带有革命性与神秘性了。

第三,他著《大同书》,抽演其独创的穷极理想,以《春秋》底三世,说明礼运,即乱世为据乱之世,升平世为"小康",太平世为"大同",而由《礼运》中所说之大同,演出他自己理想中之大同世的情形。他理想中的大同世为:(一)无国家,世界一统,政府人员皆由民选。(二)无家族,男女同居满一年即须易人,儿童公育,国家教义。(三)成年男女由政府派任农工生产事业。(四)食宿均为公共制,病有养病院,老有养老院,妇女有孕入胎教院。(五)死则火葬,火葬场邻为肥料工厂。(六)各公共享用机关(如病院学校等)为各区最高设备,人民均须入内服务。(七)警惰为最严之刑罚,学术上有发明及在公共享用机关中有劳绩者得殊奖。这是他所谓"大同"底实况,但他虽有此理想却谓世界进步有一定秩序,现处乱世中,宜言小康,不宜言大同,言大同反陷天下于洪水猛兽。可见他底大同,仍是理想中底乌托邦,而不欲即求实现。他底著作除上述三书外,尚有《孟子微言》二卷,《春秋笔削大义微言》十六卷,《春秋公羊传注》《孟子大义》等。

(原载《思想家大辞典》,世界书局1934年版)

# 苏格拉底

　　Sokrates，纪元前469—399，希腊大哲学家。生于雅典，父亲为一雕刻家，幼时曾从之习业。后修习几何学、星学、先哲底哲学，常以诡辩家（Sophists）底学说足以乱世，起而努力扑灭之。他容貌怪异，躯干短小，但其所说极富于美心温情，常立于街头，在市场、体育场等处，不论对手为谁，即趋而与之谈论以启发之。雅典青年，感其情，服其人格，如亚拉克巴特斯等政治家亦很爱慕他。曾三次从军，一次为雅典市议会议员，此外即尽其一生努力于市民底教化。为诡辩家及保守家所忌，以诱惑青年、冒渎神祇、信奉新神等三个罪名，逮捕入狱，判决死刑，在狱中服毒而死。他以到达绝对的真理为理想，称真理遍通于一切主观中，可由于共同而达到。以知道自己底无知，为达向真理的第一步，自称爱知者，标榜自己底无知，再用问答诘追以明他人底无知，然后认各对话者的共通点，以归纳地力求概念底阐明确定。这是苏格拉底底方法。他信德知合一，不德系由于无知而求，故他欲由着真底认识以祈道德底改良。苏格拉底未曾著书，其生平及思想惟散见于其学徒柏拉图、芝诺芬及亚理斯多德之著书，前二人均是他底直传学徒，承受其思想，继续研究并加以改进，遂集希腊哲学之大成。

（原载《思想家大辞典》，世界书局1934年版）

# 柏拉图

Platon,纪元前 427—347,希腊哲学家,诗人。生于雅典贵族家中,二十岁时就学于苏格拉底,未满十年,即遭其师之狱死,后乃遍历各方而修学。他本有意于政治,以受谗而未成,遂绝念于实际活动而专心于学术,以讲学为职。他在亚加特米开塾讲学,因此他的学徒称为亚加特米学派。他除讲学以外,更努力于著述,其讲义本已没有存留的了,但其文学的著作,差不多尚全部流传于今日。他是古今最大思想家之一人,其在哲学上所说的,都为观念论及理想主义的渊源。他的著作中,流传下来的对话,总计有三十六种。其著作的性质可分为数期,初期是专叙述苏格拉底的人物和主张,有亚普罗奇亚(Apologia)、克利敦(Criton),第二期为驳击诡辩派的所说,有普罗太各拉斯(Protagoras)、高尔极斯(Gorgias),第三期乃建设他自己的哲学,为其全盛时代,有《共和国》(*Republic*)、《乡宴篇》(*Symposium*)、《发特罗斯》(*Phaidros*)、《特埃推多》(*Theaitetos*)、《提马奥斯》(*Timaios*)、《发依彤》(*Phaidon*),最后为向于实际问题,尤其关于自然哲学及论理发依彤学方面,有《法律篇》(*Laws*)等。

由此著作底历史看他底思想底发展,他是由观念的认识论而至形而上学,再以此为基础,以作政治道德等的议论。柏拉图的学说,称认识的本质为概念,此本质即叫为"伊第埃"(Idea)。伊第埃要由着纯粹的思维才能捉捕得,有着严密的普遍妥当性,其在经验的现实界上,即为价值,为规范,为理想。因着伊第埃有着普遍的妥当的价值,遂至认伊第埃为超越的永远的绝对的实在。如此,伊第埃论乃一转而为形而上学了。使伊第埃也满足于这样本质上宗教的要求,认识了它,与之相合一时,即是人生最上的幸福。他将欲与此相合一的要求,名之为"爱洛斯"(eros,恋爱)。他以为哲学即是这爱底发露。能够与这样性质的伊第埃相合一的人类的灵魂,也必须是永远的。于是又由此而生灵魂不灭说。又伊第埃的认识,是离感觉的知觉而独立的,应得有着独立的起源。事实是机会,是对它为规范而被认识了的,他使之与"灵魂不灭说"相结合,树立了"想起说"。即伊第埃是灵魂未生以前的纯粹相,且是直观的,它遇见了不完全的模样时,就回想地被想起了。这样伊第埃又是被支配并改造了人生的理想。柏拉图所说的理想的国家,即是所谓正义的伊第埃的实现。永远的真理底认识,乃是人生最高的善,为着这个善的认识,这个善的实现,教育国民,乃是国家的任务。

(原载《思想家大辞典》,世界书局 1934 年版)

# 亚理斯多德

Aristoteles,纪元前381—322,希腊大哲学家。生于马其顿一小邑斯他奈拉,父与祖均以医为业,出入于国王及贵族家中。他自幼习医学预备知识的自然科学,纪元前367年十八岁时至希腊的文化中心地雅典,入亚加特米,师事柏拉图二十余年。前343年受马其顿王之聘,任太子亚历山大底师傅。前334年回雅典,在郊外留加盎(Lukeion)设学校,教授生徒。十二年后,亚历山大大王殁,反抗宫廷的市民,以他亲近宫廷,借不敬神的罪名,把他逐出雅典。前323年避难至加尔克斯,次年即客死于该地。

亚理斯多德集希腊哲学的大成,为古今最大的一哲学家。他底学问极为广博,一方以幼年所习得的生物学的知识,一方以师承于苏格拉底、柏拉图底学说,以实验的态度,混合概念的学识,以补正柏拉图哲学底缺憾,成立了自己底学说,希腊哲学到他已是登峰造极。第一他完成研究学问的方法的论理学,称为今日形式论理学之祖。在形而上学,纠正柏拉图观念(Idea)与实物(Meon)的二元论,唱一元论,说吾人之世界即此现象界,现象之外另外并没有什么实在,观念为实物的假设,观念应存在于实物之中,不能另外独立,而与现实相对立。他以万有为神,戴于最高位,以完全与不完全、素质与完成的关系,视为成立的一发展体系。物理学与伦理学,他亦有很完全的究明,使伦理学与政治学相接续,说明正义与国家不可离的关系,赞美贤哲政治。他关于艺术的哲学眼光更为深邃,影响及于后世社会经济思想的很大。普通以他底学说为实证的现实的,称为实在论,现实主义之祖。他底著作种类繁多,但流于今日者,已不过其中一小部分,其重要者如下:

(一)论理学:《范畴论》(Categories)、《命题论》(On the Proposition)、《分析论》(Analytics)、《盖然论证论》(Topics)、《似是而非推理论》(On sophistical Refutations);

(二)理论之学:《形而上学》(Metaphysics)、《物理学》(Physics)、《动物

史》(History of Animals)、《灵魂论》(On Soul)、《天界论》(On the Heavens)、《气象学》(Meteorology);

(三) 实践之学:《伦理学》(Ethics)、《政治学》(Politica);

(四) 诗学:《诗学》(Poetics)、《修辞学》(Rhetorics)等。

(原载《思想家大辞典》,世界书局 1934 年版)

# 奥古斯丁

Aurelius Augustinus，354—430，拉丁神学者、传道者。生于努米底亚，初习法律、修辞学及其他学问，未能满所求，其才气乃趋向怀疑而走入放纵生活中。其间苦闷于肉欲及理想的问题，欲求超脱，乃向宗教求解。他底母亲原是基督教之徒，可是他仍排拒她底劝告而往各地游学，初受感于摩尼教（Manichaism），次近亚加特米派（Akademeia＝Academy）底怀疑说，更奉新柏拉图派（Neo-Platonies）底学说，但在387年一朝翻悟，得信而就基督教。次年回故乡组织教团，营修道院生活，曾就长老及监督等职，在职三十八年而殁。他对当时基督教分为种种支派之论争，与以解决，确立教会底教义。

他底中心思想即为"原罪说"，称人类本为有罪而需要救脱，因人们是要受救的，都被罪恶所束缚着，若不能脱此罪恶，即陷入于不能自由的状态中。人类祖宗的亚当，由神与以自由，可是因其误用了，他底子孙的人类遂生来即带有罪恶。这即是他底"原罪"。依他所说，人是罪恶底奴隶，对此罪原而来的宿罪，只由于神底恩宠才能脱免。人类没有求救于神的权利，救济乃是神底任意行为，只对祂所选取的人们才与以救援。神借基督底手，使之救援人们，基督底代表者即是教会，所以救济的权利存在于教会中，这是他底"教会万能"底结论，亦即是加特力教会教理上的基础。他底哲学思想是柏拉图式的哲学的理想主义，客观的观念论，以最高意味上的实在为超越了主观的意识，为客观的永远的真理底体系。此永远的真理，是与物底实在的法则相适合，同时又是妥协于客观的趣味及行动的规范，其终极的根柢，乃存于神。所以他底认识论即真底研究，同时为实在底研究即形而上学，美善底绝对价值底研究即伦理学及美学。此三者同在神观上有其终极的根柢。他底著作在哲学上有 *Cotra Academicos*（386）、*De Ordine*（386）、*De Quantitate Animal*（387）、*De Libero Arbitrio*（387），在神学上有 *Confessiones*（367）、*De Trinitate*（400—410）、*De

*Civitat Dei*(413—426)等。

(原载《思想家大辞典》,世界书局 1934 年版)

# 霍布斯

Thomas Hobbs，1588—1679，英国自然主义哲学家。生于马梅斯布利，父亲为一牧师，入牛津大学，习亚理斯多德及经院派哲学，卒业后为嘉文迭希（Cavendish）家的家庭教师，以其助力，游学于欧洲大陆，留巴黎研究数学及自然科学。1637年回国，时英国民党及王党倾轧甚烈，他鉴于时势，很感强固的专制君主政体的必要，同时因任王党及王子底教师，遂倾向于王党，与斯图埃德皇朝共沉浮。克林威尔革命时代避难住于巴黎十二年，王政复古后回国，过其优裕的晚年。霍布斯与同时的英国人培根、哈巴德等为旧交，又与大陆思想家笛卡尔、加山德、凯普莱、加利莱、哥白尼等相认识，其思想乃一而继承英国固有的经验论，同时又尊重大陆的数学的理论性，为最彻底的数理的、机械观的自然主义底最初代表者。以一切心的物的存在均系物体，其发生为由于物体底机械的必然的运动，因而哲学是以物体及其运动为对象，由结果以探求原因，由原因以探求结果的学问。所谓物体，广义地包有自然物体、人工物体（政体）及在其中间人类三者，其哲学亦因而除论究根本概念的第一哲学外，亦分物理论、国家论及人类论三部分。

他以人类底本性为利己的动物，人类相互间不免有被侵害之不安，为去此不安而满足利己底欲望，人类间乃订定了相互限制其自然欲望之契约，于是国家乃成立。为履行此契约，个人以上的绝对的权威（专制君主）很为必要，个人以其全权委任于君主，为其自己利益而服从其命。君主由于自由意志宣布法律制定国教。他底著书，有《法律原理》（The Elements of Law，1848）、《人类的性质》（Human Nature，1650）、《来维亚山》（Leviathan, or the Matter, Form and Power of a Common Wealth；1651）、《哲学系统》（Elementa Philosophica），此书分三部，第一《物体论》（De Corpore，1655），第二《人类论》（De Homine，1658)，第三《国家论》（De Cive，1642）等。

（原载《思想家大辞典》，世界书局1934年版）

# 洛克

John Locke，1632—1704，英国哲学家，认识论的经验哲学之祖。生于布里斯多尔近郊，父亲为一名法律家，政治上属民党。1652年进牛津大学修习医学和哲学，厌恶经验哲学而喜笛卡尔底著作。1665年赴柏林任公使馆秘书，次年归国与亚雪莱伯爵（Lord Anthony Ashley）相识，此后即多年相随，初为侍医兼家庭教师，后任秘书，及亚雪莱为谢推斯布利（Shaftesbury）藩时，乃立于其朝，参与国权枢机。1673年亚雪莱失势下野，随赴法国荷兰等处。1688年名誉革命后被召回国，受王优遇，任名誉闲职。晚年退居于乡间，以文章过岁月。

洛克底哲学，提高培根底方法论的经验论，为认识论的经验论，以悟性底起源、限界及价值作为哲学底主要题目，心理主义地寻求认识底起源，以一切观念为由于经验而来等，均是他哲学上的特色，使其占得伟大的地位。他反对思考法则、道德律、宗教的诸概念等为本有观念（Innate ideas）之说，称我们底认识，悉由经验而得之观念相结合加工而成，先于经验的认识，完全不能成立。经验分外的经验即感觉（Sensation）及内的经验即反省（Reflection）之二段，认识为始于感觉的经验，由反省而完成于感觉所与之统一。认识由其观念与原型相契合的性质分为直觉的认识、论证的认识、感觉的认识，因其性质而不同于价值。他底伦理学说为结果论的、快乐论的，宗教上为自然的理神宗教底先驱，在政治学上主张代议政治，为社会契约说之先驱，在经济学上，唱关于私有财产之劳动学说，为奎奈之先驱。著作有《人类悟性论》（*An Essay concerning Human Understanding*，1989—1990）、《政府论》（*Two Treatises of Government*，1690）、《教育所感》（*Thoughts Concermning Education*，1693）、《基督教之合理性》（*The Reasonableness of Christianity*，1695）等。

（原载《思想家大辞典》，世界书局1934年版）

# 孟德斯鸠

Charles Louis de Secondat Montesqueiu，1689—1755，法国法理学家。生于波尔多东南的勃来德地方的一个贵族家庭内，世为法官。幼时研习法律，1717年袭叔父职任波尔多高等审判厅顾问、波尔多州议会议长。后二年升任厅长，在任中研究文艺、哲学、政治科学等学问，1726年辞去各职，专心于学问。那时他已发表著作《波斯人的书信》(Letters Persanes, 1721)，托波斯人底言语以批评当时法国底文学、宗教、政治、社会等，很受人欢迎，文名甚盛。辞职后往巴黎，于1728年被推为巴黎学士院会员。他欲以著作纠正当时法国的政治精神，乃往各国游历，先后经德、奥、匈牙利、瑞士、意大利、荷兰、英国等处，考察其实际政治状况、社会情形，受影响于英国宪法及法律者很深。回国后于1734年发表《罗马兴亡史论》(Considerations sur Les Causes de la Grandeur et de la Decadence des Romins)。1748年他竭毕生心力的大著《法的精神》(Esprit des Lois，亦译《法意》)乃告成，是从政治、宗教、风俗、土地等各方面而研究法律之著作。他的理想，尽包容于此书中。

孟德斯鸠与福禄特尔同样是把英吉利思想介绍于法国的启蒙思想家，他极赞美英国底政体与社会制度。但不像卢梭、霍布斯一般之凭着自己理想之独断，而是由历史的经验主义中得来，同时不像当时学者之偏于机械的方法，他却又顾虑国民性、地方性的主张。他底政治哲学是由于罗马历史及英国宪法发源而来，其政治论、法律论均为近代学说之基础。其中最占重要的为政体之三权分立说。此说承袭于洛克的主张，把国家治权分立法、司法、行政之三部分，各自独立，又相为匡辅，以免古来专制政治之弊害，为十九世纪各立宪国所通行之政制。又其论政治自由、法律精神等，亦为近世民治主义之基本。总之，他是将十八世纪启蒙思想化为实际的政治法律上的大思想家。

(原载《思想家大辞典》，世界书局1934年版)

# 卢梭

　　Jean Jacques Rousseau，1712—1778，法国大思想家。生于瑞士日内瓦，母亲产后即死，父亲系钟表匠兼跳舞师，放荡不羁。卢梭幼年教育极不完整，只读几本小说和英雄传。十岁丧父，入一雕刻店为学徒，不久又离之去，过近二十年的放浪生活，经历役仆、音乐师、书记、教师等生活，得多人的庇护，得修学艺而读哲学书。1741 年至巴黎，与文人学士相交，识第特洛（Denis Diderot），和百科全书家相往来，并参加其编辑，但卒以思想不同，于 1757 年间，又相脱离。初在 1749 年时，第乔（Dijon）学会提出"学术文艺之进步，能使道德增加抑使之堕落"的征文，卢梭受此刺激，加以思索研究后，于次年发表《对于学术文艺之所见》(Discours sur les Sciences et les Arts)，文名喧传于世，他自此乃向学问上用功。接着又发表《关于不平等所见》(Discours sur l'Inegalite des Conditions)。此与前一文均指摘文明进步，反为人类堕落的原因，私有权制度发生乃陷人类于不平等，主张返于原始的自然生活。1762 年，著《民约论》(Du Contrat Social on Principes du Droit Politique)及《爱弥儿》(Emile, on de l'Education)二书，攻击当时的政治社会。政府以其扰乱社会安宁，欲捕之，乃逃往瑞士，后应休谟之招，再往英国，但因思想上与休谟未能相合，十八个月后，突然归国。法政府以不再著作为条件，不再加驱逐。归国后，仍营放浪生活，1778 年突然死于巴黎郊外爱尔门纳维尔地方。

　　卢梭没有高深学问的素养，惟由其丰富的想象力、敏锐的观察力、明确的判断力以组成其学说。他所主张之"人权，平等，归返自然"之说，极磅礴于当时，《民约论》与《爱弥儿》就是他学说底总汇。《民约论》是关于宗教、哲学、社会、政治的巨著。他称人类在原始时代因其欲望及能力大体均等，人们底生活也均齐而能相互融和。但在生活状态变迁，发明增多，农工业兴盛以后，土地被占据，财产得以私有，于是乃起竞争，发生人类底不平等。富者强者为巩固自己利益就用欺瞒的契约，构成利于己的国家组织。更因而制定法律，财产私有权,君主底专制,贫富悬隔,人们就陷于不幸。改革的方法,就是返于平等幸福的原始状态,去掉不自然的关系,把主权归还于一般人民之手。国家为人民相互的自由契约而结成,主权当在人民手中,君主不过委任其行使政权而已。惟国家既由契约合成,个人就当服从多数人所代表的全体意识,法律即表示此全体意识,给与人民以自由平等,故真正自由,当服从此自己制定之法律。《爱弥儿》系描写一名叫爱弥儿的儿童的教育状况,他反对强制的注入教育,把人们纳入于一定模型中;主张发挥各人固有之特长,除去各种束缚阻碍,使得有本来的天性,虽然不能说是进步的,但对于当时政治社会底攻击,却是革命的。

他所主张之学理虽多系附会,他所要求的口号却是真切,所以此《民约论》一出,法国的人权思想就日盛一日,君主底威信,失了根据,就造成后来的大革命。后世政治哲学受他的影响很深。

(原载《思想家大辞典》,世界书局1934年版)

# 马克思

Karl Marx，1818—1883，科学社会主义的建设者。德国人，生于靠近法国的德黎尔地方，父亲是改宗的犹太人，一个抱着自由思想的法官，母亲是一个温情主义者，家庭中教育程度颇高。初在波昂大学习法律，继转入柏林大学，对于历史及哲学颇有趣味，很受了黑格尔哲学底影响。1841年毕业，得博士学位。他因为充满革命的性质，当时的普鲁士政府不能允许他自由活动，想做哲学教授不成，1842年加入极端自由民主派的《莱茵新闻》(Rheinische Zeitung)，不久被政府所迫停刊。1843年他与燕尼(Jenny)女士结婚，同赴巴黎，在那里和许多社会主义者往来，与法国普鲁东，德国的亡命客哈伊涅、鲁格等讨论社会主义上的问题。鲁格系办《德国年报》被政府所驱逐，这时乃与马克思在巴黎合办《德法年报》(Dentsch franzosische Jahrbucher)，恩格斯曾在这报上投稿。发行二期后，因受政府禁止停刊，更纠合同志发行杂志《前进》(Vorwort)。1844年恩格斯自孟彻斯德来会，遂为终身至友。

1845年法政府受德国示意，不许马克思留住巴黎，他乃往比利时不鲁舍尔，不久又与恩格斯赴伦敦。1847年各国社会主义者在伦敦组织共产党同盟(Communist League)，他和恩格斯也加入，被推起草同盟底纲领，即在次年发表《共产党宣言》(Manifesto of Communist Party)，成为后世共产党永遵之纲领。是年法国大革命发生，他曾往巴黎，不久返国续办《新莱茵新闻》(Neue Rheinische Zeitung)，一年后又被迫停刊，赴巴黎，旋被法国所逐，又赴伦敦。自此他就久住伦敦，从事学说底整理，努力于著作。他底生活很困苦，仅恃投稿于《纽约德黎朋报》(New York Tribune)得稿费以为活，1869年以后得恩格斯每年三百五十镑的馈赠，才得安心研究。1859年发表《经济学批判》，1867年发表《资本论》第一卷。《资本论》第二、第三两卷于他死后由恩格斯加以整理，在1885年、1895年出版。《剩余价值学说史》也于此时成稿，死后经恩格斯整理而发行。1864年9月在伦敦产生了一个"国际劳动者协会"(International

Workingmen's Association),即今日所称的"第一国际"。马克思在开幕日致开会辞,以后即为该会底指导者。但其后因无政府主义者巴枯宁等底意见不同,经过十二年之后,卒于1876年解散。1871年3月法国巴黎公社成立时,马克思曾亲往指导,失败后仍赴伦敦。以后所著的《法国的革命》(*The Civil War in France*),即为记述并批评巴黎公社的著作。

马克思集科学的社会主义底大成,避去了从来空想的社会主义、无政府主义、民主主义的思想,分析经济底发展,与以科学的根据,对无产阶级底兴起,与以科学的组织,为今日社会主义的根据。他底学说的重心在哲学上为"唯物论辩证法",在经济学上为"唯物史观"、"剩余价值说"、"资本积集说"、"阶级斗争说",恩格斯称唯物史观与剩余价值说为马克思的二大发明。

(原载《思想家大辞典》,世界书局1934年版)

# 恩格斯

　　Friedrich Engels，1820—1895，德国科学的社会主义底建设者。生于莱茵地方底巴尔门（Barmen），父亲为一工场主，家庭颇富有。卒业于本地实业学校后，更入厄不弗尔高等学校，因家庭关系，改业商业。1842年至1844年间执业于英孟彻斯德一制造厂中。但他本身却愿意研究哲学经济等学问，执业之余，专心于学术底研究，更以其在资本主义发达之英国，以其锐利的观察，研究资本制度生产问题及劳动问题，即倾心于社会主义。1845年发表了《英国劳动阶级的状况》(*Die Lage der Arbeitenden Klassen in England*)并化名寄稿于马克思所编辑的《德法年刊》(*Deutsch franzosische Jahrbucher*)上。1844年归国，往不鲁舍尔访马克思，二人乃相识，遂为终身至友，共同从事于社会主义运动。恩格斯此时中止商业，与马克思共同来往于不鲁舍尔及伦敦间，开始于科学的社会主义的理论底建设。

　　当时欧洲诸国有"共产主义同盟"的秘密结社，1847年在伦敦开大会，变为公共运动，恩格斯与马克思亦加入，并由二人担任起草同盟的纲领，这便是1848年用各国文字所发表的著名的《共产党宣言》(*Manifesto of Communist Party*)。不久他回至开伦为《新莱茵新闻》(*Neue rheinische Zeitung*)底编辑，对1848年的法国革命及各种革命的理论与实际，多所论证。1849年巴拉兹及巴登发生群众暴动，恩格斯因参加指导，《新莱茵新闻》乃被封闭，他逃往瑞士转赴伦敦。1850年至1869年间他仍在孟彻斯德制造厂中做事。1870年辞职返伦敦与马克思共同努力于著述，建设了科学的社会主义底理论。马克思著《资本论》，恩格斯所成的为《反杜林》、《费尔巴哈论》及其他，共同造成一整个的学理。1864年在伦敦所成立的国际劳动者协会（第一国际，International Working Men's Association)，恩格斯亦参加其间。1883年马克思去世，其《资本论》第二、第三两卷，均由恩格斯加以整理，于1885年、1888年先后出版。

　　恩格斯与马克思在友谊上为至友，在思想上为同道者，马克思晚年处于穷困之中，恩格斯时与以物质上的援助，马克思的著作，多由恩格斯加以整理与解释，他实与马克思同为社会主义上的大师。他底思想为整个的科学的社会主义，亦即马克思主义，集马克思主义底大成的即是他。他底著作除《英国劳动阶级的状况》外，有《家族，私有财产及国家的起源》(*Der Ursprung der Familie, des Staat*, 1884)、《从空想的社会主义到科学的社会主义》(*Die Entwickelung des Sozialismus von der Utopiezur Wissenschaft*, 1891)、《反杜林》(*Herr Eugen Duhrings Umwalzung der Wissenschaft*, 1894)、《费尔巴哈论》(*Ludwig Feurbach*, 1895)。此外与马克思合著的，除《共产党宣言》外有《神圣家族》(*Die Heilinge Familie*)。

（原载《思想家大辞典》，世界书局 1934 年版）

# 列宁

Nikolai Lenin，1870—1924，苏俄共产主义底建设者，苏维埃社会主义国家底导师。本名乌里亚纳夫（Uladimir Ilyitch Ulianoff），生于伏尔加河流域的辛俾尔斯克地方，其父曾任辛俾尔斯克政务厅参议官，得了贵族称号，其兄亚历山大为一虚无主义者，因刺俄皇亚历山大三世被杀。列宁卒业于辛俾尔斯克中学后，入喀山大学，次年以其兄刺俄皇故被开除。此时他已认识了不少革命家，研究社会科学，成为一马克思主义者。1891年入彼得格勒大学习法律经济，以至卒业。1893年组织劳动者解放斗争同盟，组织了最初的劳动者同盟罢工。在彼得格勒极力活动，受政府之注意，1895年被捕，流戍于东部西伯利亚三年。这时他努力于读书著作，《俄国资本主义底发展》，即是流戍中所著。1900年归来，即赴西欧，与蒲列哈纳夫、莫尔托夫等发刊杂志《火花》（Iskra），与当时输入俄国的"修正主义者"、"经济主义者"相论争。《火花》为俄国社会主义民主党底机关报，他们伸其政治斗争手段于劳动者间，做了俄国社会主义运动之中心地。1903年社会民主党第二回大会中发生了冲突，列宁为布尔塞维克派（多数派）领袖，与莫尔托夫、蒲列哈纳夫等孟雪维克派（少数派）相分裂。《火花》落于孟雪维克派手中，列宁乃创刊《前进》（Fupelyod）竭力攻击改良主义派、妥协派，他所著的《进一步退二步》，即系攻击孟雪维克派。

1905年第一次革命发生，列宁秘密回国，提出了"劳动者苏维埃政权"的口号，指挥革命。失败后又出亡于外国。此后数年，转徙于各地，参加各种国际会议，从事于斗争，一方面仍指挥俄国革命。在此反动时期中，孟雪维克派主张停止秘密活动而由合法手段以改善劳动者生活，发生了清算主义，列宁极力与之对抗，说明革命底必然性。欧战发生以后，第二国际干部均背叛了革命，变成爱国主义者，赞成战争，列宁坚持其非战主义，纠合李卜克内西、卢森堡、拉达克、齐纳维埃夫等举行进梅华尔特等国际非战会议。1917年三月革命发生，列宁与其他同志于4月初回彼得格勒，在劳农兵间宣传革命理论，反对克伦斯基政府继续战争的政策，大唱将政权移归于劳农兵苏维埃之手。克伦斯基压迫布尔塞维克派甚烈，列宁再亡命于芬兰。至10月间，革命形势益急，列宁主张即时爆发无产阶级的革命，因共产党中央委员尚在犹豫，他乃秘密驰回莫斯科于10月27日召集会议决定了及时发动，于11月3日开会，定于7日晨起事，于是震动全世界的十月革命便在莫斯科产生了。

社会主义国家苏维埃政府成立以后，列宁当选为人民委员会议主席。革命的次日，苏维埃政府即在列宁指导下宣布了停止对德战争、土地法令，及其他重要法令。自1917年革命底当初至1924年止，是苏维埃政府最困难的时代，内外危害，一齐加来，在外有各帝国主义国家底经济封锁及武力干涉，在内有资产阶级、皇党及孟雪维克派、无政府主义者之反抗及阴谋，此外尚有破坏不堪的产业及1922年遍全国的饥馑，列宁均能应付得宜，一战胜之。赤军编成以后，苏维埃政府乃扫荡了白军及各帝国主义军队，站立于巩固之基础，而开始于社会主义之建设。

1910年发动组织第三国际，联合全世界革命分子及政党于一个旗帜中，世界革命便在列宁底统率下，伸展其势力。列宁始终站在革命的马克思主义理论上，发挥其政治的天才，率领同志在革命道路上走。革命前与修正主义、孟雪维克派的斗争，没有一日停止，革命以后，1918年对德议和之普莱斯德会议时，共产党内左派受蒲哈林、拉连克、科伦泰等竭力反对，骂为屈伏于帝国主义，甚至欲逮捕他，然列宁却能胜过他们底幼稚病而得到多数底拥护，解决了国家底重大困难。1921年宣布了新经济政策时，党内左派之科伦泰、托洛茨基等竭力反对，列宁又能以其理论胜过之，建立国家底新途径。他实是共产主义之最伟大的指导者，苏维埃政府之建设者。不幸在革命以后，列宁以过度劳苦，身体渐就衰弱，于1918年两次遇刺受伤，便常在病中了。1924年1月21日，列宁遂在静养地莫斯科郊外郭尔克村长逝。

列宁一生革命的主张与学说是"共产主义"，即帝国主义时代的马克思主义，亦称为"列宁主义"（Leninism）。马克思生于革命之前，那时帝国主义及其崩溃的现象尚未显明，他为无产阶级革命底准备，说明了革命底理论，是即社会主义，亦称"马克思主义"。到列宁时候，帝国主义已至末日，无产阶级底革命很占势力，列宁继续马克思主义，以之解释新起的帝国主义现象，以之应用于实际的无产阶级革命策略上，乃成为马列主义。大战以前的马克思主义称"社会主义"，党称"社会党"，大战既起以后的马克思主义称"共产主义"，即列宁主义，党称"共产党"。据斯大林所说："列宁主义是帝国主义及无产阶级革命时代之马克思主义,是一般无产阶级革命底理论与战术,尤其是无产阶级独裁的理论与战术。"

列宁主义所增加于马克思主义的,最重要的有三方面,第一是帝国主义的理论——帝国主义底发生在二十世纪才达其极,列宁解释帝国主义为资本主义之最后阶段,因它包含有三种矛盾,必然要溃灭而终结了资本主义。这三种矛盾是劳资间的冲突,各种金融团帝国主义者间的冲突,宗主国与保护国及殖民地间冲突。第二是无产阶级革命战略上的理论——在这方面列宁阐明了农民问题、民族问题、殖民地国民解放运动之意义等的理论,即无产阶级在其革命上,除有了世界的阶级的联合外,农民在无产阶级革命时必然能拥护无产阶级政权,无产阶级为保持其革命底胜利,亦必须得农民底同情与拥护。殖民地国家运动底兴起,可以阻止帝国主义底对外发展,即毁灭其市场底发展,间接使帝国主义至于灭亡,故殖民地底国民运动系援助无产阶级革命,同时制帝国主义之死命。第三方为无产阶级独裁政治的理论——马克思说,从资本的社会组织到共产的社会组织,有一个政治的过渡期,即无产阶级革命的独裁政治。列宁以为无产阶级革命独裁政治有二个理由,一是阶级斗争上的理由,即以政治的权力防压反革命,摧毁资产阶级的社会组织与社会势力,克服资产阶级的意识;二是生产上的理由,即以统一的集中的国家力量,整理经济,社会化生产机关。经过这么无产阶级独裁政治的过渡,然后国家消灭,共产主义的社会乃能出现。

列宁底著作甚多,各国都有列宁全集底刊行,收集了他底全部著作。其中最重要的为:1899 年:《俄国资本主义的发展》;1901 年:《从何做起?》;1904 年:《进一步退二步》;1908 年:《唯物论与经验批判论》、《马克思主义与修正主义》;1909 年:《孟雪维克之危机》、《俄国革命上的无产阶级及其同盟者》;1913 年:《马克思及其学说》、《社会主义国际之任务及其立场》;1915 年:《资本主义最后阶段之帝国主义》;1917 年:《俄国底政党与无产阶级底任务》、《国家与革命》、《布尔塞维克要保持国家政权么?》;1918 年:《无产阶级革命与考茨基底变节》、《苏维埃政权当面的任务》;1919 年:《资产阶级民主主义与无产阶级的民主主义》、《无产阶级独裁阶段上的经济与政治》;1920 年:《左翼幼稚病》、《民族问题,殖民地问题》;1921 年:《劳动组合问题,托洛茨基同志之错误》、《再论劳动组合问题,托洛茨基、蒲哈林同志之错误》;1923 年:《协同组合论》。

(原载《思想家大辞典》,世界书局 1934 年版)

# 中国民族解放战争与苏联

在二十年前，俄国的工农大众推倒了俄国地主资本家的统治，消除了俄国帝国主义的精神，建立了无压迫无榨取的国家——苏联。这一革命的性质是社会革命，其彻底的反帝国主义政策，表示它是站在殖民地民族解放运动一方面。再加二十年来苏联为世界和平的努力，对于一切侵略主义者，不但给以精神上的制裁，也直接使其侵略行动受到了威胁。所以它的胜利不但是苏联一亿六千万人民的胜利，也就是世界被压迫民族的胜利。

中国民族革命的主要目的在于打退国外侵略者——日本帝国主义的势力。虽然在社会体系及政治机构上说，与当时俄国的革命，有很多不同的地方，而在反帝反侵略方面，中苏两国却担负着共同的任务。在今后，日本帝国主义是中国民族的当前大敌，日德意所结成的侵略集团，也正是苏联的大敌，不打倒日本帝国主义，中国的民族解放不能完成，不打倒日德意侵略集团，苏联的和平，受着威胁。这利害的一致，胜败的联系，更在革命的性质以上，把中苏两国完全结合起来了。

实际上苏联对于中国的影响，并不开始于今日。当十月革命发生以后，苏联给予中国文化运动与民族革命的影响就很重大。一九一八年以后，中国思想界起了新的转变，中国革命运动，有着新的跃进，五四运动和五卅运动，都是在苏联的影响之下开展的。中山先生自述，称俄国革命以后，他在国际上找得一个朋友，一九二四年改组国民党，毅然决定联俄政策，于是一九二六—二七年的国民革命，便在正确的道路上迅速完成。此后十年，虽然因着国际帝国主义的阴谋而使中苏两国的政治上的携手暂时停顿，而在思想文化上，中国人民大众与苏联仍然是亲密的朋友。二十年来苏联给与中国的影响是很深厚的。

今日中国在伟大的解放战争中，苏联仍然是中国最好的朋友，能给中国以最大的影响。这影响不仅指在经济上物质上，苏联会给与中国抗战以极大帮助，甚至在军事上，将来苏联会与中国共同对日作战。同时也表现于它的外交政策上，因为苏联的指斥侵略，斥责日本，引起了世界各国的人民大众对中国的同情；因为它的活动，使英美的东方政策，转为积极；因为它参加了九国公约国会议，使调停中日战争而解消了中国民族解放运动之事受到了阻碍。如果世界没有苏联，日本帝国主义也许早已无顾忌的吞食了中国，如果今日没有苏联，英美等国也许绝对不敢向日本帝国主义稍加指摘，如果没有苏联二十年的存在，中国的民族革命也许不会进展到今日的程度。因为苏联的存在，世界形势有完全不同的发展，对于中国民族解放战争也就有完全不同的影响了。

然而苏联对中国解放战争的援助，绝不仅在精神方面、在物质方面，在军事方面，也必然可以实现的。因为苏联与中国联合而打倒日本帝国主义，不仅是为中国，也为着苏联自己，自然同时也是为着世界和平与国际被压迫民族的解放。苏联根据着它的主义和外交精神，固然应该援助中国的解放运动，而为保全它自身的安宁，更必须打倒吞食中国之后而必然侵略苏联的日本帝国主义。不过苏联的武力援助中国，须在一定的条件下实现出来。第一，它不能因武力援助中国而引起英美等国的嫉忌，使和平阵线各国起了裂痕。所以在它对英美的外交活动未曾完全成功以前，尤其在九国公约国会议尚未有一致意见时候，它不便立即出兵。第二，它不能因打击日本而反促成了日德意侵略阵线的围攻，所以在欧洲方面的外交阵线与国防未有充分布置，或事实上已经无法避免日、德、意的围攻以前，它也不便立即出兵。第三，它必须待中国确定了坚决抗战到底的决心，执行着保障胜利的政策时，才能出兵援助中国。因为如果中国没有抗战到底的坚决意志，它出兵参战了，万一中国中途妥协，反把战事挂在它的颈上，固然于人无利，于己有损；就是中国有抗战到底的意志，但没有在政治经济、社会各方面有所改革，使其适应于新的形势，即没有执行保障抗战胜利的全面抗战政策时，它也不会徒费力量来出兵助战。第四，在上述条件完成以后，也必须在一定的协商下，即两国订立了正式的互助公约以后，苏联方才能实行出兵，否则不讲一切军事、政治的问题，不订任何条约，只求其出兵出械，那是一件儿戏的事，不是一个健全的国家所能做的。

上述四条件中，后二条件比前二条件更为重要，因为目前的反日本帝国主义战争，终究是以中国为主体，必须在自己像点样，抗战机构日益健全的情形之下，才能得到他人的帮助。但到今日为止，我们自己没有确实把这二点做到。关于前两点的国际形势，现在英美对于东方问题，尚未曾完全放弃对日本的幻想，就是还没有愿意苏联出来援助中国的意思；而德意两国的活动却又显然在拉拢英国，想造成围攻苏联的阵势。因为这种种原因，苏联不能不有许多顾虑,所以到现在还未用很大的实力来援助我们,这真是一件很可扼腕的事。

但扼腕的事,未必就是绝望的事,我们如果明白得中苏两个一天不合作,日本一天不能打倒,中国民族解放,一天不能完成,我们就有决心去完成必要条件,以促成两国的合作了。坚决的执行抗敌国策,迅速的订立互助共约,固然可以由我们自己来实行,就是国际形势,也能因我们的主观努力而转变的。在我们的坚决抗战和有胜利希望的抗战中,英美的动摇态度可以稳定下来,德意的帮凶行为可以不成问题,因着利害的一致,苏联应努力以促成合作的实现,而在自己的地位上说,我们更不能只抱着侥幸取胜的心理,而只责恨他人的不加援助。现在我们必须自己多努力一点的。

中苏两国的关系是十分紧密的,中国民族解放战争的发生,不必讳言是受着苏联二十年来奋斗成绩的影响;中国民族解放战争的胜利,必待于苏联的合作;中国民族解放的完成,也足巩固着苏联的和平政策。在如此紧密关系之下,中苏两国的切实联合,是一个自然的趋势,也是一个迫切的要求。同时在正开始着解放战争的中国,对于已经成功了的苏联的革命经验也正需要学习。

在我们开始了伟大抗战的今日来纪念苏联的建国二十年,我们提出了"学习苏联,联合苏联"的口号。在每一个救亡战士读完了这一小册子以后,也必会更体验得这两个口号,要实现这两个口号吧。

(原载《中国与苏联》,民族解放丛书社 1937 年版)

# 战时民众运动的一般原则

一、七个月的抗战,事实证明了军队与民众的合作,是胜利的途径。而"持久抗战,最后决胜的中心,不在于各大都市,实寄于全国的乡村与广大强固的民心"。现在我们必须唤醒民众,尤其要发展广大的后方民众运动,使千千万万的人民,大家齐心协力,都为着抗战而斗争。

在这抗战时期,中华民族的任何阶级的同胞,只有一个目的,在求得中华民族的自由独立。全国的军事、政治、经济、外交等的任何工作,只有一种努力,在争取抗战的胜利。为着抗战而动员一切,一切都为着抗战。

同时,战时的民众运动,也必遵守战时的一般原则。

战时民运的第一原则是抗日高于一切,一切服从抗日的民族统一战线。这个原则是所有民运工作的出发点。一切党派、集团或个人,他们进行民运工作的目的,应该是为了动员民众参加抗战救国,而决不是为了替一党一派一人造势力争地位。如果大家抱定这个立场,那么在民运工作中所常常发生的误会与摩擦就可以得到适当的解决。

只有坚持这个原则,才能使各党各派的人在民运工作中有一个共同努力的目标,使一切不愿当亡国奴的各民众阶层与民众团体能在反对日本帝国主义的大目标下联合起来,各自抑低部分的利益而服从整个的民族利益,使抗战的力量扩大到最高限度。但这一原则的运用,绝对不是取消、削弱或反对各党各派各部分民众一切有利于抗日的活动,而是应该尽量援助他们,发扬他们的积极性,积聚这些活动的力量以充实整个民运工作。同时这个原则的运用,也不是取消各阶层民众及各民众团体的一切其他合理要求,而是要设法满足他们的要求,提高他们的情绪,以争取任何部分的民众都归入到民族解放的大旗下来。只要这一主要的原则填定得稳固,战时民运工作是能顺利开展的。

战时民运的第二个原则是积极拥护国民政府与国民革命军的抗战。国民政府是现在主持抗战的最高机关,国民革命军是现在进行作战的主力部队,只有这两个机关能发挥它们的力量时，我们的抗战才有胜利的前途。民运工作者应该用一切力量发动民众去帮助政府与军队实行抗战。只有使政府、军队和民众打成一片，政府与军队才能发挥力量，只有军队和民众打成一片，民运工作方能开展。自然，今日的政府与军队还有不少缺点，这些缺点也常常造成了政府军队与民众间的隔膜，甚至尖锐的对立。民运工作者在这种情形中，不是单方面的帮助政府军队取缔民政，也不是随同民众去反对政府军队，以致隔膜更甚而发生公开的冲突，减削了抗战的力量。这时民运工作者应该根据于"抗日高于一切，一切服从抗日"的原则，在两方之间，实行调解，帮助他们解决各种困难。政府军队有缺点，使民众不满，民运工作者应该有善意与耐心的进劝，并采取积极帮助他们纠正缺点的办法。民众有过分或不合理的要求时，民运工作者应该有诚恳的说明，引导他们到正当的发展。总之，民运工作者应该使政府军队与民众结合一致，共同进步，以增进抗敌的力量的。

战时民运的第三个原则是消灭民运中的敌探、汉奸、托派及一切挑拨离间的破坏分子。这些分子隐伏在民众组织与团体内部，进行着各种阴谋诡计的破坏办法，以达到他们分裂统一战线，使中国趋于灭亡的目的。对于这些分子，我们民运工作者应该有最高度的警觉性，要利用一切机会给他们以最大的打击，宣布他们的罪状，揭发他们的阴谋，使群众明白他们的真面目而共同唾弃之。

但是对于政治觉悟不够而犯不利于统一战线的个人或集团，却应该采取宽大的办法，向他们解释说服，争取他们到民族统一战线中来。譬如哪些愚昧无知为生活所迫，以几角几元而为敌人所驱使的分子，在失陷地带迫于环境而不得不与敌人敷衍一下而衷心并不愿出卖民族的人，我们都不应该敌视他们，反而使他们死心塌地的去做汉奸，我们是应该感化他们，鼓励他们，使他回头来为祖国出力的。我们更不应该以防止汉奸为名而禁阻民众中勃发的抗日运动，我们也绝对不能以汉奸的帽子加给自己的朋友或与自己不同党派的其他参加救亡工作的人。我们所要防止或打击的是存心卖国而不可感化的汉奸托派等分子，而不是被骗或被迫的一般民众。

战时民运的第四个原则是力争民运的统一。一切抗日救国的团体应该在抗日救国的共同目标下统一起来，这是没有人反对的，但实际上则民运上犹多门户之见，小团体仍旧重复的并列着。这是我们今后应该努力的一点。同样性质的团体应该只有一个共同的组织，各种性质不同的团体如工会、农会、学生会、商会，其他青年团体、妇女团体等，也应该在抗日救亡的共同目标与努力底下联合起来。团体复杂,组织分散,就使力量不集中,工作效能不大。各党派各集团所领导的同种类同性质的团体,应该统一起来,有统一的工会,统一的农会,统一的学生会,统一的青年团体与妇女团体,以至全国有总联合的民众团体,为发动全民抗战的中心机关。

但统一应该根据于自愿与民主的原则,而不是强迫与统制。如不能发挥共同的要求,不能包容各异的特征,而以一党派的立场,一部分人的领导与方式去强迫其他多数人的合并,结果不但统一不起来,反而会增加了分裂与对立而消灭了抗日的力量。

战时民运的第五个原则是公开与民主。为着抗日救国而组织民众团体,是最光明正大,受人尊敬的,我们应该坦白的向社会公布自己的意见与主张,和各方面的人去讨论,取得他们的同意与赞助。应该请求政府、军队以及党部的人出席指导,或派人去旁听,向他们经常报告,以消除一切不必要的误会与疑忌。在民众团体的内部,上级的意见应提交下级去报告讨论,下级的意见也应该向上级报告讨论,使上下没有丝毫隔阂。要经常召集会员大会或代表大会检查自己的工作,决定今后的任务,使每一个会员都懂得自己所应该努力的目标与具体工作办法,而积极动员起来。各级机关的领导人应该尽可能的自群众选举,使最努力最坚决最能为民族国家谋利益的人得当选到领导机关中来。

党派的意见,只要是为着民族国家的利益,也尽可向群众公开的提出,一切包办垄断与诡秘的行为,只是野心家为个人利益而施用的方法。只有公开与民主才能建立真正群众的团体而使操纵与破坏者失去一切活动的余地。

战时民运的第六个原则是适合情况与随机应变。我国领土广大,政治经济的发展,各地不平衡,因此内地与都市的情形极不相同。在抗战时期,有的地方是战区,有的地方是后方,有的地方已被敌人所占领了,这些地方的具体情形是极不相同的,我们民运工作的方法也必须依地方而不同。我们应该视当地的情形及其发展的趋势而提出不同的口号,布置具体的工作。抗战的任务是多种多样的,抗战的变化是极其迅速的,民运工作者应该极细心的去分析并了解当时当地的具体情况,决定当时当地所能进行的口号、任务、工作方法与组织形式。在客观的情形已经变化时候,必须迅速改变斗争的口号与任务、斗争的方法与组织的形式。只有能驾驭得客观情形而随机应变才能成功,千篇一律的工作方式是动员不起群众的。

战时民运的第七个原则是要使民众中抗敌的先进部分不脱离落后的部

分，使落后的部分赶上先进的部分，使先进的落后的共同前进。民众中抗敌的先进分子，是民运中的积极分子，也是开展工作中的主要力量。我们应该发动他们的积极性与天才，使他们能用其全力以贡献于民族解放的伟大事业上。但他们很容易发生一种高傲的宗派偏向，或者冒险盲动的倾向，同最广大的落后群众脱离。先进分子的这种倾向应该克服，要使他们深入到落后的群众中去，以刻苦耐劳的精神同落后的群众在一起，同他们打成一片，教育他们，组织他们，使落后部分也逐渐进步起来。

对于落后部分的民众，我们正应该用极大的忍耐力，向他们宣传解释，帮助他们组织起来，绝对不能轻视他们，抛弃他们。把他们引进到前进的地位，正是民运工作者的责任，他们进步的速度，也常由于工作者领导的正确与努力而决定的。这些落后的群众，是全国人民中的最大多数，他们不起来，抗敌救亡的胜利是难有把握的。

战时民运的第八个原则是要有民运的干部。"干部决定一切"，民运工作也是如此，没有足够的干部去分头工作，去深入各部分的群众中，民运工作是开展不起来的。民运工作的干部人才，必须有坚强的民族意识，对于当前的民族战争有无限的忠诚与必胜的信心，做事有决心，有办法，有大公无私，刻苦耐劳的精神。贪生怕死，贪污腐化，观念模棱，能力庸碌，或决心不足，动摇不定，自高自大，意气用事的人，决不能成为民运的干部。非有具体的行动，非有长期的奋斗，民众是不会轻易信任的。民运的干部也必要这样去锻炼成。在工作中物色干部，特别注意于教育，培养提拔积极的工作分子，使他们成为民运的干部，是每一个民运工作者的责任。只有能不断造成干部，团结干部在自己的周围，才能使其工作成功，如果是唯我独尊，个人包办，便会永远独立，永远不会有干部，最后，他们也只有失败没落了。

（原载《宣传组织与训练》，光明书局1937年版）

# 后方民众运动概论

## 一、为什么要做民众运动

在民族自卫战争中,谁都知道,人民大众是抗战的主体,民众力量是一切抗战力量的主要源泉,只有以人民大众为基础而进行抗战,我们的胜利才有把握。不过民众的力量并不是表现于人民的数量上,而是要从他们集体的组织和此种组织的行动中发挥出来的。民众并不是死的武器,可以由指挥者或作战者来随便支配应用,他们本身就应该是活的主动的战斗力量。但是不幸得很,由于我国民主状态向来异常恶劣,无数人民是被挤出于政治生活之外的,他们被剥夺了各种活动的自由,没有机会过有组织的生活,民族国家是逐渐和他们脱离关系了。就因为这个原故,在抗战期间,到处都表现着民众运动和抗战工作脱节的现象,不仅在前方,民众不能跟作战的军队密切合作,而且在后方,也不能广泛地开展有组织的民众动员运动。到今天为止,我们看到民众助战工作还多半限于消极的性质,不能使各地民众积极地组织在一条广大的抗敌战线上,这样不只埋没了无数可宝贵的抗战力量,同时也削弱了一般人对于抗战前途的自信力,甚至在某种程度上,给敌人以破坏我后方和前线的种种便利。这是如何值得重视的危机啊。为要发挥全民族抗战的伟大力量,为要加强抗战胜利的保证,我们不能不配合着前方的武装抗战,发动全国各地的民众自觉地有组织地奔赴广大的民族阵线,不能不要求并促成民众运动的彻底开放。我们一方面要力争全国民主政治的实现,使民权得到充分的保障;一方面更要从各方面推动落后的民众,使他们和进步的战斗的大众一同参加到伟大的民族的战火中。就是对于进步的群众,也要设法提高他们的战斗能力,使他们能够在一般落后的没有组织的群众中发挥领导的作用。这样就不能不从三方面努力去开展民众运动,这就是组织民众、唤起(即宣传)民众和训练民众。

## 二、要怎样去做民众运动

眼前民众运动的主要目的，在于唤起民众参加抗战工作。可是要达到这个目的，现在的民众运动，必须一反过去罔民欺民的政策。第一必须对民众作政治的动员，使民众立在政治的主位上，使他们直接参与政治。要做到这点，不但要让他们知道一点国家大事，让他们有参与政治的机会，还得使政治和他们的本身利害联系起来。民众是最实际的，他们不懂玄理，也不爱说空话，若政治不能给他们实际利益，他们是没有兴趣来过问的。

第二要增强民众的力量。要做到这点，首先该让民众自己来做一点事，给他们一点权力。民众所想做、所要做的，让他们做出来，不要加以压抑。凡可以增加民众力量的事，要竭力帮助其成功，不要加以破坏。譬如要增加人民抗敌力量，不但要允许其组织自由，更应该把他们武装起来。若不敢彻底的解放民众，而只给他们以有限的自由，求其局部的帮助抗战，事实上是做不到的。

这是做民众运动的两个根本方针，当然必须首先了解的。再就民众运动工作者本身的立场及态度来说，也有很多是必须注意到的。

第一，民运工作者必须站在爱国的立场上，自己先有着爱国家爱民族，誓死抗敌的热诚与意志，再有着要抗敌必须唤起民众，民众力量是一切抗敌力量的源泉的信心，然后我们才有牺牲自己，为民族国家而努力的苦干精神，把民运工作作为抗敌的主要工作、坚实的做法。只有这样的做，方能得到成功。要是为自己的某种作用，为出风头，或随便的玩弄一下，那就不但不会获得民众的同情，反将趋于必然的失败。

第二，民运工作者必须站在民众的立场上，把自己作为民众中的一分子，始终站在民众的立场上去启发民众，诱导民众，训练民众，而使组织一天天的扩大起来，工作一天天的开展起来。否则自己以某种目的去阻止民众，对于民众取居高临下的态度，使自己成为高出群众的人物，把团体变成一个衙门，终于要使民众生畏而离去，自己也就成为"孤家寡人"的光杆领袖了。

第三，民运工作者必须和民众打成一片，不但做工作时大家一起，就是日常生活也要完全一致，言语行动也须调和，民间的道德习惯也须遵守，如此则自己成为民众的一员，民众把他看作朋友，相互接近起来，取得一种信心，一切工作就容易进行了。若是自己的生活与民众截然不同，必然使民众以异己相视，总不免有些隔阂。

第四，民运工作者必须知道民众的需要，明白民众的了解程度，使一切工作都能和他们的实际生活联系起来，使一切口号都能为他们所了解，使一切斗争都能适合于他们的要求，不要太强调抽象的政治宣传，不要提出过高的主张，不要太急速的转变他们的信仰习惯，不要勉强他们工作。

第五，民运工作者必须充分发挥民主的精神，能随时注意到民众的意见，让他们有充分发表和讨论的机会，依照多数人的主张做事。如果他们有了错误，要用最恳切最明白的态度与语言去说服，一点也不要强制。任何事都要同他们商量，绝对不用自己的私见去命令他们。

第六，民运工作者处处要为民众的利益而工作，不要使一件事有损于民众。工作上如此，私人生活上更应如此，任何贪污、占便宜的行动，都要竭力避免。宁可自己吃一点亏，为民众多帮一点忙。

以上六点，是做民众运动者所最需注意的，如能依照这样做去，自己再有着正确的政治认识，相当的技术修养，他的工作一定是成功的。

## 三、后方民运的统一战线工作

要使后方的民运工作能够顺利的发展，必须建立起良好的统一战线。关于民运的统一战线的原则，在上面几章中已分别说到过了。这里再将具体的进行办法说一说。

第一，建立统一战线是当前民运的中心工作。

一切工作的进行，都要注意到统一战线的建立，在还没有建立抗敌救亡团体的地方，我们在开始组织时候便要注意使各阶层广大的群众都能加入，使各派各帮都能调和融合，不可偏向或专注意于一端，使它成狭小的组织。如当地已有数个以上的救亡团体的，要设法使其统一起来。如当地的统一战线工作已经相当进行了，就该使其更加牢固并扩大起来。

要建立统一战线，必须进行深入的宣传，痛切的说服，使大家感到共同抗日、统一组织的必要。吸引当地的上层分子参加救亡团体，使各个团体互相协助，召集联席会议，对于工作，商议协同进行的办法，以至组织统一的团体，如抗敌委员会等。但协商并不是妥协，协商也还是斗争，要从斗争中实现行动的统一。

要扩大统一战线，要先组织广大的群众到救亡团体中来。使先进的地区帮助落后的地区，东村帮助西村。具体的进行结集绿林、会门、帮口的工作。

要巩固统一战线,第一要先建立各团体相互间的正确关系,一切共同讨论决定,共同遵守执行。第二要使参加统一战线的各团体本身能健全,建立各团体的本身工作。

民众团体要和地方政府建立密切的关系,首先是帮助中央政府改进地方政府的施政,协助地方政府执行一切发动民众抗战与改善民众生活的工作。其次要请求党政机关协助民众运动,并派人参加工作。其三要拥护积极坚决抗战,保护民众的官吏,反对一切破坏抗战或鱼肉民众的贪官污吏。

第二,争求各民众团体的合法与健全。

各种民众组织,必须是统一的合法的。依照各地不同的情形,分别采用当地合法的名义,作为当地的统一战线。组织的基本形式如抗敌自卫会、动员委员会等,都要合于法令。

必须在统一组织之下领导农民、雇农、工人、学生、小学教师、青年妇女等组织自己本身的团体。如农民可组织农民协会或农民抗敌自卫会,除地主外,不论是贫农、雇农、中农、富农都可加入,作为农民运动的中心。工人可组织工会或工人抗敌自卫会,作为工人运动的中心。小学教师、学生、青年妇女等也宜同样组织本身的团体,但同时要吸引他们参加一县或一村庄的抗敌统一战线的各项工作。

要充实并改善保甲组织,使之成为抗战力量。必须克服轻视保甲,或认保甲只是压迫民众的错误观念。许多事实证明保甲在经过充实与改善之后,亦可成为良好的抗战组织,协助政府进行保甲训练与整顿的工作。保甲长的人选,必须保证为坚决抗战的分子,凡过去破坏抗战,鱼肉乡民的保甲长,应发动民众与政府,合作进行改选。建立日常工作以健全保甲组织,如清查户口、肃清汉奸等。

必须健全各种团体的组织生活,重要的问题必须发动会员大会去讨论,加紧对各会员的教育工作,提高其政治文化水准和组织观念。实行劳动互助,在斗争行动中培养组织生活的习惯,避免一切过分放任、过分拘束、培养民众团体的领导者,不应多方干涉,应当由民众自行讨论处理。

第三,使武装民众的工作与政府建立军力的工作统一起来。

广泛的武装农民,一方面就是动员农民上前线,同时也要武装他们以巩固抗日的后方。组织武装民众以配合正规军作战,更成为非常必要的工作。但这些工作,必须根据政府机关或群众团体所公布的各种法令规条上的名义去武装他们,如自卫队、后卫队等。要帮助政府进行征兵运动,要帮助政府进行常备队、后备队、壮丁队、保甲队的组织与训练。

第四,要使改善民生的工作与整个抗敌动员联系起来。

改善民生的运动,要尽量取得政府合作、社会同情,根据政府最近所颁布的法令。妥当的进行反对贪污土劣的剥削,反对高利贷,反对不良宦绅在执行政府功令时的借辞敲诈。减租减息等的斗争,要尽量采取合法手续去解决。

要谋整个社会幸福的增进,更要使抗敌士兵生活改良,在互助互济、正义人道上来解决救贫济困等问题,不必太强调斗争的口号。

第五,要互相帮助,互相发展,要用民主的协商,诚恳的说服。

各阶级,各党派,各团体,都要相互帮助,相互发展,绝对不可以有倾轧吞并的情形,帮助友人的发展,就是增加自己的力量,只有帮助友人的发展,才能取得友人的合作。遇有问题,有事件,要公平相商,不可独断独行,不可包办垄断。遇有不同的意见或争执,必须用至诚的态度,痛切的言词去说服,不可强迫,不可用阴谋手段,也不可毫无商议的全凭多数去压倒少数。

内地的统一战线工作是不易进行的。只有在自己的坚强奋斗与不断学习之下,才会领会得,才会成功。然而这一点却是后方民运工作成功与否的关键,是不可不努力的。

(原载《后方民众运动概论》,汉口大众出版社 1938 年版)

# "五五宪草"研究

"五五宪草"是要以国民政府的名义,提交今年十一月十二日开会的国民大会去讨论的宪法草案。通过以后,就要实施,关系于我国的政治前途甚大。现在政府也曾声明过,大家对于这宪草有什么意见,将来都可提交国民大会去讨论。因此,我们对于"五五宪草",要特别加以研究。

"五五宪草"和"训政时期约法"一样,是由中国国民党所制定的。不但起草的是训政政府的立法院,而且宪草的原则也是党的中央所决定的。立法院制定的初稿,经过党的中央全会及全国大会两次修正后,才作为正式的草案,由国民政府公布。宪草的内容,也完全根据中国国民党的主义和政策,在它的前言上就说明"遵照创立中华民国之孙先生之遗教,创兹宪法"。所以"五五宪草"的精神,大部分就是中国国民党的精神。

国民党的三民主义是我国建国的主义,其目的在造成民有、民治、民享的国家。就是将来我们的国家,必须彻底实现中山先生的民族主义、民权主义、民生主义;不但国家主权要属于人民,还要由人民来管理,给人民来享受。所以我们研究"五五宪草",首先要依据这三民主义的根本精神;其次,也要顾到现在制宪的特殊需要,就是它起草时是在抗战以前,现在正是抗战中间。

先从民族问题说起。民族主义的内容中,"一则中国民族同求解放,二则中国境内各民族一律平等"。"五五宪草"中有"中华民国各民族,均为中华国族之构成分子,一律平等"的规定,这实现了民族主义国内各民族一律平等的原则,是它的第一特点。但在今天来看,觉得这规定还欠具体,也有些不足。因为今天我们受着日本帝国主义的侵略,领土不少被践踏着,汉奸卖国贼在敌人手下活动,成立起伪满洲国、伪蒙古国,现在南京还有汪政权。这不但表示敌人在进行分裂运动,打算以华制华,还利用着我们国内的民族问题。我们的宪法中不但要把我们的领土列举出来,明白规定"领土不得变更",表示我们抗战到底,收回失地的决心;还得把国内的民族政策,明白揭示出来,具体的规定着，以团结各族同胞。中山先生曾经说过："辛亥以后，不幸中国之政府乃为专制余孽之军阀所盘踞，中国旧日之帝国主义，死灰不免复燃，于是国内诸民族因以有杌陧不安之象，遂使少数民族疑国民党之主张亦非诚意。"目前，日寇正在煽动挑拨，利用满洲、内蒙古的一部分野心分子，做脱离祖国的行为，我们如不表示特别扶助满蒙同胞，允许自治的诚意，那许多同胞，是难以团结在我们的抗战国策下来的。所以宪法上必须承认国内民族自决权及目前各边地的相当自治，方才能表现出民族主义的精神，合乎抗战的要求。

再从民权问题来说。中山先生把政治的权力分为人民的权力和政府的权力两部分。人民的权力称为政权，有选举、罢免、创制、复决四种。政府的权力称为治权，分为立法、行政、司法、考试、监察五种。为什么人民要有四种政权？中山先生说："行政的官吏，人民固然要有权可以选举，如果不好的官吏，人民要有权力可以罢免。"同时"大家看到一种法律，以为是很有利于人民的，便要有一种权，自己决定出来，交到政府去执行，关于这种权，叫做创制权"。"大家看到了从前的旧法律，以为是很不利于人民的，便要有一种权，自己去修改，修改好了之后，便要政府执行修改的新法律，废止从前的旧法律，关于这种权，叫做复决权。"为什么选举权之外，还要罢免权呢？中山先生说："人民有了这两个权，对于政府中的一切官吏，一面可以放出去，又一面可以调回来，来去都可以从人民的自由，这是好比新式的机器，一推一拉，都可由机器的自动。"复决权的道理也是一样。"人民有了这四权，才算是充分的民权，能够实行这四权，才算是彻底的直接民权。"

"五五宪草"中规定四权的行使，为人民的权利。并规定对于中央的政权，由国民大会执行，对于地方则行使直接民权。这是"五五宪草"的第二特点。

不过国民大会对于选举、罢免两权的范围太小，连司法、考试两院的院长也不在内。创制、复决的权力，如何行使，也完全没有规定。是否这两种权力也包括着监督行政的权力在内呢？如果国民大会不能监督政府的重大行政，人民的权力便嫌太小了。其次，国民大会开会的时间也太短，它只是三年一次，每次一个月。依照这样的规定，人民的政权，要三年才能行使一次，如三年之间有什么问题发生，只好由政府去了，人民无法干涉。实际上，除开总统、副总统以外，立法院院长、立法委员、监察院院长、监察委员的任期，都只有三年，那么，要罢免他们，只好在三年之后，那时，他们的任期已经满了，不是等于取消了罢免权么？这正如中山先生批评各国的民权一样，选举了议员以后，便一切由议员去做，人民无权再过问。这民权有点欠实在。中山先生是很看重民权的,他以为有了完全的民权,才能有真正的自由平等,也才有了民生幸福,所以宪法上对于民权的行使是应该注意"完全"的,否则便不合于中山先生的遗教。

政府依照五权分立而设立五院的制度,称为五院制度,我国现在的国民政府就是这样实行了。为什么要五院分立呢？因为中山先生很看重监察、考试的两种权。考试是决定用人的权,如果与行政权合起来,权力太大,政府难免被垄断了;监察是监察官吏,如果与立法权合起来,恐怕因干涉冲突而使立法失去了平允。况且考试和监察制度,在我国古来是独立的,成绩也很好,所以中山先生特别创立五院制度。

"五五宪草"上的中央政府,就规定用五院制度。中山先生说过：人民要有权力来节制,政府要有权力来做工。"用人民的四个政权,来管理政府的五个治权,那才算是一个完全的民权政治机构。"这是"五五宪草"的第三特点。

不过五院制度的精神是五院独立,相互平等,都对国民大会负责。中山先生所说的总统,事实上是行政院的领袖,对其他各院是不干涉的。现在宪草上,考试、司法两院的院长是由总统任命,好像他们是属于总统之下,总统变成总握司法、行政、考试的三权了。同时总统得召集五院院长会议,这也使得独立的五院受到了限制。其次宪草上的规定,行政院的政务是由行政院长主持,不由总统主持,但是行政院长却不受国民大会的支配,而由总统代负责任,这在责任的负担及政务的监督上说起来,也不甚妥当。

其三从民生问题来说。"五五宪草"上有"国民经济"及"教育"的二章,特别注意着民生主义的实现,是它的第四特点。但于节制资本、平均地权的规定,总觉得不足,也欠详尽。尤其对于帝国主义者的侵略,如各国所获得的特别利益及特别权利,宪草上没有一点可以作为根据去否定它们的条文。譬如土地永租权、内地设厂权、内河航行权、外货特殊优待等,都应该撤废的,宪草上没有规定。银行、铁路、矿山,是重要的经济事业,应该由国家经营的,现在外国人占有着的很不少,宪草上也没有规定。这是一个缺点。

人民的生活,是中山先生所最注意的,《建国大纲》中规定："建设之首要在民生。"但宪草中对此点的规定极为简单,而且极为笼统。固然没有苏联宪法那样定的具体确定,就是比《威玛宪法》也不及。《训政时期约法》中规定人民得组织职业团体,国家应实行保护劳工法规,施行劳动保险制度;现在的宪草中没有这样的规定,改为非常笼统空泛的文字。《训政时期约法》中国家得调整或限制人民生活必需品的产销及价格,禁止借贷的重利及不动产使用的重租；宪草中完全见不到了。"耕者有其田"，是中山先生的重要主张，现在宪法上完全没有这原则的表露。总之一句话，宪法中虽然有着"国民经济"的一章，但对于国计民生，并没有怎样具体的表现出中山先生的遗教。"民生主义就是社会主义"、"五五宪草"太缺少社会主义的色彩，也是一个缺点。

  以上是就三民主义的精神把宪草的重要内容作了一个研究。现在我们再就目前制宪的目的来研究这一宪草。目前正是抗战的军事时期，所以要制宪法，行宪政，目的在团结民众，增加国力，争取抗战的早日胜利，在前面一节中已经说过了。因为我国现在还在未组织未动员的状态中，今日我们要集中力量以应付抗战，第一必须团结全国上下，向着一个目标，毫无分歧的共同努力；第二必须动员全国民众，不论贤愚贫富，农工商兵，各尽其心思财力；第三必须加紧建设，充实力量，供应战时需要。要完成这三个任务，颁布宪法，实行宪政是必要的。因为有了共守的大法，大家有所信守，上下自然能够团结；实行民权，运用民主精神，民众自然可以动员；规定了经济方针，建设自然合于需要，进行迅速。

  为抗战所要求，为争取胜利而制定的宪法，不是保障一部分人的权利和利益，是保障国家的生存独立；不是压迫或拘束那一部分人，而是团结全国上下，动员全国民众。现在民权愈发达愈好，自由愈完全愈好，给与民众一分政权，就是增加国家的一分力量。限制了人民的一点自由，就是束缚国家的一点精神。由于抗战的全体性与民主性，我们内部是协和一致的，不会有什么矛盾对抗要我们顾忌。我们惟一要加以限制和防范的，就是汉奸卖国贼等破坏抗战的分子。所以为着抗战而实行的宪法，对于革命的民众，要给以完全的自由，充分的民权；对于反革命的汉奸，要完全剥夺其自由和政权。这正是国民党第一次代表大会所宣称："凡真正反对帝国主义之个人及团体，均得享有一切自由及权利；而凡卖国罔民以效忠于帝国主义及军阀者，无论其为团体或个人，皆不得享有此等自由及权利。"完全是中山先生的遗教。但是现在的宪法上没有这样的明白规定。它对于人民的自由权利，加以法律的限制，对于直接民权的行使（就是地方政权）没有明确的办法，是一个缺点。同时没有规定剥夺汉奸卖国贼等人的政权和自由，也是一个缺点。这在抗战中的今日，是要在宪法上加以修正的。

  至于政权与治权的运用，战时和平时也没有什么本质上的不同。民权的提高并不会减低政府的能力，反之，民众一点没有权力时，政府却最为脆弱，"人民要有权，政府要有能"，这话在战时也适用。人民权力和政府能力是正比例的发展着。现在,我们要发挥政府的最大能力,也要提高人民的最大权力。用人民的政权去支持政府的治权,去推动政府的治权,政权愈广大,治权也就愈牢固。只有侵略的战争,独夫的战争,才是畏惧民权,需要独裁专制来对付人民的反对。全体性、民主性的抗战是民众所需要,也需要有力的人民来拥护它,战时缩减民权的主张,在我们的抗战中是不适用的。

其次抗战以来,全国妇女所尽的力量很不小,她们在许多方面都表现出和男子一样热诚、勇敢、有能力、不惜牺牲的精神,今后为动员女同胞来参加抗战,宪法上对妇女予以男子同样的权利,也是必要的。现在的宪法虽没有限制妇女的权利,从条文上看,男女是平等的,但由于历史和社会的关系,实际上妇女会受到限制,宪法还得积极的规定保护女权,给与妇女以经济上、教育上的特别便利。

此外如"抗战建国纲领"各条,都是战时的主要国策,虽然是有时间性的,但宪法并不是千年不变,它的内容也一样有着时间性,这纲领的精神,是应该收入现在的宪法内去。其他抗战以来的新变化新要求,自然也该加以考虑容纳。总之,我们现在制宪,最要紧的目的是为着抗战需要,那么,一切为抗战而产生的新的要素,就是战时宪法的要素。

三民主义的精神和抗战的需要,是目前宪法的根本内容,这二点是必须注意,也是我们所必须研究的。至于其他值得讨论的还很多,譬如"五五宪草"最后一章的施行办法,有好几条是应该修改或删除的。不过这些,读者在看了本书以后再去看宪草原文,一定可以知道,这里不多说了。

最后的话,宪法是国家的根本大法,固然要求其尽善尽美,但最要紧的,制法要能行法,如果不能实行,有了尽善尽美的宪法也是没有意义的,过去的历史够我们看了。现在我们为着增强国力争取抗战胜利而制宪,是国家存亡所系,必须培养起民主力量,法治精神,上下协力,使真正的宪政,能早日实现。

(原载《宪法论初步》,生活书店 1940 年版)

# 现代宪法的本质

现代各国的宪法，有日本的富于封建色彩的宪法，也有苏联的社会主义宪法，但大多数的是资本主义的宪法。因而现代宪法的代表，不是日本的，也不是苏联的，而是英、美、法等国的宪法。

根据前面一节的说明，现代英、美、法等国的宪法是十八世纪起的产业革命的结果，是封建贵族被打倒，经营工商业的"平民"获得政权后所产生。是资本主义的，也是资产阶级的。

这种宪法，有着几个特性。第一，宪法的根本作用在保障个人主义的自治权，尤其是财产的私有权。在封建时代，农奴连着于土地，身体也属于地主的。在现代宪法上，人民的身体是解放了，人类是平等的，附带的居住、迁移、职业、信仰等的自由也获得了。同时国家的经济政策，也采取自由主义，一切经营，都是为着个人的目的，个人的利益。这种自由，也受着宪法的保障，国家不能干涉。就是经营成为独占，使他人的营业倒闭，或使许多人失了业，甚至把自己的土地荒废着，把所有的谷物烧毁了，让社会闹着饥荒，也是可以的。财产私有权，在宪法上是神圣的，不但个人不能侵犯它，国家也不能改变它。"自由、财产，让每个人得到安全和快乐！"但结果，个人主义的自由，私有制度的财产，仅保障着少数人的安全和快乐，而多数人的安全和快乐反而因此失掉了。

第二，是议会政治的建立。各国宪法大都规定议会为政权机关，内阁为政府机关。内阁对议会负责，内阁阁员须得议会的承认，内阁的重要设施要经过议会通过，内阁经常受着议会的监督。因此，国家的权利在议会中，但实际内阁与议会都操纵在政党手中。政党因在选举中发生作用，操纵着选举，议会中的议席便为各政党所分配。获得多数议席的政党，便可支配议会，可以组织内阁（美国虽然不是内阁制，因总统与议会同时选举，总统与议会也必落在同一政党手里），可以通过政府的施政方针。像英美等国，有两个大政党（英国以前是保守、自由两党，现在是保守、工党两党；美国是共和、民主两党）相互竞争着,于是政权不是落在这个党手里,便落在那个党里。这个党当政多少时候,如果不满人意,那个党出来号召;下次选举时那个党得了胜利,改由那个党来掌政。如此交互轮番,政府便在政党手里轮流,成为它们的掌中物。所以议会政治,实际上就是政党政治。

第三,由于上面两项精神,这种宪法便造成了资产阶级的专政。因为财产的私有权和产业的自由竞争,使一国内的财富集中在少数人的手里,多数人沦为赤贫。同时为保障财产权的言论、出版、集会、结社等的自由,多数人也就无法享受。虽然现在各国宪法对于私有财产的处理与占有,也有了相当的限制,但根本上并没有改变,人民在经济上既不平等,自由的享受也无法平等。

又因为内阁与议会受政党的操纵,选举有着财产上与教育上的资格限制,只有富有者才能当选为议员,才能组织政党。虽然近来各国已实行普选制度,但穷苦人无钱作竞选运动,穷苦人为着自己的衣食做着工,也没有时间去作竞选运动;况且还要受到政府和厂主、店主的干涉。所以政治还是被既成政党所操纵,落在富有者的手里。

个人主义的自由,私有制度的财产,议会政治,这三者造成了资产阶级的专政,也便是现代宪法的本质。

(原载《宪法基础读本》,生生出版社 1944 年版)

# 现代宪法的危机

现代宪法是资本主义的宪法,保障资产阶级的政权的。但近一百年来工人农民的力量渐渐长大,劳动运动不断发生,他们已起来向资产阶级争政权了。这种情形,使现代宪法有两种倾向:第一种倾向,是各国的宪法都改变为带有社会政策的色彩,给与工人和农民一些利益,以缓和他们的情绪,阻止革命的发生。这是社会党人——就是比较进步的资产阶级的主张。另外一种倾向,是因为害怕工人农民的势力,设法剥夺他们原有的权利,或者竟另外订立一种实行独裁政治的宪法,以压迫劳动运动,打击革命势力。

第一种倾向,在第一次欧战以后,颇为浓厚,但不久以后,便又转向到第二种倾向了。例如德国的《威玛宪法》,原是德国社会民主党的得意作品,曾经实施过好几年。但因德国经济恐慌,资本家怕快要站不住了,一九三三年希特拉得了政权后,便废除了这宪法。另外他颁布一部宪法,削去了民主政治,实行他的独裁专制。再如意大利,第一次大战以后,国内劳动运动很盛,一九二二年墨索里尼上台,便用法西斯主义来统治意国,把过去的宪法改了,以产业团体为选举议员的机关,使法西斯党员可以当选为议员;又规定法西斯党大会有决定国家政务的最高权;政府成为法西斯党的私有机关;棍子成为统治民众的工具,人民回到了黑暗时代的生活。再举一个例,第一次欧战后复国的波兰,直到这次欧战中亡国时为止,也是一个法西斯独裁的国家;在毕苏茨基的武力下,虽然也有一部名义上的宪法,但宪法所给与人民的权力,实际上一点也不存在,宪法仅是一个虚伪的文件。

东方的日本宪法,原来是封建贵族与资产阶级妥协制成的。天皇是绝对统治者,贵族、地主、资本家,差不多在贵族院中占着世袭的位子。事实上,日本的内阁并不产生于议会,而操纵于元老及宫内贵族的手里,内阁的政策又完全受制于军事机关,民权本来是甚少的。近几年来,日本的军事法西斯倾向渐渐增加起来,自从对我作侵略战争以后,政府完全把持在军人手里,一切政治,都要由军阀来决定。最近更干涉到议员在议会内的发言（例如斋藤隆夫事件），倡议解散政党，人民的自由权利更被剥削得一点不留。日本的贵族宪法，也被军阀们撕毁了。

英、美、法等国，虽然还维持着民主政治，保持着原来的宪法，但是它们也会另外订立法律（像《煽惑治罪法》、《违警条例》）来限制或取消宪法上的人民权利。有时它们还用行政的或司法的行为，来干涉人民的合法运动。尤其在这次大战发生以后，人民的自由权利更是受到摧残。在今日，就是资本主义宪法上所给与人民的民主和自由，各国的执政者也以为太多了，会妨碍他们的利益，因而他们自己所规定，向人民宣布过并宣誓遵守的宪法，也不惜亲自用种种方法来加以限制！

现在，各国统治者所要的，已不是保障自由、实行民主的宪法，他们所要的，是禁止自由、遏阻民权的办法。过去他们要求封建贵族保障他们权利的宪法，现在要转变为压迫人民势力的东西了。于是他们实行法西斯的独裁，民主死了，宪政消灭了，宪法也撕毁了！

这种转变，第一个原因，是第一次欧战以后资本主义经济渐渐衰落，危机日深。第一次大战发生，帝国主义的黄金时代已经过去，大战给予许多国家以巨大的打击，以后的经济危机又加紧使它们转入衰老的时期。于是它们深深感到自己的力量减少，地位低落（尤其是德、意、日三国），过去尚能和平的从容的应付人民的争执，现在是感觉到紧张吃力了。于是过去尚可允许人民一点点自由或民主，而现在连这一点的允许也妨碍了自己的应付，于是不能不收回来。

第二个原因是第一次欧战后人民的势力渐渐大起来，政权的斗争，日趋激烈，使它们感到巨大的威胁。这威胁一方面是俄国人民革命的胜利，创造了社会主义的国家；一方面是殖民地民族的独立运动高涨，排斥帝国主义的统治。重要的一方面还是各国内部劳动运动的激烈，渐渐转向到革命的道路上去。例如工人的组织日渐膨大，政治性的斗争天天加多。这都使执政者恐惧。第一次大战后，各国会一时妥协，在宪法上允许人民一部分的要求，以缓和革命，现在觉得这种妥协并不能缓和革命，反而给革命以鼓励，所以索性把过去的怀柔政策也取消，赤裸裸的实行暴力压迫政策了。

时代十分紧张，现代宪法的危机已经很深刻了。苟延残喘，维持这残破局面的时期是不会很长的。今后是灌注入新的生命，延长它的光辉的生命？还是完全撕毁它而返还中世纪的黑暗时代？就是愿意多允许些人民的要求，发挥第一次欧战后曾经有过的民主的富有社会主义色彩的宪法精神？抑或竭尽最后的力量，加紧独裁专制，让人民的革命早日爆发，作一个总解决——这是现代宪法的两个前途。

(原载《宪法基础读本》，生生出版社 1944 年版)

# 第四辑

# 第四章

# 祝上海二次人民代表会议成功

　　上海市人民政府于本年8月初旬召集了首次各界人民代表会议，又于12月初旬召集了第二次会议。在第一次会议上，人民政府报告了上海解放以来的施政情形，代表们反映了人民感谢人民解放军解放上海，拥护政府设施的热情。会议上又通过了促进经济建设，解决劳资关系，疏散难民等方案。在第二次会议，除报告政府设施，讨论当前问题外，又将成立各界协商委员会，作为常驻的机关。

　　在最近半年内，已解放的各大城市，都举行了各界代表会议，这是人民代表大会条件未完备以前首先实行的城市民主会议，是交换意见，团结各界人民的最好方式。像北平第二次会议，还审查了政府的预算决算，选举市长，差不多已实行了人民代表大会的职权。各城市解放不久，人民政府即召集了这样的会议，又随着各地进步的情形，增加会议的民主成分，我们是见到了新民主主义的政治设施，也见到了人民政协共同纲领的具体实现了。

　　上海解放仅半年，还有少数人对于人民民主政治不够了解。像第一次代表会议中，有些代表还相约"只要听不要说"，可是会议完了以后，那些代表毕竟是后悔了。人民政府是完全站在群众中间，政府首长与各界代表，共说共笑，无所用其顾虑的，我们现在希望上海各界重视这代表会议，希望各界代表在会议上充分反映人民大众的意见，也好好的谛听政府首长的报告，开会以后，更要将会议的内容传达给各界人民。大家在这民主会议中学习，在这民主会议中求进步，逐步的推进各界代表会议为人民代表大会。祝上海市第二次各界人民代表会议成功！

（原载《上海工商》1949年第1期，署名念之）

# 工商界民主团结的组织路线

上海市工商业联合会筹备会在9月底10月初连续发表了《整理各同业公会初步方案》、《对于本市旧同业公会整理原则的谈话》，又曾举行一次招待会，报告了整理各旧同业公会的方针与方法。接着在10月初的建国庆祝运动以后，开始了实际的整理工作。卷烟、制药、造纸、电工等四个同业公会的筹备会先后成立了。银钱、保险、染织等同业公会也即将成立筹备会。有了这个经验，10月下旬便由工商联的全体委员会分成9个小组，提出近80个的重要公会，分别推动整理，阔步的展开整理运动了。

工商联整理各同业公会是有准备有步骤、有原则有方法的。把上海的市商会、市工业会废弃了，另外组织一个工商联合会，再由工商联来把各个旧同业公会加以改组并不是一件例行公事。过去上海的不少旧公会是为少数人所操纵，是依附于反动势力，为四大家族及其他官僚资本而服务的。在经济上，它们不但对分配外汇、请求贷款、配售材料、收购成品等权利为少数把持者所垄断，对摊派捐款、征收会费等义务则嫁在多数中小会员的身上，而且还投机取巧，操纵市场，压榨人民大众，戕害国民经济。在政治上，它们与特务分子及地方恶势力相勾结，为非作恶，是服役于反动政府，而与正当工商业者及革命进步势力为敌。这样的为大众所弃的公会当然不会存在于人民民主时代。那些操纵者，作威作福的"领袖们"，在上海解放的前夕，都随着他们的主子逃走了。上海市商会、工业会的"负责人"不见了。进出口业、轮船业、米业、纸业等公会的"理事长"逃跑了。银行业、棉纺业、染织业等公会解放后经会员另外组织了会务委员会。这指出那些旧公会事实早已破残不全，必须加以改组。现在是要把为少数人所操纵，并为反动政权服役的旧公会，改变成为团结会员大众，替全体会员服役，并为新民主主义经济建设服务的新公会。这是改组的意义和目的。

有着重要意义的改组，决不是形式上的更改，不是单纯的改造，不是杂乱的无原则的打散和凑合。有些人想原封不动,把旧公会改称为筹备会,就算改组了,这是不对的。也有些人主张把旧理监事一脚踢开,另外来一些全新的人,重新干过,也不一定妥当。就是由工商联物色几位公正而能为大众服务的人士来组织新公会,也有点不合理。第一种办法是名称改而实质不改;第二种办法只着重人的更换而未注意会的改进;第三种办法选择了适当的人而未经过适当的程序;都不能发挥改组的作用。我以为合理的改组,应该先动员会员大众,让大家检讨了旧公会的各方面情形,认识了改组的必要,同时商讨了新公会的任务,定出新的路线和新的作风,对于人选方面,也要让会员共同检举了反动的,教育了落后的,选拔了进步的。这样,不但有了新的人选,新的公会,也使得会员与公会相互团结起来,共同改造而进步了。

为着说明上面所提的意见,对于过去整理工作中所遇到的若干问题,在这里加以讨论。

第一,检讨旧公会,商谈新公会,是为着认识旧公会改组的必要。到现在还有些公会负责人和会员以为公会的改组是政府的命令,或是工商联的意旨,他们不过是照这个命令或意志来办罢了。也有些看过了国民党时代的整理改组,以为上海解放了,赶走了国民党反动派,当然也要来一次整理改组。更多的是一般工商界人士并不关心于公会,改组与否,是办公会人的事,他们无意过问。这是个大问题。若是旧公会的坏处在那里,新公会应该怎么样做的问题不检讨明白:国民党反动派的整理改组与今日的整理改组,本质上究竟有什么区别,不会知道;公会与会员大众的切身关系也不会清楚;他们不会热心于公会的改组运动;旧时代留下来的若干野心家和另外的一批糊涂人,都纠正不过来。整理改组的意义完全失却了。有些人以为既然改组了,旧公会的不好,何必深加指摘,这也是不对的。罪恶不明白检讨出来,是会使大家的观念模糊不清的。也有人以为新公会的任务和做法,可在新公会组成以后再谈,不必在改组时讨论,这也不对。认清了新公会的意义,才能提起会员对于公会的关心,热心参加公会改组运动。改组公会不是一件例行公事,而是一项群众运动,必须在运动中提高大家的政治认识与组织热情,争取会员团结在公会里面,鼓励他们为公会的改组而工作。

第二,人选是改组公会的具体内容,必须从人选标准到候选人的提名,一一加以讨论。例如"公正而热心","进步的有能力的",是一般所认为最合适的标准。但偏有些人故意强调技术标准而隐蔽了政治关系。又有些人定出过高的资历限制,用以维持旧人,阻挠新人。如何才不左不右,具体而不流于细末,恰当而不为阴谋分子所利用，非经过多方商量，反复讨论，是不会明白的。又从人选的范围说，如业务上不同的各分组，经营规模大中小各类型，技术、管理、业务各项人才的配合，要有重心又能顾到全局，反对平均主义又不能有所偏差，也颇费斟酌考虑的。有了标准，议定配合，就可以提名。有主张书面提名的，有主张口头提名的，有主张集体公开提名的，也有主张个人秘密提名的。比较的还是由各部门各方面分组分区经讨论提名的合宜些。提名时要有介绍，提名后要有讨论，不合的可以更换，遗漏的可以补充。这样的提名运动，要做到奖励为人民服务而谴责自私与不正；要选拔进步的，打击反动的，但不应排斥落后而求上进的分子。

第三，前面两项工作，都要动员会员大众共同参加，共同讨论。或者分别洽商，或者举行谈话会，或者召开会员大会，看各公会的具体情形而选择进行。总之，要使大家有充分表示意见的机会，有反复讨论的可能。要充分听取各方面的意见，要作详尽的说明或说服，必须使一项主张的决定，一个人名的提出，都能获得大家的了解，或大多数人的同意，没有一点包办或命令的情形。所以各业公会的改组和人选，虽然以工商联的名义发表，若经过了这样的程序，实际上具备了充分的民主性。否则若由旧理监事会或其他一部分人提出名单，未经会员的充分讨论，当然不合。提出名单未经讨论而送请会员传阅签字，也不合适。或拟就文件，分别送请盖章连署，一样是不合宜。其实，就是让大家选举，如果事先未曾有过思想酝酿或民主讨论，也并不是十分妥当。至于由各帮各系，或由小组织的若干主持人，自相妥协而成的案子，自然是一种分赃办法，更加不合。另外有人仍然抱着旧观念，以个人地位声望相号召，而使他人听从；或者更坏的，凭借地方势力或某种特殊关系，拍着胸膛说，"我某人出来，谁都不会有话"，这简直是威胁，是无赖，更谈不到了。

上举各项，尤其是要走群众路线一点，颇为一部分人所不了解。他们以为只要选择了贤能的人去办公会，自然可以把公会办好，会替会员服务，何必一定要经过许多麻烦的协商手续。但这里有两个问题，其一所谓"贤能"，是否合于大众共认的标准，是否有未曾见到的其他缺点，只凭一二人的主观决定是不会准确的；其二就是真的"贤能"了，未曾向大众介绍说明，大众不了解，也难以接受。个人与群众之间的距离是值得注意的。与此相反，也有些人以为既然要民主，要尊重群众意见，为什么各公会筹备委员的人选，不干脆实行选举，比座谈协商要简便多了。这里也有若干问题。第一，上海解放不久，旧的残余恶势力未曾完全消灭，民众的政治水准尚未提高，对于政府的政策法令未能完全了解，他们的鉴别力选择力是不十分充分的。第二，旧同业公会颇多残缺不全，会员在此大变革中亦有变革，未经调查登记，不知真实状况，此时办理选举，没有根据。第三，过去公会与同业之关系不够密切，会员与会员之间颇多不相识的，如果事先没有协商介绍，叫大家来选举，实在使人无从选起。在这样情形下民主条件未曾具备，昧然实行选举，实际是要发生很多困难，而不会反映公意。所以我们主张公会的改组，不是工商联所随意抉择，不能由公会旧理监事或少数人来决定，也暂不举行会员选举，必须要经过协商讨论，必须通过多数人的意见，然后再送经工商联的审核与主管政府机关的批准。这样是：

反映了大众意见，也教育了大众；

有过各方面的协商，也经过集中的审核。

这是符合民主集中的原则，也符合于群众路线的原则，是目前最合理的办法。工商联用这样的原则这样的办法来推动整理各同业公会；用这样的原则这样的办法来团结并改造各同业公会，我想是会得到全上海工商界人士的赞同，大家也必热情兴奋，会共同来参加这自己的组织运动。

(原载《上海工商》1949年第1期，署名念之)

# 欢迎东北华北参观团光荣归来

上海工商联东北华北参观团第一团自9月11日出发，参观了沈阳、大连、长春、哈尔滨、天津、唐山等处的工商业，已于11月26日回到上海。他们在11月30日工商联的欢迎大会上，报告了东北华北工商金融事业的情形，报告了那里公私营企业配合进行的实况，报告了那里经济繁荣社会安定的现象，更报告了伟大友邦——苏联帮助我们建设的具体实例，使得1 000余的听众兴奋鼓舞，掌声不绝。

东北是我国首先解放的地区，土改已经大体完成，工矿事业都在复兴中，大连的二年计划快要完成，东北的三年计划即将实施。"发展生产，繁荣经济"的情形，已经看到了。使我们相信关内以及江南新解放区，以东北为榜样，必定逐步走向繁荣幸福的康庄大道。过去东北长期受了日本帝国主义的统治，在敌人管制下的经济，是殖民地的畸形发展，它完全倚附于日本帝国，也完全供献于日本帝国，东北人民只是被剥削，被榨取而已。现在解放了，人民政府的经济建设，正在改变过去的道路，使它自由独立，服务于人民大众。全部果实，为人民自己所享受。它再不附属于外国帝国主义，而是与关内的本国经济相结合了。再从东北看中苏关系，不论是大量的器材物资，不论是高深的技术，不论是完密而健全的经营管理，都得到了苏联的伟大的无条件的帮助。中苏贸易协定，不断的修改得有利于中国，鞍山炼钢厂巨大熔炉的建立，沈阳机器厂多数新式机器的获得，到处都看到苏联的真正友谊。世界无产阶级的友爱，社会主义国家对于自由解放民族的帮助，是不能在任何资本主义土地上所能见到的。

今日东北是新民主主义建设的开端，也是整个新中国的雏形。看了东北，我们坚定了信心，也增加了勇气。我们欢迎东北华北参观团的光荣归来，我们希望参观团诸先生把参观所得，详实的、具体的传达给上海市民，更希望上海工商界人士接着组织第二第三的参观团，到东北去观光，到东北去学习！这种学习和经验的交流,对于新上海的建设,是有重大意义的。

(原载《上海工商》1949年第3期,署名念之)

# 关于科学研究工作的几点意见

由于领导上的重视，经过上一学期以来的积极提倡、支持和帮助，我院这一学期的科学研究工作已有了初步的开展。首先是全体教师认识科学研究是提高自己的业务水平，提高教学质量的一个重要办法，积极参加了这一工作。各教研组把科学研究列入本组的工作计划，作为主要的工作项目之一，努力予以贯彻。本学期我院参加科学研究工作的教师计六十二人，占全院教师的百分之六十五以上。人数比上一学期增加的多了。其次，本学期共提出研究题目四十八个，大部分是教学中提出的学术问题和教学法问题。如编写教材方面的有《中华人民共和国宪法讲稿》；思想批判的有《略论中国共产党党内唯物主义和唯心主义思想斗争的历史概况》、《批判胡适的反动政治思想》；研究现实政治法律问题的有《我国过渡时期的人民民主制度对于经济建设的作用》、《我国过渡时期的基础和上层建筑》、《论新中国的刑罚》、《谈谈辩护制度》等；研究教学法的有《关于培养学生独立钻研能力问题》、《关于培养工农学生学习能力问题》等。这些问题的研究，能够丰富并提高教学上的专业知识，并进而加强其现实性和思想性，直接为教学服务的作用是很明显的。

本学期的科学研究工作已在积极进行，有的已经完成了论文初稿。过去有的同志以为科学研究是教师们的额外负担，有的是好高骛远或畏缩不前，这些思想障碍已经基本克服了。现在的问题是要有一套办法，摸出一些经验，具体帮助大家进行研究。这些还有待于同志们的共同努力，这里提出关于研究工作的几点意见，请大家指教。

第一，科学研究和一般学习应该有所区别。在这方面，苏联专家布列也夫认为：不论理论研究或者实际考察工作，其任务必然在于丰富科学，发展科学。通过研究工作能够达到下列三点：

"一、使科学的诸现有原理得到发展和加深；

二、提出并解决新的理论问题；

三、批判旧的理论。"

我们如研究"他人的现有理论著作,目的在于更深刻的明了这些著作的内容。这种研究必须跟普通的对现有理论的学习区分开来。普通学习的任务是掌握学习者还不知道,但已为大家所熟知的东西。而在研究理论著作时则是明了这些著作中那些一般还未为大家所熟知或还未为社会科学思想所透彻阐明的理论"。例如研究马克思关于价值理论的著作,前者在于学习大家所已熟知的马克思的价值理论,而后者必须更深入一步,如在过渡时期,应考察社会主义经济如何利用价值法则去领导小商品经济和对资本主义经济进行斗争,也就是更透彻、更深入的说明并运用了马克思的价值理论。

对于实际工作的考察研究,目的在于达到理解实践,总结实践。"通过这种研究工作,能够使现有理论更为深入并发展现有理论,重要的是能够提出并解决新的理论问题。"例如研究我国过渡时期经济中价值法则作用的客观过程,必然会遇到一些新的情况,提出一些新的问题,需要予以理论的解释,从而丰富和发展了一般的价值理论,并进而在计划过渡时期的价值水平、价格比例等问题上对实际工作发挥很大作用。

研究中对于前人的陈旧或错误学说,应加以批判,尤其要着重批判资产阶级唯心主义思想。今天在我国学术文化领域中还残存着不少资产阶级的学说、理论,尤其是今日我们还处在国际资本主义的包围中,资本主义国家的理论思想是会窜进来的。在这样影响下,许多人自觉或不自觉地在学术上残留一些资产阶级的思想是不奇怪的。但对于这些谬误的理论一定要加以驳斥批判。驳斥了资产阶级的理论,使无产阶级的理论得以确立,批判了旧的理论,新的理论才能够发展起来。

以上三点在每一项科学研究中必然会做到一点两点,或者三点同时涉及的。这样,就会丰富科学,发展科学。在开始进行工作时当然还不能完成这个创造性的研究,但应该作为努力的方向。

第二,科学研究的思想方法是马克思主义的方法,也是辩证唯物论的方法。在阶级社会中,人们思想有着阶级背景,政治法律科学是阶级斗争的科学,为一定阶级服务的。因而听到一个政治主张,要看它是从怎样的情况出发,其实施结果会产生怎样一种效果。观察一个社会现象必须从它的社会联系和内在斗争力量的消长来研究。如果不先搞明白各种理论、主张的阶级本质,就会真假不辨,是非难分。资本主义国家的社会民主党,在口头上也主张社会主义,可是它们反对阶级斗争,反对无产阶级专政这一实现社会主义的关键问题,主张通过议会去向垄断资本家要求社会主义,便是骗人的虚伪主张了。又如我国宪法序言中所载的:"通过和平的道路消灭剥削和贫困","依靠国家机关和社会力量",经过限制、改造的尖锐和复杂的阶级斗争才达到的。否则放弃了专政和斗争,而想像着和平长入社会主义的办法,不论怎样的长期,不论怎样的逐步,也消灭不了剥削阶级和剥削势力。

进行科学研究工作要重视客观真实情况,唯物主义者坚决相信客观存在,只有运用辩证唯物论的思想方法,正确认识客观存在及其发展法则,才能进一步针对客观实在,利用客观法则,以改造世界和社会。如果不虚心研究客观现实,用主观臆断的办法来对待问题,就看不到真相,得不到真理,绝不是科学研究。

资产阶级学者为维护资产阶级的统治而努力,但资产阶级的统治是违反社会发展规律,和人民大众的利益相矛盾的,因此他们的办法是歪曲社会规律,掩盖客观真相,以欺骗被压迫的人民大众,企图苟延资产阶级垂死的统治。资产阶级学者的研究就是主观的、虚伪的。他们尽管也主张科学方法,但这些科学方法只能在一定限度内应用于自然科学的研究,一到社会科学的领域就改变了。实用主义者的"有用的就是真理"、"合意的实验",就是他的阶级主观性,所谓客观、科学、实验等名词,仅是掩盖其反动性、虚伪性的欺人手法。

同时我们在科学研究上也要反对主观的教条主义方法。研究科学一定要利用前人的成果,即已经总结成为理性知识的原理原则。马克思列宁主义的经典著作是我们今日研究科学的最宝贵的根据,不首先阅读这些著作,不运用这些原理原则来观察今天的客观现实,不但研究工作会事倍功半,而且会走入歧途。但普遍真理必须和具体实践相结合。一件事实有它的一般属性,也有它的具体属性,两者是不相冲突的。在具体实践有所不同时,运用原理原则的方式方法也就有所不同。如苏联在十月革命的第二天就宣布土地国有,而我国的这一问题,是在农业生产组织和农民觉悟逐步提高的基础上,由减低以至完全取消土地分红来实现的。这并不是说中国解决土地封建所有制的原则方针和苏联有所不同,而是具体运用上适应自己的历史条件。我们进行研究工作决不能机械地套用公式,或只是概念和理论的堆砌,必须重视理论和实际的联系,从社会现实生活和客观实际过程中去提出问题,解决问题。只有这样根据理论去实践,再由实践来扩大或发展理论,才有实际的收获。

资产阶级怕揭露客观的真实,是反科学的,教条主义者虽有相信真理的好心肠,但不能运用正确的科学方法,也求不到真理,两者都加以反对。只有无产阶级,他们的利益和客观实在相一致,和社会发展的规律相一致,才能运用马克思主义的辩证唯物论的方法来研究科学。

第三,科学研究要十分重视材料,不能凭自己的主观想像,要根据具体材料说话,不能为主观决定去找证明,要从客观材料中提出问题。丰富的材料是多方面的,不但要有代表性典型性的,也要有特殊性的例外的;要有正面的材料,也要有反面的材料。要运用各种文字材料,要更注意图片和实物。最一般的材料是实验记录、调查报告、数字统计、典型事例、工作总结。总之,材料是随研究题目的性质而不同,要依研究的目的和内容而进行搜集。这些材料有的是现成的,而大部分是要研究者自己去搜集编制。有些比较容易找到,而大部分是要经过了一定时期费了一定力量才能到手。同时随着研究的深入必然会日益发现新的材料,最重要的是研究者点滴收集,日积月累,费了长时期的劳动积聚起来的材料。不开始研究不会知道有材料,不深入研究不会发现更多的材料,要想一次搞齐材料再开始研究,是不可能的空想。

经过整理的文件,观察他人的实验,听取他人的报告,也最是省力。但多数材料是零星的、原始的、各方面搜集来的材料,必须加以整理编制。是查明来源,辨明真伪,删除繁复摘抄登记,分类编目,把零星的、混乱的变为有体系的完整材料。要注意的,整理材料虽可请人帮助,但研究者必须参加或主持。因为整理材料是研究工作的重要一步,整理材料的过程也就是了解问题的过程,只图现成阅读他人整理好的材料而不亲自劳动,是不足取的偷懒办法。

研究问题,不能仅靠纸面材料,必须注意于实践。具体的办法是调查访问,观察现实斗争,听取实际工作者的报告,参加典型试办和实际业务等等。如研究富农犯罪问题,可到农村进行调查访问;研究如何培养学生独立钻研能力问题,就先要调查学生的学习情况和缺点,针对这些情况和缺点,独立钻研能力的意见和方案,经过讨论批准,在一定时间内予以试行,考察其结果,再进行修改补充,然后才能写出研究报告。这些实际观察和实验的办法,有极大效果,对社会科学的研究和自然科学的研究一样是重要的。只有从纸上材料的研究进到实践,才能提高研究的质量,扩大研究的作用。

第四,科学研究要将独立钻研和集体智慧相结合。发展科学和丰富科学的研究,要由发挥自由思想,发挥创造精神来进行,而其基础则是独立钻研。不深入钻研不可能了解事物的本质,不可能扩大知识内容,没有独创的能力也不可能提出新见解,作出新的结论。前人的结论是我们研究工作的基础,但决不能为前人的结论所局限。一切客观事物都在不断发展,研究中发现新的问题不能用已有的方法来解决时，必须突破前人成规，经过自己的钻研，创造出新的方法，才能解决问题。也由于这样创造性的钻研，才能使科学不断地发展，永远在前进的新的水平上。

创造性的研究是认真努力、辛勤劳动的工作。客观真理的认识并不容易，尤其是对社会发展规律的认识有着垂死势力的人为障碍，必须扫除障碍，打破困难，经过长期的奋斗才能有所收获。科学研究不能取巧，没有捷径，尤其在开始研究时候，不要贪大，不要求速，不要因为困难而却步，也不要因为一时的失败而馁气。由小到大，由浅入深，不断努力，日积月累，就能逐步深入，逐步提高。这是我们努力钻研，获得成功的办法。

但独立钻研并不是不要接受前人经验，不要他人帮助。有人认为独立钻研就不要学习经典著作，不需要导师和领导的指导。经典著作教导我们以普遍真理，我们要先有了这些基本知识才能进行研究。教师和领导积累了书本上所没有的经验和知识，他们能为我们指点门径，解决困难，有了他们的指导，研究工作更能顺利前进。独立钻研必须和群众智慧相结合，负责单位不能放弃对各个研究者的领导。在高等学校里，教研组是科学研究的实际领导者和组织者。从编订计划到经常的督促检查，都是教研组的任务。从选题、收集材料到计划论文，都要教研组给每个研究者以具体帮助。尤其是写好的论文，必须在教研组中报告讨论，要大家提供意见，加以补充修正。

以上是个人的零星的笼统的意见，不妥的地方请同志们指正。至于编订研究大纲，蒐集和整理资料，研究问题，写作论文的具体方法，盼望已经积有初步经验的同志多多提供意见。相信在同志们的共同努力下，我院今后的科学研究工作是会逐步开展，逐步提高的。

（原载《华东政法学院校刊》1955 年第 1 号）

# 谈科学研究工作

研究处同志研究了我院《七年到十二年工作规划（草案）》和《1955—1956学年第二学期工作计划纲要（草案）》，听了院长关于这两个文件的起草说明，感到十分兴奋。我们完全拥护这一远景规划和半年计划，并愿为做好规划和计划中的工作而努力。

现在，我想对科学研究工作谈一下。

根据规划，我院科学研究要贯彻理论联系实际的原则，要适应于教学目的。体会这个方针，科学研究的内容应该是这样三个方面：

首先是为教学服务，从教学中提出一些迫切问题，予以研究解决，进而编写有一定科学水平适合于我国情况的教科书。

第二，要以马列主义的原理和国际上法律科学的最新成就来总结我国的司法实践，从而发展法律科学的理论。

第三，要进行思想批判工作，从反对旧法观点，到有系统地批判资产阶级的法律思想，进而整理我国法律科学的遗产。

总的要求是：加强研究工夫，提高教学质量，在三个五年计划时期内，逐步提高并发展我们的法律科学，达到先进的国际水平。

这个要求和任务，初看起来好像高了一些，要完成它似乎有些困难。但规划是完全正确的，困难是有条件克服的。毛主席说："人们的思想必须适应已经变化了的情况。"现在我国社会主义建设高潮已经要求科学、文化、教育各个方面的工作有更大和更快的发展，我们再不能缓步徐行。就我们学院来说，大多数教师，都有足够的勇气和力量，可能大踏步前进。只要有了领导上的大力支持，有了一定的时间和资料等的物质保障，这个要求和任务是"经过努力就可以做到的事情"。过去我们以为"水平低"、"教学忙"、"科学研究只好搞得少些、慢些、低些"的想法和做法，是有些保守的。

就过去的情况看，我院科学研究也已经有了良好的开端。1955年内我们共有选题42个，42%以上的教师参加了这一工作。现在已完成的28题，占应该完成数的76%。其余9篇不久也可完成。今年2月初举行的第一次科学讨论会，报告了8篇论文，不仅鼓舞了同志们的信心和勇气，经过检阅，知道我们同志对于全国水平的讨论问题是有发言资格的，能够提出一些意见来供全国学术界作参考的。经过讨论会，获得一些宝贵意见，可以补充和修改自己的论文，因而也提高教学的质量。我们应该肯定，过去的科学研究工作和科学讨论会是有成绩的，也是成功的。如果这上面有些缺点的话，主要的是研究处的组织工作做得不好，实际帮助还有不足。但这个缺点不能掩没同志们努力的成绩。

在一年来的科学研究工作中，也发现我们同志有很多潜力未曾发挥。这些力量应该充分发挥起来，向科学进军。科学研究不是高不可攀的难事，只要多下工夫，很好钻研，就会有所成就。但如果自己努力不足，想用简便的方法求其速成，也是不大行的。去年我院比较成功的研究，都是费了较大劳动得来的。这是一个实在的例子。

研究计划的执行，如没有督促检查就不容易完成，甚至完全落空。过去完成研究工作比较好的教研组，都是抓得比较紧的。有的教研组设有专管研究工作的同志，负责联系、推动、帮助各教师进行研究。经验证明这办法是好的，是否可以考虑，各教研组都有这么一位同志。

教研组长对于科学研究的重视，对于全组研究工作的关系很大。在教研组长的提倡和鼓励之下，组内的选题就多，完成得好。有的教研组去年下半年的研究工作有显著进步，就是这一个原因。今年院长号召教研组长带头进行研究，今后我们的科学研究工作一定会有很大的发展。

今年我院科学研究选题，连法医研究所的在内，共计116题，比去年增加得很多，几乎全体教师都有选题，此外也有行政单位的同志参加了研究。这情形是很好的。选题确定以后，希望各教研组督促大家订立执行计划，保证按照计划完成研究。

除了教师们的科学研究以外，今年并将组织同学们的科学研究小组，这也要各教研组直接掌握和领导的。

根据半年计划，本年5月起将出版学报。学报是比校刊更进一步的学术刊物，是同志们研究劳动的结晶。它不仅发表科学研究论文，也发表同志们的其他学术性的著作。请大家多多写稿，并把写稿工作订入教研组和个人的规划中去。

以上我们提出了一些要求,不知是否妥当,请各教研组同志考虑。

我院远景规划和半年计划,已经为科学研究工作指出了方向,规定了指标。研究处的职务,就是要按照规划和计划来贯彻执行。要竭尽全力来完成领导上交给我们的任务。虽然今年我们的工作同志减少了,相信在院党委和院长的领导下,在同志们的督促和帮助下,我们一定能完成这些任务的。

过去,研究处工作上的缺点很多,请领导上、各教研组、各单位的同志多多指教。

[在华东政法学院院务委员会第一届第四次会议(扩大)上的发言,1956年3月2日,原载《华东政法学院校刊》1956年第3期,标题为编者所拟]

# 也谈法的阶级性和继承性

## 一、法律保护着统治阶级的根本利益

列宁说过:"法律就是那个已经得着胜利的掌握政权的阶级意志的表现。"一定阶级取得政权以后,为着保护他们的阶级利益,强迫、压制被统治阶级服从于它的利益,乃以国家的名义制定法律,并以国家机器的强力来执行。法律和国家一样,是人与人之间的一定的经济关系即生产关系的表现,也就是阶级斗争不可调和的产物。只要阶级存在,国家存在,法律也就存在。

人们从自己的阶级意识出发来说明法律问题。剥削阶级为着欺骗被统治的劳动人民,不能不制造许多虚伪的说法,以掩蔽法律的真正面貌。如说法律是神的意志、自然意志、社会意志,法律是"超阶级的"、万古不变的行为规范等。他们企图用这些谬论来掩盖法的阶级性,但他们的话非但掩盖不住法的阶级性,却正表现出法的阶级性。

剥削阶级的法律是维护它的剥削阶级利益的,但在条文的表面上却表现出很大的欺骗性。以资本主义法律为例,维护生产资料的资本主义所有制是全部法律的中心。资本主义国家的宪法就规定了这一原则,其他法律,不论是民法、土地法、交易法、工厂法、劳动法以至刑法、诉讼法等等也都环绕这一原则使之具体起来、周密起来。这些法律在表面上似乎很公平的,如营业自由、保护私有财产权等,似乎对任何公民都一视同仁,任何公民都可以发财致富,成为大企业主,受到法律的保护。但在生产资料私有制的社会里,空无所有的劳动人民是享受不到这些法律权利的。为着要确保私有财产权,必须实行资产阶级的专政,限制被剥削人民的活动。然而资本家却在宪法上先写着一些冠冕堂皇的话,如政权归于全体人民、保障人民的民主权利等,然后再公开地或不公开地用其他法令来限制它、取消它,以达到真实的阶级意图。如选举法、公务员任用法、治安保障条例、社团登记条例，以至国民党政府的《戡乱时期危害国家紧急治罪法》、美国的《忠诚法令》等，就是起着这个作用。这情况在法律的实施中更为显著。例如言论出版自由，差不多所有资本主义的法律上都有这么一条，但实际上不仅印刷出版等机关都掌握在资本家手中，劳动人民无从运用，而且资产阶级政府的各个部门还有着登记、审查、取缔等办法来管理它。于是真正能在讲坛上或报刊上发表自己意见的，除了资本家和其御用政客、学者外，就没有别的人了。劳动人民即使用尽力量，出版一本小小刊物，组织一次集会，也常被没收、禁止。在伦敦海德公园里，绅士们可以自由发挥他的"政论"，但另外一些演讲者却常被警察所干涉、逮捕。这不必引用我国解放前重庆国民党分子捣毁《新华日报》馆、殴打校场口集会人等许许多多的例子，就可证明资产阶级的法律是保护谁、压迫谁，它的根本目的是什么了。如果人们真的相信他们的法律是正义的、公平的、有利于全体人民的，那倒是合乎资产阶级的意图的。

在阶级社会中，法律没有以保护全体人民利益为目的的，更不可能是反映被统治阶级的意志、保护被统治阶级利益的。因而阶级社会的法的阶级性，只能属于统治阶级的，不可能属于被统治阶级的，也不可能既代表统治阶级而又代表被统治阶级的。这是十分清楚的事。至于在某种社会情况中，由于统治者内部阶层或阶级的妥协，或为被统治阶级的反抗所迫而让步，出现所谓"正义的"和"或多或少符合被统治阶级利益"的法律也是可能的。这由于"反动阶级为保障基本的阶级利益（财权与政权）的安全起见，不能不在法律的某些条文中一方面照顾一下它的同盟者或它试图争取的同盟者的某些部分利益，企图以此来巩固其阶级统治；另一方面不能不敷衍一下它的根本敌人——劳动人民，企图以此来缓和反对它的阶级斗争"[①]。所以那些貌似正义的于人民有利的法律，是出于统治阶级的战略，其阶级性仍然是显著的，统一的。

在实际斗争中，我们更能看清这一点。资产阶级对被统治阶级的让步，仅仅在它的统治遭到威胁时才出现。只要情势稍一缓和，就会马上收回这些让步。这在历史上屡见不鲜，解放前旧政协的经过就是明显的例子。

正如前面所分析，任何法律都有阶级性的，辅佐性或从属性的法律也在内。法的阶级性是由它的一整套体系表现出来的。辅佐性的法律必然从属于主导性的法律，完成统一的任务。其实有的主导性的法律在外貌上也不怎么

---

① 引自《中共中央关于废除国民党的六法全书与确定解放区的司法原则的指示》。

穷凶极恶,但透过它的辅佐性法律便张牙舞爪地显出真相了。尤其是法的施行细则有着这个作用。袁世凯修改的《大总统选举法》,规定大总统候选人名单要由现任大总统提出并亲笔书写藏于金匮石室中;资本主义国家总统对议会议案保有否决权,这些能说没有阶级性么?再以诉讼法为例,旧社会的繁琐、迟滞和扰民害民的诉讼程序,和今天人民司法制度的手续简单,设立值班制、问事处,进行公开审判制、旁听发言制、陪审制、巡回审判和就地审判、调解制度、法纪宣传制度,以及在群众中间推行仲裁会、同志审判会等等规定,能够说没有阶级区别么?

资本主义社会的法律种类很多,形式不同,有的是主犯,有的是帮凶,有的从正面进攻,有的从背后偷袭,真像象棋中的各个角色,纵横交错,使局外人眼目缭乱,但它们各有岗位,各尽其力,共同起着杀敌卫主的作用。如果不从全局着眼,不从总的目的任务上看,把各个法律、各个条文分开来从其文字本身上看,硬要在主次轻重上做文章,就会越说越糊涂了。

总之,法是有阶级性的,它的阶级性是统一的。"国民党全部法条只能是保护地主与买办官僚资产阶级反动统治的工具,是镇压与束缚广大人民群众的武器"①,决不是便于劳动人民的。

## 二、工人阶级创造了自己的法律,并不搬用任何旧法

法律和国家一样,是阶级社会的产物,随同生产关系的转变而转变。从奴隶社会到封建社会到资本主义社会,生产关系和统治方式虽然有过转变,但有一个共同的基础,就是生产资料私有制。因而这些社会的法律和法律观点有不同的方面,也有共同的方面。它们之间是有一定的蝉联性、因袭性的。汉谟拉比法和罗马法能被封建社会和资本主义社会所采取,是必然的。但是认为"在私法方面罗马法统治了世界,在公法方面英国的宪法统治了世界"的论调,只能适应剥削者社会,而对于社会主义世界就不对了。因为社会主义社会和它以前的社会有着完全不同的基础。旧法律不能成为新社会发展的支柱。"这些法律是由旧关系产生出来的,所以必须与旧关系一同死亡。"②

大家知道:资本主义经济形式是在封建社会内部生长和成熟了的,而社

---

① 引自《中共中央关于废除国民党的六法全书与确定解放区的司法原则的指示》。
② 引自《马克思在科伦法庭前的辩护词》。

会主义经济形式却是在无产阶级夺取政权以后,几乎在空地上创造出来的。资产阶级的政权是以另一种剥削形式去代替一种剥削形式,而无产阶级专政则是消灭任何剥削。与此相应,社会主义法律同资本主义法律也就根本不同。因而资本主义社会可以袭用资本主义的法律,而社会主义社会不可能袭用资本主义的法律。它们之间不可能有"蝉联交代"可言。社会主义法律不可能在资本主义社会发生和成长,而是在无产阶级革命胜利建立了自己的政权以后,从空地上创立起来的。这真像列宁所说的:"现在我们已经有了苏维埃宪法了。我们知道,在七月间曾经批准的这个苏维埃宪法,并不是什么委员会所臆想出来的,它并不是法律专家写的,它也不是从别的什么宪法上抄来的。世界上还没有过像我们这样的宪法。它记录下无产阶级群众反对我国以及全世界的剥削者的斗争与组织的经验。"①

无产阶级创造革命法律规范的根据,是新的经济发展的要求,而制订这些法律时则运用自己的革命斗争经验,这里也包括着从资产阶级那里学来的对付敌人的经验:运用马克思列宁主义的革命理论和政策原则;在人民民主国家,还有世界第一个无产阶级国家——苏联的丰富经验和革命法制,可作参考和采用。

这是问题的一方面。另一方面,工人阶级不会割断历史联系,他们会吸收历史文化中可以吸收的成分,利用其可以利用的东西。上面已经说过,无产阶级据以立法的斗争经验,包括着从资产阶级那里学来的对付敌人的经验,就是例子。因而新法的草拟者、阐释者曾经对旧法和旧法思想进行接触、研究和批判,也是应该的。没有这样做,就不可能完全认识旧法和旧法思想的反动性,从而更加提高新法的阶级性;不能从对旧法的斗争中吸取有益的经验。但并不能由此得出结论:新法和旧法、新法学和旧法学不是对抗的,没有本质的不同,旧法可以移用到新社会来。更不能因而推想到:"某些进步力量正在用议会斗争的方式争取过渡到社会主义的国家,如意大利等,将来的议会也必然从现在的旧议会演变出来。这就意味着将来的宪法和现在的旧宪法间的继承关系。"②在资本主义国家里,劳动人民运用议会斗争、保卫和平是革命斗争的方法之一,附和于劳动人民的利益的,但不能仅仅用这样的斗争方式就希望过渡到社会主义。而由此就推定社会主义的新宪法能够从资本主义以后产生并

---

① 引自列宁"革命的一周年"。
② 见《华东政法学院学报》第 3 期第 33 页。

继承资本主义的旧宪法,则是异想天开了。

正由于是创造而不是抄袭和搬用旧的东西,革命法制不可能一开始就整齐完备,必须是一点一滴慢慢积聚起来,完备起来。起初可能只是口号、标语,再由纲领、宣言、决议、命令而成为有一定形式和系统的法规。这完全合乎革命斗争的发展过程。我国创造革命法制的实践也就是这样。从革命法庭到人民法院制度,从戴高帽子到教育与惩罚相结合的刑事政策,从中华苏维埃宪法大纲到中华人民共和国宪法,是经过多少实际斗争,积累多少经验,逐步发展提高的。这样根据革命发展需要而逐步制订的法令条例,不仅是合乎实际的法制,而且是区别于资产阶级的"形式与内容都是新的法律与法律制度"。

拿中华人民共和国宪法来说吧。消灭剥削、消灭阶级,保证过渡到社会主义的原则;工农联盟、民族团结、广泛的人民民主统一战线的原则;公共财产神圣不可侵犯、确保社会主义经济的优先发展、鼓励各种私有制转变为公有制的原则;镇压反革命分子、改造地主和其他剥削阶级分子的原则;以人民代表大会制为基础,彻底实行民主集中制,动员全国人民参加国家政治生活的制度等等,和国民党及其他资本主义国家的宪法原则有什么共同之处呢?没有。虽然如此,就章节条款的形式说,甚至就个别条文而看,我们的宪法和国民党宪法也有些相似之处。但谁都知道,法律的类型不是从形式来判别的。

不仅宪法如此,我们的任何一种法律都和国民党的有着原则性的区别。从法理学方面来说,若干古典法学家对古代法律制度的建立有过贡献。资本主义时代的个别进步法学家,对于争取民主、保障人权、改进司法制度方面,也有过影响。但历代剥削阶级的法学家基本上都是反动的。至于现代法西斯暴徒完全毁灭法制,采取钢鞭政策,倒退到野蛮世界,他们的法律思想和所谓法学更是极端反动的东西了。

就拿庞德的例子来说,庞德的注意"如何使更多的法典、典籍与法庭解释发生实效"[①]一点,和斯大林所称社会主义法律着重实际设施以使其实现,完全是相反的事。资本主义的法学思想,并不是只注意制定法律,不顾执行。他们对于保障地主的地租、债主的债权、资本家的利润是极其具体,动员警察、神甫等多方面力量来取得实效的。但对于"特别关系到劳动人民利益的规定",则他们确是经过深思熟虑,认为不该执行,而有意让它"成为欺骗劳动人民的一纸虚伪宣传"。这点正是他们的意志,而不是没有注意到。再谈到庞德的注意

---

[①] 见《华东政法学院学报》第 2 期第 12 页。

司法实效,确实有他的"方法"。对于这一点,他一方面提出"无法的司法"。他说:"为了使司法能适应新的道德思想和已经发生了的新的变化的社会条件和经济条件,往往就必须或多或少地走向无法的司法。"[1]另一方面提出他的"司法预防"论。就是"对一个没有犯任何罪行、不知道自己有什么罪责的人,只要根据对他将来的违法行为能作出推定这一点,就可以适用刑罚"[2]。这就够了,庞德就是主张不受法律的限制,法院、警察以及特务机关可以用任何方法对付被压迫人民和进步人民,只要他们认为需要,甚至只要他们设想那人将来可能有违法行为的,就可任意处以刑罚。庞德的这个追求法律的"社会效果"的理论,正是走上法西斯道路的美国统治者所乐意接受并已付之实行的。卢森堡夫妇被送上电椅,成千上万的美国人民被非美调查委员会所拘捕惩罚,正是运用"司法预防"、"无法的司法"的社会法学派巨子庞德的法理学。这对于劳动人民,除了认识其反动本质,加强对它的斗争外,没有什么别的了。

### 三、整理旧时代的法学资料,必须反对旧法观点

封建主义和资本主义的法律根本上是反动的,和社会主义的法律是对立的。作为法律规范来说,在资产阶级社会中没有代表工人阶级的法律,资本主义法律体系中没有可以为工人阶级所继承的。这是资本主义法律和社会主义法律的对立性所决定的。

可是在剥削阶级的社会中,统治者创造了法律这样的统治工具,经历各个社会逐渐充实完备起来。这些法规对于各时期统治阶级的统治是起了作用的。这里面有些知识、有些经验、有些办法,是从压迫与反抗,维持阶级社会秩序的具体实践中积累起来并证明为有用的东西。工人阶级取得政权以后也采取法律形式以维持新秩序,吸收这些知识、经验、办法的若干成分,消化入自己的法律中予以运用,对于劳动人民还是有利的。

阶级社会中只有统治阶级的法律没有被统治阶级的法律,而法律思想和法学方面则并非完全属于统治阶级方面的了。

人民大众和个别不满或背叛当时统治的知识分子对于法律制度方面的思想和学说,是和统治阶级的法律思想和法学不同的,有的是进步的,有人民性的。这些思想文化必须和封建的资本主义的东西分开。

---

[1][2] 见《华东政法学院学报》第 2 期第 68 页。

所以旧时代的法学资料，其范围如不限于剥削阶级方面的东西，而从整个历史时代中人们在法律方面所作的劳动和斗争，则有着一批宝贵的资料，可供我们整理、研究，以至吸收、利用和学习的。假如我们对于法制史的研究，只看到法律规范而没有看到存在于法律中的经验和知识，只看到旧统治阶级压迫劳动人民的法律行为而没有看到劳动人民在法律方面的思想和创造，就会犯着另一方面的错误。

根据以上的认识，若说旧时代的法学资料中还有一些可用的东西，应从以下几个方面去找：

第一，剥削阶级的法学资料中有一些知识、经验，可资吸收利用。如有的制度原来是旧的统治阶级用以镇压被统治阶级的反抗的办法，如法院、监狱、警察等等，我们今日除去其残酷黑暗的成分，"以其人之道还治其人之身"，用以对付已被推翻而尚未消灭的反动阶级和反革命分子，对人民是有利的。

个别的方式方法，如刘邦入关与父老约法三章，诸葛亮的纪律严明、信赏必罚，以及某些人审理讼事的例子，对今天的法制工作可以有所启发。我国历代的律例和会典是很多的，这些古典中不少可资吸收的东西，我们应该加以整理研究。

有些条例办法，其内容是属于自然科学范围的，如度量衡、营造、卫生和交通规则、商品检验及古代的《洗冤录》等。其中关于技术部分的规定是可以参考采用的。但当这些科学技术被制定为法律的时候，就有着苛扰人民、便利剥削的反动政治因素，是必须注意到的。

以上这些可用的旧法范围内的东西，大部分属于形式方面。但必须注意，形式是服从于政治内容的。多数的这些材料仍然有着反人民的内容，就其整体而言，还是属于反动阶级的东西，决不能原封不动，照搬照用。只能抽取其中的一些东西，而且还要加以改变、改造，加以丰富，制成为新的东西，才能满足人民的需要。

第二，另外一部分资料是资本主义发展时期，有的还是用以同腐朽的封建统治制度进行斗争而提出的要求，在当时是进步的，曾经推动了生产和社会的发展。例如选举制度、议会制度、陪审制度、辩护制度、公开审判制度等。有的是反动统治阶级为缓和被统治的劳动人民的反抗的，如保护人民基本权利的条文，实行普选的条文，规定民族平等的条文等。这些法案和条文，有的原来是资产阶级所争取而在它的统治稳定和成熟以后反而背弃了的，有的是它所根本不准备实现而一开头就属于欺骗性质，是反动的。在资产阶级反动统治之下,人民只能利用这些反动条文来进行合法斗争,迫使统治阶级的局部的一时的让步,或借以揭露它的反动本质。在人民自己取得政权以后,有的可以转变为人民的制度,有的采取其形式注入新的内容而予以发展,仍可为人民的利益而服务。正像斯大林所说的:民主自由、民族独立这两面旗帜已被资产阶级抛弃了,我们必须举起这两面旗帜前进。①

第三,历史上有过不少进步的法学家,适应社会发展需要,反对旧法律制度,提出新的法律思想和学说。如卢骚的《民约论》、孟德斯鸠的《法意》,启蒙学者狄德罗等的一些著作,反对神权和专制制度,呼吁平等自由,主张人权不可侵犯,提出初步的民主政治制度,是有研究价值的。我国古代的法学家如李悝、商鞅、申不害、慎到、韩非等"法家者流"反对当时正统派的儒家学说,提出法治思想。他们反对轻视法制,主张明刑弼教;反对复古,主张依据世事制法,便利人民,反对封建等级制度,主张刑赏平等,广听众论等等。这个法治主义在我国历史上一直是和人治思想相对抗的。尽管他们的做法有些"刻薄寡恩",而对于古代统治逐步纳入法治,曾有贡献。其中有些思想和制度在今天也有研究的价值。其他历代学者主张减轻刑罚,简化讼事,审慎诉讼,爱惜民命,和反对贪赃枉法的暴君酷吏的记载,在各家著作、小说、戏剧和传记中见到的甚多。有名的小说《聊斋志异》就有很多审理疑狱的故事。我国这方面的法学资料极为丰富,必须把它和旧统治阶级的法律和法律观分开,很好地加以研究。

第四,唯一可作为遗产继承的,也唯一属于法律规范的材料,并非属于旧统治阶级的东西,而是它的反抗阶级所创造的。那是历代起义人民所宣布的纲领、制度、规条,当他们曾经建立政权的时候也都颁布过一些法令。我国古代农民起义中的黄巢、李自成等都有严肃的法令,其后太平天国时法规制度就更多一些了。1871年法国巴黎公社时期,尽管是很短的时候,革命群众的智慧曾创立了最早的无产阶级的而绝不同于资产阶级的法律规范。这些规范,在其后的人民革命时代基本上是承继了的。

总之,属于剥削阶级的法律、法律思想和法学,都是反动的,今天研究它,只是作为历史陈迹,借以了解剥削阶级如何压迫、剥削人民,揭发他们的反动实质。其中有一些知识、经验,也只是利用、吸收,根本谈不上是继承关系。对于若干进步思想家的思想著作,则是整理研究、批判吸收,也不是继承。这些

---

① 见斯大林"在联共第十九次代表大会上的发言"。

东西都不能称为遗产。所谓遗产,总得基本是有用的东西,称谓继承,总得基本上接受过来。由于法是直接体现政治,体现阶级斗争,阶级性特别强,对于根本相对立的法的体系,不会有继承的关系乃是当然的事。至于历代革命人民所创立的法,因其和今天工人阶级的政权是一致的,一脉相承的,尽管它并不完备,却有着继承关系。

整理和研究旧时代的法学资料,必须特别谨慎。因为它毒素很大,伪装很多,必须要有明确的立场和观点,运用马克思列宁主义的批判方法,谨慎加以鉴别。我们是为人民大众的利益,为要认识历史规律,也为着吸收、利用其中的一些素材,去整理研究那些历史资料,而不是提倡复古,宣扬旧法。一句话不是为要继承它。因此我们必须根据唯物主义的阶级观,划清新法和旧法的原则界限,认定一切旧法的反动性,它是剥削阶级用以压迫劳动人民的工具,全部否定它,毫无惋惜。绝不能带有旧法观点。"旧法观点是来自旧统治阶级的一切反动的国家观,法律观以及国民党反动政府的一切压迫人民的法律、法令和司法制度"的反动的教条主义。[①] 整理旧时代的法学资料的人有了这种旧法观点就要模糊视线,看不见真伪,分不清是非,辨不出敌我,把革命法律和反动法律一样看待,只看到新旧法律的形式上某些相似,而不知道它的根本区别。只看到今天法制还不完备的缺点,而不知道它的优点。甚至留恋于过去的东西,以古非今。像这样的态度和观点来整理旧时代的法学资料,就不可能把它整理好,不可能从旧法堆中吸收有用的东西,反会被旧法所俘虏。

斯大林说:"我不是对所有一切的秩序都拥护。我只拥护与工人阶级利益一致的秩序。如果旧社会制度的某些法律可以利用来争取新秩序,那也就应当利用这个旧法律。"[②]可见没有明确的阶级观点,就是利用旧法进行斗争也有困难,至于整理、研究、批判地吸收历史教训,更是不可能了。

(原载《法学》1957年第2期,署名方今,收入本书时略有删节)

---

[①] 见1952年8月17日《人民日报》社论。
[②] 引自斯大林"与英国作家威尔斯的谈话"。

# 关于"两个过渡"的相互关系问题

党的八届六中全会《关于人民公社若干问题的决议》指出："由农业生产合作社到人民公社的转变,由社会主义的集体所有制到社会主义的全民所有制的过渡,由社会主义到共产主义的过渡,这些是互相关联而又互相区别的几种过程。"这里我就个人学习的体会,写出一些粗浅意见,请大家指正。

我国农村由集体所有制到全民所有制的过渡,我国社会由社会主义到共产主义的过渡,是两个不同的过程。前者是社会主义所有制形式的提高,后者是共产主义社会阶段的发展。两者虽有密切的关系,而是不同的范畴。有人把这两个过渡混为一谈,大概是由于把社会主义所有制的两种形式的发展和共产主义社会两个阶段的发展,机械地凑合起来了。这是有问题的。

所有制是指生产资料的社会占有方式,是生产关系的决定因素。社会是包括经济基础及由此基础所反映的上层建筑的整体。毫无疑问,所有制的方式决定了社会性质,所有制的变革必然引起社会性质的变革。但两者的变化不是在任何情况下都是"如影随形"那样始终一致的。社会主义社会内部的这些变化,总的方面也适用所有制决定社会性质的规律,但其具体过程就有不同。这是因为集体所有制和全民所有制是社会主义所有制的两种形式,社会主义社会和共产主义社会是共产主义的两个阶段,都是一个体系,由集体所有制向全民所有制的过渡,由社会主义向共产主义的过渡,是同一体系内的发展。在工人阶级掌握政权的条件下,有可能自觉地运用社会发展规律,进行各项工作,促进这些过渡,并调整这些过渡之间的关系。这正像主动地解决生产力与生产关系之间不断产生的矛盾,从而进一步提高社会生产水平一样,我们今后如能自觉地推动所有制的过渡,把社会生产水平提高到高度的水平上,也就更有利于促进社会主义向共产主义的过渡。

社会主义所有制两种形式同时并存,并不是一切国家实现共产主义所必定经过的道路,由并存的两种形式转化为单一的所有制,即由集体所有制向全民所有制过渡的途径和时期，各国也不会完全相同。在我国的条件下，社会主义阶段不仅有集体所有制和全民所有制同时并存时期，也有发展为全民所有制单一形式的时期。当单一的全民所有制形成时候，并不就是社会主义建成，共产主义立即到来。因此也不能认为：集体所有制和全民所有制同时并存是社会主义社会的经济基础，统一的全民所有制是共产主义社会的经济基础。正如《决议》所指出的，在我国农村"逐步地使社会主义的集体所有制过渡到社会主义的全民所有制，从而使我国社会主义经济全面地实现全民所有制"以后，还有一个相当长的"逐步地把我国建成为一个具有高度发展的现代工业、现代农业和现代科学文化的伟大的社会主义国家"的时期。这时我国实现了单一的社会主义全民所有制，也还是"各尽所能，按劳分配"的社会主义社会。这个时期之所以必要，是"由于我国现在的生产力发展水平毕竟还是很低的"，必须利用全面的全民所有制的形式来加速社会主义的建设，并"在物质条件方面和精神条件方面为社会主义过渡到共产主义奠定基础"。所以，在社会主义社会里，作为所有制的发展的由集体所有制到全民所有制的过渡，和作为社会性质发展的由社会主义到共产主义的过渡，两者是密切关联的，即前一个过渡必须促成后一个过渡，我们也可能自觉地运用前一个过渡去促成后一个过渡；两者既不是同一范畴，也不是一个过程。

有的同志把社会主义所有制两种形式发展成为单一的社会主义全民所有制，看作是共产主义社会由低级阶段向高级阶段过渡的唯一条件，可能是对斯大林论述商品生产的存在是由于两种所有制同时并存的原因——这一说法的误解。斯大林在论述由社会主义过渡到共产主义问题所提出的三个基本先决条件，是把（一）全部社会生产的不断增长，而生产资料生产的增长要占优先地位；（二）集体农庄所有制提高到全民所有制的水平，产品交换制代替商品流通，全部社会产品为全民所有；（三）一切社会成员全面地发展他们的体力和智力，能自由选择职业；三者是相提并论的。而且他还特别说明："只有把一切先决条件全部实现之后"，才会从社会主义社会过渡到共产主义社会。换句话说，这一切先决条件如不全部实现，譬如只有集体农庄所有制提高到全民所有制的水平，而文化教育还未发展到使人们有从事多种职业的可能，社会产品还未丰富到足以实现"按需分配"时，那么，共产主义还不能到来。而斯大林所提的三个基本的先决条件，实际上是未必能同时成熟的。

我国社会情况和斯大林所说的苏联社会情况并不完全相同，两国由社会主义过渡到共产主义的条件也不会完全相同，但他所指出的由集体农庄所有制提高到全民所有制水平,并不是由社会主义社会过渡到共产主义社会的唯一条件,我以为是正确的。

有的同志把两个过渡(集体所有制向全民所有制过渡,社会主义向共产主义过渡)混为一谈,还由于没有看清两个过渡的不同条件及形成这些条件所需要的不同生产力水平。大家知道,集体所有制向全民所有制过渡,社会主义社会向共产主义社会过渡,都必须以一定程度的社会生产力的提高为基础。就这个基础来说,两个过渡是相同的,但就其发展水平来说,后一个过渡所需要的生产力水平要大大高于前一个过渡。

在我国的条件下,由于党和毛主席的英明领导,根据我国的具体情况,创造性地运用了马克思列宁主义的理论,正确地指导了实践,在人民公社化以后,我国农村所有制的发展,可能加快一些。在这个过程中,共产主义因素也可能增长得多一些,但绝不是抹煞这两个过渡的不同内容和条件。恰恰相反,《决议》曾具体分析了两个过渡的不同条件和不同过程,指出不可能在前一个过渡中同时完成后一个过渡的。如城乡差别、工农差别、脑力劳动和体力劳动的差别,以及国家对内职能等的消亡,在前一个过渡中不可能出现,对于后一个过渡来说却是必需的。因而必须有更多的时间来准备条件,发展更高的生产水平,以促成后一个过渡的实现。

由集体所有制转变为全民所有制,意味着生产资料,也意味着生产品属于代表全民的国家所有;随此而来的是生产和分配都由国家所掌握。为达到这一点,必须各地农业完全根据国家计划进行大量生产,使劳动力和生产资料能在全国范围内进行统一调度,并根据全国人民的共同利益而进行分配,即生产水平必须发展到有可能使国家经营和分配,对各地区人民来说,都要比集体经营和分配为更加有利。目前我国农村人民公社内虽已有全民所有制的成分,但就整个农业生产而论,基本上还是手工的、半手工半机械的小生产,基本上还是服从于地区的自给性生产。这样的生产要统一由国家来掌握,是有困难的。再从农产品来说,我国过去棉粮生产还是很低,经过1958年大丰收,产量增加了一倍,也只能基本上满足水平还不高的人民生活需要。这样的产品交由国家来分配也是不必要的。这就是说,目前农业生产合作社转变为人民公社,生产水平虽大有发展,集体所有制也有很大的提高,但还没有发展到能够过渡到全民所有制的水平。

有的同志说:我国农民觉悟高,人民公社实现全民所有制,把生产资料和生产品都归国家调拨,农民不会反对。这种说法是不符合实际的。首先,人们的思想不是完全没有物质基础而凭空发展的,把所有制和产品分配这样的问题完全说是思想问题,是违反唯物主义的。问题还在于生产水平没有发展到归全民所有比归集体所有更为有利时候,过早地轻率地宣布集体所有制过渡到全民所有制,不是徒有名义而没有实际,便是工作趋于浮夸,使生产混乱,产量降低,使公社和国家都会遭到损失。这是主管片面的想法,不符合于生产关系必须与生产力性质相适应的规律。只有大大发展生产,增加积累,提高人民觉悟,充实干部的经营管理经验以后,才能促成人民公社的集体所有制全面地发展为全民所有制。

社会主义社会向共产主义社会过渡,需要有更高度的生产发展水平。共产主义的原则是"各尽所能,按需分配"。体现这一特征的,一面是人们不再把劳动看作是谋生手段,而变成生活的第一需要;即人们将不计报酬而劳动,把劳动看作愉快的事业。为达到这一点,必须劳动时间大大缩短,劳动条件大大改善,而人们的文化教育技术水平和其他条件已不会把他们终身束缚在某一职业上,能够依照社会生产和各种工作的需要而贡献自己的力量。另一面是社会生产品极大的丰富,足以满足人们日益提高的物质生活和文化生活的需要。为要达到这一点,我国必须首先建设起现代工业、现代农业和现代的文化科学,生产设备达到全面的机械化、电气化、自动化,产品的绝对数量和按人口的比例都大大超越资本主义最发达国家。因为我们决不会以资本主义国家的物质财富和资产阶级的生活作为共产主义的水平的。这样一个生产水平,显然不是由集体所有制过渡到全民所有制,更不是由农业生产合作社转变为人民公社那样的水平所能比拟了。

今天人民公社实行了部分供给制,虽已有按需分配的共产主义萌芽,但这是较低水平的供应,并不是在很高水平上的按需分配。这是由于过去农民生活水平很低,而1958年的农业大丰收足以提高并保证农民的粮食需要而实现的。粮食供给制首先实行在生活水平较低的农村,而不是首先实行于生活水平较高的城市,就是反映了按需分配要有一定的物质基础。

有的同志认为农村由集体所有制过渡到全民所有制时候,农民领取固定的工资、执行指定的工作,正如工厂里的工人一样,已成为"农业工人"了,这时工农差别和阶级区分就消失了,进入共产主义时代了。这说法是不正确的。因为在我国的条件下,农村经济发展为全民所有制,可能在三四年、五六年或者更多的时间内就完成,我们将利用这一所有制的发展,大力地促进生产力的发展,再以十年到十五年的时间来建成社会主义。可见在农村由集体所有制过渡到全民所有制的时候,我国农业生产还不一定是高度工业化,那么农业生产的性质和劳动条件,以及农民的思想情况,也还不能发展到和工厂中的工人一样。这时工农差别和阶级关系仍然存在,商品生产还起作用,城乡劳动报酬还只能基本上实行按劳分配,而不能实现按需分配。当然离共产主义时代还有一段相当长的时间。

只有当社会生产力极大地提高,公社工业化、农业机械化、电气化高度实现以后,城市与乡村、工业与农业、脑力劳动和体力劳动之间的差别才会消失,人们免于旧社会的思想影响,共产主义道德品质普遍建立起来,人与人之间的关系才真正处于平等。社会经济文化的安排调度和人民内部调解的职能,有人民公社这样的社会组织就可胜任了。这时国家的强力作用仅仅是用来对付外来侵略而不是用于对内。这时候,各尽所能,按需分配的原则就能实现,共产主义社会就到来了。

十年来我国生产水平的发展是惊人的,社会发展也是很快的,由于人们正确运用生产力和生产关系相互推进的关系,今后我国社会将有更快更大的发展。这些发展虽然有着一个基本的规律,但其具体的道路,都由自己的历史来开拓,前人并没有替我们制定一定的成就,我国人民公社的出现是一个例子,将来的"两个过渡"的关系,又将是一个例子。

党中央关于人民公社问题的两个决议,就是以马克思列宁主义的正确理论,分析了人民公社的产生及其发展发向,从而透彻地解决了目前存在的一系列的根本政策问题。从《决议》中可以体会到:集体所有制和全民所有制、社会主义和共产主义,既是所有制的不同形式、社会发展的不同阶段,又是相互渗透、逐步推进的。由集体所有制向全民所有制过渡,由社会主义向共产主义过渡,既是不同的过程,又是相互关联、相互推动的。把两者的关系完全割裂开来,看作是各自孤立发展而毫无关联,是错误的。同时把它们完全混淆起来,无所区别,也是错误的。这些发展、过渡,"取决于生产发展的水平和人民觉悟的水平这些客观存在的形势,而不能听凭人们的主观愿望,想迟就迟,想早就早。"但人们也不是在客观形势之前无能作为,而要把冲天干劲和科学分析结合起来,把适应客观规律和发挥主观能动性结合起来。革命者只要能够针对形势,创造条件,运用规律,因势利导,就能取得伟大的成功。

(原载《学术月刊》1959年第2期)

# 纪念《论人民民主专政》发表十周年

十年前,正当我国民主革命在全国范围内取得了基本胜利的时候,毛泽东同志发表了《论人民民主专政》。在这一伟大著作中,毛泽东同志总结了中国共产党领导中国革命的基本经验,指出了政权建设的道路,阐发了人民民主专政政权的性质以及这个政权在解决两类不同性质的社会矛盾中的作用。这个著作大大丰富和发展了马克思列宁主义的国家理论,不仅对中国革命的实践具有十分重要的指导意义,即对国际工人阶级的革命战略指导,也是一个重大的贡献。今天,我们重新研读了毛泽东同志的著作,特就学习所得,写出以下几点体会,作为《论人民民主专政》发表十周年的纪念。

一

中国革命经历了资产阶级民主革命(新民主主义革命)和社会主义革命的两个阶段。以中华人民共和国的成立作为标志,在武装革命时期建立的革命根据地的政权,和中华人民共和国成立以后的统一国家的政权,虽然都是工人阶级(通过共产党)领导的,以工农联盟为基础的人民民主专政,但其任务是不相同的。前一阶段的人民民主专政,是解决资产阶级民主革命的任务,在经济上只是实行对封建土地制度的变革,而不改变民族资产阶级和个体农民及其他小生产者的生产资料私有制;在政治上是推翻帝国主义和封建主义的统治,建立独立自由和统一的人民共和国。后一阶段的人民民主专政,是担负社会主义革命的任务,在经济上要把资产阶级所有制和个体农民及其他小生产者的生产资料私有制改变为社会主义的公有制;在政治上要"经过人民共和国到达社会主义和共产主义,到达阶级的消灭和世界的大同"[1]。就后一阶段说,

---

[1] 毛泽东:《论人民民主专政》,单行本,第5页。

"这样的政权,实质上只能是无产阶级专政"①。

我国现阶段的人民民主专政是工人阶级(通过共产党)独掌领导权的政权,是实现由资本主义向共产主义过渡的政权。这和无产阶级专政没有两样。但在形式上,它和苏维埃制度及其他社会主义国家比起来,是有自己的特点的。这个特点就是毛泽东同志所发展的列宁"特式的阶级联盟"的理论。中国工人阶级在工农联盟的基础上,和非劳动人民取得联盟,成立了广泛的人民民主统一战线,作为战胜敌人的重要武器之一。

旧中国是受帝国主义和封建势力统治的国家,民族资产阶级不是统治阶级,且受到帝国主义和官僚资产阶级的压迫,它是软弱而具有两面性的阶级。在民主革命阶段,它不但不是革命的对象,在一定程度和一定时期内,还能参加革命。由于中国经济的落后,不仅在民主革命时期,即在民主革命胜利以后,资本主义成分在中国还有一个相当程度的发展。因此,在经济恢复时期,"为了对付帝国主义的压迫,为了使落后的经济地位提高一步,中国必须利用一切于国计民生有利而不是有害的城乡资本主义因素,团结民族资产阶级,共同奋斗"②。就是到了社会主义建设时期,"仍然需要在为社会主义服务的基础上,继续巩固和发展人民民主统一战线","继续保持劳动人民同可以合作的非劳动人民的联盟"。③

胜利后的工人阶级怎样对待资产阶级,完全决定于资产阶级自身的态度。列宁说过:"无论十月革命以前或以后,谁也没有把资产阶级赶出苏维埃,是资产阶级自己远远离开了苏维埃。"④在俄国,资产阶级和他们的政党对苏维埃政权采取对抗和破坏的态度,他们受到人民的无情镇压,乃是必然的事。在中国,在共产党和毛泽东同志的正确领导下,民族资产阶级和他们的政党并不离开人民。在资产阶级民主革命完成以后,他们仍然接受工人阶级和共产党的领导,拥护中华人民共和国,拥护"共同纲领"和"中华人民共和国宪法"。在实行社会主义全面改造的时候,他们又参加了私营工商业的全行业公私合营,一般都愿意逐步放弃剥削,改造自己成为自食其力的劳动者。毛泽东同志说:"只要共产党以外的其他任何政党,任何社会集团或个人,对于共产党是采取

---

① 刘少奇:"在中国共产党第八次全国代表大会上的政治报告"。
② 毛泽东:《论人民民主专政》,单行本,第15页。
③ 周恩来:"在第二届全国人民代表大会第一次会议上的政府工作报告"。
④ 《列宁文选》两卷集,第二卷,第543页。

合作而不是采取敌对的态度,我们是没有理由不和他们合作的。"①中国人民给予资产阶级以选举权和被选举权,让他们在人民民主专政政权中有一定的地位,但不占主要的地位;并在接受共产党领导的原则下,对民主党派采取"长期共存、互相监督"的方针,吸收他们参加人民民主专政。这就使得他们懂得工人阶级的政策,并遵照这些政策办事,并促使他们进行本身的改造,帮助他们过社会主义的关。对于工人阶级来说,这和最后消灭这一阶级的社会主义革命任务,并不矛盾,在理论上是完全允许的,在实践上也为建国十年来的历史所证明了。

但是,资产阶级毕竟还有消极性的一面。在我国历史上,他们确曾参加过革命,也曾背叛过革命,他们接受了工人阶级的领导,也曾疯狂进攻过工人阶级。毛泽东同志正确掌握了这一点的,因之他始终告诉工人阶级要利用资产阶级的积极性作用,防止它的消极性的作用,要依靠群众的力量和正确的政策,以克服资产阶级的动摇性和不彻底性,"人民手里有强大的国家机器,不怕民族资产阶级造反"②。工人阶级对资产阶级的联合必须以有利于革命、有利于社会主义为原则;必须掌握领导权;必须坚持既联合又斗争的政策,既要反对无视中国民族资产阶级和资本主义国家资产阶级的区别、只斗争不联合的"左"倾关门主义,也要反对忽视统一战线内部各阶段的本质差别、只联合不斗争的右倾机会主义。这是辩证地利用民族资产阶级两面性,使它为中国革命服务。这是中国历史的特点,是殖民地半殖民地政权形式的特点。是毛泽东同志对马克思列宁主义学说重大发展之一。

## 二

中国工人阶级通过革命斗争建立起人民民主专政的国家。在这里,民主与专政是不可分割的统一。毛泽东同志在《论人民民主专政》中以及在《关于正确处理人民内部矛盾的问题》中,从分析两类不同性质的社会矛盾出发,进一步阐述了民主与专政的辩证关系,对于马克思列宁主义关于无产阶级专政的理论,作出了新的贡献。

马克思列宁主义者一向认为,谈到民主与专政的关系问题,首先要弄清民

---

① 《毛泽东选集》,第三卷,第 1085 页。
② 毛泽东:《论人民民主专政》,单行本,第 12 页。

主是"供哪一个阶级享受的",而专政又是对付谁的。毛泽东同志根据中国的社会阶级结构,科学地分清了人民和敌人的界限,划定了民主与专政的范围。毛泽东同志认为,人民和敌人的概念并不是抽象的,它"在不同的国家和各个国家的不同历史时期,有着不同的内容"①。因为随着革命形势的发展,敌我力量对比关系的变化,社会各个阶级对革命的态度,也会发生变化,人民和敌人的内容也就有所不同。例如,在我国抗日战争时期和解放战争时期,这两个阶段的人民和敌人的内容是不同的,到了社会主义革命和社会主义建设时期,人民和敌人的内容又有了新的变化。"在现阶段,在建设社会主义的时期,一切赞成、拥护和参加社会主义建设事业的阶级、阶层和社会集团,都属于人民的范围;一切反抗社会主义革命和敌视、破坏社会主义建设的社会势力和社会集团,都是人民的敌人。"②由于毛泽东同志明确地划分了人民和敌人的界限,就使我们在复杂的阶级斗争中,不致迷失方向,在处理敌我关系的问题上,能更加充分地发挥人民民主专政在民主与专政这两方面的作用。

毛泽东同志说:敌我之间的矛盾和人民内部的矛盾,是性质完全不同的两类社会矛盾。敌我矛盾是对抗性的矛盾,即我们同帝国主义和国内反动阶级、反动派的矛盾,这种矛盾和斗争,是不可调和的。"人民内部的矛盾,在劳动人民之间说来,是非对抗性的;在被剥削阶级和剥削阶级之间说来,除了对抗性的一面以外,还有非对抗性的一面。"③人民内部既有矛盾也有斗争,但这种斗争与我们和阶级敌人之间的斗争,是有原则区别的。

"在人民民主专政下面,解决敌我之间的和人民内部的这两类不同性质的矛盾,采用专政和民主这样两种不同的方法。"④对反动阶级和反动派要"实行专政、实行独裁,压迫这些人,只许他们规规矩矩,不许他们乱说乱动。如要乱说乱动,立即取缔,予以制裁。对于人民内部,则实行民主制度,给予言论集会结社等项的自由权。选举权只给人民,不给反动派。"⑤人民的国家机关,对于敌对的阶级,它是压迫的工具,它是暴力,我们对于反动派和反动阶级的反动行为,决不施仁政。人民的国家是保护人民的,解决人民内部的问题,只能用说服教育的方法,而不是用强迫的方法,不能由一部分人民去压迫另一部分人民。

---

①② 毛泽东:《关于正确处理人民内部矛盾的问题》,单行本,第1页。
③ 同上书,第2页。
④ 同上书,第8页。
⑤ 毛泽东:《论人民民主专政》,单行本,第10页。

但是，对敌人实行专政，不是就不进行宣传教育，对人民实行民主，不是就不执行法纪。"对于反动阶级和反动派的人们，在他们的政权被推翻以后，只要他们不造反，不破坏，不捣乱，也给土地，给工作，让他们活下去，让他们在劳动中改造自己，成为新人。""这种对于反动阶级的改造工作，只有人民民主专政的国家才能做到。"①这种改造是以对他们采取强力镇压手段和他们自己的真诚悔悟为前提的，和人民内部的自我教育工作不能相提并论。

在我们的社会里，也有少数不顾公共利益、蛮不讲理、行凶犯法的人。对于这些人经过分析，对于确实触犯刑律的行为，必须依法制裁。"人民犯了法，也要处罚，也要坐班房，也有死刑。但这是若干个别的情形，和对于反动阶级当作一个阶级的专政来说，有原则的区别。"②

不同性质的矛盾，在一定条件下是能够转化的。在这里，处理矛盾的方法就是重要的问题。针对情况，处理得当，敌人也可被分化，可以改造，可以化消极因素为积极因素。处理不得当，人民内部的矛盾也可能转化成敌我矛盾。例如，在我国人民内部，"工人阶级和民族资产阶级之间存在着剥削和被剥削的矛盾，这本来是对抗性的矛盾。但是在我国的具体条件下，这两个阶级的对抗性的矛盾，如处理得当，可以转变为非对抗性的矛盾，可以用和平的方法解决这个矛盾。如果我们处理不当，不是对民族资产阶级采取团结、批评、教育的政策，或者民族资产阶级不接受我们的这个政策，那末工人阶级同民族资产阶级之间的矛盾，就会变成敌我之间的矛盾。"③明确这一点，正确认识民主与专政的辩证关系，对巩固人民民主专政有着很大的意义。

在我国目前的情况下，革命时期大规模的疾风暴雨式的群众性的阶级斗争已基本结束（但还未完全结束），敌我之间的矛盾已基本解决（还未彻底解决），人民内部的矛盾因之浮现出来。这就需要进一步发扬社会主义民主，运用"团结—批评—团结"的公式，采用大鸣大放、大争大辩、大字报的方法，在人民内部开展思想斗争，以正确处理人民内部的矛盾，进一步加强人民的团结，更好地消灭敌人的残余势力。这就能更好地完成人民民主专政的任务。

无产阶级专政四十多年来的历史经验证明，要坚持无产阶级的革命专政，就"必须把对于反革命力量的专政同最广泛的人民民主，亦即社会主义民主，

---

① 毛泽东：《论人民民主专政》，单行本，第11—12页。
② 同上书，第11页。
③ 毛泽东：《关于正确处理人民内部矛盾的问题》，单行本，第3页。

紧密的结合在一起"②。社会主义的民主,始终是以剥夺反动阶级和反动派的民主,并对他们施以强有力的专政为条件的,而无产阶级专政,则是以对人民的广泛民主为前提的。不断地加强人民民主专政的国家机器,并正确地运用人民民主专政的辩证关系,便是毛泽东同志对于马克思列宁主义关于国家学说的伟大发展。

## 三

历史上各个类型的国家都是阶级的专政,但社会主义国家与剥削者的国家有着根本的不同。这就是前者把后者的情况颠倒了过来,成为多数人统治少数人,劳动人民统治原来的剥削者的国家。这里实现了历史上最高度的民主,也是最后一次的专政。毛泽东同志关于人民民主专政的理论之所以发展和丰富了马克思列宁主义的国家学说,就是由于它在这个本质问题上提高了国家的意义,根据各个时期的革命形势和革命任务,辩证地分清了敌我关系,从而采取正确的政策路线,以孤立和削弱敌人,团结一切可以团结的因素,在实际斗争中发挥了最大的民主力量,加强了无比的专政威力。现在国内外反动势力还没有全部消灭,我们必须继续加强人民民主专政,加速社会主义建设,创造条件,以期早日进入共产主义社会。

马克思列宁主义曾经明确的指出:在从资本主义过渡到共产主义的这一整个历史时期中,政治上实现无产阶级专政(人民民主专政实质就是无产阶级专政)乃是社会发展的必然结果,是现今任何实现这个转变的国家所不可避免的事实。实现这个专政,只不过是达到消灭一切阶级和进入无阶级社会的过渡。也就是说,当"阶级消灭了,作为阶级斗争工具的一切东西,政党和国家机器,将因其丧失作用,没有需要,逐步地衰亡下去,完结自己的历史使命,而走到更高级的人类社会"①。但这是长期的复杂的过程,决不是眼前的事。

毛泽东同志在回答国家权力是否需要消灭的问题时说:"我们要,但是我们现在还不要,我们现在还不能要。为什么?帝国主义还存在,国内反动派还存在,国内阶级还存在。我们现在的任务是要强化人民的国家机器。"②在这里毛泽东同志指出强化人民的国家机器,乃是国家消亡的必要条件和必需过程。

---

① 毛泽东:《论人民民主专政》,单行本,第1页。
② 毛泽东:《论人民民主专政》,单行本,第10页。

我国农村人民公社的出现将是我国社会发展的重大因素。它将加速我国社会主义建设的进程,并将成为我国由社会主义社会过渡到共产主义社会的最好的组织形式。人民公社的政社合一的制度,指出了我们国家对内职能逐步缩小以至消失的道路。人民公社的发展过程,便是国家机构逐步加强以至逐步社会化的过程。党和毛泽东同志所发现的人民公社制度,为我们指出了国家消亡的前景,把马克思列宁主义的国家学说,又向前推进了一步。

毛泽东同志关于人民民主专政的发生、发展和消亡的学说,是如此严肃地强调了工人阶级掌握政权的重要意义以及它的长期过程。只有根据革命的特点和规律,高度地发挥人民民主专政的作用,才能及早完成它的历史任务。毛泽东同志说:"我们完全可以依靠人民民主专政这个武器,团结全国除了反动派以外的一切人,稳步地走到目的地。"[1]的确,在毛泽东同志的理论指导下,中国人民完成了民主革命,也基本上实现了社会主义革命,大大推动了社会主义建设事业的发展,到达共产主义的目的地已经不是遥远将来的事了。毛泽东同志的理论所以有这样伟大的力量,就在于他坚持马克思列宁主义的基本原则,又不断地总结了中国的革命经验来丰富和充实这些原则。毛泽东同志在运用和发展马克思列宁主义上,一直坚决地反对教条主义和修正主义,坚持马克思列宁主义的普遍真理和中国革命的实践相结合的观点和方法。《论人民民主专政》这一伟大著作,便是个最好的典范。

(原载《学术月刊》1959年第7期,署名潘念之、齐乃宽、韩启璋)

---

[1] 同上书,第17页。

# 《中华民国临时约法》的产生和被撕毁

## 一、辛亥革命产生了临时约法

五十年前,中国曾经出现过一部资产阶级性质的宪法,那就是1912年的《中华民国临时约法》。

在这部约法产生以前,中国正处于清代专制统治之下,受着帝国主义的侵略和压迫,陷入半殖民地半封建的地位。清朝政府不是反抗外来侵略,而是勾结和投降帝国主义,以维持其统治,成为帝国主义侵略和压迫中国人民的工具。外来侵略愈来愈厉害,国内政治愈来愈黑暗,国家前途十分危险,广大人民迫切要求改变这种状况。

在这内忧外患的日子里,中国资产阶级中的爱国分子向西方资本主义世界寻找救亡图存的道路。他们羡慕西方的物质文明,期望中国也有这样一天,制订一部资产阶级的宪法,实行政治改革,使国家由贫穷转为富强。他们中的一派曾经希望中国有一个不要根本改变封建制度而可以发展资本主义的宪法。另外一派人则要求建立资产阶级共和国,并采取革命手段来实现它。十九世纪末二十世纪初,以康有为、梁启超为首的改良派走着前一条道路,但他们很快地失败了。以孙中山为首的革命派走着后一条道路,他们经过多年的奋斗,在辛亥革命中推翻了清朝的统治,结束了二千多年来的封建帝制,建立了南京临时政府,宣布了共和国的成立,并制定和颁布了《中华民国临时约法》。《中华民国临时约法》是辛亥革命的产物。

辛亥革命为民族资产阶级革命派所领导,是反对帝国主义和封建主义的民族民主革命。它获得全国广大人民的拥护,各地都有工农群众自发参加。武昌起义以后,各地纷纷响应,过了一个多月,全国就有三分之二的地区光复了。可是中国资产阶级是软弱的,没有彻底反对帝国主义、反对封建主义的纲领,不能把革命进行到底。革命派在初步的胜利和前进的困难中动摇了,内部起了分化。许多人认为只要撵下了清朝皇帝,承认了共和制度,革命就算成功。由于急于求成,他们还不惜同反动势力妥协、靠拢。主张贯彻革命方针的只是孙中山等少数人。而在另一方面,原来反对革命的地主、官僚和资产阶级改良派,眼看到革命发展很迅速,清朝统治也已崩溃,纷纷由拥护帝制转而"赞成"共和,阴谋篡夺革命果实。当南京临时政府建立的时候,参加各省代表会议的十七个省,有的是"反正"的原封未动的封建政府,有的在起义后被立宪派人所把持,其由同盟会革命派所控制的并不多。南京临时政府是孙中山领导的,但各部部长中却有清朝遗老和立宪派分子;参议员中也有不少官僚、政客和投机分子。他们口头上拥护革命,实际上代表着封建贵族和大资产阶级的利益。当时掌握清朝军政大权的是反革命头子、北洋军阀袁世凯。他仗着北方军队的实力,勾结帝国主义,收买地主、买办和南京临时政府中的反动势力和动摇分子,以清帝退位问题作要挟,一打一拉,步步向革命派进逼。孙中山在1911年年尾从外国回到上海,虽然说"革命之目的不达,无和议之可言"①,但后来在各种反动势力的包围和所谓舆论的压力下,不能坚持原来的主张,在1912年2月12日清帝退位、南北统一的时候,辞去了临时大总统的职位,把政权交给了袁世凯。

　　孙中山对袁世凯的反动本质是有所认识的,他在向参议院辞职的时候,附带提出了三个条件。其第三条就是:"临时政府约法(当时在制订中——本文作者注)为参议院所制定,新总统必须遵守;颁布之一切法律章程,非经参议院改订,仍继续有效。"在后,孙中山曾说出他的意图:"北方将士以袁世凯为首领,与予议和。夫北方将士与革命军相距于汉阳,明明为反对民国者。今虽曰服从民国,安能保其心之无他? 故予奉临时约法而使之服从。盖以服从临时约法为服从民国之证据。予犹虑其不足信,故必令袁世凯宣誓遵守约法,矢忠不贰,然后许其和议。故临时约法者,南北统一之条件,而民国所由构成也。"②可见当时南京临时政府匆忙地制订临时约法,其目的显然在于防范袁世凯大权独揽,保持共和制度,不被废弃。

　　临时约法是在南北议和中制订的。1912年2月初,参议院组织编辑委员会拟具草案,从2月7日提付参议院全体会议讨论,经过三十二次会议,到3

---

① 《心理健康》(孙文学说)。《孙中山选集》上卷,人民出版社1956年版,第185页。
② 《中国之革命》。《中山丛书》(一),太平洋书店1927年版,传略第31页。

月 8 日完成三读程序,3 月 11 日由临时大总统孙中山公布。它规定了国家性质、人民的权利义务和政府组织机构。又规定了宪法的制订期限,在宪法施行以前,它与宪法有同等的效力。

当时南京参议院分子很复杂,但他们在口头上都是要革命的;尤其是"建立民国"的纲领是革命派所力争,从同盟会成立以来,经过多年的宣传,这个纲领已为广大人民所拥护,没有人敢于公开反对。立宪派早与袁世凯有勾结,只盼和议早日完成,可以分得一官半职,并不过多地计较这个法律问题。因此,这个旨在建立民国的临时约法就在参议院通过了。

当时袁世凯以篡夺政治实权为第一,为着欺骗人民,缓和革命斗争,于 4 月 1 日宣誓"谨守约法"。参议院在给袁世凯的就职答词中告诉他,"临时约法七章五十六条,伦比宪法,其守之维谨"。于是在临时约法的掩护下,袁世凯接任了孙中山的临时大总统,改组了南京临时政府,把刚刚建立的"中华民国"拿到手了。

中国资产阶级盼望了几十年的代表他们利益的宪法已经产生了。它不是改良派所顶香跪拜乞求来,而是革命派以革命手段取得的。但它又不是确认革命政权并由革命政权来保证其实施,而是被革命派作为金箍圈,期待它来约束反革命的。这种积极方面和消极方面交叉组成的复杂性和矛盾性,就是它的特点。

## 二、资产阶级革命派为维护临时约法而斗争

《中华民国临时约法》既是由于当时阶级力量的对比形势所决定,是在资产阶级同帝国主义和封建势力斗争和妥协的过程中产生的,因此,不论其内容和它的消长过程,都不能不充满着他们相互间的矛盾,表现出它的积极作用和消极作用。

就约法本身来说,它的主要内容是推翻帝制、建立民国。首先它宣布"中华民国由中华人民组织之"(第一条),"中华民国之主权属于国民全体"(第二条),"中华民国人民一律平等,无种族、阶级、宗教之区别"(第五条),并规定人民的自由权、选举权和其他权利(第六条至十二条)。这反映革命派"主权在民"的主张和所谓"自由、平等、博爱的一贯精神"。其次它采取三权分立的资产阶级共和国的政治制度,并把南京临时政府原来采用的总统制改为内阁制。这反映了资产阶级革命派摹仿西方资产阶级共和国方案的理想。这种制度,

在欧美许多国家,一百多年以前就已经采用了。在中国,当反动派还坚持"皇帝神圣,不可侵犯",改良派还崇扬"开明君主"、请愿立宪的时候,革命派敢于向数千年传统的专制制度挑战,敢于向压在人民头上的反动统治决斗,举起民主共和国的旗子,并把它规定为正式的国家制度,不可谓不是对古老的中国封建社会的一次伟大革命。这种建立资产阶级共和国的要求,在当时,表现出了中国民族资产阶级的进步性和革命性,也显示了辛亥革命的意义。

临时约法有积极的一面,也有消极的一面。它肯定了民主原则,但没有把同盟会原有的平均地权、男女平等等进步纲领反映出来。其次,它虽然规定了人民的主权和权利,而从以后由同一参议院所制订的众议员、参议员选举法来看,它剥夺了当时全国人民的绝大多数人的选举权和被选举权,而让少数人的资产阶级和封建贵族、地主、官僚继续维持统治。[①] 而且,约法第十五条还规定"本章所载人民之权利,有认为增进公益、维持治安,或非常紧急必要时,得依法律限制之"。这表示地主、大资产阶级害怕人民的力量,即使对实际上只有极少数人才能享受的权利,他们也有所不放心,还要授予国会以随时剥夺人民权利的权力,以便肆无忌惮地实行镇压。这些规定是有利于封建势力和大资产阶级的。它和同盟会,尤其同孙中山的政治思想是有距离的。在后,孙中山曾经指出这个约法不是出于他的主意。他说:"至于我们民国的约法,没有规定具体的民权,在南京订出来的民国的约法里头,只有'中华民国主权属于国民全体'的那一条,是兄弟所主张的,其余都不是兄弟的意思,兄弟不负那个责任。"[②]他又因约法不是五权宪法,没有规定地方自治,表示不满。

这部约法既提出了资产阶级革命派的要求,也保留着封建气息,显然是各派参议员经过斗争而妥协所造出的复合物。但从其主流方面来说,它表达了资产阶级用法律形式来肯定共和制度的意志。这是符合于历史发展和全国人民的要求,具有进步意义的。由于它宣布中国是民国不是帝国,人们便树立起这样的观点:共和是合法的,任何人都不容许携贰和背叛;帝制是非法的,不容许其在中国复辟。这使一切政治活动都有了一个区别合法和非法的标准。

---

① 该项选举法规定,众议院选举人须具有下列条件之一:一、年纳直接税二元以上;二、有五百元以上的不动产;三、小学以上毕业或有其相当之资格。参议员由下列单位选举:一、各省省议会;二、内蒙古、青海、西藏由王公、世职、僧官等所组织的选举会;三、中央学会;四、各地华侨商会选出的选举人所组织的选举会。又不论众议员或参议员,妇女都没有选举权和被选举权,不通汉语和不识字者没有被选举权。
② 《五权宪法》。《孙中山选集》下卷,人民出版社 1956 年版,第 587 页。

由于它废除了帝制,打破了数千年来束缚人心的神圣不可侵犯的帝王威严和封建礼教的迷信,大大鼓舞了人们的自由思想和政治斗争的积极性。这不仅大大促进了中国人民的民主主义的觉醒,而且对世界来说,也产生了巨大的影响。正如列宁所曾经指出的:"亚洲的觉醒和欧洲先进无产阶级夺取政权的斗争的展开,标志着20世纪初所揭开的全世界历史的一个新的阶段。"①

再从临时约法的制订过程看,它充满着以孙中山为首的革命派同以袁世凯为首的反动派之间的斗争,已如前文所说。孙中山在全国人民一致拥护共和,革命派还保持着相当力量的时候,逼得袁世凯不能不表示服从民国,不能不宣誓遵守约法,不仅在政治上给他一定的拘束,也估计到日后如袁世凯背誓毁法,即将被全国人民指为非法,便于动员人民的力量来加以反对,又在思想上、道义上给以一重压力。这是资产阶级革命派同反动军阀围绕着临时约法所进行的第一回合的斗争。

袁世凯上台以后,肆意横行,固然不会受约法的拘束。但既有约法存在,他要窃国称帝,究竟名不正、言不顺;被人指为违法,更属不妙。于是他为了改变中华民国为中华帝国,为着要做洪宪皇帝,不得不扫除这个思想上和法律上的障碍。于是他便急于篡改和废除临时约法。1913年10月16日袁世凯在致众议院增修约法的咨文中说:"约法施行之结果而横生障碍。"1914年3月18日又在"约法会议"开幕词中说:"查临时约法为南京临时参议院各省都督指任参议员所议决,无论冠以临时之名,必不适用于正式政府也;即其内容规定,束缚政府,使对内政、外交及紧急事变,全无发展伸缩之余地。本大总统证以往事之种种经验,身受其痛苦。"并提出"琴瑟不调,改弦更张,属在今日,斯为急务"的要求。在这里,可以看到临时约法对袁政府的一些拘束,也见得袁世凯对于这一约法深致不满,必欲废弃之而后快。1913年袁世凯不经过国会同意,违法举行五国大借款和谋杀国民党的议会党团领袖宋教仁以后,孙中山举行了讨袁战争(二次革命);1916年袁世凯改制称帝以后,蔡锷等进行了护国战争(云南起义),正是以维护约法、维护民国为号召,声讨了袁世凯的毁法叛国。这是资产阶级革命派同反动军阀围绕着约法所进行的第二回合的斗争。

继袁世凯之后,张勋、段祺瑞、徐世昌、曹锟等都曾废弃临时约法,解散根据约法产生的国会。他们有的捧出废帝溥仪复辟,有的伪造宪法,收买议员,选举自己作大总统,祸国殃民,更深一步地把中国拉入半殖民地半封建的地

---

① 《亚洲的觉醒》。《列宁全集》第19卷,人民出版社1957年版,第68页。

位。孙中山为着反对军阀统治,维护民国,在 1917 年到 1923 年间进行两次护法运动,又都以维护这个临时约法及依法成立的国会行使职权为号召,声讨他们毁法卖国。这是资产阶级革命派同反动军阀围绕着临时约法所进行的第三回合的斗争。

孙中山本来不满意于临时约法的,为什么又用它来对袁世凯等进行斗争?他曾经说明理由。他说:"拥护约法即所以拥护民国,使国之人对于民国无有异志也。予为民国前途计,一方面甚望有更进步更适宜之宪法,以代临时约法,一方面则务拥护临时约法之尊严,俾国本不因以摇撼。"①可见护法与毁法的斗争,实际就是共和与帝制的斗争,就是民主主义与封建主义的斗争,就是这一方面以孙中山为代表的资产阶级革命派、那一方面以袁世凯及其后继者为代表的反动军阀间的斗争。而临时约法就象征民国,象征进步,成为革命派反对帝国主义、反对封建主义的旗帜。它在历史上有其重大意义。

但资产阶级革命派受到反革命势力的压迫,不积极组织力量,进行坚决的斗争,而竟交出革命政权,企图用约法来约束袁世凯的野心,毕竟是一种幻想,产生了很坏的消极作用。它模糊了认识,松懈了斗志,使革命派走上了无望的议会斗争和法统斗争,这较辛亥革命的时候更加远离了人民群众,更加走上失败的道路。

当袁世凯宣誓"谨守约法",伪装民主的时候,就"有一些资产阶级活动家,以为革命已经胜利地结束了,他们下一步的工作,就是要在国会里面争取多数,他们以为,通过议会斗争,就能实现资产阶级共和国的方案。他们当然没有成功"②。这时宋教仁改组同盟会为国民党,滥收党员,进行竞选。当国民党获得第一届国会的多数议席时,他便踌躇满志,准备入京组阁,满望以袁世凯的大总统,国民党的内阁,实现议会政治。可是就在这个关头,袁世凯亲自布置的 1913 年 3 月 20 日上海北火车站事件的一声枪响,宋教仁不仅没有做成袁世凯的内阁总理,连自己的生命也保不住了。资产阶级革命派真如被恩格斯所嘲笑的查克思先生一样,"竟认为一个国会法案只须获得法律效力就能立刻见诸实现"③,但是"事变的客观进程提到日程上来的,已经不是这样或那样地来修订法律和宪法的问题,而是政权问题,实际的权力问题。如果没有政

---

① 《中国之革命》。《中山丛书》(一),太平洋书店 1927 年版,传略第 31 页。
② 《董必武副主席在辛亥革命五十周年纪念会上讲话》。《人民日报》1961 年 10 月 10 日。
③ 《论住宅问题》。《马克思恩格斯文选》两卷集第 1 卷,莫斯科外国文书籍出版局 1954 年版,第 579 页。

权,无论什么法律,无论什么选出的机关都等于零"①。可是宋教仁临死时候还希望袁世凯"开诚心,布公道,竭力保障民权,俾国民确立不拔之宪法"②。他可以说是迷信一纸宪法空文而至死不悟的一人。

果然,宋教仁被刺以后,同盟会控制的几个省和一些军队便被消灭了,国民党议员被袁世凯收买的收买,撤销的撤销,国会和各省议会一律被解散了。袁世凯的这些准备工作完成以后,1914年3月18日召开所谓"约法会议"来篡改约法。5月1日,袁记约法——《中华民国约法》制成,《中华民国临时约法》被正式宣告废除。其后护法战争历时数载,临时约法几度恢复,几度废除,"法统"始终建立不起来,护法运动也不得不以失败告终。

护法运动失败以后,孙中山曾经认识到"护法断断不能解决根本问题"③。他曾慨叹地说:"辛亥之役,汲汲于制定临时约法,以为可以奠民国之基础,而不知乃适得其反。……试观元年临时约法颁布以后,反革命之势力不惟不因以消灭,反得凭借之以肆其恶,终且取临时约法而毁之。而大多数人民对于临时约法,初未曾计及其于本身利害何若,闻有毁法者不加怒,闻有护法者亦不加喜。"④可见革命派当时没有提出切合人民实际要求的反帝反封建的斗争统领,而采用以临时约法为武器来进行护法斗事,是如何脱离人民群众而招致了失败。但可惜孙中山此时还没有把问题归结到"唤起民众及联合世界上以平等待我之民族,共同奋斗"的革命路线上去,而归咎于军政、训政、宪政的革命方略之未行,仍然没有看清临时约法不能推行的症结所在。

### 三、在半殖民地半封建的中国,不可能实现资产阶级宪法

中国历史上有过多次的宪法运动。在临时约法以前有过清代专制皇朝的钦定宪法;在临时约法以后,有过北洋军阀以至蒋介石反动派的伪宪法。清朝政府、北洋军阀、蒋介石反动派都是帝国主义、封建主义的政治傀儡,他们代表外国资本和本国大地主、大资产阶级的利益,他们不想发展本国资本主义,实行资产阶级的民主制度,根本不需要什么资产阶级宪法。他们所制造的宪法,都是为地主、买办的反动统治点缀门面,欺骗人民的东西,尤其是蒋介石的伪

---

① 《杜马的解放和无产阶级的任务》。《列宁选集》第11卷,人民出版社1959年版,第98页。
② 宋教仁被刺后给袁世凯电报(黄兴代笔)中有"开诚心,布公道……"等语。
③ 《巩固中华民国基础之方针》。《中山丛书》(三),太平洋书店1927年版,演讲第55页。
④ 《制定建国大纲宣言》。《中山丛书》(四),太平洋书店1927年版,宣言第21页。

宪法最为无耻反动。它用了"五权宪法"的名义，实际是结合法西斯制度和封建制度，以保障四大家族的官僚资产阶级的剥削利益，出卖中国民族和人民大众的利益，向美、日帝国主义卖身投靠。这种宪法当然为全国人民所反对，不可能施行的。资产阶级性质的宪法，历史上"除了辛亥革命所产生而随即被袁世凯撕毁了的那个临时约法以外，中国从来没有产生过"①。而临时约法在其短促的存在日期也未曾实际施行。

中国历史上的资产阶级性质的宪法之所以不能实施，其根本原因在于帝国主义要在中国维持殖民主义统治，不容许建立资产阶级共和国；在于中国封建势力根深蒂固，还在各方面占到统治地位，不容许出现民主政治；在于中国资产阶级的软弱，无力完成反对帝国主义、反对封建主义的民主革命；没有实现资产阶级宪法的社会基础。

中国资产阶级性质的宪法——《中华民国临时约法》，基本上，是要求建立本国资产阶级的政权，要求发展本国资本主义的经济。这种要求同帝国主义和封建主义的目的是相违背，为帝国主义和封建主义所反对的。资产阶级革命派希望依靠一纸"临时约法"来解决问题。他们没有向帝国主义和封建主义进行彻底的斗争，反而存在着不切实际的幻想。辛亥革命前后，他们没有提出反对帝国主义的具体纲领，反而承认帝国主义过去强迫清朝政府订立的不平等条约及其他既得权益，深怕触犯帝国主义之怒，引起他们的干涉。他们虽然主张推翻帝制，但对军阀、官僚、豪绅、地主和其他封建势力，几乎完全没有触动到，甚至还吸引他们作为革命的同盟军。其结果，孙中山前后领导的南京临时政府和广州护法政府，均遭受到帝国主义的经济封锁和军事威胁，辛亥革命因在外国使团指使下的南北议和中夭殇了，护法运动也在段祺瑞、陆荣廷、陈炯明等军阀的内外夹攻下失败了。

中国民族资产阶级一方面受到帝国主义和封建主义的压迫和束缚，一方面又和它们有千丝万缕的联系。他们一方面有参加革命的可能性，一方面又对革命的敌人有妥协性。"这又是中国资产阶级同历史上欧美各国的资产阶级特别是法国的资产阶级的不同之点。在欧美各国，特别在法国，当它们还在革命时代，那里的资产阶级革命是比较彻底的；在中国，资产阶级则连这点彻底性都没有。""中国的民族资产阶级，即使在革命时，也不愿意同帝国主义完全分裂，并且他们同农村中的地租剥削有密切联系，因此，他们就不愿和不能

---

① 刘少奇：《中华人民共和国宪法草案报告》。

彻底推翻帝国主义,更加不愿和更加不能彻底推翻封建势力。"①这就是辛亥革命失败的根本原因;也就是一百多年前欧美资产阶级能够建立资产阶级共和国,而远在它们之后的中国资产阶级反而不能,中国资产阶级尽管仿制了欧美资产阶级的宪法,但始终不能实施的根本原因。

对资产阶级民主革命来说,动员和争取农民群众的支持,始终是革命成功的关键问题之一。在半殖民地、半封建的中国,资产阶级的力量十分软弱,敌人——帝国主义和封建主义的力量十分强大,单凭资产阶级的力量撼不动敌人的毫毛。但资产阶级有其阶级局限性,它不愿意,也不可能取得和农民群众的巩固联盟。在辛亥革命中,中国资产阶级只有单纯的军事行动和极少数人的军事冒险,他们动员会党和新军的力量,是辛亥革命胜利的一个因素,但没有通过他们更广泛地发动农民群众参加革命。对当时各地自发的工农斗争运动和人民自己组织的革命武装,不单没有加以组织领导和支持,甚至还采纳地主和大资产阶级维持封建统治秩序的要求,在许多地方禁止和镇压了群众斗争和人民武装力量。于是他们没有同盟军,没有依靠,处在内外反动势力的大海中,便感到孤立,感到四面楚歌,发生动摇而向敌人妥协、屈服。"如果没有群众革命情绪的蓬勃高涨,中国民主派不可能推翻中国的旧制度,不可能争得共和制度"②,当然也不能实现他们自己的宪法。这就是辛亥革命失败、《中华民国临时约法》不能实施的症结所在。

宪法是阶级力量对比的反映,是夺得政权的阶级实施统治的工具。如果没有彻底摧毁敌人的反动政权,没有建立自己的经济基础和革命政权,特别是武装力量,便谈不到宪法,谈不到法律。在辛亥革命及辛亥革命前的长时期中,"孙中山先生是当时公认的革命领袖,在推翻了清朝之后,由他来领导新政权,似乎是不成什么问题的事情,但是,他没有实力,他既没有发动起人民群众、依靠群众力量作支柱,也没有组织起真正革命的武装力量,终于被迫把政权交给拥有北洋军队的反动派头子袁世凯。……革命的结果,只是赶跑了一个皇帝,按照西方国家的形式,改变了政府机关的组织和名称,根本没有打碎封建军阀和官僚的国家机器。近代中国的半殖民地半封建的经济基础,更是原封未动"③。而在辛亥革命中建立起来的各省政府和南京临时政府既然不完

---

① 《新民主主义论》。《毛泽东选集》第 2 卷,人民出版社 1952 年第 2 版,第 667 页。
② 《中国的民主主义和民粹主义》。《列宁全集》第 18 卷,人民出版社 1959 年版,第 154 页。
③ 《董必武副主席在辛亥革命五十周年纪念会上讲话》。《人民日报》1961 年 10 月 10 日。

全是资产阶级革命派所掌握的,在后,连这些政府也被篡夺或让渡给反动派了。辛亥革命中组织起来的革命部队——民军,数量很少而战斗力又薄弱,在后,连这些军队也自行编遣裁撤了大部分。那么,凭什么来保证共和国的确立和临时约法的实施?他们信宣誓为矢忠的证据,寄希望于敌人之守法,终于受了反动派的欺骗,使临时约法宣告破产。

"世界上历来的宪政,不论是英国、法国、美国,或者是苏联,都是在革命成功有了民主事实之后,颁布一个根本大法,去承认它,这就是宪法。中国则不然。中国是革命尚未成功,国内除我们边区等地而外,尚无民主政治的事实。中国现在的事实是半殖民地半封建的政治,即使颁布一种好宪法,也必然被封建势力所阻挠,被顽固分子所障碍,要想顺畅实行,是不可能的。"[1]这是毛泽东同志在抗日战争时期说的话,但毫无疑义是适用于半殖民地半封建中国的整个历史时期的。

在二十世纪,在半殖民地半封建的中国,民族资产阶级不能彻底进行对帝国主义和封建主义的革命,不能建立资产阶级共和国,也就不能实施资产阶级的宪法。资产阶级民主革命的彻底完成,不能期望于资产阶级的领导,只有在无产阶级领导下才能实现。资产阶级共和国,外国有过,中国不能有;资产阶级宪法,在中国,即使出现了,也是不能实行的。五十年前的《中华民国临时约法》,已经随着辛亥革命成为历史陈迹,然而人们从这上面吸取了很多有益的教训!

(原载《政法研究》1962 年第 1 期)

---

[1] 《新民主主义的宪政》。《毛泽东选集》第 2 卷,人民出版社 1952 年第 2 版,第 729 页。

# 第五辑

余武信

# 发扬民主,加强法制

党的十一届三中全会讨论了民主和法制的问题。《公报》指出:现代化建设需要集中统一的领导,需要严格执行多种规章制度和劳动纪律,但必须有充分的民主才能做到正确的集中,才能使法纪做到自觉的遵行。可见发扬民主,加强法制是社会主义现代化建设不可缺少的政治条件,是当前极为重要的任务。

学习了《公报》关于发扬民主,加强法制的问题,我有三点看法:

## 一、人民民主是社会主义法制的基本原则

社会主义法制是建立在社会主义经济基础之上,并适应其生产力发展的要求;是集中反映无产阶级的意志,保护广大人民群众的利益而对少数人的剥削阶级实行专政的工具。社会主义公有制的性质和无产阶级的最有远见,大公无私,最富于革命的彻底性的本质,决定了社会主义法制的根本性质。

毛主席在我国制定第一个宪法时指出,我国宪法"原则基本上是两个:民主原则和社会主义原则"。宪法贯串着这两个原则,整个法制也都贯串着这两个原则。社会主义原则指明我国法制的方向,民主原则赋予我国法制以力量。人民民主和社会主义这两个原则,互相联系,互为作用,体现出我国法制的特点。

民主和法制都是有强烈的阶级性的。资产阶级要保持其高额利润,就一定要维护其剥削制度,把政权掌握在他们自己手里。在资产阶级专政下,劳动人民被压得透不过气来,"无暇过问民主","无暇过问政治"。资产阶级的法律,一面在形式上规定一些民主,一面又作了种种限制,把穷人排斥于政治生活之外。正如列宁所指出的:"资产阶级的民主制较之中世纪制度虽有伟大的历史进步作用,但它始终是——而且在资本主义之下不能不是——狭窄的、残

缺的、虚伪的、假仁假义的民主,对于富有者为天堂,对于贫人和被剥削者为陷阱和骗局。"

无产阶级夺得政权,民主和国家同时转移到广大劳动人民的手里,把它写入自己的宪法和法律中,使它为千千万万的劳动人民所享受,再不为少数人的剥削者所垄断。在无产阶级专政下,广大人民翻身成为国家的主人,管理国家事务,在政治、经济、文化和整个社会生活方面都实现了无产阶级的民主权利。我们的民主是人民民主,社会主义民主,不是资产阶级民主。我们的这个社会主义民主是任何资产阶级国家所不可能有的最广大的民主,比任何资产阶级民主要民主百万倍。

民主是一个政治概念,是一种国家形式,它承认全体公民都有决定国家制度和管理国家事务的权利。

民主意味着平等,不允许社会有特权阶层的存在,不允许个人凌驾在群众之上。

民主就是让群众讲话,要群言堂,不要一言堂;要百花齐放,百家争鸣,不允许任何人专断独裁。用讨论的方法,说理的方法,批评与自我批评的方法,解决矛盾,做好工作。没有民主不可能有正确的集中;没有民主不可能正确地总结经验;没有民主,意见不是从群众中来,不可能制定出好的路线、方针、政策和办法;没有民主,不可能统一革命人民的意志,集中力量去反对革命的敌人,进行社会主义建设。

民主是社会主义法制的生命力,没有民主就没有社会主义,也就没有社会主义法制。

## 二、我国法制是民主的法制

我国法制现在虽然还不很完备,但它是社会主义的法制,除了社会主义外,人民民主就是我国宪法和其他法律的主要内容。

首先,宪法规定:"中华人民共和国的一切权力属于人民。""国家坚持社会主义的民主原则,保障人民参加管理国家,管理各项经济事业和文化事业,监督国家机关和工作人员。"这里值得一提的是宪法规定我们国家机关一律实行民主集中制。它规定国家权力机关的人民代表大会由人民选举产生,行政机关和司法机关、检察机关由人民代表大会选举。在每一个机关内领导人员与全体成员处于平等地位,共同商议决定问题,不是个人专断,"一人称霸"。另一方面,我们的法律又规定"国家机关必须经常保持同人民群众的密切联系,依靠人民群众,倾听群众意见",国家机关工作人员必须"全心全意地为人民服务,接受群众的监督"。这就使得我们的国家机关和工作人员完全处于群众之中,而不是站在人民之上,广大人民真正成为国家的主人了。

我们的人民民主权利,除了一般的言论、出版等的自由以外,宪法还规定公民有游行示威和罢工的自由,有大鸣大放等的四大自由,实行百花齐放、百家争鸣的方针。这是至今为止任何其他国家所没有的。在这样的法制下,不论对政治问题或学术问题,人民都有探讨研究,发表意见的自由,可以知无不言,言无不尽,从而促进国家的进步和现代化。

我国宪法和民族区域自治法规,规定全国各民族一律平等,反对大民族主义和地方民族主义。宪法和婚姻法,规定了男女平权、婚姻自主以及和睦团结的家庭关系。

我国宪法、人民法院组织法和人民检察院组织法及其他法律,规定公安机关、检察机关、审判机关分工协作,互相制约,保证公正和正确地执行法律。规定任何公民,非经人民法院决定或者人民检察院批准,并由公安机关执行,不受逮捕;保证公民的人身自由和住宅不受侵犯。各级人民法院设立审判委员会,实行合议制、陪审制,贯彻民主集中制的精神。审判案件,除法律规定的特别情况外,一律公开进行。被告人有权获得辩护。重证据,重调查研究,严禁刑讯逼供。人民法院依法进行审理和判决就可以在查明事实、适用法律方面合乎实际,可以避免或减少发生错案。

从立法方面来说,我国法制是实现了民主原则的。现在只要根据形势的发展,补充和继续制订一些实际需要的法律、法令,使它逐步完备起来,把宪法上规定的人民民主权利,在其他多项法律上具体地固定下来使任何人不得侵犯,这是很重要的,但从另一方面说,我国法制上的主要问题是严格执行法律的问题。

### 三、实现社会主义法制,必须发扬民主

我国法制是社会主义的法制,规定了无产阶级和劳动人民享受的最广泛的民主权利。但法律上规定了民主权利并不等于人民群众已经实际获得这些权利。毛主席说:"要把纸上的东西变成实际,还要靠我们的努力。"任何美好的法律,只有经过努力贯彻执行,才能成为现实,没有民主的力量是建立不起

社会主义的法制的,就是一时建立了也很容易被破坏和废弃。一九五四年我们有了社会主义的宪法,但民主没有真正实现,人民没有权,没有力量,林彪、"四人帮"篡党夺了权,大搞"打砸抢",非法抄家,任意捕人,私设公堂,刑讯逼供,残害革命干部和革命群众,并株连他们的家属,搞的人身自由毫无保障,民主权利全被勾销,社会主义的宪法就被践踏了。

以华主席为首的党中央一举粉碎了"四人帮",今年三月在第五届全国人民代表大会上重新颁布更美好的社会主义新宪法。可见社会主义的、人民民主的法制,得来不易,要贯彻执行,也需要一番斗争。

董必武同志曾经在党的第八次全国代表大会上总结我国法制建设经验,特别强调指出,加强人民民主法制的中心环节是"依法办事",必须做到"有法可依"、"有法必依"。当前的情况是人心思治,人心思定,人心思上,国家要现代化,党和国家的领导同志十分重视进一步加强社会主义法制。但也毋庸讳言,另外有一些人任意妄为,并不依法办事,以致我们庄严的宪法和法律未能彻底实施,人民的民主权利还得不到确实保障。某些地方之所以出现有法不依的现象,主要是林彪、"四人帮"的流毒远远没有肃清,而有些干部的家长制作风和不重视法制的思想也是一个不可忽视的原因。

毛主席在一九六二年扩大的中央工作会议上提到有些同志很怕群众开展讨论,怕他们提出同领导机关、领导者意见不同的意见。一讨论问题,就压制群众的积极性,不许人家讲话。毛主席说:"民主集中制是上了我们的党章的,上了我们的宪法的,他们就是不实行。"这是一种情况。

宪法规定人民公社三级所有,队为基本;社员可以经营少量自留地和家庭副业,有的地方却收并社员自留地,取缔农村集市,说是"斩掉资本主义尾巴"。有的还蛮横地砍掉生产队的桑林果园,用拖拉机翻掉已经长苗的经济作物,强制改种粮食,使农民遭受很大损失。社员们问:"是县委大还是宪法大?"这一问,问得好,说明有些干部是如何破坏了国家的根本大法。这又是一种情况。

宪法规定:人民对任何失职违法的国家工作人员有控告之权,对人民权利受到侵害时有申诉之权。对这种控告、申诉,任何人不得压制和打击报复。可是有的人做了错事偏不许别人控告、申诉,把上访上书指为"告黑状"、"对抗领导",甚至公开批斗并关押上访上书人。工人们说:"宪法的权威抵不住支部书记的权力。"于是人们不得不放弃宪法,屈从"长官意志"了,这是另一种情况。

法律本来是由国家的强制力保证其实施的,如果执法的国家干部,特别是领导干部不遵守宪法，不依法办事，问题就十分严重了。《公报》说："为了保障人民民主，必须加强社会主义法制，使民主制度化，法律化，使这种制度和法律具有稳定性、连续性和极大的权威，做到有法可依、有法必依、执法必严、违法必究。"这无疑是实现法制，保障民主的很重要的方针。方针定了以后，还仍要有具体措施。这一是教育，二是监督。要教育干部，特别要教育各级领导干部，让他们尽可能多地扫除封建的家长制作风，培养起民主作风和守法习惯。监督就是"执法必严、违法必究"。对于那些严重违法乱纪，侵害人民权利和利益的人，应该给以组织处分和法律处分，有的还应该责成他们赔偿受害人的损失，否则是不能引起那些人的警惕的。这就要求各级领导、各级人民检察机关认真监督和检查国家机关及其工作人员的活动是否符合宪法和法律的规定，如发现违法行为应立即加以干涉处理，毫不姑息。这是保证法制严格执行的一个重要方面。此外，法律是否正确执行，直接关涉到人民群众的权利和利益，他们最关心，也最了解情况。必须经常进行广泛的法制宣传和实现民主生活，提高广大群众的法制精神和民主力量。只有他们一见到有违法行为就提意见，积极干预进行纠正，才是保证社会主义法制贯彻执行的伟大力量，是根本的办法。

叶剑英同志说："只有在充分发扬民主的基础上，才能确立健全的社会主义法制，也只有贯彻执行社会主义法制，才能切实保障人民的民主权利。"社会主义的立法要贯串民主原则。社会主义法制的实施，更需要强大的民主力量，发扬民主，加强法制，两者是密切相联，不可分离的。

（写于1979年，原为打印稿）

# 关于加强社会主义法制问题

## 一、加强社会主义法制是社会主义现代化建设的政治条件

党的十一届三中全会对民主和法制问题进行了认真的讨论。《公报》指出:"社会主义现代化建设需要集中统一的领导,需要严格执行各种规章制度和劳动纪律。资产阶级派性和无政府主义必须坚决反对。但是必须有充分的民主,才能做到正确的集中。""为了保障人民民主,必须加强社会主义法制。"

正如叶剑英委员长在《关于修改宪法的报告》中所说,我们的宪法和法律"是无产阶级和广大人民意志的集中表现。它有鲜明的阶级性、战斗性,是维护革命秩序,保护劳动人民利益,保护社会主义经济基础,保护生产力的强大武器"。由于社会主义法制具有这样的性质,才能够完成《公报》提出的任务,既保障人民民主权利,调动广大人民的积极性,同时要求人们守法和依法办事,统一意志,集中力量,搞好社会主义现代化建设。

法律和政治一样,是社会的上层建筑,取决于一定的经济基础并为它服务。随着生产关系和生产力的发展和变化,代表新生产方式的阶级必然提出与之相适应的新的政治法律观点,从而确立新的政权和法制。当一定的政权和法制建立以后,它又必然反作用于基础,以维护这个经济基础,使它更加完善和发展。法律同经济始终是相联结的。在资本主义国家,它们的宪法和法律的最基本的内容都归结在一个私有制上。它的最主要任务就是保护资本家的财产权。与此相反,在社会主义国家,我们的宪法和法律则是建立在社会主义公有制的基础上,保护劳动人民的权利和利益。我国宪法规定:"社会主义公共财产不可侵犯。国家保障社会主义全民所有制经济和社会主义劳动群众集体所有制经济的巩固和发展。"凡是有利于维护和发展社会主义经济的原则和制度,都为社会主义法律所保护,一切破坏和损害社会主义经济的行为,都

为社会主义法律所禁止。社会主义法律就是为社会主义经济服务的，所以要建设社会主义现代化经济必须加强社会主义法制。

"法律就是取得胜利、掌握国家政权的阶级的意志的表现。"(《列宁全集》第13卷304页)这个意志，是他们从长期的阶级斗争经验中总结起来，懂得如何取得胜利和巩固胜利，懂得把保持这些成果的原则和办法制成法律，作为大家共同遵守的准则，以保持这些成果不至丢失，并且有所扩大。这是整个阶级共同利益之所在，也是阶级意志的集中表现。

列宁在颁布俄罗斯苏维埃联邦社会主义共和国根本法时说："目前世界各国劳动人民会看到，苏维埃宪法反映了全世界无产阶级的理想。"(《全集》第27卷520页)毛泽东主席在谈到我国第一部宪法草案时说："用宪法这样一个根本大法的形式，把人民民主和社会主义原则固定下来，使全国人民有一条清楚的轨道，使全国人民感到有一条清楚明确和正确的道路可走，就可以提高全国人民的积极性。"(《毛泽东选集》第五卷129页)

这里，列宁和毛主席谈到理想和道路，说明社会主义宪法真正反映无产阶级的伟大意志，是不可战胜的力量的源泉，争取共产主义事业胜利的指针。在我国现阶段，它当然就是安定团结，迅速发展社会主义现代化建设的重要工具。建国三十年来的经验证明，发扬民主和加强法制是社会主义革命和社会主义建设的不可缺少的政治条件：凡是重视、加强民主和法制，国家就安定，社会主义事业就顺利发展；凡是轻视、破坏民主和法制，社会秩序就混乱，社会主义事业的发展就会受到挫折。祸国殃民的林彪、"四人帮"，肆意践踏社会主义法制，对广大干部和人民实现法西斯专政，给我国政治生活和经济文化建设带来极为严重的恶果，它从反面也教育我们，发扬民主和加强法制是多么重要。对此，我们必须有充分的认识。

## 二、轻视和否定法制的观点必须批判

但是迄今有几种错误思想十分严重地妨碍法律的施行，破坏法制的建立，必须给以批判和澄清。

第一种错误说法是曲解"专政不受法律限制"的话，并以此为借口，断定专政与法制不能相容。说法律是条条框框，束缚革命人民的手脚，不利于对敌人采取行动。

"专政不受法律限制"的话，原来是列宁讲的，引用列宁的话而加以曲解，有很大的欺骗作用,影响是很大的。列宁的话真的是说专政不需要法律吗?当然不是。这只要一了解列宁说话的时代背景和所指的对象就可以明白。

列宁在《无产阶级革命和叛徒考茨基》这篇文章中说:"专政是直接凭借暴力而不受任何法律限制的政权。"(《全集》第28卷218页)在《论专政问题的历史》一文中也说:革命政权"不承认任何其他政权,不承认无论什么人定的任何法律和任何规章"(《全集》第31卷315页)。这些话是列宁就苏维埃革命政权与沙俄政府的关系来说的。所说不受其限制的法律是什么法律呢?是旧政权的法律,不是人民自己的法律。地主资产阶级的法律维护地主资产阶级的政权,无产阶级在夺取他们政权的时候,当然不能遵守他们的法律,不能依照他们的规矩办事。但对人民政权自己制订的法律,就必须严格遵守了。这是两个不同的问题,是不容混淆和曲解的。

曲解"专政不受法律限制"者还提出两个问题。

其一说"群众运动天然合理",如果评头论足,限令依法办事,便是泼冷水,把"好得很"搞成"糟得很"。对此,仍然要问是什么运动?是什么法律?"好"和"糟"是要看条件和情况,作阶级分析的。在封建社会,农民冲破土豪劣绅的规矩,当然好得很,如果在人民的天下,有人破坏自己的法律,怎么不是糟得很?无产阶级专政下的革命群众运动,无非是为了巩固共产党的领导,发展社会主义革命和建设的事业,而这正是我们的法律所保障的。人民的运动怎么会同人民自己的法律相矛盾?相反,群众运动是要有一定的法律来指导和支持的。民主革命战争时期为了进行土地改革运动,党制定了《中国土地法大纲》;全国解放后进行镇反运动,人民政府颁布了《中华人民共和国惩治反革命条例》;使运动有章可循,健康发展。不论是在旧社会对反动统治的斗争,或在新社会搞群众运动,都必须从客观实际出发,讲究战略、战术,有计划、有组织、合规律地进行,决不是无政府主义,决不是乱斗一通所能取得胜利。林彪、"四人帮"阴谋篡党夺权,为了变无产阶级专政为法西斯专政,才胡说什么"踢开党委闹革命","砸烂公检法"等等,千方百计地破坏社会主义法制,搞得天下大乱,几乎亡党亡国。这个惨痛教训是全国人民所永远不能忘记的。如果说运动可以不守法制,这就是例子!

其二说,"对敌人要狠",搞得过火一点,超出法律规定也不要紧。这也是完全错误的。无产阶级民主根本不同于资产阶级民主,无产阶级专政也根本不同于资产阶级专政。无产阶级改造世界,目的是建立共产主义社会。无产阶级有可能,也有力量把剥削者个人改造成为自食其力的劳动者。无产阶级的对敌政策是争取多数,惩办少数,是惩办与宽大相结合,惩罚、管制与思想改造相结合,而不是乱抓一批、乱杀一通。抓不抓,杀不杀与如何惩办,如何改造,是一个严肃慎重的问题,既显示无产阶级的政治态度,也有关专政的效果问题,必须紧握政策,严守法制,决不是可以随便处理,搞错了也无所谓的。还有一点要注意的,宁"左"勿右的情绪极易于混淆人民内部问题和敌我问题,把自己人也当作敌人对待,破坏了革命。"四人帮"搞了那么多的错案、冤案、假案,不就是利用了这一点吗?

把"专政不受法律限制"的话歪曲运用到无产阶级自己统治的国家里,对待人民自己制定的法律,是时间错乱,阵地倒转,没有阶级立场,分不清马克思主义与机会主义,是完全错误的。

第二种错误意见是说"政策就是法律,有了政策不必再搞法律了"。他们强调我国无产阶级专政的国家,党领导一切,只要依据党的政策办事就行。如果有了政策再搞法律,就是不尊重党的领导,破坏领导一元化。这种议论曾经风靡一时,于是司法机关不再依法审判,而以政策判案;法律院校不教法律而教政策。于是一有问题,人们只问政策是怎么说的,而法律如何规定,可以不管。政策代替法律、改变法律的做法,成为家常便饭。

政策和法律是不是一件事呢?当然不是。政策和法律是否互相矛盾呢?也不是。共产党的政策和社会主义国家的法律都体现无产阶级的意志,同样服务于社会主义革命和社会主义建设,都是进行各项工作所要遵循的。两者性质相同,但在其表现和运用上又有区别,是不能互相替代的。

首先,从其制订程序上说,政策是党制订的,法律可以由党提出,但必须经过国家权力机关审议通过并颁布施行。这个程序手续不仅是形式问题,而且具有实质的意义。政策通过国家的立法手续制成法律,其内容的深度和广度起了变化,即由无产阶级的意志扩大成为全体人民的意志,由领导干部如何工作、党员如何活动的方针原则,变成干部和群众、党员和非党员普遍都要遵守的行为规范。政策对于干部和党员有约束力,对群众来说,政策经过宣传教育成为现实,其强制力不是直接的。法律的施行也要经过宣传教育,但它由国家机关的强制力保证其实施,不遵守法律会受到法律处分,包括刑事处分。

其次,从其适应性说,政策从一定时期的形势来考虑如何处理某一项斗争的问题,形势一变化,政策也随着变化,不是很稳定的。法律把人们长期积累的如何搞好生产和生活的社会关系规定下来作为共同行为准则,是不易变化的。因此政策大多是原则性的,运用的灵活性较大。法律的规定比较具体明确,应该做什么,不应该做什么,犯什么罪,判什么刑,有更大的统一性、稳定性、连续性。政策有时可以调节法律的适用,但这种调节不能超出法律规定的范围。而法律能够保障政策的正确执行。而且政策往往掌握在领导者的手里,往往因领导人水平不同而起变化,甚至还产生所谓"土政策",以致党的政策变成"领导个人意志",发生了质的变化。法律制定之后不能由个人来改变,要正式公布于众,让大家都知道,便于群众监督执行。

政策和法律的关系,正同党和国家的关系一样。有了党组织还得有国家机构,不能党政不分。同样,有了政策还得要有法律,不能把政策与法律混同一起。实践证明,政策代替法律,往往使工作混乱,产生种种困难。过去,有的同志分不清两类矛盾,各地审判机关判罪畸轻畸重,其所以产生这种情况,虽有各种因素,但没有一定的法律可作依据,则是其中的重要原因。为了加强党的领导,提高工作实效,必须要有完备的法律,做到有法可依。

第三种错误观点是把法制看成纯资产阶级的概念,规章制度都是对工人的"管卡压"。说社会主义要政治觉悟和共产主义道德,不要法律,搞社会主义法制是修正主义。

提高政治觉悟,提倡共产主义道德,当然是重要的,必需的,但在社会上还存在着阶级和阶级矛盾的时候,人们的道德是否能提高到可以解决一切矛盾,不再需要法律了呢?

大家知道,马克思主义把共产主义分为低级阶段(通常称为社会主义)和高级阶段(通常称为共产主义)。共产主义的低级阶段即社会主义社会,是刚刚从资本主义社会脱胎出来,在经济、道德和精神方面还带着旧社会的痕迹。这时,生产资料已归整个社会所有,人剥削人的制度已经被废除了。但是生产还不很发达,产品还不很丰富,劳动者还是按劳分配,而不是按需分配,人们还是把劳动作为谋生手段,而不是生活的第一需要。因此,在这时,不可能使"人们立即就会不需要任何法规而为社会劳动"(《列宁全集》第 25 卷 454 页)。因为资本主义的废除,不能立即为这种变更创造经济条件。人们对于人类一切公共生活的简单的基本的规则还没有"从必须遵守变成习惯于遵守"(上书第 461 页)。而且社会上还有寄生虫、老爷、骗子手等的资本主义传统的保护者,需要加以监督。于是还有必要保留着保护公有制、保护法规的资产阶级式的国家,"因为如果没有一个能够迫使人们遵守法规的机构,法律也就等于零"(上书第 458 页)。只有到了共产主义社会,劳动已不是人们的谋生手段而是生活的第一需要,可以各尽所能,按需分配的时候,人们的道德和精神面貌才会大大提高,可以不需要国家,不需要法律来进行监督了。

再就实践经验来看,苏联经过近五十年的社会主义时期,发生了修正主义集团篡夺党和国家的权力,蜕变成社会帝国主义的事实。我国经过十七年时间的社会改造,出现了林彪、"四人帮"的大破坏,还有新生资产阶级分子,还有打砸抢分子,还存在着极少数敌视和破坏我国社会主义现代化建设的反革命分子和刑事犯罪分子。这说明社会主义社会不是不需要法制,而是要加强法制。毛主席说:"人民为了有效地进行生产、进行学习和有秩序地生活,要求自己的政府、生产的领导者、文化教育机关的领导者发布各种适当的带强制性的命令。没有这种行政命令,社会秩序就无法维持,这是人们的常识所了解的。"(《选集》第五卷 368—369 页)。又说:"在我们社会里,也有少数不顾公共利益、蛮不讲理、行凶犯法的人。他们可能利用和歪曲我们的方针,故意提出无理的要求来煽动群众,或者故意造谣生事,破坏社会的正常秩序。对于这种人,我们并不赞成放纵他们,相反,必须给予必要的法律制裁。惩治这种人是社会广大群众的要求,不予惩治则是违反群众意愿的。"(《选集》第五卷 396 页)。这说明用强制性的法律维持社会正常秩序,在社会主义社会是不可免的。

社会主义法制有镇压阶级敌人对抗的一面,也有调整人民内部关系的一面,而在急风暴雨式的阶级斗争已经过去,在国家的工作重点转向经济文化建设时候,调整人民内部关系,特别是调整各项经济关系,将是社会主义法制的重心工作。经济法规、民事法规和各个企业事业单位的规章制度,不就是导致人们协调彼此关系,做好工作,维持生活、学习等的社会基本规则吗?更多地调整人民内部关系,更多地为经济建设服务,不就是社会主义法制的内容吗?更多地使用民主方法来解决问题,不就是社会主义法制的要求吗?这些都是社会主义社会所需要的。

在还有阶级和阶级斗争的社会,在面临生产转入高度组织化、现代化的规模时候,对于如何调整九亿人民的共同劳动、共同生活,使之有条不紊、不致牵一发而动全身的问题,如果认为,只该提高政治觉悟,提倡共产主义道德而不需要规章制度和法律,只能说服教育而毋需进行制裁,那不是陷于可笑的幻想,就是脱离实际和脱离群众的过左意见,是十分有害的。

有国家就会有法,要治国就得有法。这是一种常识,也是一个真理,是从古以来,中外各国的共同经验,客观存在的社会实践。马克思主义揭示了法的阶级性和实践性，指出不同阶级专政的国家有不同阶级的法，它们分别适应于不同的经济基础，反映不同的阶级意志，为不同的阶级服务。在阶级和阶级斗争还存在的社会主义社会，国家不会消亡，法律也不可能放弃。一切轻视和否定法制的法律虚无主义，都是反动的破坏因素，应当给予严肃的批判和彻底的澄清。

### 三、必须进一步加强社会主义法制

华国锋主席在第五次全国人民代表大会上说："实现天下大治，必须进一步加强社会主义法制。"经过揭批林彪、"四人帮"的斗争，政治上敌我阵线已经基本分明，理论上是非问题逐步得到澄清，他们在法学界的阴谋破坏活动被揭出来了，森严的法学禁区初步被打开了。发扬民主、加强法制，已是政法界同志和全国人民共同一致的呼声。但要彻底求其实现，今天还有许多工作要做。

加强法制的第一件工作是进一步批判林彪、"四人帮"的谬论，大力肃清他们在法学界的流毒。过去法学界已经做了揭批林彪、"四人帮"的工作，但还不够，必须继续深入揭批。要敢于同各种错误思想、不正之风和法制工作上的其他阻力作斗争。清除法律虚无主义、法律实用主义。从实践中提出问题，进行理论性的探讨，并求得解决。要宣传法制对安定团结和实现社会主义现代化建设的重要意义，在建立马克思主义法学上作出贡献。必须大声疾呼，广为宣传，让领导干部和人民群众，大家都提高法制观点，重视法制工作。

为了进行上项工作，必须集中现有法学界的力量，迅速恢复和扩大过去被停办、被撤销的法学教育和研究单位，培养大批法学专门人才去充实和更新法律工作队伍。干部轮训和补习，今天特别重要。

法学出版工作过去没有很好发展，现在更是空无所有，是法学的饥荒时代。要从速筹划进行，编著各种专业著作，特别急需有一批法学通俗读物。法学刊物应该创办和恢复起来，除研究性的专门杂志外，尤其要有普及的大众刊物，除全国性的刊物外，还应该有地方性的刊物。没有法学园地，要宣传法制观点，要加强法制工作是不可能的。

其次要"有法可依"，需要较为完备的法律制度。现在中央政法机关对制订法律工作非常积极，许多法律草案将陆续制定，提请人大审议通过公布，已经把立法停顿状态改变过来了。这是一个好现象。

再则是"有法可依"。有了完备的法律，必须认真贯彻执行。有法不依，徒然是白纸黑字的具文，法制就落空了。有法不依的例子过去存在了相当长的时期，违法作恶的情况，"四人帮"窃权时候最为严重。今天必须改变这种情况，做到执法必严，违法必究。然而执法不严怎么办？违法必究谁来究？问题还得进一步解决。

最后要说的，加强法制的根本办法，在于发扬民主，提高人民的权力。叶剑英同志说："只有在充分发扬民主的基础上，才能确立健全的社会主义法制，也只有认真贯彻执行社会主义法制，才能切实保障人民的民主权利。"民主与法制密切相联系，经过人民的斗争得来的东西，仍需要人民的力量保障其实现。资产阶级的经历如此，我们的经历更是如此。在民主革命时期，我们向帝国主义、封建主义、官僚资产阶级争民主，要法制。为了民主和法制，在人民政权建立以后，我们还要向残余的封建法西斯势力斗，向人民内部的家长制习惯斗。过去一个时期，片面地强调专政，强调人治，另一方面又脱离实际，空谈政治觉悟和共产主义道德，不断削弱了法制观念。结果是党政军民一把抓，个人领导一切，民主太少了。在社会主义制度下，许多社会矛盾本来可以自行调整而解决，但由于民主太少了，机体僵化，失去活力，有时也会出现急风暴雨式的斗争。一九七六年清明的北京天安门和全国许多地方纪念周总理的斗争就是例子。这次纪念周总理的活动，实际是捍卫以周总理为代表的人民民主政治，同以"四人帮"为代表的封建法西斯作斗争。这次运动进一步激发了人民的革命精神，支持了党中央的无产阶级正确领导。随后，华主席为首的党中央一举粉碎了"四人帮"，庄严地捍卫了社会主义法制，大大地发扬了人民民主。党的十一届三中全会认真讨论了民主和法制问题，作出了相应的决议，使民主获得进一步的发扬，法制工作得到很大的发展。

实践证明，发扬民主是加强法制的基本因素，是开展一切工作的主要条件。民主不发扬，人们的思想不解放，不能明辨是非，纠正错误。人民没有力量，不能同旧习惯斗，同官僚主义斗，同残余的反动势力斗，所有监督执法、追究违法之权，也就难以实现。

经过林彪"四人帮"的法西斯暴政，受过残酷迫害的同志，总结出一条教训，"国家要有法，人民要有权"。这条教训，为广大人民所同情和公认。事实的确如此，过去革命人民所以遭到林彪、"四人帮"的迫害，处于无可奈何的地位，就是由于法制不健全，民主不充分。今天国家形势大好，党中央大力发扬民主，加强法制，调动一切积极因素来实现四个现代化。法学界同志一定要解放思想,鼓足干劲,为扫清阻碍民主和法制进一步发展的思想障碍和习惯势力,为发扬人民民主、加强社会主义法制,保障社会主义现代化建设而努力。

(原载《社会科学》1979 年第 1 期)

# 加强法制必须重视法学研究

全国人大五届二次会议通过并颁布了七个重要法律,是健全和完备我国社会主义法制的新起点。这些法律充分体现了社会主义原则、民主原则和我国当前法制实践的特点,必将有力地保证我国社会主义现代化建设的胜利发展。

为了加强和发展社会主义法制,法学研究工作应当配合这些新法制的颁布,以正确的完整的马克思列宁主义、毛泽东思想,去理解、解释、宣传这些法律。要解放思想、开动机器、理论联系实际,历史主义和现实主义相结合,从正反两方面的经验,运用丰富的材料,有说服力地阐明我国社会主义法制的原则,研究新情况,解决新问题,为这些新法律的贯彻实施而努力。

但是我们今天所有的法学研究工作,还是不能与我们的社会主义法制发展的需要相适用。现在我们全国只有四个大学设有法律系,有一个单独设立的政法干校和四个政法学院,有属于中央和地方社会科学院的两个法学研究所。这些法学教育和研究单位,就其机构和工作人员的数量来说,同我国九亿人口这个大国很不相称。而这些单位又都是在"文化大革命"中被裁撤,不久前才恢复的,大多设备不全,资料缺乏,人力不足,力量还是很薄弱的。虽然这些研究和教育单位还是很薄弱的,却是在中央领导同志的直接关心和领导下办起来的。而在有些地方还没有得到这样的关心和支持。如有的院校恢复得晚,有的至今还没有恢复。已恢复的单位,有的校舍问题迄今尚未解决。过去被分散到各单位,特别是分散到外地的师资和研究人员,要调回来,也有很大困难。有的同志对法学教育和研究工作很不理解,认为无产阶级专政只要有坚强的无产阶级立场和朴素的阶级感情的干部就行了,什么知识、什么理论是不必要的,甚至说:"法律院校有啥用?"林彪、"四人帮"所谓"学问越多越修"的余毒实际上在某些同志的头脑里还未完全肃清。在这种思想的影响下,法学研究工作是很难得到应有的充实和发展的。充实和发展法学研究工作,固然需要研究单位和研究人员的努力,但领导上的重视和支持是一个重要的也是关键性的因素。为了繁荣马克思主义法学的研究,以适应今天完备和健全社会主义法制工作的需要,为我国社会主义现代化建设服务,我们愿以最大的努力,迎头赶上;更希望各级领导上对我们加强领导,给予重视和支持。

(原载《民主与法制》1979年第1期)

# 民主和法制是密切相关联的

发扬民主,加强法制,是搞好社会主义现代化建设不可缺少的政治条件,是当前极为重要和迫切的任务。

民主和法制是密切相关联的,相互支持的,有了完备的法制,可以保障人民的民主权利,人民当家做主的力量越强大,就越能够保证法律的贯彻执行。我国宪法规定人民有广泛的民主权利,我国现在正在加强立法工作,可以把宪法规定的人民的民主权利,在其他各种法律上作出具体的规定,使任何人不得侵犯。但法律上规定了民主权利并不等于人民群众已实际获得这些权利。任何好的法律,只有经过努力贯彻执行,才能成为现实。如果人民没有力量保证法律的执行,尽管有了法律也很容易被野心家、官僚主义者所破坏、废弃。一九一二年辛亥革命后孙中山搞了一个资产阶级性的临时约法,由于当时资产阶级没有力量巩固政权,这个临时约法不久就被袁世凯废弃了。一九五四年我们已有民主的社会主义宪法,由于曾有一个时期民主集中制没有真正实行,人民没有民主权利,在后,林彪、"四人帮"篡夺了一部分权力,横行于党纪国法之外,大搞"打砸抢",非法抄家,任意捕人,私设公堂,刑讯逼供,搞得人身自由毫无保障,民主权利全被勾销,宪法也被破坏了。

迄今法制未能完全实现,人民的民主权利没有确实保障,主要是林彪、"四人帮"的流毒没有肃清,但某些干部的家长制领导作风也是一个不可忽视的因素。

毛泽东同志在1962年扩大的中央工作会议上提到有些同志很怕群众开展讨论,怕他们提出同领导机关、领导者意见不同的意见。一讨论问题,就压制群众的积极性,不许人家讲话。毛泽东同志说:"民主集中制是上了我们的党章的,上了我们的宪法的,他们就是不实行。"这是一种情况。

宪法规定,人民公社三级所有,队为基础,社员可以经营少量自留地和家庭副业。有的地方却收并社员自留地,取缔农村集市,说是"斩掉资本主义尾巴"。有的还蛮横砍掉生产队的桑林果园,用拖拉机翻耕已经长苗的经济作物,强制改种粮食,使社员遭受很大损失。于是有的社员问:"是县委大还是宪法大?"这一问问得好,问那些干部是如何蹂躏国家根本大法的。这是一种情况。

宪法规定,人民对任何失职违法的国家工作人员有控告之权,在公民权利受到侵害时有申诉之权。对这种控告和申诉,任何人不得压制和打压报复。可是有的单位领导人,对于上访上书则指为"告黑状"、"翻案",进行打击报复,甚至公然批斗或关押上访上书的人。于是工人们说:"宪法的权威抵不住支部书记的权力",人们不得不抛开宪法而服从支部书记的意志了。这又是一种情况。

董必武同志曾经在党的第八届全国人民代表大会上总结我国法制建设经验,特别强调指出,加强人民民主法制的中心环节是"依法办事",必须做到"有法可依","有法必究",接着他提问:"目前我们法律工作方面的问题,一个是法律不完备,一个是有法不遵守。这两者哪一种现象较严重呢?应当说有法不遵守的现象比较严重。""现在不守法、不依法办事的是社会上一般公民多呢?还是国家机关干部多?我看是机关干部较多。"董老在二十几年前指出的情况,今天是否还存在呢?从前述情况看,可以说基本上还存在。

法律本来是由国家的强制力保证其实施的,如果执法的国家干部,特别是领导干部不遵守宪法,不依法办事,问题就十分严重了。

当前的情况是人心思治,人心思定,人心思上,国家要现代化。党和国家的领导同志十分重视民主和法制的问题,要求加强社会主义法制以保障人民民主,使民主制度化、法律化,使这种制度和法律具有稳定性、连续性和极大的权威,做到"有法可依,有法必依,执法必严,违法必究"。这无疑是贯彻法制,保障民主的很重要的方针。

为实现这一方针还须采取必要的措施,一是要教育干部,特别要教育领导干部,让他们尽可能干净地扫除家长制思想,培养起民主作风和依法办事的素养。"执法必严,违法必究",发现有违法行为要立即纠正。对那些严重违法乱纪、侵害人民权利和利益的人,必须给以组织处分和法律处分,有的还应该责成他们赔偿受害人的损失,否则是不能引起他们的警惕的。二是要教育、引导群众正确行使民主权利,共同维护宪法、遵守法令,同那些破坏社会秩序、生产秩序、工作秩序的现象开展斗争。发现兴风作浪、违法乱纪的坏人,坚决绳之以法,毫不姑息。这是保证法律严格执行的两个重要方面。

法律是否正确执行,直接关涉到人民群众的权利和利益,他们是最关心,也最了解情况的。必须经常进行广泛的法制宣传和实现民主生活,提高广大群众的法制精神和民主力量,是保证社会主义法制贯彻执行的伟大力量。

叶剑英同志说:"只有在充分发扬民主的基础上,才能确立健全的社会主义法制,也只有认真贯彻执行社会主义法制,才能切实保障人民的民主权利。"社会主义法制和社会主义民主,两者结合在一起,是不可分离的。

(原载《复旦学报(哲社版)》1979年第2期)

# 急起直追,把马克思主义法学研究搞上去
——在上海市法学会年会上的讲话

## 一、目前的情况

1. 法律和法学被打入冷宫多年以后,又受到重视——这是国家的需要,人民的需要,社会主义现代化建设的需要。实践是检验真理的唯一标准。经过林彪、"四人帮"的大捣乱、大破坏,大家得出了教训:"国家要有法,人民要有权";"实现天下大治,必须进一步加强社会主义法制"。这是真理。要加强社会主义法制,就得提高马克思主义法学的研究水平。这是规律。真理、规律是客观存在,经过人们长期实践而发现、而明确,它只能被掩盖、曲解于一时,不是任何人所能否认和改变得了的。在社会上还存在阶级和阶级斗争的时候,国家不会消亡,法律不可能废弃,法学研究也一定要发展和繁荣起来。

2. 但是在被长期干扰和破坏以后,我们现在的法学水平低落了,跟不上形势的要求。邓小平同志在最近的一次讲话中说:"我们已经承认自然科学比外国落后了,现在也应该承认社会科学的研究工作(就可比的方面来说)比外国落后了。"又说:"政治学、法学、社会学以及世界政治的研究,我们过去多年忽视了,现在需要赶快补课。"我们的法学水平、法学研究既落后于世界各国,也落后于我国社会科学的其他学科,是处于落后中的落后状态,问题是很严重的。

落后表现在哪里?

法学的研究和教育机构少,恢复迟,设备残缺不完备;法学研究人员少,学业荒废了多年,现在大多是中年以上的人了,后继无人。

法学的学术活动少。法学著作,在"文革"前是少,现在是无。在上海书店中(各地也一样),今天能找到一本法学新著和一本法学专刊吗?在图书馆中,

都是一二十年，甚至解放前的旧书。外国的法学新著，据说最近有几本，但很少，少得可怜！在报刊上最近发表了一些法学文章，但比起其他学科来，不但数量少，而且质量低。

我们法学研究所刚恢复过来，底子薄，一问三不知，不知道今天的实际，不知道过去的实际，也不知道世界的情况。我们没有调查研究，不接触实际。法制的整个状况和所存在的矛盾，并不了解。至于主要问题是什么？为什么产生这些问题？应当怎样去解决？则完全不知道。既然不知道情况，当然也不能有理论，不但在立法、司法上，没有发言权，就是人民群众提出的个别法律问题，也不敢作答、不能作答。

以上三个方面的情况是否实际存在呢？我以为是实际存在的。除了少数同志是有研究、有水平的以外，多数同志知识不多、水平不高。过去既然底子薄，又荒废了十年、二十年，现在谈不到做有分量的研究，主要工作还是学习、补课、提高自己。这就是说我们当前的法学研究水平是处于落后状态的。

3. 但是今天全国形势是万马奔腾、飞跃前进，形势逼人，是不容法学研究长期处于落后状态的。

党的三中全会决定，"把全党工作的着重点和全国人民的注意力转移到社会主义现代化建设上来"。这就出现了新情况，产生了新问题，要求"解决实现四个现代化的具体道路、方针、方法和措施，改革同生产力迅速发展不相适应的生产关系和上层建筑"。就法律方面来说，在实现四个现代化的要求下，就有不少法律上的理论问题和实践问题要求解决。譬如为了发展生产、开展经济工作，随着调整经济关系，就有了经济立法和经济司法的问题；为了实现四个现代化，必须有安定团结的政治局面，就有解决人民内部矛盾，发扬民主，调动一切积极因素的问题；为了实现四个现代化，需要集中统一领导，需要严格执行各种规章制度和劳动纪律，需要维持良好的工作秩序、生产秩序和社会秩序，就有充实法律、加强法制的问题。三中全会对民主和法制的问题进行了认真的讨论，"为了保障人民民主，必须加强社会主义法制，使民主制度化、法律化，使这种制度和法律具有稳定性、连续性和极大的权威，做到有法可依，有法必依，执法必严，违法必究"。

这就在法律理论工作和实际工作上提出了许多新的问题，要求法学工作者进行研究，给予科学的回答。这就是党交给法学工作者的新课题，光荣的艰巨的新任务。

## 二、今后的努力

怎样加强法学研究工作,提高我们的法学水平?邓小平同志在前面提到的同一报告中指出今后社会科学工作者的任务时说:"必须下定决心,急起直追。一定要深入专业,深入实际,调查研究,知彼知己,力戒空谈。一定要赶快组织力量,定好计划,在尽可能短的时期里,陆续写出、印出一批有新内容、新思想、新语言的有分量的论文、书籍、读本、教科书来,填补这个空白。"

社会科学工作者要这样做,法学工作者当然也要这样做。但法学工作者因为过去受到重大的冲击和压制,思想上的枷锁很重。今年为了完成党交给的这些任务,特别要深刻领会和贯彻三中全会"解放思想,开动机器,实事求是,团结一致向前看"的精神。特别在解放思想方面还要作很大的努力。

第一,去除思想上的障碍。

这首先是继续揭批林彪、"四人帮"的谬论,解决"心有余悸"的问题。林彪、"四人帮"的谬论已经批了,但批得不够,必须继续批。人们所受林彪、"四人帮"的毒害和影响已经清除了一些,但没有清除尽,必须继续清。这件事不搞深搞透,思想解放不出来。

有些过去被迫改行的同志现在还不愿归队;有的同志在发扬民主的空气中,思想活跃起来了,有些话要说,但听到要坚持四个原则,又有了顾虑,把话缩回去了。这说明我们的同志还是心有余悸。

其实,这种顾虑是不必要的,也是不正确的。

一种政治形势和路线的形成和提出,不全是一个人或几个人的主观意见所决定,而是植根于经济基础,有其历史发展过程的深远关系。我国过去之所以长期存在着极"左"思想,并屡屡出现破坏性的动乱,是落后的生产力在其转变时期的反映。现在这种发展已踏上一个新的阶段,去年三中全会把全党的工作重点转到了社会主义现代化建设上来。这是一个划时代的转变,是多年来经济发展的要求,是几经提出、屡被干扰,而终于不可阻挡地见于实施了的。既要四个现代化,就不可能不调动广大群众的积极性,就不可能没有安定团结的政治局面,不可能没有稳定、统一,而有极高权威的民主与法制。就是说,动乱时期已经过去,稳定发展的局面已经到来。随着生产力的合规律的发展,与之相适应的政治形势、社会秩序和人们的彼此关系也必然得到正常维持。

党中央从粉碎林彪、"四人帮"的帮派体系以来,彻底清除和批判了他们的反革命路线,大规模地平反了冤假错案,解决了重大政治是非问题,恢复了被他们破坏的正确政策和优良作风,不断发扬社会主义民主,加强社会主义法制,确实保证了宪法规定的人民权利的实现;在思想问题上采取"双百方针"、"三不主义",尊重和保障学术自由,并把这一切法律化、制度化,使之稳定下来。华国锋同志在第五届全国人民代表大会第二次会议的政府工作报告中说:"这样我们就清除了造成长期政治动乱和分裂的祸根,初步实现了人民渴望已久的安定团结、生动活泼的政治局面。"我们相信这个安定团结的政治局面是会愈来愈稳定并且长期保持下去的。

其次,我们搞研究,搞学术工作,不是个人的事,是社会事业,是革命工作,不能脱离政治。要树立无产阶级的世界观,要有点革命气魄,敢于为学术而奋斗。社会上还有阶级、阶层,还有矛盾的时候,任何人、任何工作都会有斗争,必须经过斗争。我国古代,在政治思想的研究上,不断出现了"焚书坑儒"的惨案。欧洲中世纪在教权主义之下,在自然科学方面也有过类似"焚书坑儒"的灾祸。可是历代的学者并没有因此而放弃他们的工作。剥削者要剥削,任何劳动人民都是他们剥削的对象,你不犯他,他要来犯你。中国有句老话:"闭门家中坐,祸从天上来。"不做事,不搞学术研究,也会有横祸飞来。躲避是躲避不了的,世外桃源是没有的,唯一的办法是迎上去,参加到斗争中去,而不是回避它。在"四人帮"的封建法西斯棍棒下,遭受打击的不仅是政法工作者,别的学科受的打击,不比政法学科差多少。今天法学研究任务很重,前途(不是个人前途,而是学术前途)很大,是值得努力的。我劝大家有点勇气,好好地干一辈子。

再次要批判和澄清一些轻视和破坏法学和法制的错误思想。历史上遗留下来的旧传统、旧习惯、家长制作风今天还是很严重。许多同志爱集中,不爱民主,总是个人说了算,不考虑群众意见、阶级意志,因而他们认为法律是束缚手脚,是管、卡、压,对敌人不必讲法律,对人民无须讲法律,讲人治不要法治,法律虚无主义、法律实用主义等荒诞言论,危害很大。社会上存在着这种思想,法制建立不起来。自己有了这种思想,不能安下心来做法学研究工作。对此,一定要进行批判,予以肃清。

再其次要冲破禁区。过去法学上设的禁区不少,现在已经冲破一些,还要继续冲,继续破。要谈深谈透。现在谈"公民在法律面前一律平等"、"独立审判",还是小心谨慎,适可而止。对于前一问题,有的同志只就"公民"或"人民"做文章,多数同志都认为这是"适用法律上的平等",而不敢触及"立法上的平等"问题。可是，马克思说过："如果认为在立法者偏私的情况下可以有公正的法官，那简直是愚蠢而不切实际的幻想。既然法律是自私自利的，那么大公无私的判决还能有什么意义呢？"(《马克思恩格斯全集》第1卷第178页)对这又怎样解释呢？

对于后一问题，今天面临的具体问题是上级党委或者行政领导的批案。我们的审判独立不同于资产阶级的司法独立变成司法专横。社会主义国家的审判工作不能没有党的领导和群众监督，问题是如何实行领导和监督，其结论是权力体制问题和领导艺术问题。回避了这些而独立地谈审判独立是不能了解真情实况和解决问题的。

学术无禁区，科学不迷信。我认为在法学研究上必须开动脑筋，敢想敢说。如果重门紧闭，不许窥视；划地为牢，不许越雷池一步，还有什么可研究，还有什么可发展？

不过这里有两条界限要分清。一是研究与执行。法律条文也是可以研究的，但未被立法机关采纳与修改以前，原条文仍旧要施行，要遵守的。二是研究与宣传。研究有成熟与不成熟。研究中提出的意见，在什么地方、什么条件下发表，是要掌握的。只有研究成熟了的东西准备推广施行的，才可以宣传。

第二，要提高思想境界，刷新精神面貌。

首先，法学研究是革命和人民的事业，法学研究者要不为名、不为利，不计较个人得失，更不要堕入官僚主义和庸俗的功利主义的泥坑之中。要提高干劲，孜孜不息，兀兀穷年，深入专业，深入实际，调查研究，实事求是，无哗众取宠之心，脚踏实地地做工作。科学研究要付出大量劳动，没有干劲，不下苦功，不会有收获的。其次，要有创新的精神。社会科学的研究要在马列主义、毛泽东思想的指导下进行，要遵守马列主义、毛泽东思想的基本原则。违背了这些原则会使研究走上邪路，发生错误。但马列主义、毛泽东思想是在实际斗争中发展，在新的实践中丰富起来，它并不僵化，不停留在几十年或一百年前和个别论断的水平上。运用马列主义、毛泽东思想的基本原理，研究实现中的四个现代化的新情况、新问题，必然要获得新的解释，得出新的结论。这就是对马列主义、毛泽东思想的贡献，对马列主义、毛泽东思想的发展。

科学研究不能搞本本主义，不能满足于对前人的成就作重复的说明与解释，更不该改头换面，抄袭旧书本的东西作为自己的成就，也不能人云亦云，一阵风，东倒西歪。要有自己的研究，要有独立见解，要有创新精神。否则，只是对原有学识的介绍传播。当然，这种传授知识的工作也很需要，但它没有增加新的东西,不是研究。

第三,要组织力量、培养力量,定好计划,充实工作。

首先是重新学习、提高自己;其次是制定研究规划,提出问题,研究问题,解决问题,对立法、司法和其他法律工作提出确实有用的理论和建议,对实现中国式的四个现代化建设作出贡献。

第四,为确立和发展马克思主义法学而努力。

无产阶级专政,社会主义民主和社会主义法制问题,从马克思、恩格斯在上一世纪提出,由列宁、斯大林推行和发展,毛泽东主席把马列主义的基本原则和中国革命的实践相结合,得到进一步的发展。

马克思是一位法学家。他深刻地研究法律问题,作了根本的本质的理论说明。列宁也重视社会主义法制的研究和实施。马克思主义的法学已经建立起来了。

我国在民主革命时期,在老根据地就重视法制的建设,积累了不少实践经验,在法学理论上有了重要建树。尤其全国解放后,在50年代,我们的法制和法学工作,是有成就的,但还没有完整地、充实地建立马克思主义的法学体系。"文化大革命"中,我们的法制遭到林彪、"四人帮"的极大破坏,马克思主义的法学理论被作为资产阶级法学来批判,而封建法西斯的专横谬论被假冒成无产阶级的法权理论,是非颠倒,真伪不分,污泥浊水横流。马列主义法学被篡改诬蔑。

打倒了"四人帮",尤其是三中全会以来,党中央很重视建立社会主义法制。今天,我们法学研究工作已有良好的政治条件和社会条件,我们必须很好地学习马列主义、毛泽东思想,研究无产阶级专政学说和社会主义法学理论,理论联系实际,总结国际和国内正反两方面的经验,彻底批判封建法西斯主义的、修正主义的各种谬论,发展马克思列宁主义、毛泽东的法学思想,建立完整的马克思主义的法学体系。这一重担我们要多担起来,几年不能完成,至少要粗具规模,在稍长一点时间内建立起来。我们一定要有雄心大志,从头做起,为确定和发展马克思主义法学而努力。

(写于1979年5月29日,原为手稿)

# 关于"法律面前人人平等"的问题

通过"实践是检验真理的唯一标准"的讨论,"法律面前人人平等"这一法学领域的禁区,已经被冲破了。可是,目前学术界对这一原则,仍然存在着不同的看法。有的把"法律面前人人平等"仅仅看作一项司法原则,而不是立法原则。有的则把"法律面前人人平等"解释为对公民中一部分人的平等,而不是对全体公民一律平等。此外,还有其他一些不同意见。随着国内阶级关系的根本变化,全党和全国工作着重点的转移,这个问题的探讨和澄清,具有十分重要的现实意义。本文试就以下几个问题谈些看法,提出商榷。

**"法律面前人人平等"不仅要体现在司法方面,还要体现在立法方面**

有的同志说:"我们讲法律面前人人平等,指的是司法过程中对一切人平等地适用法律,而不是在法律的制定(立法)上讲人人平等。"

我们认为,这提法在逻辑上就说不通。因为,法律的适用,是以法律的制定(立法)为前提的。没有立法上确认公民的权利平等,哪里来"法律适用上的人人平等"?离开法律本身的平等原则,孤立地去谈"法律适用上人人平等",那么,这个法律适用的平等也就变成了无源之水、无本之木,是不可能存在的,是不现实的。

马克思说过:"如果认为在立法者偏私的情况下,可以有公正的法官,那简直是愚蠢而不切实际的幻想。既然法律是自私自利的,那么大公无私的判决还能有什么意义呢?"(《马克思恩格斯全集》第一卷第187页)马克思的这段话虽然主要是用以揭露剥削阶级社会立法与司法脱节的情况,但对于今天把立法与司法割裂开来,只讲司法平等,不讲立法平等的看法,也是个很好的批评。

我们知道,法律是革命斗争成果的总结和概括。从历史上看,任何一个取得革命胜利的阶级,在夺取政权之后为了巩固其斗争成果,总是要把符合自己意志和利益的要求制定为法律,以维护对自己有利的社会关系和社会秩序。资产阶级革命时,为了反对封建君主的专横统治,摆脱封建法制对资本主义经济发展的束缚,提出了"自由、平等、博爱"的口号。资产阶级在夺取政权,建立自己的法制时,他们就把这些原则制定为法律。他们废除了封建等级制度,取消了地主阶级特权,宣布人身自由、全体公民在法律面前人人平等,一七八七年的美国宪法最早提出"法律面前人人平等"这一原则。而使这一原则以更加具体的形式制成为法律的是一七九一年的法国宪法。这个法国宪法是以一七八九年的《人权和公民权宣言》,即有名的《人权宣言》为基础制定,并且把它作为"序言",全文写在上面的。根据这个《宣言》,资产阶级的"法律面前人人平等"原则,其内容被确定为:"法律是公共意志的体现。全国公民都有权亲自或经由其选出的代表去参与法律的制定。""法律对于所有的人,无论是实施保护或处罚都是一样的。""在法律面前所有公民都是平等的,他们都能平等地按其能力担任一切官职、公共职位和职务,除德行和才能上的差别外不得有其他差别。"

从这些规定中,可以看到资产阶级要求把"法律面前人人平等"原则,全面地贯彻在他们的法制之中。即:(一)全体公民都有权平等地参与立法;(二)在法律的适用上对所有的公民一律平等;(三)全体公民都平等地按其能力担任公职,共同管理国家。这就首先需要有一整套体现这些平等原则的法律制度。其次,要求全国上下,确实都能依法办事,然后才能保证公民在法律面前人人平等。然而,"法律面前人人平等"的原则,在资本主义制度下是不可能真正实现的。资本主义法律虽然否定了封建等级特权,确认了人身自由和公民权利平等,但由于它确立了资本主义制度,实际维护的是资本的特权和钱袋的利益;资产阶级法律也根本不是什么"公共意志的体现",而是以商品生产关系为基础的资产阶级意志的反映。他们所说的"公民"、"人人",只是有产者的代名词。因而资产阶级的"法律面前人人平等",对于无产阶级和劳动群众来说,是虚伪的。虽然如此,资产阶级的这一法制原则,是全面地体现在立法、司法和行政各方面,并力求在资产阶级的范围内实现"公民权利平等",使资本主义制度代替封建制度,资产阶级专政代替地主阶级专政,不能不说是历史上的一个伟大进步。

资产阶级革命确认"法律面前人人平等"尚且有此重要意义,经过无产阶级革命而确认这一原则,其意义就更加深刻了。无产阶级夺取政权之后,为了巩固人民革命斗争的胜利成果,当然也必须废除一切剥削阶级的法律制度,创制和发展社会主义的法律制度;同时在社会向前发展,要求进一步扩大人民民主和公民的平等权利时,也必须首先从立法着手,修订旧法和制定新法,作出符合新时期要求的规定，通过无产阶级专政的国家机器，采取各种措施，以切实保证其贯彻执行。

早在我国建国初期，随着人民解放战争的胜利，首先制定了起临时宪法作用的《共同纲领》，并以它为基础开展了全国范围内的法制建设。先后制定中央人民政府、地方各级人民政府和司法机关等的组织通则，制定《民族区域自治条例》，制定土地改革法、工会法、婚姻法以及其他许多法律。所有这些法律、法令的制定，对于维持革命秩序，保障人民的利益，实现男女平等、民族平等，特别是摧毁一切旧制度，确立和巩固人民民主制度，促进国民经济的恢复和发展，起了很大的作用。在此基础上，一九五四年随着第一次全国人民代表大会的胜利召开，我国第一部社会主义类型的宪法制定出来了。它明确规定："中华人民共和国公民在法律上一律平等。"（第八十五条）同时制定和颁布的人民法院组织法规定："人民法院审判案件，对于一切公民，不分民族、种族、性别、职业、社会出身、宗教信仰、教育程度、财产状况、居住期限，在适用法律上一律平等。"（第五条）我国宪法和各种法律、法令中所确认的"法律面前人人平等"原则，是社会主义经济基础和新的社会阶级结构的反映，是人民革命斗争经验的总结。没有人民革命的胜利，不发展社会主义经济基础，不确立无产阶级专政的政权，怎么能结束人民的无权状态呢？又怎么会确认公民在法律上一律平等呢？

我们认为，"法律面前人人平等"是社会主义法制的一项基本原则，必须在立法、执法和司法上全面地完整地得到贯彻。特别是立法平等是这一切的先决问题。我们说，民主要求其法律化、制度化，就是一个立法问题。如果不是人民争得了权力，通过在立法程序制定民主的法律，确认公民的平等权利，并保证其实施，则一切经济上、政治上的问题，包括司法上的法律适用在内，根本谈不上人人平等。历史上要求政治改革、要求平等权利的人，总是奔走呼号要求革新，要求变法，决不是偶然的。不能设想，在法律上确认神权、君权、族权、夫权的时代，执法者能够维持人民民主和男女平等？也不能设想，在法律上确认封建等级制度的社会，竟会出现"法无贵贱"的精神？在等级森严的封建法律下，即使有铁面无私，执法如山的司法官员，也只能实现主奴、良贱、贫富之间的不平等，确保地主阶级的统治和剥削而已。我们今天重视"在法律适用上人人平等"即依法办事，其前提就是我们已经有或要求有一个社会主义的、民主的、平等的法律，否则这个依法办事也就没有意义了。

有的同志把立法上的平等仅仅理解为：公民有权亲自或通过他们选出的

代表参与立法活动。这种看法也是不全面的。我们认为立法上的平等原则，不仅体现在立法活动中公民都有权直接或间接参与法律的制定，更重要的是经过立法程序制定的法律，充分体现出公民的民主权利和平等原则。例如一九七八年《中华人民共和国宪法》规定："中华人民共和国是统一的多民族的国家。各民族一律平等。"（第三条）还规定："妇女在政治的、经济的、文化的、社会的和家庭的生活各方面，享有同男子平等的权利。男女同工同酬。"（第五十三条）有了这些规定，我国的民族平等和男女平等才获得保障，在经济上、政治上、社会上实现这项平等。有的资本主义国家的法律，把公民分为"消极公民"和"积极公民"，并分别规定了他们的权利义务，能否或如何参与立法活动。或者以财产的多寡、居住年限的长短、文化水平的高低、民族和种族的差异等规定选民资格，普通公民的政治权利就被剥夺得精光。这种法律的施行，哪有公民的平等权利？所以列宁说："资本主义连形式上的平等（法律上的平等，饱食者和挨饿者、有产者和无产者的'平等'）也不能彻底做到。这种不彻底性的最鲜明的表现之一，就是男女间的不平等。完全的平等在任何一个资产阶级国家，甚至在最先进、最共和、最民主的资产阶级国家，也是不曾有过的。"（《列宁全集》第30卷，第374页）在我国情况就不同了。我国是工人阶级领导的以工农联盟为基础的社会主义国家。我们消灭了封建土地制度，没收了官僚资本，改造了资本主义私有制经济，废除了一切剥削制度，确立了社会主义公有制，推行了"不劳动者不得食"和"各尽所能，按劳分配"的原则，我国的工人、农民、知识分子及其他拥护社会主义的爱国者就可能在共同劳动的基础上，在经济上、政治上、社会上处于基本平等的地位。也只有我国宪法不仅规定了民族平等、男女平等，还平等地保护每一公民的人身自由和民主权利，以保障全体人民在共同享有对生产资料的不同形式的所有权、支配权的基础上，享受管理国家，管理各项经济事业和文化事业的权力而当家作主，才能够发挥他们的积极性和创造性，共同为繁荣社会主义的事业而贡献自己的力量。这就是在我国社会主义制度下，"法律面前人人平等"这个原则存在的客观历史条件和它所包含的实际内容，也就是今天我们要求实现和能够实现这一原则的理由。

由此可见，在我国社会主义条件下的"法律面前人人平等"已完全不同于资本主义条件下的同一原则，它是建立在我国社会主义公有制经济基础之上，体现在我国社会主义整个法律制度之中，为完成无产阶级专政的历史任务，巩固和发展社会主义的经济制度发挥着积极作用。因此，"法律面前人人平等"原则，应该体现在我国社会主义法制的一切方面，即从立法到司法、从立法活动到立法内容、从法律的制定到法律的适用全面地完整地体现这一原则。任何片面的、孤立地理解"法律面前人人平等"的原则,都是错误的,都不利于这一原则的深入贯彻执行。

**"法律面前人人平等"不能只对一部分公民讲平等,应该对一切公民讲平等**

有的同志虽承认公民在法律上一律平等,但仍以为有一部分公民是不能享受公民权的。他们把"法律面前人人平等"与"权利平等"看作两个不同的概念,也就是说,我国的法律并不是对所有的公民都讲平等的。

必须明确,我们所说的"公民在法律上一律平等",首先而且主要的是指公民在权利和义务方面的平等。也就是说,既确认任何公民都同样享有政治权利、民主权利以及其他各种权利,包括人身自由、财产权、劳动权、物质帮助权、受教育权等,平等地加以保护,并通过特定的国家机关保证其平等地实施;对于公民应尽的义务也是如此,所谓"人人平等"、"一律平等"应该包括全体公民在内,即所有公民,无论是党内党外,干部群众,也不管从事什么职业,是什么社会地位和社会成分的人,在法律上一律平等。这个平等原则,不仅早已为我国宪法所确认,最近五届人大二次会议又通过《中华人民共和国刑法》和《中华人民共和国刑事诉讼法》,从不得违反法律的角度从立法上切实予以保证。例如《中华人民共和国刑法》第一百三十一条规定:"保护公民的人身权利、民主权利和其他权利,不受任何人、任何机关非法侵犯,违法侵犯情节严重的,对直接责任人员予以刑事处分。"《中华人民共和国刑事诉讼法》第四条规定:"人民法院、人民检察院和公安机关进行刑事诉讼,必须依靠群众,必须以事实为根据,以法律为准绳。对于一切公民,在适用法律上一律平等,在法律面前,不允许有任何特权。"这些规定,显然是平等地适用于全体公民,对于所有公民的人身权利、民主权利和其他各种权利,都同样予以确认和保护。不允许对一部分公民讲平等,而对另一部分公民不平等,更不允许任何人有超越于法律之上的特权。

但是,有的同志却不是这样看,他们认为我国的法律是维护工人阶级的利益,是无产阶级专政的工具,因此我国法律"也不是规定人人都有平等的权利的"。他们举例说,我国宪法不是规定国家依照法律剥夺没有改造好的地主、富农、反动资本家的政治权利吗!这些人被剥夺了政治权利,在法律上就没有与其他公民平等的地位了。因此,所谓"公民在法律上一律平等"是不包括这些人在内的。

但是，我们仍不同意这样看。没有改造好的地主、富农、反动资本家，还有犯反革命罪及其他严重罪行而被剥夺政治权利的人，有的因历史罪行，有的因现行犯罪而受到法律制裁，在一定时期内被剥夺了政治权利。这些没有改造好的地主、富农、反动资本家是旧时代的剥削者，不是社会主义社会固有的阶级。国家剥夺了他们的政治权利，强迫他们进行改造，同时给以生活出路，使他们在劳动中改造成为自食其力的劳动者。今天他们的绝大多数人已经改造成为自食其力的劳动者，恢复了公民权利。至于现行反革命分子和其他犯罪分子，根据我国刑法规定，剥夺政治权利须经人民法院判决，并且是有期限的，他们服刑期满以后，也是要恢复政治权利的。

可见这些被剥夺政治权利的人，不论是过去的地主、富农，或现行反革命分子和其他刑事犯罪分子，他们被剥夺政治权利都是一时的，不是永久的，是作为一个犯罪分子来判处，不是以一个阶级或等级来对待的。犯什么罪，处什么刑，根据法律，视其罪行性质、情节轻重而依法判决，剥夺其依法应剥夺的权利（政治权利、人身自由，甚至剥夺其生命）。保护其依法应受到保护的其他公民权，并不因其阶级成分或社会身份而加重或减轻其处分，这是社会主义法制的基本要求，是"法律面前人人平等"的真正体现。

至于从阶级关系上看，阶级的划分在不同的社会和各个社会的不同发展时期，都有所不同。我国民主革命的对象是地主阶级、官僚资产阶级和帝国主义者，民族资产阶级则作为人民内部的一个组成部分来对待的。革命胜利以后，我们消灭了封建地主阶级和富农阶级存在的经济基础，顺利地改造了资本主义工商业，经过长期的工作和斗争，作为阶级的地主、富农阶级已经被消灭，资本家阶级已不复存在。毛泽东同志在《关于正确处理人民内部矛盾的问题》中早就提出在我国社会主义条件下，专政的对象是：一切反抗社会主义革命和敌视、破坏社会主义建设的社会势力和社会集团，以及那些破坏社会治安的盗窃犯、诈骗犯、杀人放火犯、流氓集团和各种严重破坏社会秩序的坏分子。这已经不单单以社会阶级成分来定专政的对象，而是以其行为是否危害社会主义事业，是否违法犯罪作为依据了。在今天，我国还有反革命分子、各种严重的犯罪分子以及没有改造好的地主富农分子和"四人帮"的某些残余，他们还会坚持反动立场，进行反社会主义的活动，还需要对他们进行斗争。但阶级斗争的形势已经转变，这些反社会主义分子，在通常情况下，已不能形成一个阶级，对于这些反社会主义分子，我们完全可以并应该运用社会主义法制，以事实为根据，以法律为准绳，按照一定的法律程序给予处理。这不是阶级关系上的不平等问题了。

这样,法律所贯彻的平等原则是否抹煞了法律的阶级性呢?我们回答:否。

马克思列宁主义历来认为:法律是由一定的社会经济基础所决定,并为特定的生产关系服务的。法律是取得胜利、掌握政权的阶级意志的表现,是统治阶级的方针、政策的具体反映。它维护统治阶级的利益,巩固对本阶级有利的社会关系和社会秩序,并积极促进社会生产力的发展。这个由特定的经济基础所决定,反映统治阶级意志和要求,并为维护其特定的阶级利益服务的法律的特性,就是法律的阶级性。

我国废除了资本主义私有制,确立了社会主义公有制,取消了国民党的封建法西斯专政,实行了无产阶级专政。我国社会主义的法律反映的是无产阶级的意志,体现的是工人、农民、知识分子的根本利益。我国宪法公开确认:"社会主义的公共财产不可侵犯。国家保障社会主义全民所有制经济和社会主义劳动群众集体所有制经济的巩固和发展。"同时还规定:"国家禁止任何人利用任何手段,扰乱社会经济秩序,破坏国家经济计划,侵吞、挥霍国家和集体财产,危害公共利益。"宪法还规定"国家实行'不劳动者不得食'、'各尽所能、按劳分配'的社会主义原则","国家坚持社会主义的民主原则,保障人民参加管理国家,管理各项经济事业和文化事业……","国家保卫社会主义制度,镇压一切叛国的和反革命活动,惩办一切卖国贼和反革命分子,惩办新生资产阶级分子和其他坏分子"。凡此种种,都充分说明我国的法律维护什么,禁止什么,保护什么,制裁什么,是具有鲜明的阶级性的。我们讲"法律面前人人平等",就是主张人人依法办事,人人遵守法律制度。这就能很好地维护无产阶级专政的制度,更好地巩固社会主义经济基础。因此,我国公民在法律上一律平等的原则,不但与法律的阶级性不相矛盾,而且只有正确理解和充分贯彻这一原则,才能保证严格体现法律的阶级性,才能保证正确的贯彻和实现工人阶级的政策,促进社会主义生产力和生产关系的发展,才能为实现四个现代化创造有利的条件。

**坚持马克思主义的平等观,批判极"左"思潮,反对特权思想和无政府主义**

最后,应着重指出,我们所说的"法律面前人人平等"是以马克思主义的平等观为基础的。无产阶级革命的根本目的,就是创造条件,取消各种不平等现象,消灭这一不平等的社会根源——阶级,实现无阶级的共产主义社会。在到达这一理想社会之前,随着我国社会主义建设的进一步发展,社会主义民主将逐步扩大，平等的范围也越来越广，实现"法律面前人人平等"也必将更加充分。

当前，要实行"在法律面前人人平等"，首先必须批判林彪、"四人帮"封建法西斯专制主义，彻底肃清极"左"思潮和资产阶级派性的影响。粉碎"四人帮"以来，通过对林彪、"四人帮"散布的"以我划线"、"全面专政"等反动谬论的批判，"法律面前人人平等"作为社会主义法制原则的重要意义开始被人们所认识。但林彪、"四人帮"搞的那套极"左"思潮的流毒，还远远没有肃清，它突出表现在适用法律上的"唯成分论"观点。有些同志在处理各种案件或对这些案件的看法，不是根据案情的轻重，在调查研究的基础上以法律为尺度，定罪量刑，而是考虑当事人的社会出身来决定从重还是从轻处理。这显然是和我国当前的实际情况和要求相违背的。

其次，必须反对特权思想，这是当前破坏"法律面前人人平等"原则的一个突出问题。在我们国家里，只有一种法律，没有两种法律。法律必须对全体公民起作用，不能只对一部分公民起作用。如果认为自己可以高踞于法律之上，可以不受法律的约束，这种思想实际上是几千年我国封建地主统治思想的反映。国家机关工作人员，特别是执行法律的政法干部，更要警惕和反对特权思想。那种以个人意志代替国家法律，以言代法，说什么"法不法，律不律，我不点头，就不用想做任何事"，或者无视国家的统一法律，而从一己的私利出发，搞什么土法律、土政策，这种言论和行为是十分错误的，非常有害的。

再次，必须批判"法律虚无主义"，反对无政府主义思潮。法律虚无主义是无政府主义在法律问题上一种表现。主张法律虚无主义的人把法律看作一种可有可无的东西，认为在旧社会法律并没有给劳动人民带来什么好处，在新社会只要有党的政策，有法没法也无关大局。这是一种严重缺乏法制观念的说法。国家与法律都是阶级统治的工具。在有阶级存在的社会，有国家就有法律，无产阶级要完成自己的伟大历史使命，又怎么可以不要法律呢？林彪、"四人帮"就是借口我们国家的法律是"旧法律"，是"封资修的货色"，完全否定和肆意践踏社会主义法制。他们随便抄家，随便抓人，甚至随便置人于死地，使广大干部和群众蒙受了巨大的灾难。难道我们吃这无法无天的苦头还嫌少吗！马克思主义者与无政府主义者的根本区别之一，就在于我们虽然仇视旧的反动的国家和法律，但我们认为为了建设社会主义，消灭剥削和贫困，在一定历史时期内是不能没有自己的国家，不能没有自己的法律的。我国人民的长期的斗争实践，已充分认识了法律的重要性。

当前,为了调动各族人民的"四化"的积极性,必须发扬社会主义民主,加强社会主义法制,保证公民在法律面前人人平等,做到有法可依,有法必依,执法必严,违法必究,以维持和巩固社会主义社会秩序和安定团结的政治局面,为社会主义现代化建设服务。

(原载《社会科学》1980年第1期,署名潘念之、齐乃宽)

# 论"在法律面前人人平等"

中共中央发布的国庆三十周年口号中提出的"在法律面前人人平等",是全体共产党员的口号,全体干部的口号,全体人民的口号,已经没有什么争议了。但如何理解这个口号,如何在实践中贯彻这个口号,由于历史上有过反复和极"左"思想的影响尚未完全消除,今天还有需要解决的问题。

## 一、"在法律面前人人平等"是社会主义法制的重要原则

过去有些同志把坚持"在法律面前人人平等"的口号,说成是散布"旧法观点"并予以批判。他们的主要理由是说,"在法律面前人人平等"作为口号是资产阶级提出来的,是反动的,是无产阶级取得政权以后,重申这一口号就是宣扬资产阶级法律观点。

的确,"在法律面前人人平等"作为一个口号,是资产阶级在其革命时期提出来的。但是在资本主义社会,"在法律面前人人平等"却不可能实现,因为资本主义剥削制度的存在,有产者与无产者、饱食者与挨饿者之间,不可能有什么实际的平等。在无产阶级夺取政权后的我国,情况就不同了。我们消灭了封建土地制度,确立了社会主义公有制,没收了官僚资本,改造了资本主义私有制经济,废除了一切剥削制度,确立了社会主义公有制,推行了"不劳动者不得食"和"各尽所能,按劳分配"的原则,我国的工人、农民、知识分子及其他拥护社会主义的爱国者,就可能在共同劳动的基础上,在经济上、政治上、社会上处于基本平等的地位。这就为"在法律面前人人平等"的法制原则创造了能够实现的历史条件。

三十年来法制建设的实践经验充分证明,建国初期把"在法律面前人人平等"的口号确定为我国法制建设的一项基本原则是完全正确和完全必要的。它对于巩固人民民主政权,加强民主制度,健全法制,维护社会主义秩序等等,

都发挥了重要的作用。尤其是一九五四年宪法正式确认了"公民在法律上一律平等",我国的司法制度也逐步健全起来,公检法三机关相互配合、相互制约,人民陪审员陪审制、辩护制等被采用,实事求是地执法行法,冤案错案比较少,社会秩序比较安定。后来,否定这个口号的积极意义,过分地强调大规模的"阶级斗争",取消了许多行之有效的司法程序,便使我国法制遭到严重的削弱,致使林彪、"四人帮"有可乘之机,滥用职权,为非作歹,祸国殃民,横行于法纪之外达十年之久,这确实是一个惨痛的教训。

## 二、"在法律面前人人平等"是司法原则,也是立法原则

有的同志反对把"在法律面前人人平等"说成立法原则,其理由是这个原则只是司法原则,只能体现在"法律的适用上",而不能体现在立法上,否则就会模糊法律的阶级性。

这是一种似是而非的说法。"在法律面前人人平等"是一项重要的法制原则。既是法制原则,当然应该包括立法、司法、执法等各个方面。特别是立法上的平等更是其他方面平等的先决条件。法律的适用,是以法律的制定(立法)为前提的。没有立法上确认公民权利、义务平等,哪里来法律适用上的"人人平等"呢?离开我国法律本身的平等原则,孤立地去谈"在适用法律上人人平等",这样的"在法律面前人人平等"也就变成了"空中楼阁"。马克思说过:"如果认为在立法者偏私的情况下可以有公正的法官,那简直是愚蠢而不切实际的幻想!既然法律是自私自利的,那末大公无私的判决还能有什么意义呢?"(《马克思恩格斯全集》第1卷第178页)马克思的这段话虽然是用以揭露剥削阶级社会立法与司法脱节的情况的,但是对于今天那种把立法与司法割裂开来,只要司法平等,不讲立法平等的观点,也是个很好的批评。

我们知道,资产阶级革命时为了反对封建君主的"以言代法"的专横统治,便以"法律面前人人平等"为口号,首先要求废除封建法制,要求每一个公民"都有权亲自或者经由其选出的代表去参与法律制度的制定",要求制定实现民主、平等原则的法律。这在历史上是一个进步。只是由于资产阶级提出的所谓"公民"实质上指的是资产阶级自己,因此真正有权"参与法律制度的制定"的也只是资产阶级自己,所谓民主、平等也只体现资产阶级的意志。但这个口号对于确立和巩固资本主义法制,是具有十分重要意义的。无产阶级夺取政权之后,要巩固自己的统治,也必须首先废除一切反动的不平等的旧法

律,创制和发展社会主义的法律制度。在社会主义进一步发展,要求扩大人民民主权利时,也必须首先从立法着手,制定新法或修订原有的法律,才能使司法人员运用时有所依据。

我们所说的在立法上体现的"在法律面前人人平等",首先指的是全体公民,除了依法剥夺权利的人以外,都平等地享有直接或间接参与立法活动的权利。这些权利已经在我国的宪法、选举法和其他有关法律上得到了确认。但是这个立法上的平等原则决不仅仅体现在这一点上,更为重要的是使经过立法程序制定的法律,能够真正体现公民的平等权利。例如我国宪法规定:"中华人民共和国是统一的多民族的国家。各民族一律平等。"(第三条)"妇女在政治的、经济的、文化的、社会的和家庭的生活各方面享有同男子平等的权利。男女同工同酬。"(第五十三条)有了这些规定,我国的民族平等和男女平等才能获得保障。从另外一个角度来说,这个立法上的平等原则还突出地体现在公民的权利和义务方面的"人人平等",也就是说,凡是公民都应该平等地享有政治权利、民主权利以及其他各种权利,包括人身自由权、选举权、财产权、劳动权、休息权等,对此,法律均予以确认和保护,并通过特定的国家机关保证其实施。如果有什么人不能享有政治权利、民主权利以及其他权利,那也只能依照同一法律,经过同一司法程序予以剥夺。这一点,对于全体公民也是平等的。正是在这个意义上,立法上的"人人平等"、"一律平等"应该包括全体公民在内,无论是党内党外,干部群众,也不管是什么民族、性别,从事什么职业,是什么社会地位和社会成分的人,"在法律上一律平等"。这个平等原则,不仅早已为我国宪法所确认,五届人大二次会议通过的《中华人民共和国人民法院组织法》和《中华人民共和国人民检察院组织法》,又在立法上从适用的角度作了规定,而我国的刑法和刑事诉讼法更从不得违法的角度,切实予以保证。例如,我国刑法第一百三十一条规定:"保护公民的人身权利、民主权利和其他权利,不受任何人、任何机关非法侵犯。违法侵犯情节严重的,对直接责任人员予以刑事处分。"这些规定,显然是平等地适用于全体公民的。这样在法律上作出规定来确认和保护公民的平等权利,显然指的是立法问题。不能设想,在法律上确认神权、君权、族权、夫权的时代,执法者能够实行人民民主和男女平等;也不能设想,在法律上保有封建的"八议"、"官当"等制度的社会,却会出现"法无贵贱"的局面。

有的同志认为,我国宪法规定,"国家依照法律剥夺没有改造好的地主、富农、反动资本家的政治权利";选举法规定,"依照法律被剥夺政治权利的人没有选举权和被选举权",这些被剥夺了政治权利的人,在法律上就没有与其他公民平等的地位,"在法律面前人人平等",不能包括他们在内。因此,我国立法是不平等的,不能平等的。

我们不同意这种看法。没有改造好的地主分子、富农分子、反动资本家,还有犯反革命罪及其他严重罪行而被依法剥夺政治权利的人,虽然同其他公民在政治权利上是不一样的,但是他们应该享有的其他公民权,如人身安全、劳动权、受教育权和宗教信仰自由等自由权利,一般都是受法律保障的。而且我国刑法规定,剥夺政治权利是有期限的。被剥夺政治权利的人,经过改造,或者服刑期满以后,就应该恢复他们的政治权利。可见这些地主分子、富农分子、反革命分子或其他犯罪分子,都不是以一个阶级、等级来对待,而是作为一个犯罪分子而被剥夺政治权利的。犯什么罪,处什么刑,在我国,不论在法律上的规定和在法庭上的适用,都不应犯罪人的身份而区别对待,这也就是实现人人平等的原则。

这样,法律的平等性是否抹煞了法律的阶级性呢?不是的。

马克思主义历来认为,法律是由一定的社会经济所决定,为特定的生产关系和生产力的发展服务的。我国社会主义的法是以社会主义公有制为基础,为巩固和发展我国的社会主义政治经济制度服务,这就是我国法律的阶级性。它与资本主义法律根本不同,不仅要消灭封建等级特权,而且要消灭资产阶级的金钱特权;不仅要消灭一切不平等现象,而且要铲除产生不平等的根源,消灭阶级和阶级差别存在的条件。实行"在法律面前人人平等"的法制原则,也正是为了保障人民的民主权利,维护安定团结的政治局面,巩固无产阶级专政,以保护社会生产力顺利发展,因此,在我国社会主义条件下,坚持"法律面前人人平等"与法律的阶级性是完全一致的。

总之,平等原则和民主原则,是社会主义法制的重要原则,而不平等、不民主是与社会主义法制原则相违背的。"在法律面前人人平等",在社会主义国家是完全应该而且可以实现的。用"立法"、"司法"等不同概念来限制"平等"的范围,缩小其意义,以"保卫"社会主义法律的阶级性,是大可不必的。

## 三、扫除实行"在法律面前人人平等"法制原则的思想障碍

我们的法律是在党的领导下通过一定的法律程序制订出来的,它要求我国全体公民都必须毫无例外地严格遵守和执行;国家机关工作人员,更要起模

范带头作用。

当前,要实行"在法律面前人人平等",首先必须批判林彪、"四人帮"封建法西斯专制主义,彻底肃清极"左"思潮和资产阶级派性的影响。"阶级斗争越来越激烈"和"全面专政"的谬论必须肃清。"血统论"和"唯成分论"观点必须彻底批判。家长制度、一言堂、以言代法等一切破坏民主和平等原则的作风,必须连根铲除。

其次,必须反对特殊化思想。在我们国家里,法律必须对全体公民起作用,不能只对一部分公民起作用。如果谁认为自己可以高踞于法律之上,不受法律的约束,那么这种思想实际上是几千年我国封建地主统治思想的反映。共产党员和革命干部,尤其是领导干部,要严格要求自己成为遵守法律、贯彻执行"在法律面前人人平等"原则的模范。

再次,必须批判"法律虚无主义"。主张"法律虚无主义"的人把法律看作一种可有可无的东西,认为只要有党的政策,有法没法无关大局。这是一种严重缺乏法制观念的糊涂思想。"法律虚无主义"实际上又是无政府主义在法律问题上的一种表现。国家与法律都是阶级统治的工具。在有阶级存在的社会,有国家就有法律,无产阶级要完成自己的伟大历史使命,又怎么可以不要法律呢?马克思主义者与无政府主义者的根本区别之一,就在于我们虽然仇视旧的反动的国家和法律,但是我们认为为了建设社会主义,消灭剥削和贫困,在一定历史时期内不能没有自己的国家和自己的法律。我国人民长期的斗争实践,已经充分证明了法律的重要性。自觉遵守和捍卫我国法律的尊严,是每一个公民义不容辞的神圣责任。

"在法律面前人人平等"不仅是法学上的一个重要原则,也应该是我国政治生活中的重要实践。我们必须全面地、正确地理解这一口号,更必须在立法和司法上完全贯彻这一原则。

(原载《光明日报》1980年2月9日,署名潘念之、齐乃宽)

# 再论"法律面前人人平等"的问题

我们写过《论"法律面前人人平等"》一文,提出"法律面前人人平等"是社会主义法制的完整原则,不仅体现在司法上,也体现在立法上。文章发表以后,有的同志表示同意,有的同志表示反对。反对的同志说:"法律面前人人平等",只能是法律适用上的平等,不能把它"扩大"到立法上。理由是"法律是阶级压迫的工具,其本身没有什么阶级平等可言。用马克思主义的阶级论搞立法,决不能讲阶级平等,否则就会产生阶级调和论和'修正主义'"。这意见大概是指"不能让反革命跟革命谈平等"吧!对反革命分子当然不能给予平等的权利,但法律本身有无平等因素,社会主义法律有无平等性,却是另外一个问题,不能等同看待。从完全禁止谈"法律面前人人平等"到允许把它解释为在法律适用上人人平等,不能不说是一个进步,但思想还得解放,禁区必须全部打开。现在我们就下列几个问题来说明"法律面前人人平等"的含义,再就正于关心这个讨论的同志们。

## 一、先从概念谈起

关于"法律面前人人平等"这个口号之所以发生许多争论,主要原因在于各人的思想观点不同,同时也由于概念不清,对一些专门用语望文生义,解释纷歧而来。为了搞清楚"法律面前人人平等"的概念和意义,这里先引用列宁在《自由派教授论平等》一文中的话。

列宁说:"资产阶级在同中世纪的、封建的、农奴制的等级特权作斗争的时候,提出了全体公民权利平等的要求。"(《列宁全集》20卷138页)

列宁的话第一说明,"法律面前人人平等"的口号是资产阶级为反对封建制度而提出来的。这指明其目标和时代背景,对理解这个口号的内容有很大帮助。其次,也是主要的,说明这个口号把封建等级特权和资产阶级的全体公民权利平等相对比,其实质就是反对封建特权,要求实现人人平等的资产阶级民主。

拿资产阶级有关的法律文件来看,证明列宁的论证是十分准确的。1776年的美国《独立宣言》:"人人生而平等",其中包括生命权、自由权和追求幸福的权利;1789年的《法国人权宣言》:"在权利方面,人们生来是而且始终是自由平等的","在法律面前,所有的公民都是平等的";1874年的《瑞士联邦宪法》:"一切瑞士公民,在法律面前一律平等。在瑞士国内,没有臣属关系,也没有地位、出生、身份或家庭的特权";1946年的《日本国宪法》:"一切国民在法律之下均属平等,不得以人种、信仰、性别、社会的身份及门第,在政治的、经济的或社会的关系上而有所差别";等等,都是经过立法,在法律上规定公民的平等地位,反对特权,意思很明白。但资产阶级的民主制一切归结到私有制上,它对劳动人民说来,只能是形式的,虚伪的。正如列宁所说:"资产阶级民主随时随地都答应一切公民不分性别、宗教、种族、民族,一律平等,但是它在任何地方也没有实行过这种平等,而且由于资本主义的统治,也不可能实行。苏维埃政权或无产阶级专政却立刻全部实现这种平等,因为只有废除资产阶级私有制,反对瓜分或重新瓜分生产资料的工人政权,才能够做到这一点。"(《共产国际第一次代表大会》,《列宁全集》28卷442页)这里列宁指出资产阶级的所谓平等是虚伪的,只有无产阶级的平等才是真实的,并且指出了发生这种区别的原因。

列宁在《自由派教授论平等》一文中又说:"社会主义者说平等,一向是指社会的平等,社会地位的平等。""政治方面是指权利平等,在经济方面是指消灭阶级。"列宁的权利平等"就是使全体居民群众真正平等地、真正普遍地参与一切国家事务"。消灭阶级"就是说,全体公民都有利用公共的生产资料、公共的土地、公共的工厂等进行劳动的同等权利"(《列宁全集》20卷138、139页)。这对社会主义制度下的"法律面前人人平等"口号的内容和界限,说得非常清楚明白了。

理解了上述列宁的话,对于我们采用的"法律面前人人平等"口号,可以得到一个简单而明确的概念。即所谓平等是指权利平等,所谓人人是指全体公民,所谓法律面前,是指法律上的规定,法律当然要实施,因此也指法律的适用。"法律面前人人平等"的整个意思、全部内容,就是反对一切剥削特权,实现社会主义民主。迄今为止,我国有什么领导人、有党和国家的什么文件不反对特权而反对民主呢?当然没有。但是有些同志却引用"法律的阶级性"、"专政不能讲平等"的话来反对"法律面前人人平等"的口号。看来本文不能到此结束,还得对这些说法略作剖析。

## 二、怎样理解"消灭阶级"

有的同志说,阶级就是不平等,在有阶级存在的社会,人与人的关系是不可能平等的,只有在阶级消灭以后才会有平等。因此,他们不仅指斥资产阶级提出"法律面前人人平等"是虚伪的,也说我们现在提"法律面前人人平等"是不现实(完全否定了这个口号),或是不完全现实(肯定了一半,即承认法律适用上平等而不承认立法上平等)。我们不完全同意这些话。"平等就是消灭阶级"是马克思主义原则,现代科学社会主义的创始人马克思和恩格斯曾经说过,如果不把平等理解为消灭阶级,平等就是一句空话。这当然是正确的,问题是如何理解"消灭阶级"。

各个社会的阶级结构是不相同的,阶级关系也是不同的。把平等同阶级联系起来,有几种不同的情况。

首先是在地主资产阶级专政的国家,一切财产都掌握在有产者手里,政权也掌握在有产者手里,他们凭借着手中的财权和政权,得以随意进行剥削。劳动者没有任何财产而靠出卖劳动力过活,不得不受到压迫和剥削。"既然资本家和地主在社会上占有财富和政治势力,而工人和农民却没有财富和政治势力,既然资本家和地主是剥削者,而工人和农民是被剥削者,那末,厂主同工人,地主同农民,就不能有真正的平等。"(《关于苏联宪法草案》,《斯大林选集》下卷402页)。这是一种情况。

其次是无产阶级正在夺取政权、掌握政权,而资产阶级没有停止反抗进行生死搏斗时候,无产阶级为了镇压资产阶级的反抗,战胜资产阶级,不能不解除他们的武器,剥夺他们的权利。"战斗就是一切","在过渡时期,在激烈斗争的时期,我们不但不随便许以自由,反而预先说,我们将剥夺那些妨碍社会主义革命的公民的权利"。(《全俄工会中央理事会全会》,《列宁全集》29卷265页)这又是一种情况。

当然,列宁也说过:"我们要争取的平等就是消灭阶级,因而也要消灭工农之间的差别。"(《全俄社会教育第一次代表大会》,《列宁全集》29卷322页)。

什么是消灭阶级呢?列宁所说的消灭阶级,就是使全体公民在整个社会的生产资料的关系上处于同等的地位,也就是废除资产阶级私有制,废除剥削,实行生产资料的社会主义公有制。其关键问题是消灭剥削,因为有剥削就有特权,就不能平等。所以他说:"剥削者不能同被剥削者平等","在一个阶级剥削另一个阶级的可能性没有完全消灭以前,决不能有真正的事实上的平等"。(《无产阶级革命和叛徒考茨基》,《列宁全集》28卷234页)他之所以把消灭阶级和消灭工农之间的差别联系起来,就是因为当时农民是私有者、半劳动者,私有的小生产经济有产生资本主义的可能,因而"不能不加以防备,以免帮助资产阶级"。至于我国集体农民的自留地、家庭副业,城镇的个体经济,则是以不剥削他人为条件,同列宁所指的私有者是有区别的。

由此可见,所谓消灭阶级,其中心是消灭剥削阶级。所谓有阶级就没有平等,指的是剥削阶级同被剥削阶级之间的关系,是对抗阶级之间的关系。至于剥削阶级已被消灭,阶级对抗关系已经不存在时候,则是另一种情况了。

所以问题很明白,在剥削阶级专政下,劳动人民没有平等权利;在剥削阶级分子还在反抗时候,无产阶级不给他们平等权利。问题也很明白,在无产阶级变自己为统治阶级,争得民主,废除私有制和剥削制度的时候,劳动者就有了广泛的实际的平等;在剥削者停止了对抗,再进而消灭了阶级的时候,平等也就扩大到全体居民,获得真正彻底实现。

### 三、社会主义法律有无平等性的问题

有的同志说,法律同国家一样,是阶级统治的工具,只有阶级性,没有平等性。我们认为这个问题不能一概而论,应作具体分析,特别是社会主义法律有无平等性的问题,是值得研究的。

法律体现统治阶级的意志,为统治阶级的利益服务,这没有错。问题是所谓阶级利益和阶级意识是复杂的,不是只有一,没有二,只有正,没有反。所有剥削阶级的共同利益和意志是要剥削,但进行剥削的方式方法,则因各个社会、各个时期的生产关系及阶级力量对比关系的变化而不同。为了进行剥削,统治阶级必须调整内部关系,为了分配剥削所得,统治阶级更必须调整内部关系。法律同时反映社会上的各种关系,其内容有镇压的一面,有非镇压的一面,有不平等的一面,有平等的一面,也有形式平等而实际不平等的情况,特别是资产阶级的法律更是如此。就实质上说,一切剥削阶级的法律都维持统治阶级的剥削特权,对劳动人民来说是镣铐,是棍棒,没有什么平等可言。

社会主义社会与剥削阶级社会根本不同,无产阶级反对剥削,废除生产资

料的私有制,废除剥削制度,最终要消灭阶级。因此,社会主义社会将不存在阶级对抗。社会主义社会初期存在着剥削阶级和剥削分子,存在着阶级对抗关系,是旧社会遗留下来的现象,不是社会主义社会固有的东西,不是让它长期保留下去,是要把它消灭了的。无产阶级改造旧社会,建设新社会,不需要什么特权,而是以工农联盟为基础,团结百分之九十几以上的人民,协力一致来实现的。社会主义既是消灭剥削,消灭阶级,社会主义也就是争取平等,实现平等。列宁没有说无产阶级不讲平等,不要平等,而是说:"如果把平等正确地了解为消灭阶级,那么无产阶级争取平等的斗争以及平等的口号,就具有伟大的意义。"(《国家与革命》,《列宁全集》25卷458页)

社会主义法律既体现无产阶级的意志,维护无产阶级领导的广大人民的利益,当然也有它的阶级性。

社会主义法律建立在社会主义公有制的基础上,并为这个基础服务。它反映无产阶级的意志,要求消灭一切剥削制度,消灭阶级,维护社会主义制度,惩办卖国贼、反革命和其他犯罪分子,坚持社会主义民主,保护公民的合法权利,调动一切积极因素,保证社会主义建设的顺利完成。这是社会主义法律的阶级性,也是无产阶级专政的任务。从镇压剥削阶级的反抗,惩办犯罪分子方面说,它是实行专政的工具。但社会主义法律还有保障民主,保护人民利益的作用,从这方面说,它又是实行民主的工具。

社会主义法律有阶级性,它的阶级性就是要消灭剥削,消灭阶级。既然消灭阶级就是平等,社会主义法律也就存在着平等性。阶级性与平等性同时存在于社会主义法律中,两者是相一致而不矛盾的。列宁说:"民主是一种国家形式,一种国家形态。因此,它同任何国家一样,也是有组织有系统地对人们使用暴力,这是一方面。但另一方面,民主意味着在形式上承认一切公民平等,承认大家都有决定国家制度和管理国家的平等权利。"(《国家与革命》,《列宁全集》25卷459页)民主(平等)与专政存在于一个统一体的国家形态上,而又必然由一部分人的平等过渡到全体居民人人平等,那么,怎么能说作为阶级压迫工具的法律本身没有什么平等可言?

毛泽东同志在1954年6月《关于中华人民共和国宪法草案》的讲话中说:"我们的宪法草案,结合了原则性和灵活性。原则基本上是两个:民主原则和社会主义原则。"根据这个宪法原则,我国实行了广泛的人民民主,不仅是工人、农民、知识分子,也包括民族资产阶级、地主富农中的开明士绅、国民党的起义官兵以及其他爱国人士在内,都在工人阶级领导下平等地享受着全部公民权利。至于少数民族地区,即使是原来的农奴主阶级也没有作为专政对象,一直享有平等的公民权利。这个平等原则是与中国共产党的伟大战略思想民主统一战线相联系的。这个民主统一战线今天是包括劳动者和爱国者在内的范围更为广泛的革命爱国统一战线。由于我国的具体情况和党的正确政策,削弱和缩小了剥削阶级的反抗,化阻力为助力,不必对某一整个阶级实行专政了。实践是检验真理的唯一标准,通过实践,究竟是实行民主统一战线政策于国家有利,还是死死扣着阶级不平等论不放,于国家有利呢?这个社会主义法律的平等性是社会实际情况、革命实践的体现,是马克思主义的发展,是不能否定的。

在立法实践上,1954年颁布的我国第一部宪法,在第三章的第一条(全文的第85条)规定:"中华人民共和国公民在法律上一律平等",作为概括全部公民基本权利和义务的总原则。在其后所规定的公民权利,包括政治权利在内,都是全称肯定,除了关于选举权和被选举权一条外,都没有"但书"。宪法上作出规定,当然是立法。既然宪法上规定了"公民在法律上一律平等",怎么能说它不是立法原则呢?在无产阶级取得政权以后,同资产阶级的民族压迫、压制妇女相反,马上就宣布并实行民族平等、男女平等。这是列宁、斯大林说过,毛泽东说过,并且已经在1936年苏联宪法和我国宪法明文规定了的。既然民族平等、男女平等是立法原则,为什么公民权利一律平等就不是立法原则呢?

在选举权和被选举权上,我国法律有两项特殊规定。其中之一,是对某些旧的地主、富农分子,剥夺其政治权利。这在1954年宪法上写的是"国家依照法律在一定时期内剥夺封建地主和官僚资本家的政治权利"。在1978年的宪法上写的是"国家依照法律剥夺没有改造好的地主、富农、反动资本家的政治权利",既是"一定时期"又是"没有改造好"的,而地主、富农中的开明士绅是从来没有被剥夺政治权利的,可见这不是指整个阶级。正如斯大林1936年11月在《关于苏联宪法草案》中转述列宁在1919年已经说过的话:"苏维埃政权从前剥夺那些不劳动者和剥削者的选举权,不是永久的,而是暂时的,有一定期限的。"并且指出:"列宁在1919年就说过,苏维埃政权在不久的将来会认为施行没有任何限制的普遍选举权是有益的。请你们注意:没有任何限制。"(《斯大林选集》下卷417页)斯大林说这话以后,苏联宪法就正式规定,实行没有任何限制的选举了。

在我国,这种对个别分子的剥夺范围,也是日益缩小的,许多人被陆续摘掉帽子恢复了政治权利。到 1975 年止，全国人大常委会颁布了几次法令，完全赦免了在押的全部战争罪犯和原国民党县团级以上分子，给予公民权利。在 1978 年宪法颁布前后，有相当多的一批"经过教育改造，确实表现好的"管制分子，摘掉地富反坏的帽子，给予公民权利。随着社会主义建设的进一步发展，无产阶级专政进一步巩固，和那些受改造的人的提高，可能不久就不再有戴帽、剥夺政治权利的旧剥削分子了。这样，除了刑法上因犯罪而被剥夺政治权利以外，不再在宪法上作剥夺某些人的政治权利的规定的时候，不就可以到来了吗？实践证明，无产阶级在自己的政权已经稳定，剥削制度已经废除的时候，对一切举手赞成社会主义，或虽不十分赞成社会主义而能奉公守法，爱护祖国的一切人们，给予公民平等权利，不但没有损害无产阶级专政，而且是有利于革命和建设的。

至于城乡之间在不同选举区域当选代表名额上的差异，完全是性质不同的另外一个问题，更不能以此说明立法上的阶级不平等原则。这因为，首先在选举权上，农民和工人同样是一人一票，完全有着平等权利。其次在被选举权上，农民是有被选举权的，并没有被剥夺或停止行使。至于城乡居民当选代表名额有差异，是由于现在我国人口总额中还是农村人口占绝大多数的缘故。譬如选举法的另一项规定，在有人口特少的少数民族居住地区，这些少数民族的代表名额，在人口比例上可以低于其他民族。这项规定，与其说是出于民族不平等的倾向，毋宁说是出于实行民族平等的政策。这说明我国选举法规定当选代表的不同人口比例，不是阶级不平等。况且乡村人口不完全是农民，市镇人口不完全是工人。原来的资产阶级分子及其他爱国人士差不多都住在城市，他们是与工人同样参加选举的，这难道能说，原来的资产阶级分子和其他爱国人士的阶级地位高于农民吗？

刘少奇同志在 1954 年《关于中华人民共和国宪法草案的报告》中说："由于现在的各种具体条件，我们在选举中还必须依照法律在一定时期内剥夺封建地主和官僚资本家的选举权和被选举权，还必须规定城市和乡村选举代表名额的不同人口比例，实行多级选举制，并且在基层选举中多数采用举手表决的方法。我们的选举制度是要逐步地加以改进的，并在条件具备以后就要实行完全的普遍、平等、直接和秘密投票的制度。"原则性是公民在法律上一律平等，灵活性是在具体条件下一定时期内作某些变通或差异，而这种变通或差异将因条件的变化而变化。这不就是实事求是的马克思列宁主义吗？

## 四、无产阶级专政下能否人人平等的问题

有的同志说,我国是无产阶级专政的国家,对专政对象要实行专政,实行独裁,剥夺他们的政治权利。人民与敌人是不可能平等的。这当然是对的。马克思主义教导我们:不经过无产阶级专政,不能战胜资产阶级,不能建设社会主义到达共产主义。但要正确理解专政的理论必先理解专政的任务及其历史变化。

按照毛泽东主席的说法,无产阶级专政的第一个作用是压迫国家内部的反动阶级、反动派和反抗社会主义革命的剥削者,压迫那些对于社会主义建设的破坏者。专政的第二个作用是防御国家外部敌人的颠覆活动和可能的侵略。专政的目的是保护全体人民进行和平劳动,将我国建设成为一个具有现代工业、现代农业和现代科学文化的社会主义国家。根据斯大林的说法,社会主义国家有三个职能。第一是镇压国内资产阶级的反抗,第二是防御来自国外的侵略,第三是进行经济文化的建设。这内容和毛主席说的一样,不过毛主席把社会主义建设作为无产阶级专政的目的,把其他二项作用看作达成目的的手段,说得更为清楚,更为正确。但作为保证社会主义建设的手段,除了消极方面镇压内外敌人的反抗和破坏的作用以外,还有积极方面调动一切力量进行和平建设的作用。

这个联合谁、反对谁的阵线,随着革命形势的发展和阶级结构的变化而不同。毛主席一直从不同的国家和各个国家的不同历史时期来划分人民和敌人的范畴。在社会主义革命和社会主义改造时期,被推翻的地主、富农、官僚资产阶级和其他反动势力,不甘心于他们的失败,会反抗社会主义改造,反对无产阶级专政,企图变天复辟,进行各种反革命活动。对他们必须给予沉重打击,严厉镇压,一场急风暴雨式的大规模阶级斗争,必不可免。那时候,无产阶级专政的对象,人民的敌人,当然是没有停止反抗的地主、富农、官僚资产阶级和其他反革命分子。但是经过相当时期的社会主义革命和社会主义改造,形势已经起了变化。正如华国锋同志在去年五届人大二次会议上所分析的,由于我党采取了为全国绝大多数人民所拥护的正确合理政策,已经消灭了封建剥削制度和资本主义剥削制度,改造了小生产制度,地主、富农、资本家阶级已经不存在了。地主、富农、资本家阶级不存在了,人民的队伍也就更加扩大了。新的提法:知识分子是劳动者;资产阶级分子已改造成为劳动者;原来的地主

分子、富农分子、资产阶级分子基本上都改造成为自食其力的劳动者,这个历史任务已经基本完成,是中国共产党、毛主席最大的贡献。

现在我国已经到了社会主义现代化建设的新时期。革命发展了,阶级斗争的形势变了,专政的对象也变化了。剥削制度消失了,剥削阶级不复存在了,也就是说,我们已经向着"消灭阶级"这一最终目标迈进了极大的一步,"施行没有任何限制的普遍选举权"的时间已经在望了。现在某些同志仍然认为无产阶级专政下没有什么平等可言,把"立法上的阶级不平等"当作永恒原则,不是失掉了根据,成为无的放矢了吗?

那末今天是否没有阶级斗争,不要无产阶级专政了呢?那又不是。这是因为第一,无产阶级专政的目的即主要任务,是建设社会主义,这个任务现在不仅没有完成,而且更加繁重,成为党和国家的工作重心了。第二是对外防御侵略的任务没有减轻,由于社会帝国主义的侵略势力的加强,我国的反侵略任务也就更加突出和更加重要。第三,国内阶级斗争还在一定范围内存在着,镇压任务没有完全消失。在当前社会主义现代化建设时期,社会上也还有反革命分子和敌特分子,还有"四人帮"的某些残余和没有改造好的旧剥削分子,还有贪污盗窃、投机倒把的新剥削分子等等。他们会继续采取反社会主义的立场,继续进行反对和破坏社会主义制度和社会主义建设的活动。对他们必须坚决进行阶级斗争,放松对他们的斗争是十分错误的。但这些反社会主义分子,在通常情况下,已不能形成一个阶级了。因此,今天无产阶级专政的锋芒,在国内主要已不是指向哪个阶级,而是指向那些反社会主义分子,就是严重的犯罪分子。对这种以严重的犯罪分子为对象的阶级斗争,不论在政治上经济上思想上采取何种方式,在法律上都要通过司法程序,查明犯罪事实,根据法律规定,犯什么罪,处什么刑,完全是依法办事。

我国宪法非常明确地规定了"四个坚持",规定无产阶级专政国家的根本任务是"保卫社会主义制度,镇压一切叛国和反革命的活动,惩办一切卖国贼和反革命分子,惩办新生资产阶级分子和其他坏分子","保卫社会主义革命和社会主义建设"。宪法也同样规定了公民的基本权利和义务,一律平等,没有任何阶级成分上的限制,不允许任何人有什么特权。我国新颁布的刑法规定了反革命罪、危害公共安全罪、破坏社会主义经济秩序罪、侵犯公民人身权利民主权利罪、侵犯财产罪、妨碍社会管理秩序罪、妨碍婚姻家庭罪、渎职罪,都以犯罪事实和情节轻重来定罪量刑,不论犯罪人是什么阶级成分,只要犯了罪就按照法律规定办罪。刑法是最尖锐最突出的专政工具,也没有按阶级成分治罪的规定。这说明今天我国无产阶级专政的对象是严重的犯罪分子,主要以其行为是否危害社会主义事业,是否犯罪为依据,而不是从其阶级成分作区分了。必须对各种严重犯罪分子实行专政,必须实现公民在"法律面前人人平等"。这是无产阶级专政与"法律面前人人平等"的辩证的统一。

有的同志还认为无产阶级专政除了对阶级敌人实行镇压以外,领导与被领导之间也是不平等的。并举例说,农民与资产阶级虽都有权参与立法,但他们在政策法律的决定上起不了多少作用,不能同工人阶级"平起平坐"。这种说法是十分错误的。

我们知道,社会主义国家里工人阶级的领导,是通过共产党来实现的,中国共产党对我国无产阶级专政和社会主义事业的领导,是六十年的历史所形成,是马列主义的真理、党的正确政策和党员的模范行动,对各族人民起了领导作用。我国宪法规定,工人阶级是领导阶级,中国共产党是全国革命事业的领导核心,但没有规定工人阶级和中国共产党、工人和党员有什么特权。工人与农民和其他人民群众都处于平等地位,在政治上大家都有选举权和被选举权,有被选为人民代表或国家机关负责人的权利。当选为代表的,人人都有发言权、提案权、表决权,没有一等代表和二等代表之分,也没有有权代表和无权代表之分。在我们国家中,人们只有分工的不同,没有尊卑贵贱的区别,谁也不是低人一等的奴隶,或高人一等的贵族。各级领导干部都是人民的公仆,只有勤勤恳恳为人民服务的义务,没有在政治上、经济上搞特殊化的权利。所有党员都是平等的同志和战友,党的领导干部都要以平等的态度待人。党委书记是党委委员会中平等的一员,书记或第一书记要善于集中大家的意见,不允许搞"一言堂"、家长制。党组织和党员都要密切联系群众,处于群众之中,受群众的监督,不允许站在群众的头上。领导与被领导,在社会地位上是完全平等的。如果说领导与被领导的关系,真的是不平等的,领导者高人一等的话,那末势必出现一级高一级的许多特权人物,形成宝塔式的统治,还有什么人民民主和人民的权利?还有什么社会主义现代化建设?这种说法,不仅完全否定了"法律面前人人平等"的意义,而且将破坏工农联盟和人民的团结,为害很大,必须反对。

## 五、几点说明

综上所述,说明"法律面前人人平等"的意义是反对特权,要求民主,是政治上的权利平等,经济上不受剥削的平等,不是什么别的平等。它通过立法,在法律上规定这种平等原则,通过执法,对人们实现这种平等精神。这种平等只在社会主义社会,有了社会主义法律才能实现,在其他社会、其他法律面前是不能实现的;是在消灭了剥削制度,消灭了剥削阶级时才全面实现。那时社会上已经没有对抗阶级了,这里无所谓"阶级平等",当然也不存在什么"阶级调和论"。这种平等是原则的平等,其因一时一事的具体问题而产生的特殊情况,如因犯法而被剥夺了政治权利,并无损于法律上的平等原则,因为法律上是一般地给予了平等权利的,被剥夺政治权利者是因个人的责任而失去了这种权利。

法律适用上的平等,也是一种平等,但不是"法律面前人人平等"的本意,而是依法办事(其实只是依法判决)。依法办事,本身没有独立的意义,没有什么平等和不平等,仅因所依的法而产生不同的作用。只有法律的内容是平等的,其适用能够发挥平等的作用,如果法律的内容是不平等的,其适用只是巩固不平等。比如法律上规定一部分人享有特权,一部分人无权,或规定同样犯罪,对不同的人作不同的处理,这种法律的适用,不可能实现人人平等。又如法律上规定男尊女卑,女人有三从四德的戒条,实施这种法律也只能巩固男女间的不平等。

这里附带说一句。我们在上次的文章中引用马克思揭露资产阶级学者不反对法律的偏私而幻想有公正判决的蠢事,有的同志说:错了。现在把这段引文再抄出来,而且引得更全一点,看究竟如何?

马克思说:"如果认为在立法者的偏私情况下可以有公正的法官,那简直是愚蠢而不切实际的幻想!既然法律是自私自利的,那末大公无私的判决还有什么意义呢?法官只能丝毫不苟地表达法律上的自私自利,只能无条件地执行它。在这种情况下,公正是判决的形式,但决不是它的内容。内容早已被法律所规定。如果审判程序只归结为一种毫无内容的形式,那末这种空洞形式就没任何独立的价值了。"(《第六届莱茵省议会的辩论》,《马克思恩格斯全集》第 1 卷 178 页)

这里马克思很明确地说,法律的适用(判决)只是形式,是服从于法律的内容的。立法与司法、法律的内容与法律的适用是不会脱节的(在这点上,我们感谢一位同志的指正),但资产阶级学者中偏有人不反对法律的偏私而幻想有公正判决的思想脱节。以彼喻此,我们说马克思的那个揭露,对今天把立法与司法割裂开来,只讲司法平等,不讲立法平等的看法,也是个很好的批评,不是很公道吗？有什么错呢？

建国以来，党和国家有三次正式文件引用了"法律面前人人平等"的口号。1954年的宪法规定："中华人民共和国公民在法律上一律平等"，是把它作为公民的权利义务的总原则的。1978年的党的十一届三中全会公报："人民在自己的法律面前，一律平等"，是在发扬民主，加强法制与"民主制度化、法律化"的要求中提出来的。1979年的国庆口号："法律面前人人平等"是与"真理面前人人平等"并提，反对任何人垄断法律和真理，要求人人平等地讨论法律和真理，平等地服从法律和真理。三次提出，文字上稍有不同，内容完全一致。有的同志以为"人民在自己的法律面前"是新提法，从而强调人民与公民在法律面前的区别，其实是误解。十个月以后党提出的上述国庆口号，不就是纠正了这个误解吗？叶剑英同志在国庆三十年的讲话："必须进一步健全党的纪律和社会主义法制，切实保障全体党员和全体公民的民主权利，使党内民主和社会主义民主制度化和法律化。"这是我国领导人又一次指明"法律面前人人平等"的正确意义。

现在我国法制，无论在立法上和司法上都有待于完善。更严重的是某些同志因其地位而以个人意志实行家长式的领导，以言代法，以言破法，以自己的好恶解释法律，改变法律，搞所谓土政策、土法律和事实上的不平等制度，严重破坏了社会主义民主和社会主义法制。今天正确阐明和贯彻"法律面前人人平等"的原则，从而促进我们法制更趋于完善，更富于民主性，更合乎平等性，更严肃地依法办事，使之有更大的权威性，是有现实意义的。

"法律面前人人平等"是一个老问题，但当前有它的新的意义。如何把"法律面前人人平等"的反特权的内容，同发扬民主、加强法制的要求相结合？如何解放思想，理论与实践相结合，阐明无产阶级专政同社会主义法律平等性的辩证关系？如何排除极"左"思想和教条主义的框框，从实际出发，研究新情况，解决新问题，更好地为当前的政治服务，为经济建设服务？这些都是今天法学上的重要课题，必须努力求其实现。

"真理面前人人平等"！我们希望发扬民主，破除迷信，对当前实践中提出的一些重要法律问题，进行实事求是的同志式的讨论，坚持真理，改正错误，以发展马克思主义的法学理论。我们的意见不一定是成熟的，请同志们批评。

（原载《社会科学》1980年第4期，署名潘念之、齐乃宽）

# 有关修改宪法的几点意见

宪法是国家的根本大法,有其权威性和稳定性,其贯彻执行,关系到一个社会发展时期的整个国家工作。制宪既要看得高一点,远一点,又要实事求是,切实可行。我国此次修宪必须从自己的国情出发,从当前的实际出发,考虑到今后几十年的问题。

## 社会主义是我国宪法的中心内容和根本原则

今后几十年,我国的主要任务是实现社会主义现代化建设。因此,必须为了实现这一任务,环绕这一任务,把各种应该遵守的原则,应该维护的制度,都规定在宪法上。凡是宪法规定的,内容都要具体,界限必须分明,并且还得规定一定的条件,保证其实施。

这次修改宪法,应该根据什么原则,才能使它改变过去的不适当和不足之处,而完全符合我国当前的政治实际呢?有的同志提出了社会主义原则、民主原则和法制原则的三项原则。这三项原则都很重要,要在整部宪法的各章各节,从头到尾,全面贯彻。但我认为在三项原则以外,宪法上还应该写上四个坚持,就是坚持社会主义,坚持无产阶级专政,坚持马列主义、毛泽东思想,坚持中国共产党的领导。三项原则、四个坚持都有社会主义的一条,是重复的。这个重复很重要。这郑重地表明我们的国家是社会主义国家,我们的任务是建设和发展社会主义,社会主义是我们宪法的中心内容和根本原则。其余几条则是实现社会主义的必要条件和保证,都必须在宪法上写清楚,让全国人民确立信念,共同遵守不渝。

宪法上写不写四个坚持,不是一个形式问题,而是有关国家的性质,是宪法的根本问题,不可不写。至于四个坚持在宪法上如何表述,写在哪一条上,则是另一个问题。譬如说,有的同志提出,不写无产阶级专政而写人民民主专政,这是可以的。因为人民民主专政实质上就是无产阶级专政;写人民民主专政,并不是背离无产阶级专政。又如有的同志提出,把中国共产党的领导和马列主义毛泽东思想的指导,写到宪法的序言中去,这也是可以的。因为把这二点作为经验写在序言中,或作为原则写在总纲中,同样起到保证实现社会主义的作用。我主张在宪法中写上四个坚持,是把它作为原则,把它的精神体现在宪法的每一条条文上,而不是把它作为口号或标签,到处去张贴。

根据上述的三项原则、四个坚持,以下按照宪法的章节顺序提出一些意见。

### 关于"序言"

"序言"可以有两种写法:一种只简单扼要说明建国过程,提出当前的社会主义建设新时期即可;另一种写得详细一点,在叙述建国的历史过程中,把党的领导、马列主义毛泽东思想的指导及统一战线问题,作为历史经验提出来,在序言中说清楚,在其后的条文中就不一定再提了。

### 关于"总纲"

总纲是宪法的主要部分,是国家生活的基本原则和基本制度,应该着重地写,也要写得细致一点。这一章可分为基本原则、政治、经济、文化教育、社会、军事、外交等几节。

基本原则一节要有机地组织起来,写明上述的三项原则和四个坚持的内容。譬如第一条开宗明义写国家性质,把五四年宪法和七八年宪法的第一条合并来写:中华人民共和国是人民民主专政的社会主义国家。第二条写民族关系:我国是多民族的统一国家,各民族一律平等,禁止歧视和破坏民族团结的一切行为。第三条写国家的一切权力属于人民,人民行使权力的机关是全国和地方各级人民代表大会。第四条写中国共产党是我们的领导核心。第五条写马列主义毛泽东思想是我们的指导思想。第六条写国家职能和当前的任务。第七条写发扬民主和加强法制是我国的工作制度。这七条是我们立国的总原则、总方针,也是总纲中的总纲,应该突出地作出规定。也可以把它们从总纲中分出来独立成一章,显示它的重要性。

政治制度一节首先写阶级路线:"工人、农民、知识分子和其他爱国劳动者都是人民。国家坚持民主原则,保障人民管理国家、管理各项经济事业和文化事业,监督国家机关和工作人员。背叛祖国和破坏社会主义制度的反革命分子及其他严重犯罪分子是人民的敌人。国家依法惩办一切敌人,劳动与教育相结合,改造他们成为守法奉公的新人。"

统一战线问题,如果序言里没有写,就写在这里。人民政治协商会议的性质、任务和工作制度也写在这里。

民主集中制要有一条。

干部制度,首先要写明国家工作人员是人民的勤务员,必须德才兼备,全心全意为人民服务。要严格规定国家工作人员的准则和纪律。要写明干部的任用、考核、奖惩、升降、罢免、退休等制度。能否按照国外的文官制度,把政务官和事务官分开,把专业人员和一般行政人员分开?事务官和专业人员逐步采取考试制度,必须有一定学历,并经过考试及格,才能任用;政务官和各单位的负责人采用选举制度,规定任职。

选举制度要规定哪些人员由选举产生。选举一般要根据情况,逐步达到普遍、平等、直接、秘密的原则。当前,凡和人民直接联系的基层政权的负责人如县长、区长、乡镇长等,应当由当地人民直接选举产生,职能机构的负责人尽可能由本单位成员选举产生。选举应贯彻民主原则。党组织和选举人都可提出候选人,候选人名额应多于当选人名额。候选人可以由提出人(单位)作介绍说明,候选人亦可作自我介绍或发表意见,但不得弄虚作假,严禁采用金钱竞选办法。各级人大选举或任命行政、司法负责人员,也应该让候选人、被任命人与代表见面,了解情况,并经过一定的考查,然后决定。美国参议院通过内阁部长前要发表证词,要提问,要研究,经过几天几十天才通过。这些办法是否可以参酌采用?

要有一条写精兵简政,改变机构臃肿、人员过多的状况。

经济制度首先是所有制问题。我们是社会主义国家,要坚持社会主义制度。我主张仍旧采用现行宪法规定的两种基本所有,即国家所有制、劳动群众集体所有制。个体经济是社会主义经济的一种补充,在国有经济领导下,是不会滋长成资本主义的。即使有的设备和经营规模较大的私人企业,也是在法律制度之内,在国家计划之下营业,已失了资本主义的特征。中外合资经营企业有关技术引进、吸收外资,对我国的经济建设会有好处,是在国家行政管理和国营经济控制下经营,与其他国家的跨国公司、垄断公司显然不同。至于联合企业,仍然不出两种公有制。总之,我们要坚持社会主义所有制,而在社会主义发展阶段上需要有个体经济或其他经营方式作为补充。社会主义宪法能否承认资本主义所有制？我国今天的合营企业是否就是国家资本主义？都是值得研究的。

商品流通，等价交换，按劳分配，本来就是社会主义经济的原则。今天仍然要维持，并把它办活办好。计划经济是社会主义经营重要的一环。今天计划之所以成为问题，是由于工作上侵入了官僚主义的闭门造车式的家长制作风瞎指挥的缘故。经济计划当然要从实际出发，了解供需关系市场情况，根据经济规律来制订。不能废弃计划经济而搞无政府主义的自由竞争。

要有一条规定企业体制。政企要分开，企业要有一定的经营管理权力。要实现职工代表大会监督下的经理、厂长负责制，要实现各种责任制，要不断改进技术，加强管理制度。

要有一条规定：严禁贪污盗窃、中间剥削、投机倒把、扰乱市场等非法行为。

今天的农村人民公社是党政企三位一体的制度，严重地侵犯社员的权利和经济利益，严重地束缚生产力的发展，这制度非改不可。要政企分开，恢复乡镇政权机关，人民公社只管生产。要实现社员代表大会监督下的公社、大队、生产队的分级管理制度，实行生产责任制和按劳分配制度，提高社员的生产积极性和生产率。

社会福利是一个重要问题，是保障人民切身利益的问题。这里应规定社会救济和社会保险问题，如失业救济、灾害救济、老弱病残救济等。劳动保护和劳动保险，妇女、青年问题，敬老爱幼，环境保护问题，以及维护社会公共秩序，防止犯罪等问题，也可扼要在这一节规定下来。

军队是国家机器的极为重要部分，这个巨大武装力量的地位和工作关系，应该在宪法上有所反映。军队的最高指挥权归属于人大常委会委员长，由军委会主席实际执行。

外交政策是有关国际问题，是国家施政的重要方面，应该写上宪法。不过国际形势变化很快，敌友关系也在变化，宪法上只须写明我国外交政策原则，不宜写出与谁为敌，与谁为友。两个阵营、三个世界的问题也不必写了。

### 关于"公民的基本权利和基本义务"

宪法的实体就是公民与国家机关的关系，保护人民的权利和利益，保证人民当家作主的问题。公民是国家的主体，国家机构是公民行使权力的组织。宪法不仅要把公民的权利义务写明确、写具体，在次序上也应是"公民权利义务"一章在前，"国家机构"一章在后，各国宪法多数把"公民权利"列在"国家机构"之前，我们原来的顺序是学苏联的，但现在苏联也改了。

这一章，首先要规定国籍问题，把什么人是公民先讲清楚，把本国人和外国人分开来。接着写公民权利义务平等的原则。这个问题在理论上和实践上都很重要，必须写清楚。条文是否这样写："具有中国国籍的人都是中国公民，公民的权利义务在法律上一律平等。任何人都不因民族、性别、职业、社会出身、宗教信仰、财产和文化水平的不同而受到歧视，不允许任何人有任何特权。"

另外要加一条，严格禁止侵犯公民权利，规定："非依法判决，任何机关或个人都不得剥夺或限制公民的人身权利、民主权利和政治权利。侵犯公民权利的行为要受到法律制裁。"

关于"公民有言论、通信、出版、集会、结社、游行、示威、罢工的自由"一条，应加上两句话：一是说明这项自由以不损害社会和国家利益，不侵犯其他人的权利和利益为界限；二是说明国家发展报纸刊物和广播电台，设置公用场所，以保证这项自由的实施。

现行宪法第四十六条后半部关于信仰宗教自由的二条尾巴，"不信仰宗教，宣传无神论的自由"应删去。因为既然说信仰自由，当然包括不信仰、信仰这种宗教和那种宗教的问题在内，不必另作规定，以免反而刺眼，使人有抵销信仰自由的感觉。另外，寺观教堂及它们的财产要给予保护，不得没收和平调。

现行宪法第五十五条关于公民的控告权和申诉权的条文，应按照五四年宪法第九十七条写法，补入"由于国家机关工作人员侵犯公民权利而受到损失的人，有取得赔偿的权利"一句。

### 关于"国家机构"的几个问题

第一个问题，要否恢复国家主席？现在主张恢复国家主席的理由是：1. 国家要有个头，要有元首。没有主席对内对外谁代表？2. 有了紧急事故，谁来决断？谁来发布戒严令、动员令，或宣布作战？我认为这两条理由都不能成立。如设立国家主席，他个人不能行使元首职权，势必为他设立工作机构，或者依靠行政机关的建议来办事。若采取前一办法，不仅机构重复，必将形成主席大权独揽。若采取后一办法，不仅国务院将超出于人民代表大会之上，不符合我国的国家体制，其实，主席也不过是一个虚君。虚君尸位和大权独揽都不行，只有实行民主集中制。我国的人民代表大会制就是民主集中制，应该坚持和进一步贯彻这个制度，不应改变它。我国人大及其常委会是国家权力机关，委员长并不是"议长"，他主持全国人民代表大会常务委员会的工作；接待外国使节；根据全国人民代表大会或者全国人民代表大会常务委员会的决定，公布法律和法令，派遣和召回驻外全权代表，批准同外国缔结的条约，授予国家的荣誉称号（现行宪法第二十六条），不就是国家元首么？何必重复地再设国家主席呢？主张恢复国家主席的同志，除了过分重视个人权威外，似乎也不了解党的领导在我国的作用。我们的国家大事是要先经过党中央的研究，再提交人民代表大会这个权力机关讨论决定的。国家的紧急问题自然由党中央考虑，不必担心无人负责。在我们的国家体制中，国家元首这一职务当然由全国人大常委会委员长承担为宜，由国家主席个人来负此重任是不妥当的。

第二个问题，是否把人大改成两院制？改两院制的理由是制衡。具体内容，有的主张把政协改作人大上院，有的主张设民族院。我认为都不必。资本主义国家的两院制有其历史根源，由于他们革命不彻底，为了应付地主贵族的势力，设立了上院。联邦制国家，为了代表各邦的利益，设立参议院。两者都与我国的国情不相符。我国是统一国家，人大是权力机关，统一领导国家，权力不可分。我国人大迄今没有完全实行其权力，不是权力过大，用不到制衡。政协是一个统一战线组织，不是权力机关，也不是立法机关，有它自己的使命，不能改变其面目，转成上院。民族问题上我们与苏联不同，不是各民族自成一邦，而是多民族的统一国家。我国人大代表有各民族的代表，常委会又有民族委员会，可以照顾民族利益，不必搬用苏联一套成立民族院。我国人大的代表不只是代表地区的，其实也是各民族的代表，各民主党派的代表，各行各业的代表。人大是一个综合统一的组织，若各部分自成一院，则不只二院，而是三院四院的多院制了，这不利工作。人大既有广泛的代表性，又是统一的权力机关和工作机关，我认为不必改，也不宜改。现在的问题是如何加强力量，坚决贯彻人民代表大会制，而不是改成什么别的制。

第三个问题，如何实现人民代表大会的职权，提高其作用？现行宪法规定，人大是权力机关，议行合一，统一领导行政机关、司法机关和其他机关。但迄今为止，它还不是真正的权力机关和工作机关。今天应该针对这些实际情况，在宪法上加一些具体措施，用几个专条写一写。

1. 代表应选出各阶层、各民族和各行业中有代表性的政治活动家，有品德、有见解、有工作能力的人员充任。过去的统战性、照顾性、名誉性的安排要改变。有的人既是全国政协委员、全国人大代表，又是地方人大代表、地方政协委员，很不妥当。有的专家学者、劳动模范、先进工作者都是本业能手，但不一定都是政治家，应另有尊崇和发挥他们能力的措施。如果让他搞政治活动，忙于开会，荒于本业，不是用其所长，于国家于本人都是有害无益。人大是决策机关，老成谋国，要有有经验的人，年龄可以比一般行政人员、业务人员大一点；但太老了，行动困难，脑力衰退了的人也不相宜。现在全国和省市有政协，各机关有顾问，可安排一些老干部和民主人士。人大代表要有新的血液才好。

2. 各级人民代表人数不宜太多，会期要固定，每次开会日期要放长，使能按期开会，从容考虑和讨论问题，作出决议，既代表人民意志，又切实可行。常委会不应是每季度开几天会，要经常工作，要了解情况，要充分研究问题，才能接受常设委员会的报告，为全体大会作准备，反映民意，监督政府，完成其职权。其成员要从全体代表中选出更精明的人来担任，要脱产专职。

3. 常委会要有常设委员会，除现有的民族、法制两个委员会外，还应有干部、财政、经济、工程建设、文教科研、国防、外交、社会福利（包括卫生）等委员会分别工作。其成员除由常委会委员兼任外，可邀请其他人民代表或有关专家担任。

4. 人大对其选举或通过任命的成员，不仅要有质询和罢免之权，还应有弹劾、处分的权力。对政府提出的工作报告、预算、决算、法案或其他提案，有否决、修改或退回重议的权力。人大代表平时有视察国家工作，询问检查之权。全体会议、常委会及常设委员会的职权范围应写得具体明确。

5. 全国人大常委会委员长有根据常委会的决定行使国家元首的各项职权、对外代表国家的资格。

第四个问题是各个国家机关之间，中央和地方各级机关之间的职权范围要划分清楚，要分工，要权力下放，但要有集中的领导、监督，避免彼此重复，互相扯皮和推诿等的官僚主义弊病。人员名额要有限制，要精简，要限制副职和兼职。目前各机关副职及委员名额无限扩大，不但滋长了官僚主义，降低了工作效率，而且助长干部的名利地位观念、向上爬的思想（如司局长不挂个副部长的名，科室负责人不挂个副经理、副厂长的名，就感到不威风、牌子不硬等），把风气搞坏了，把干部腐蚀了。精兵简政政策一直不能贯彻，而且机构愈来愈庞大,工作效率愈来愈差,官僚主义愈来愈多,这与制度有关,应该由宪法来加以制止。

第五个问题是地方制度要订得具体细致一点。历来宪法都对上面的机关规定得详密,下面的却很简略,这不好。现行宪法,地方各级人民代表大会和人民政府只有五条,民族自治地方的自治机关只有三条,实在太简单了。其实地方机关,尤其是基层机关,工作内容多,联系群众密切,需要有严明的法纪,完密的制度,才能使他们把工作做好。建议地方制度除一般通则以外,分别省、县、乡三级作出规定,将其机构组织、职权范围、工作制度等订得完备一点。民族自治地方机关的规定也如此,并应对自治的范围、具体的工作和工作制度写得明白具体,反映出民族区域自治的性质和特点。

第六个问题,国家机构应增设行政法院。现行宪法规定,人民对国家机关、企业事业单位的工作人员违法乱纪、侵犯人民权利的行为,有控告、申诉之权。这种控告、申诉现在一般是向党组织或上级行政机关提出的,但党组织或上级机关不能直接处理,往往转送原机关、原单位办理,甚至落到原经办人手里,不但不能正确处理,甚至对控告申诉人打击报复,下面办不了,再上访上告,如此往复多次,公文旅行,不但浪费时间,也增添许多新的麻烦和矛盾,国家和人民都有损失。经验证明,诉讼案件(包括控诉、申诉)应由没有利害关系的第三者来处理,特别要由独立的法院来处理,才能较好地解决问题。我国现在有党的纪律检查委员会、司法机关的人民检察院处理人民的申诉控告案件。但纪检会只能在党章范围内对党员进行检查,检察院只能对刑事案件提出公诉,而行政诉讼案却没有独立的专门处理机关。这类案件是比较多的,由于没有专门机关受理,未能很好处理,就出现了上面所说的情况,这一问题今天需要解决了。我在七八年修宪时曾提出设立监察委员会,与法制委员会一样属于人大常委会领导,它们分别在立法和司法上为常委会工作。现在看来,这个监察机关必须是独立建制,由人大选举产生,权力较大一些才好。这个机关就是独立的行政法院或人民法院内专设的行政法庭。

行政法院受理案件范围是:

1. 国家机关、企业事业单位违法侵犯人民权利和利益的案件;
2. 国家机关、企业事业单位工作人员的违法违纪行为;
3. 国家机关、企业事业单位相互间的争讼。

这些案件不论是属于刑事、民事或行政性的,都应受理,都要限期办理。一经查明属实,就须撤销原来的决定、措施或行为,并有依法对被告人作出刑事、民事或行政制裁的权力（或把涉及刑事、民事部分，移送人民法院审理）。

这种行政法院应分设中央、省、县三级，分别受理不同范围的案件。上一级有监督下一级的权力，不服下一级行政法院判决的得向上一级提出上诉。

建立这样的监察制度，在今天是整顿官纪官风的重要措施，建议新宪法作此规定。

第七个问题是充实司法机关。

首先是五四年宪法规定的几项司法原则，如人民法院独立进行审判，只服从法律；人民检察院独立行使职权，不受地方国家机关的干涉（应该不受任何其他机关的干涉）的原则；应该恢复。为了保障司法人员的独立工作，需对他们行使职权有一定的保证，如任期及权利等都必须作出具体的规定。

其次，要规定律师的地位和任务及其他条款。在司法程序中起制衡作用的是检察、审判、辩护三方面。为避免或减少错案，律师的工作是应该受到重视的。但直到现在，律师的地位和工作还受到歧视（包括政法人员自身）。应在宪法上专条规定律师的组织、地位、任务和工作制度，把它作为司法机构的一个部门，给予应有的地位。

### 关于宪法的最高法律地位、宪法的解释权、宪法的修改程序

宪法应该增加一章，规定宪法的最高法律地位，任何其他法律都须以宪法为根据而制订。凡与宪法冲突的法律、法令、决议及命令，一概无效。要规定检查违宪和处理违宪的机关。这个职权应归属全国人大常委会，并在常委会下设立宪法委员会，负责检查违宪案件，提出处理意见，向常委会提出报告。

要规定宪法的解释权属于人大常委会。

还要规定宪法的修改程序。即新宪法公布以后，要保持其稳定性，不要轻易修改。凡修改宪法的动议，须得全国人大全体代表十分之一的联署，并经全体代表四分之三以上同意通过。这项规定现在看来是形式，实际意义不大，但在民主高度发展，人民代表都能独立表达其意见，充分发挥其代表作用时，这项规定就能起作用。这项规定，对全国人民进行法制教育，加强宪法观点，也是必要的。

（原载《民主与法制》1981 年第 4 期）

# 学《决议》 谈民主

党的十一届六中全会《关于建国以来党的若干历史问题的决议》,是总结经验、团结前进的伟大历史性文件。它从理论上,特别是全面地正确地阐明了毛泽东思想,论断了几个重大事实的是非问题,统一了全党同志的思想认识,发展了马克思列宁主义,不仅是中国革命史上的伟大文件,也是国际无产阶级革命史上的伟大文件。

《决议》的指示是十分重要的,应该全面地深入地学习。这里我打算只就民主问题谈谈自己的学习体会。

民主是一个政治概念,是一种政治制度。但它又是一个历史范畴,是有阶级性的。我们的民主是社会主义民主,是劳动人民当家作主,历史上最为广泛的民主,正在蓬勃发展、提高的民主。谈社会主义民主问题也就是谈发展、提高社会主义政治制度的问题。

《决议》指出:"逐步建设高度民主的社会主义政治制度,是社会主义革命的根本任务之一。"为了实现这个根本任务,"必须根据民主集中制的原则加强各级国家机关的建设,使各级人民代表大会及其常设机构成为有权威的人民权力机关,在基层政权和基层社会生活中逐步实现人民的直接民主,特别要着重努力发展各城乡企业中劳动群众对于企业事务的民主管理"。

这里,《决议》的写法和我国现行宪法的规定是一致的。现行宪法规定,国家的"一切权力属于人民。人民行使国家权力的机关是全国人民代表大会和地方各级人民代表大会"。还规定"国家坚持社会主义的民主原则,保障人民参加管理国家,管理各级经济事业和文化事业,监督国家机关和工作人员"。这些内容,在当前正在修订中的新宪法也一定会吸收并加以扩大的。

《决议》和宪法规定的实现民主的社会主义政治制度的具体措施是二条:一是在国家政权机关上使各级人民代表大会及其常设机关成为有权威的人民权力机关;二是在基层社会生活中逐步实现人民的直接民主,使城乡人民能直接管理企业和事业单位的工作。

我党从建立解放区以来就依靠广大人民来建立政权,在政权建设中一直重视人民代表会议和人民代表大会制度。特别是1954年我国第一部宪法颁布以后,从全国到各地区普遍建立了人民代表大会,发挥了它的重大作用。可是从五十年代末期以来,个人崇拜的风气带来了个人专断的做法,渐渐减弱了民主精神。到了十年动乱时期,林彪、江青反革命集团篡夺了党和国家的部分权力,公然扼杀了民主,肆无忌惮地实行法西斯专政,人民代表大会制度也就名存实亡了。粉碎"四人帮"以后,特别是经过党的十一届三中全会,拨乱反正,民主恢复了,人民代表大会恢复了。1979年举行的全国人大五届二次大会上,修正和重新颁布了地方各级人大的组织法和选举法,县级和县以下人大代表的产生改由选民直接选举,改行差额提名;省级和县级人大设立常务委员会,地方政权的民主内容正在逐步扩大。《国营工业企业职工代表大会暂行条例》最近已由国务院颁布,科研教卫等事业单位也将仿照执行。人民群众当家作主的力量正在各方面涌现出来并有了发展。然而事物的发展总是逐步的、不断地前进的。今天我国的人民代表大会制度已经前进了一步,但是还得继续前进,继续发展,使之达到人民确实掌管国家权力的地位,社会各方面的民主生活也有所扩大。

(原载《民主与法制》1981年第8期)

# 社会主义民主和社会主义法制的伟大发展

一九八〇年第五届全国人民代表大会第三次会议成立宪法修改委员会，决定修改现行宪法。经过一年半的时间，在党的领导下，考察当前社会实际，广泛征求各方面意见，进行综合研究，提出了修改草案。现在，宪法修改草案业已报经全国人大常委会议决公布，交付全国各族人民讨论。这个宪草规定了社会主义"四化"建设的基本纲领和基本原则，发展了社会主义民主和社会主义法制，完善了国家机构的组织和各项制度，体现了全国人民建设社会主义祖国的伟大意志，是在过去宪法的基础上修订而远远超过了过去的宪法。

建国以来，我国颁布过三部宪法。

一九五四年宪法是我国的第一部宪法。它总结了我国人民民主革命的历史经验和新中国成立五年来的新的经验，是我国建国初期新胜利和新发展的里程碑。它根据当时的实际情况，提出了社会主义建设和社会主义改造的纲领，为加强和发展社会主义民主和法制打下了坚实的基础，是一部有创造性的比较好的社会主义宪法。

一九七五年宪法是我国的第二部宪法。由于这部宪法在动乱时期受了江青、张春桥一伙的篡改，在结构形式上虽然保留着五四年宪法的框架，但其内容却有明显的极"左"观点，有许多违反马列主义、毛泽东思想的内容，夸大了阶级斗争，曲解了人民民主，取消了法制原则。因而这部宪法与五四年宪法比较，不是前进了，而是倒退了。

一九七八年宪法是我国的第三部宪法，是在粉碎"四人帮"之后不久修改制定的。由于当时的历史条件，这部宪法虽然消除了林彪、江青两个反革命集团的许多流毒，但没有完全肃清其影响，还有一些反映已经过时的政治观点而不符合现实情况的条文。党的十一届三中全会对"十年动乱"时期的消极因素作了较彻底的拨乱反正，六中全会对建国以来的若干历史问题作了结论。我国社会各方面有了新的发展，取得了新的经验。于是，七八年宪法也就显得难以适应社会主义现代化建设的需要,对七八年宪法进行全面修改是十分必要的了。

这部宪法修改草案包括序言和四章一百四十条条文,在结构上和内容上比历次宪法都更加完善、丰富,有很大的发展。宪草总结了过去的历史经验,把党和国家所取得的伟大成就和发展规划肯定下来,为全国人民指明了一条明确和正确的道路,从而必将大大提高全国人民的社会主义积极性。记得在1954年讨论我国第一部宪法草案时,有的同志称我们的宪法是"总结过去,肯定现在,规划将来"。现在经过民主讨论,郑重制定的宪法修改草案,确实是正确地达到了"总结过去,肯定现在,规划将来"的要求。

下面试就这部宪法修改草案提出几个问题,谈谈我们的体会和意见。

## 一、明确新宪法的目的

写宪法首先要有一个明确的目的和实现这个目的必须坚持的原则。毛泽东同志在起草一九五四年宪法时说过:"我们现在要团结全国人民,要团结一切可以团结和应当团结的力量,为建设一个伟大的社会主义国家而奋斗。这个宪法就是为这个目的而写的。"(《毛泽东选集》第5卷,第131页)这个宪法的目的和为达到此目的而坚持的原则和制度,就是一九五四年宪法的全部内容。

这次提出的宪草对这个首要问题规定得更加明确和具体。序言指出:"今后中国人民的根本任务是集中力量进行社会主义现代化建设。中国人民将继续在中国共产党领导下,在马克思列宁主义、毛泽东思想指引下,坚持人民民主专政,坚持社会主义道路,不断完善社会主义的各项制度,发扬社会主义民主,健全社会主义法制,自力更生,艰苦奋斗,逐步把我国建设成为具有现代化工业、现代化农业、现代化国防和现代化科学技术的,高度民主的,高度文明的社会主义国家。"

宪法是国家的根本大法,建设国家的总设计书。它提出建设怎样的国家的目的,也提出建设这个国家所必须遵循的纲领、原则、制度和准则。新颁布的这个宪草提出的建国目的比过去三部宪法所提的更明确,体现新的历史时期所要求的建设高度民主、高度文明、更加发达的社会主义国家。根据这个目的,草案规定:我们的国体是工人阶级领导的、以工农联盟为基础的人民民主专政;我们的政体是实行民主集中制的人民代表大会制;我们的根本制度是社会主义制度；我们的方针是坚持四项原则；我们的力量是工人阶级领导下的全国人民团结一致的力量；我们的组织是体制完善、有工作效率、能完成各项建设任务的社会主义国家机构；我们的工作方法是发扬社会主义民主，加强社会主义法制，发挥自力更生、艰苦奋斗的精神。这些比之过去宪法规定的都有着新的内容和特点。有了这样明确的社会主义新宪法作为根本的活动准则，我国各族人民一定能同心合力，发挥更大的积极性，迅速顺利地完成国家建设任务，达到伟大的目的。

## 二、坚持社会主义制度

宪草新增加了"社会主义制度是中华人民共和国的根本制度"的规定，明确我国是社会主义国家。我们坚决走社会主义道路，国家的全部政策和措施都必须是巩固和发展社会主义，不能有任何偏离和动摇。任何反对和破坏社会主义制度的行为都要严厉禁止。这个根本制度，宪草一开头就明确宣布，让全国人民明白无误地一致遵守，是极为重要的。

我们的社会主义制度包括政治制度、经济制度、文教科研和其他社会制度。

先谈谈经济制度。宪草第六条规定，我国"社会主义经济制度的基础是生产资料的社会主义公有制，即全民所有制和劳动群众集体所有制。它消灭了人剥削人的制度，实行各尽所能，按劳分配的原则"。第十一条规定："在法律规定范围内的城乡劳动者个体经济，是社会主义公有制经济的补充。"此外，第十二条还指出，我国允许外国企业和其他经济组织或者个人依照我国法律的规定，在我国投资，进行各种形式的中外经济合作。根据这些规定，我国社会主义时期的经济形式，除国营经济、集体经济以外，还有个体经济和中外合资经济。但宪草有区别地规定了它们的地位和作用。国营经济是国民经济中的主导力量，国家保障其巩固和发展。集体经济也是一种公有制经济，国家鼓励、指导和帮助其发展。个体经济是公有制经济的补充，而外国企业和中外合资经济则是一种特殊形式。其间有轻重主次之分，不是多种经济处于同等的地位，与五四年宪法规定的四种所有制的情况不同。有的同志认为，我国的经济开放政策是允许多种经济不分彼此，并驾齐驱，甚至说是鼓励发展资本主义，显然是错误的。

宪草第十七条还规定："国家在社会主义公有制基础上实行计划经济。国家通过经济计划的综合平衡和市场调节的辅助作用,保证国民经济按比例地协调发展。"有计划地发展生产和进行分配是社会主义经济的核心和基本要求。因为社会主义生产是为满足全体人民的物质和文化的需要,而生产资料又是公有制的,必须也有可能由国家计划来调节,以避免供销脱节的混乱现象。问题不是要不要实行经济计划,而是如何做好经济计划。社会主义市场是产品分配的一个环节,是受经济计划的调节,并为制订经济计划时所应考虑的一个方面。它对经济计划起着一定的作用,但不是主要作用。只有全面地考虑各方面的因素和情况,做好经济计划,完善经济管理体制和企业经营管理制度,实行各种形式的社会主义责任制,以不断提高劳动生产率和经济效益,发展社会生产力,才能完成社会主义现代化建设的任务。所有这些规定,不仅总结了历次宪法有关规定的成功经验,而且是社会主义现代化建设所需要的新的科学概括。这对于充分发挥社会主义制度的优越性,巩固和发展这一根本制度,都具有重大的意义和作用。

### 三、发展社会主义民主

发展高度的社会主义民主是这次修改宪法的基本要求之一。民主的核心是解决国家权力属于谁的问题,这主要决定于这个国家的国体。有怎样的国体就有怎样的民主。资产阶级国家实行资产阶级专政,其政权掌握在资产阶级手中,劳动人民终日为生活操劳,难于过问国事。他们的宪法虽然也标榜着民主,但这个民主只是资产阶级的民主,劳动人民是享受不到的。我们的国家与一切剥削阶级国家相反,我们是人民民主专政的国家,人民是国家的主人,人民享受有史以来最广泛的民主。胡耀邦同志说:"在革命胜利以后,人民就是国家和社会的主人。党对国家生活的领导,最本质的内容,就是组织和支持人民当家作主,来建设社会主义的新生活。"(《在庆祝中国共产党成立六十周年大会上的讲话》)只有人民民主专政的社会主义国家才能以发扬人民民主作为国家的重大任务。

草案第一条规定:我国是"工人阶级领导的、以工农联盟为基础的人民民主专政的社会主义国家"。接着规定,国家的"一切权力属于人民","人民有权依照法律的规定,通过各种途径和形式,管理国家事务,管理经济和文化事业,管理社会事务"。这是我们的国体。它清楚地表明我们国家的性质和各阶级在国家中的地位。宪草第三条规定,我国实行民主集中制的人民代表大会制度。人民代表大会制度是我国的根本政治制度,也是政体。人民通过人民代表大会行使国家权力。"全国人民代表大会和地方各级人民代表大会都由民主选举产生,对人民负责,受人民监督。""国家行政机关、审判机关、检察机关都由国家权力机关产生,对它负责,受它监督。"人民通过这个途径,就充分行使了国家权力。政体和国体相适应,国体决定了国家权力属于人民,政体则保证人民行使这个权力。此外,宪法草案中还规定,一切国家机关和国家工作人员必须依靠人民的支持、联系和监督,努力为人民服务。公民对于任何国家机关和国家工作人员,有提出批评和建议的权利,对于他们的违法失职行为,有提出申诉、控告或者检举的权利。这些批评和监督的权利,加强了人民的民主权利,表明人民是国家的主人,国家机关工作人员是人民的公仆。

草案在加强基层直接民主方面也作了不少新的明确的规定。"国营企业职工依照法律规定,通过职工代表大会和其他形式,参加企业管理。""集体经济组织依照法律规定实行民主管理,由它的全体劳动者选举和罢免管理人员,决定经营管理的重大问题。""城市和农村按居民居住地区设居民委员会或者村民委员会,作为基层群众性自治组织。"这些规定有利于在基层社会生活中逐步实现人民的直接民主,发展城乡企业中劳动群众对于企业事业的民主管理。此外,公民的基本权利和义务一章不但写在国家机构之前,而且所规定的民主权利也比过去宪法更扩大更充实了。生产上的民主发展了,更能巩固政治上的民主,基层的民主稳定了,更能发展地方的以及中央机构的民主。这就逐步使我国社会主义民主,走向高度民主的水平。

人民行使国家权力的机关是全国人民代表大会和地方各级人民代表大会。人民代表大会制度是否完善,直接影响到人民的民主权利。各级人民代表大会,特别是全国及省级人民代表大会,代表人数很多,会期很短,议案通常又是开会时才提出来的,会议很难展开讨论,代表不易充分发表意见,提案权、质询权也不易行使。这是过去大家都感到并提了意见的。这次宪草,加重了常委会的职权并增设各种专门委员会,当然是为了补救这一缺点,是很好的。希望今后在修订人民代表大会组织法时,能对代表大会及其常委会的会议和工作制度有进一步的改进。

### 四、加强社会主义法制

"要使国家长治久安,必须加强法制。"(四月二十七日赵紫阳总理接见泰国大理院长语)要"完善国家的宪法和法律并使之成为任何人都必须遵守的不可侵犯的力量,使社会主义法制成为维护人民权利,保障生产秩序、工作秩序、生活秩序,制裁犯罪行为,打击阶级敌人破坏活动的强大武器"(《关于建国以来党的若干历史问题的决议》)。宪草的重要特点之一,就是体现了这一精神,比历届宪法都强调法制原则。它首先在序言中规定:"本宪法记载了中国人民奋斗的成果,规定了国家的根本制度和根本任务,是国家的根本法,具有最高的法律效力。全国各族人民、一切国家机关和人民武装力量、各政党和各社会团体、各企业事业组织,都必须以宪法为根本的活动准则,并负有维护宪法的尊严、保证宪法的实施的职责。"接着又在第五条规定:"国家维护社会主义法制的统一和尊严。一切法律、法令和法规都不得与宪法相抵触。一切国家机关和人民武装力量、各政党和各社会团体、各企业事业组织都必须遵守宪法和法律。任何组织或者个人都不得有超越宪法和法律的特权。"这里所说的一切国家机关,当然包括行使最高立法权的全国人民代表大会在内,这里说的各个政党,当然包括领导我们事业的核心力量的中国共产党在内。全国人大制定的法律,首先它自己必须遵守。共产党领导人民制订宪法和法律,也领导人民遵守宪法和法律。在有最高法律权威的国家根本法上宣布社会主义法制的统一和尊严,宣布一切国家机关、各个政党、任何个人和组织都必须严格遵守宪法和法律,是有十分重要意义的。过去在讨论法制问题时,往往有许多不同意见,争论不休,如"法治还是人治?""法大还是权大?"等。现在宪草作出了结论,为法制实践解决了问题,也为法律理论解决了问题。

宪草在公民的基本权利和义务一章中恢复了五四年宪法关于公民在法律面前一律平等的规定,在人民法院、人民检察院一节中恢复了"人民法院依照法律规定独立行使审判权","人民检察院依照法律规定独立行使检察权",又新增了"人民法院、人民检察院和公安机关办理刑事案件,应当分工负责,互相配合,互相制约,以保证准确有效地执行法律"等规定。所有这些规定,不仅强调了社会主义法制的重要作用,而且充实了社会主义法制的新的内容,在恢复、健全和加强社会主义法制方面有了重大发展。

法制包括立法、执法和守法。立了法就得贯彻执行,有法必依,执法必严,违法必究。为了维护社会主义法制的统一和尊严,对宪法是否实施,对其他法律、法令、行政法规、地方性法规是否违反宪法,作出检查监督的规定是很重要的。宪草把监督宪法实施的职权交给全国人大常委会。但常委会工作很多,会议时间有限,很难直接执行这个监督任务,就需要有一个单位为它进行准备工作。宪草规定全国人大常委会有一个法律委员会,这个委员会的工作是否同过去的法制委员会一样,是审议和拟订法律草案?如果是的,那么在全国人大常委会下设一个与法律委员会分工的宪法委员会,作为宪法监督的专职机构,负责检查违宪案件,提出处理意见,向全国人大常委会报告,是必要的。否则,把立法准备和检查违宪两项工作都交法律委员会来担任,它的任务太繁重了。

草案规定,全国人大及其常委会行使国家立法权,各项法律、法令都必须由全国人大及其常委会制订,是很明确的。制订行政法规(包括经济法规、财政税务法规等)也属于立法范畴。如果行政机关不经过立法机关而自行颁布行政法规,使行政机关兼行立法职权,难免引起混淆。行政机关可规定行政措施,发布行政决议、命令、实施条例、实施细则等具体法规,但对国家政治经济重大措施和有关公民权利义务的重要行政法规,还应该由全国人大常委会来制定。从宪草规定上看,国务院及其各部、委均可发布行政法规。这样,一个机关自己立法,自己执行,是否妥当,还可考虑。

### 五、改革和完善政治制度

宪草关于国家机构的规定,体现了我国国家体制的重要改革,并有新的发展。它加强了五四年宪法以来实行的人民代表大会制度,扩大了全国人大常委会的职权;恢复国家主席;设立中央军委以领导全国武装力量;国务院设国务委员和常务会议;在中央的统一领导下,加强地方政府的职权,加强民族区域自治,加强基层组织;农村政社分开,恢复乡村政权而使人民公社成为集体经济组织。这一切规定,对健全和加强我国国家机构具有重大的意义。

值得注意的是,草案关于国家机构的规定,有两项是过去宪法所没有的新制度:一是规定国家机关的责任制,"一切国家机关必须严格实行工作责任制","国务院实行总理负责制。各部、各委员会实行部长、主任负责制"。二是对中央机构的负责人规定了连续任职不得超过两届,废除了实际存在的干部领导职务终身制。这对于发扬民主,提高工作效率,反对官僚主义,都有很大的好处。

这个宪法修改草案在国务院和省、县人民政府中新设立了审计机关,"对各级政府和它们所属的财政金融机构、企业事业组织的财政、财务收支活动进行审计监督"。这在我国过去的三部宪法中是没有规定的,这次在行政系统设立审计机关,是总结三十三年的经济工作的经验,重视财务监督的好措施。财务监督是行政监察工作的一个部分。行政监察工作是对国家工作人员的业务活动,特别是对他们的违法失职行为实行有效的监督。国家政策法令决定以后,重要的是贯彻执行。国家行政机关负责执行政策法令,机构大,工作繁重,是否严格依法办事,很好贯彻政策法令的精神,不仅与执行机关的负责态度有关,也有一个监督检查问题。作为历史经验的总结,古今中外各国的政治制度都有着监督检查的机构。在这方面,建国以来,我们也有不少经验。对国家行政工作的监督制度有好几种:党对政府的监督、权力机关对政府机构的监督、上级政府机关对下级政府机关的监督,但更广泛更重要的是人民群众的监督,这往往是最有效的监督。草案规定,公民对任何国家机关和国家工作人员有批评、控告、检举或者申诉权,由于国家机关和国家工作人员侵犯公民权利而受到损失的人有取得赔偿的权利。但从五十年代的监察部、监察委员会被取消后,迄今没有适当的专门机构来负责处理这方面的问题。经验证明,凡属申诉、控告和行政争讼案件,交由原机关或其上级机关查处,难免有延搁偏颇之处,只有由与争讼双方没有利害关系的第三者的机关来处理,才能较好地解决问题。这个机关就是监察委员会或者是行政法院。除涉及民事及重大经济犯罪等刑事案件应由司法机关处理外,凡涉及国家机关和国家工作人员侵犯公民权利、违法乱纪的失职行为,以及公民与国家行政机关之间的争讼需要作行政处理的问题,都应由监察委员会或行政法院来处理。这个问题,过去讨论修改宪法时许多同志提出了。现在宪草第八十九条关于国务院职权的第九项规定:"领导和管理民政、公安、司法行政和监察工作。"这个监察工作当然就是行政监察。将来国务院的机构中可能就有监察委员会的组织,这是很好的。但它的地位及职权如何?我们认为监委可以和审计机关一样设中央、省和县的三级,一样独立行使职权,这样更有利于密切人民和政府的联系,严肃法纪,做好工作。

　　宪法修改工作关系重大,现在全国人大常委会决定把宪法修改草案交由全国国家机关各系统的工作人员和广大群众进行讨论,是发扬民主,集思广益,使宪草精益求精的好办法。我们学习了宪草,谈谈体会和意见,谨作刍献。如有错误,请多多指正。

(原载《政治与法律》1982年第1期,署名潘念之、程辑雍)

# 维护我国法制的尊严与统一

这次公布的宪法修改草案，总结了我国近代历史的基本经验，反映了我国社会历史发展的规律，是建国以来最完善、最好的一部宪法修改草案。它将宪法的性质、意义和可能起的作用写得清清楚楚，为法学理论研究提供了重要的依据，使一些长期争论不休的法学理论问题得到科学的解决。

宪法修改草案序言的最后一段说："本宪法记载了中国人民奋斗的成果，规定了国家的根本制度和根本任务，是国家的根本法，具有最高的法律效力。全国各族人民、一切国家机关和人民武装力量、各政党和各社会团体、各企业事业组织，都必须以宪法为根本的活动准则，并负有维护宪法的尊严、保证宪法的实施的职责。"这是对整个新宪法的高度概括，最扼要地、最准确地说明了它的意义和权威。

宪法是什么？宪法是办理国家大事的纲领、原则和制度，是全国上下所必须遵守的准则，具有最高的约束力。我们通常称宪法为国家的根本法，办事的总章程，是由于它：（一）只把国家的根本的、最主要问题，总的方针原则提纲挈领地作了规定，而其他各方面的详细的条例，则另由别的法律、法令、法规去分别规定；（二）这些另外的法律、法令、法规，通常称为部门法、具体法规，它们根据宪法的原则去制定，不得违反宪法，同它发生抵触。

上升为国家意志的宪法和规律，是我们全社会的行为准则，具有绝对的不可侵犯性。因此，草案总纲的第五条中明确规定："国家维护社会主义法制的统一和尊严。一切法律、法令和法规都不得与宪法相抵触。一切国家机关和人民武装力量、各政党和各社会团体、各企业事业组织都必须遵守宪法和法律。任何组织或者个人都不得有超越宪法和法律的特权。"这里一再用"一切"、"各"、"任何"这些概念来强调遵守宪法和法律不能有任何例外，这是以国家根本大法的形式，来充分肯定法律的极大尊严和最高权威，对于维护社会主义法制的统一，消除各种轻视法制的思想，都具有重要的意义。

长期以来,人们对于法律的权威性有争论。在讨论人治与法治问题时,有人就认为法律是统治阶级意志的表现,法律要依靠人来执行,因而否定法制的提法。其实,人和法是不能截然分开的。所谓人治,仍然有个依靠什么来治理国家的问题,归根结蒂,还是要依靠法律。因为在我们的国家里,法律所反映的意志,是代表无产阶级和人民大众整体的根本利益的意志;法律就是由大多数人商量出来的管理国家的最好办法。既然如此,依法而治又有什么不好呢?正是从这个意义上,列宁毫不含糊地认为:"假使我们拒绝用法令指明道路,那我们就会是社会主义的叛徒。"今天在讨论宪法修改草案时,联系我国法制发展的曲折历程,重温列宁的教导,我们的体会就更加深刻了。

法律是体现统治阶级意志,经国家机关的制定或认可,并由国家强制力保证其实行的人们的行为规范。所谓阶级意志是反映整个阶级的长远利益的意志,而不是个别人的(即使是个别领导人)或极少数人的一时的意志。在我国要按照体现工人阶级领导的人民的意志的法律办事,当然比凭个人意志(或长官的独断)办事,会把事情办得好些,更有利于国家和人民。我国有十亿人口,如果没有一个共同准则,各人各行其是,岂不天下大乱?如果说法律束手束脚,那也只是约束那些不遵守共同准则的人的手脚。这种约束,对那些个人主义者、无政府主义者和搞瞎指挥或徇私枉法的人来说,当然不会痛快,但对人民来说,对国家或集体来说,是好得很的。

目前,还有人主张无产阶级政权不应该受法律的约束。这种看法,和宪法规定的精神是格格不入的。问题十分明显,无产阶级政权的职能是必须通过国家机关和国家干部的全部活动来实现的。离开了国家机关和国家干部的活动,无产阶级政权就会成为一句空话。而宪法草案明确规定一切国家机关和国家工作人员都毫无例外地要遵守宪法和法律,这就说明法律对于无产阶级政权同样具有约束力。当然,这里所谓约束力,也就是法律效力。它并不束缚人民自己的手脚,而是说,无产阶级政权必须按照体现无产阶级根本利益和意志的法律办事,目的是更有效地发挥无产阶级政权的效能。今天我们修改宪法,讨论宪法,要求宪法能够适应客观形势的需要而日趋完善,这件事本身就反映了法律存在的客观规律性,说明宪法和法律所规定的正是无产阶级的政治要求和建立新社会的工作任务。因此,任何轻视法律,否认法律的极大尊严和权威,都是违反自己的阶级意志,破坏了无产阶级的政治,是十分错误的。那种认为法律不能约束政权的观点,在实践上就会造成以个人意志代替法律的严重后果,对此我们已经有过深刻的历史教训,殷鉴不远,岂可忘记!

一切轻视法律,不依法办事,破坏法律的意见和行为都是错误的,不能允许的。党的十一届六中全会《关于建国以来党的若干历史问题的决议》指出:"长期封建专制主义在思想政治方面的遗毒,仍然不是很容易肃清的,种种历史原因又使我们没有能把党内民主和国家政治社会生活的民主加以制度化、法律化,或者虽然制定了法律,却没有应有的权威。这就提供了一种条件,使党的权力过分集中于个人,党内个人专断和个人崇拜现象滋长起来,也就使党和国家难于防止和制止'文化大革命'的发动和发展。"因之《决议》确认:"必须巩固人民民主专政,完善国家的宪法和法律并使之成为任何人都必须严格遵守的不可侵犯的力量。使社会主义法制成为维护人民权利,保障生产秩序、工作秩序、生活秩序,制裁犯罪行为,打击阶级敌人破坏活动的强大武器。决不能让类似'文化大革命'的混乱局面在任何范围内重演。"

　　由此可见,建立法制,建立法制的权威,是治理国家所必需的,破坏法制对国家的危害是很大的。党的十一届三中全会公报指出:"为了保障人民民主,必须加强社会主义法制,使民主制度化、法律化,使这种制度和法律具有稳定性、连续性和极大的权威,做到有法可依,有法必依,执法必严,违法必究。从现在起,应当把立法工作摆到全国人民代表大会及其常务委员会的重要议事日程上来。"三中全会以后,国家恢复、制订和施行了一系列重要的法律、法令和法规,包括建国以来一直没有制定的刑法、刑事诉讼法、民事诉讼法,直至这次提出了宪法修改草案。宪草突出了法制原则,是它的一个重要特点。

　　公民要遵守宪法和法律,过去三部宪法都规定了。但关于国家机关和人民武装力量、各政党和人民团体、各企业事业单位都必须遵守宪法和法律一点,过去没有规定。任何个人和组织都不得有超越宪法和法律的特权这点,过去也没有规定。过去没有规定的,这次规定了,就是吸取十年内乱的教训,总结三十三年历史经验的结果。

　　总之,我们应该通过这次的全民讨论,使全体人民普遍地受到一次深刻的社会主义法制的教育,提高对社会主义法制的认识,增强法制观念,使我国的宪法和法律真正具有极大的尊严和权威,成为全国人民一体遵行的行为规范。

(原载《法学》1982年第4期)

# 走向高度民主

当前由全国人大常委会通过公布、交付全国各族人民讨论的宪法修改草案，是在党的领导下总结了三十三年的历史经验和工作成就而拟订的具有创造性的社会主义宪法草案。它的优点特点很多，其中最突出之点是发展和提高了民主和法制的原则。这里谈谈民主问题。

宪草总纲首先规定了国体和政体。我们的国体是"工人阶级领导的、以工农联盟为基础的人民民主专政的社会主义国家"，国家的"一切权力属于人民"，"人民有权依照法律的规定，通过各种途径和形式，管理国家事务，管理经济和文化事业，管理社会事务"。我们的政体是："国家机构实行民主集中制的原则"，"全国人民代表大会和地方各级人民代表大会都由民主选举产生，对人民负责，受人民监督"，"国家行政机关、审判机关、检察机关都由国家权力机关产生，对它负责，受它监督"。政府与国体相适应，人民民主的原则是生根于这个根本制度上的。

国家政权的基础是社会基层组织，人民权力主要实现在基层。宪草规定："城市和农村按居民居住地区设居民委员会或村民委员会，作为基层群众性自治组织。居民委员会、村民委员会的主任、副主任和委员由居民直接选举和罢免。"人民只有在基层组织上充分实现民主权利后，才能逐步进而掌握地方以至全国的政权。

政权组织是上层建筑，归根到底是决定于社会的生产关系，并为生产服务的。人民的民主权利必须落实到生产关系和生产管理上。宪草规定："社会主义经济制度的基础是生产资料的社会主义公有制，即全民所有制和劳动群众集体所有制。它消灭了人剥削人的制度，实行各尽所能，按劳分配的原则。"它又规定："国营企业职工依照法律规定，通过职工代表大会和其他形式，参加企业管理"，"集体经济组织依照法律规定实行民主管理，由它的全体劳动者选举和罢免管理人员，决定经营管理的重大问题"。这样，全国人民就能在共同占有生产资料的基础上,实行共同劳动,共同分配,并共同管理国家事务的全部民主权利。

宪草不仅规定了国家机构的组织原则,还规定了它们的工作原则:"一切国家机关和国家机关工作人员必须依靠人民的支持,经常保持同人民的密切联系,倾听人民的意见和建议,接受人民的监督,努力为人民服务","公民对于任何国家机关和国家工作人员,有提出批评和建议的权利";对于他们的"违法失职行为,有向有关国家机关提出申诉、控告或者检举的权利"。只有国家机关从地方到中央都是在人民群众的掌握和监督之下,体现人民的意志,为人民服务,才真正实现了人民民主。

民主是实现社会主义的可靠保证,没有民主就没有社会主义。列宁曾经说过:无产阶级如果不为民主而斗争就不能实现社会主义革命;胜利了的社会主义如果不实现充分的民主,就不能保持它所取得的胜利,引导人类走向国家消亡,即达到共产主义。列宁又曾说过:只有全体居民参加国家管理时,才能彻底进行反对官僚主义的斗争,才能完全战胜官僚主义。所以,民主不仅是社会主义所当为,也是社会主义所必需。因为不管广泛实现人民民主,官僚主义不能克服,资本主义和封建主义的因素不能清除,社会主义就不能发展到共产主义。

宪草上的民主原则比过去已经有了发展,有了提高。但只有共产主义才能提供真正完全的民主、高度的民主。现在,我们正在走向高度民主,我们还要为达到高度民主而继续努力。

(原载《民主与法制》1982 年第 5 期"人民宪法,全民讨论"笔谈)

# "四根擎天柱"写进宪法草案意义重大

作为国家的根本大法,宪法修改草案在序言中肯定了坚持四项基本原则,就是坚持社会主义,坚持人民民主专政,坚持马列主义、毛泽东思想,坚持中国共产党的领导。这是我国革命事业和建设事业基本经验的结晶,是经过实践检验的真理,也是把我国建设成为高度民主、高度文明的现代化的社会主义强国的四根擎天柱。

宪法修改草案的内容是统管全局的。序言对中华人民共和国创立的历史和建国以来的成就,作了简要的回顾,鲜明地反映出坚持四项基本原则是中国近代历史发展的必然规律。这样,不仅把四项基本原则提到了根本法的高度,而且成为贯穿整个宪法草案的基本精神,成为正确处理诸如阶级关系,民族关系,中央与地方的关系,国家、集体和个人的关系,以及在履行公民的基本权利和义务时,必须严格遵循的根本指导思想。这样规定,意义重大。

在制定一九五四年宪法的时候,毛泽东同志说过:"用宪法这样一个根本大法的形式,把人民民主和社会主义原则固定下来,使全国人民有一条清楚的轨道,使全国人民感到有一条清楚的明确的和正确的道路可走,就可以提高全国人民的积极性。"现在,宪法修改草案坚持四项基本原则,使全国人民有一条清楚的轨道,这就是自觉地沿着中国共产党领导的社会主义康庄大道胜利前进。我建议宪法草案修改时,把"四项基本原则"这个为人们所熟知的专用词,明确地在序言中表述出来,使新宪法成为我国长治久安的根本法。

(原载《文汇报》1982年6月2日"全民讨论宪法修改草案"笔谈)

# 民事诉讼法对促进国民经济发展的作用

我国社会主义经济建设经过几年来的调整整顿,已经初见成效,工农业生产发展了。这是由于党的正确政策,国家的法制,特别是经济法制起着指导和保证作用。党的三中全会提出发扬民主,加强法制,强调依法办事,执法必严,违法必究,是历史经验的总结,把社会秩序搞好、经济建设搞好的正确方针。

我们的经济工作,虽然总的说来是有成绩的,但是有些工作特别是对经济计划和经济合同的执行不够认真,有的不完全执行,有的甚至完全不执行。其中除有少数坏人营私舞弊、投机倒把、骗取钱财是属刑事案件以外,大量的是企业与企业、企业与个人的民事纠纷,需要通过民事诉讼法解决。我国民事诉讼法的公布,为适时地解决这些纠纷创造了条件。通过民事诉讼法的宣传和试行,必将增强人民的法制观念,对待大量的民事纠纷,特别是经济合同的纠纷,就会做到有章可循,有法可依。

民诉法第十三条规定:"机关、团体、企业事业单位对损坏国家、集体或者个人民事权益的行为,可以支持受损坏的单位或个人向人民法院起诉。"第二十条:"对企业事业单位、机关、团体提起民事诉讼,由被诉单位所在地人民法院管辖。"第四十四条:"企业事业单位、机关、团体可以作为民事诉讼的当事人,由这些单位的主要负责人作为法定代表人。"第一百六十七条:"仲裁机构的裁决发生法律效力后,一方当事人不履行的,对方当事人可以向有管辖权的人民法院申请执行。"第一百六十七条:"申请执行的期限……双方是企业事业单位、机关、团体的为六个月。"第一百七十五条:"执行企业事业单位、机关、团体的存款,由银行、信用合作社根据人民法院的协助执行通知书划拨或者转交。"等等。此外,民诉法针对我国对外经济事务的发展,还对涉外民事诉讼程序作了特别规定。民诉法的这些规定,对合同的履行起保障的作用。一旦合同遭到破坏,受损害的一方就有法可依,可以提起诉讼,有法院受理,能得到公正判决,并可以强制执行。这样,既可以使受害的一方免受损害,又可使合同起到经济工作的杠杆作用。

(原载《法学》1982 年第 6 期)

# 开展法学基础理论的研究

我赞成《法学》编辑部的《倡议》。我国马克思主义法学的研究是随着马克思列宁主义的传入,在先进的法学家间开始的。从革命根据地创建社会主义法制,从而有组织地进行法学研究和教学始,至今已有五十年的历史了。建国以来,我们有研究法学的单位,有法律院校,有大量的出版物。中国政法学会和上海法学会成立于五十年代,法学的学术活动在全国开展着。虽然其间存在曲折,曾经遭受到破坏,但在粉碎"四人帮"以后,特别在党的三中全会以后,党和国家大力提倡社会主义法制,提倡依法办事,发出了许多文件,制定了重要的法律,加强了社会主义法制工作。三中全会的公报,六中全会的《决议》,十二大的报告,都提出要发扬民主,加强法制建设。而我国的立法、司法工作,法学研究、教育、出版及学术活动,更有空前的发展。几十年来我国的马克思主义法学由创立到发展,成绩是很大的。

在建国初期,我国法学是学习苏联的。这是必要的。苏联是世界上第一个社会主义国家,它在建立以后,在列宁的指导下,继承和发展了马克思主义法学,建立了一整套的社会主义法制,建立了自己的法学研究和教育机关,培养了大批法学人才,编写了大量的法学著作,创立了社会主义法制体系,也创立了马克思主义法学体系。尽管这些法制与法学不是很完整的,有一些问题,但毕竟在第一个社会主义国家中建立起来了。这个初步建立的社会主义法制体系和马克思主义法学体系,对马克思主义法学是创造性的发展和划时期的贡献,这对其后建立的社会主义国家,是一项极为重要的可资借鉴的经验。社会主义的中国建立在苏联之后,学习苏联,是很自然而且是必需的。在初期,搬用了苏联的一些体系和内容也是难免的,合乎历史发展规律的。

我国的革命和建设,不论在物质建设和精神建设方面,都积累了自己的经验,有了自己的创造,这就是毛泽东思想。在毛泽东思想指导下,以马列主义的法学基本理论同中国的法制的具体实践相结合,根据中国的情况,发展了自己的法制,并对此进行综合和分析的研究,提出了新的法的规律和法的理论,充实和发展了马克思主义法学。从革命根据地到建国以来的几十年中,我国的法制和法学有继承,有创新,发展很快,成就是很大的。当前,我国法学正处在新的繁荣时期。实事求是地总结我们的法制建设的经验,从理论上加以说明,从而进一步发展马克思主义法学,并指导我国的法制建设,是全国法学界在党的十二大精神指引下,在社会主义"四化"建设的总任务中应完成的迫切任务。《法学》编辑部的《倡议》是及时的,重要的。现在我们应该开展这样的法学理论研究工作。

没有正确的理论指导,就没有正确的实践。要加强我国的法制工作,必须提高我们的法学基础理论。法的概念、性质和任务,它的体现和发展规律,关系到各个部门法的基础理论,必须首先研究清楚,并使之符合于中国的实际,适应于建设社会主义的要求。这些问题,过去在我们的理论书上曾经占有一定的篇幅,但没有充分展开研究。直到今天,我们还在沿用有的国家过去的法律体系。近年虽然也采纳了西方的一些说法,可是从中国的法制实际出发,进行多方面的、深入的研究还是不够的。究竟在社会主义中国,我们的法制应该是怎样一个体系,我们的法学应怎样分科,虽然有过一些讨论,但还没有进行精细的研究,未能作出科学的说明,当然也谈不到全国法学界有一个统一的看法。没有一个符合我国国情的法制和法学体系,而只是头痛医头,脚痛医脚,遇到什么情况就临时搞一个法规,或者看到外国有什么法律,我国也搞一个什么法律,这不仅零碎散乱,彼此矛盾,而且难免发生错误,甚至违反马列主义、毛泽东思想的原则,并且不适应,也不能满足社会主义法制建设的要求。

试举一个例子。我国民法典已经写了好几稿而又停了下来,虽然有一些原因,如我国的民法应该包括哪些内容,其性质同其他国家的有什么不同等,但民法在整个法律体系中的地位和关系还有争论,也是一个原因。再说,经济法今天是受大家重视的,各个经济部门都在起草经济法规,而且主管部门还建立了经济法中心,统筹经济法规的立法问题。这当然是一件大好事。但在理论上,经济法能否成为一个独立部门法,如果成了的话,它的任务和原则是什么,它的内容和体系,它和民法和行政法的关系怎样,今天还没有作充分的讨论,也还没有说得清楚。这就妨碍了经济法规的成熟和发展。其他部门的法也或多或少地有这样一些问题。

再就法学院校的教学课程设置来说,各校也各自为政,很不一致。当然,多开几门课,多传授一些知识,对于充实学生的头脑和开扩学生的思想是有好处的。但第一总得使学习的东西有利于我国的社会主义法制建设,其次也得照顾到学习时间和学生的精力,总得有体系地、有中心地传授必需的而且有用的知识。没有体系而随便开设一些课程是不妥当的。前些时候,我们编纂《法学词典》时,由于没有统一的法学学科分类作为根据,把本来计划编制的按部门分类的词目表删去了。其后编辑《中国大百科全书·法学卷》时,为了便于读者检查,觉得这个按学科分类词目表不可不有,勉强编了一个词目框架,但也由于缺乏根据,困难很大。可见法制和法学体系的确定,是关系到发展我们社会主义法学的一个重要问题,是一定要很好地研究并加以解决的。

其他,关于法的性质、任务、适用范围,各个部门法之间的关系,法与社会各方面问题的关系,法学的内容和任务,法学的研究对象、方法,法学与其他学科的关系,都与整个社会主义法的健康发展有关系,也都应该深入研究并予以解决的。

希望读者响应《法学》编辑部的《倡议》,大家来研究法的基本理论。

(原载《法学》1982 年第 11 期)

# 关于《继承法》草案的修改意见

继承法起草小组：

我对单行的继承法草案提几点不成熟的意见，供你们考虑。

一、我国宪法规定，国家保护公民合法财产的所有权，保护公民私有财产的继承权。即公民个人可以使用和处分自己的合法财产，包括生前和死后。宪法还规定子女有赡养父母的义务。我们社会主义社会的家庭，虽已不是生产的单位，但还是一个生活的单位，在家庭近亲属中，有养老育幼的责任。公民的权利和义务是相对的、统一的。父母子女间有相互赡养、扶养和继承财产的权利和义务。以上情况是我们社会主义社会存在着公民个人财产继承的事实根据和法律根据。

我国虽承认和保护财产继承权利，但绝不是维护封建主义的宗法制度，也不是维护资本主义的私有制度。我们的继承法应与资本主义国家的继承法有所区别。我们不能由于有继承法的规定而加强公民的私有财产观念，更不能造成继承人之间为了争夺遗产而引起纠纷的风气。我们的继承法应当是根据社会主义的经济原则，体现社会主义精神文明的要求，发扬尊老扶幼、互让互助的精神，也就是要有符合我国国情的社会主义自己的继承原则。

二、总则中应规定继承的原则指导，原民法草案第三稿第427条有了继承原则的简明规定，现在单行的继承法缺少这个规定，还不好，应该补写如下：

1. 保障公民对其合法财产的处分权，也包括身后的财产处分权，以鼓励他们从事劳动、积蓄的积极性。因而遗产的处理，首先应以被继承人的意思为根据。

2. 为保障家属中老幼病弱及其他无劳动能力人员的利益，继承应当多照顾生活有困难的家属（包括胎儿在内）。

3. 根据权利和义务统一的原则，遗产的继承应该考虑对被继承人生前的赡养侍奉关系，以鼓励我国传统的养老、尊老的美德，而消除对老人生活上不照顾、精神上虐待的风气，更要消除对被继承人生前虐待、遗弃，死后争遗产的恶劣行为。

4. 近亲属的继承份额不一定是平均的，应该按照实际情况，协商分配。协商不成者由人民法院判决。

三、法定继承这个名词不妥，尽管沿用已久，还是应该改一改。因为凡是法律允许的继承方式，如亲属继承、遗嘱继承、遗赠都是合法的，都是法定继承制度。草案中的法定继承，实际是指近亲属继承的制度，这可以改称近亲属继承（或直系血亲继承）。因为它是法定继承中的一种，而不是全部。如果称这一种继承为法定继承，就是指遗嘱继承或遗赠为非法的了。这是不妥的。

四、遗产继承的顺序应该是：

1. 被继承人家属中没有劳动力（包括胎儿）而依靠被继承人生活者。
2. 对被继承人尽了赡养义务者。
3. 被继承人遗嘱指定的继承人或受赠人。
4. 其他近亲属继承顺序按草案规定办。
5. 无继承人或继承人放弃继承的遗产，均归国家。

五、遗嘱继承或遗赠可以是遗产的全部或一部分，不应有限制。

遗嘱继承人可以是本法规定的近亲属中的一人或数人，也可以是其他个人。遗赠的对象是国家、集体组织、社会公益或教育文化团体、单位。

我国一向有将其财产捐赠给社会公益事业的美德，不论是在生前或死后。这种美德，应该继续保存。

六、对被继承人生前有严重虐待或遗弃行为的人，应该剥夺其继承权。既然是严重的就不应该给予宽恕。特别是在被继承人死后表示悔改者，易于作假。草案第 10 条末后的"但书"是不妥当的，应该删去。

七、华侨及人数较多，他们都有国内家属，又有捐赠祖国公益事业的美德，应该注意。外人在我国的遗产比较少，因此涉外的继承问题要考虑这一实际情况，照顾国内家属对在外家属的财产继承权。对这点，是否以尊重死者遗嘱或按照我国法律办理，较为有利。请考虑。

潘念之<br>1982 年 12 月 8 日

（原为"社科沪法发字〔82〕第 139 号"文，标题为编者所拟）

# 认真学习新宪法　　切实遵守新宪法

我国新宪法已经公布施行了。这是一部反映我国三十三年的建设成就和经验，反映全国人民建设社会主义的伟大意志，反映中国共产党的正确方针政策，坚持四项基本原则，规定了国家的基本原则和基本任务，是从中国的当前实际出发，走自己的路，有中国特色的社会主义宪法。

新宪法是我国人民革命的胜利成果，是社会成长发展的真实记录。我国人民在中国共产党的领导下，经过长期的革命斗争，推翻三座大山，取得新民主主义革命的胜利，建立了中华人民共和国后，于1954年制订了第一部宪法。

1954年宪法施行以后，国家逐步实现由新民主主义到社会主义的过渡，改造农业、手工业的个体所有制和资本主义工商业，消灭剥削制度，荡涤旧社会的污垢，巩固了人民民主专政政权。在巩固政权的同时，逐步建设了社会主义经济，建立了独立的、比较完整的社会主义工业体系和国民经济体系，发展了社会主义的教育、文化、科学和思想道德。特别是在摧毁林彪、江青反革命集团，纠正了"文化大革命"的错误以后，经过党的十一届三中全会，拨乱反正，恢复毛泽东思想的本来面目，恢复党的正确方针政策的领导，社会发展到了一个新的阶段，提出了新的任务。1981年6月，党的十一届六中全会作出了《关于建国以来党的若干历史问题的决议》，1982年9月党的十二次代表大会通过了《全面开创社会主义现代化建设的新局面》的报告，为这次新宪法的制订提供了根据。总起来说，这部新宪法是中国共产党领导全国人民，奋斗几十年，进行中国革命和建设的历史总结。所以，没有共产党就没有新中国，没有共产党也不可能有今天的新宪法。

新宪法规定："中华人民共和国是工人阶级领导的，以工农联盟为基础的人民民主专政的社会主义国家。"人民民主专政是马克思、列宁关于无产阶级专政学说在中国的发展，是结合中国实际，具有中国特色的国家制度。毛泽东同志在建国以前党的七届二中全会上就提出人民民主专政的主张，在建国前夕的《论人民民主专政》文章中,更明白地说:"总结我们的经验,集中到一点,就是工人阶级(通过共产党)领导的,以工农联盟为基础的人民民主专政。"建国以后,在《共同纲领》、1954年宪法以至现在的新宪法上,都是这样规定我们的国家制度的。

无产阶级专政是社会主义国家的政权实质,列宁称它为多数人对少数人的专政,是新型的民主和新型的专政。无产阶级专政的要素是工人阶级掌握政权,以工人阶级的世界观改造社会,经过社会主义到共产主义。这两个要素同样也是人民民主专政的要素。虽然我国国家的一切权力属于人民,各族广大人民当家做主,成为国家的主人。但我国人民,不论是农民、知识分子、其他社会主义劳动者,或是拥护社会主义和拥护祖国统一的爱国者,都是在工人阶级的统一领导下,走社会主义道路,或者是赞同新宪法的。他们不是自行其是,各走各的路。所以,人民民主专政有其广泛性,也有其阶级性,就整个政权来说,它具有工人阶级的属性。人民民主专政的职能首先是发挥广大人民的积极性,创建高度的物质文明和精神文明,由社会主义向共产主义过渡。人民民主专政的另一个职能,在国内是镇压叛国的和其他反革命活动,制裁危害社会治安、破坏社会主义经济和其他犯罪活动,惩办和改造那些犯罪分子,以维持社会主义的社会秩序;对国外是巩固国防,防止和反击帝国主义和其他侵略势力的侵犯,保卫国家的领土和主权,保障国家的和平建设和人民的安全和利益。这又是同无产阶级专政的职能是一样的。因此,不论从国家的阶级本质说,或者从国家的职能说,人民民主专政实际上就是无产阶级专政。人民民主专政是中国工人阶级实现无产阶级专政的一种形式。这种形式体现了当前的阶级情况下的人民的广泛性。

新宪法规定:"社会主义制度是中华人民共和国的根本制度。禁止任何人以任何形式破坏社会主义制度。"国家的根本制度首先是构成社会基础的经济制度。我国的经济制度是生产资料的社会主义公有制。社会主义公有制消灭人剥削人的制度,实行各尽所能,按劳分配,并在此基础上实行计划经济,按比例有计划地发展社会生产力。公有制和计划经济是社会主义经济制度的主导和核心,离开了公有制和计划经济就不是社会主义制度。但为了适应我国当前的生产力水平,活泼城乡经济,我国在公有制占绝对优势的形势下,在法律规定的范围内,保存着城乡劳动者的个体经济,作为社会主义公有制经济的补充,在国家计划的综合平衡下,发挥市场调节的辅助作用。在国家行政管理下,在公有制经济的领导下,在国家计划的控制下,个体经济和市场调节只能补公有制经济的不足，不可能改变国民经济的性质，更不可能改变社会主义经济的方向。

新宪法又允许外国企业和其他经济组织或者个人，依照我国法律规定在中国投资，同中国的企业或者其他经济组织，进行各种形式的经济合作。这种经济合作，以有利于我国经济的发展，有利于我国的国计民生，有利于我国的自力更生，增长技术设备，增加资金积累，发展民族经济为原则。在对外经济开放的同时要极力防止因此而带来的资本主义毒素和资产阶级的腐蚀作用。我们给予外国投资者以合法利润，也必须取得更大的我国的经济效益。绝不能盲目地、无条件地吸收外资，或者造成依赖外资，重蹈殖民经济的覆辙。这是我们在吸收外资中严重警惕，绝对防止的。

新宪法规定我国的人民民主专政，实质是无产阶级专政，形式是中国式的，规定我国的社会主义经济制度有各种不同的辅助形式，既有原则性，又有灵活性，既是统一的，又是多样的，坚持社会主义原则绝不动摇，而又吸收种种力量以我为用。这是马克思主义的普遍真理同我国的具体实际相结合，也就是毛泽东思想在新宪法上的具体体现。

新宪法有许多特色，它的重要意义和作用则在于达成建设国家的目的。这个目的写在新宪法的总纲中。总纲三十二条就是从政治、经济、文化科教等方面来说明要建设怎样的国家。但它集中到一点，写在序言中，说："今后国家的根本任务是集中力量进行社会主义现代化建设。"中国各族人民在中国共产党领导下，始终艰苦斗争不息，其目的就是要建设起现代化的、高度文明、高度民主的社会主义国家。新宪法是以根本法的形式，确认国家和人民的这个目的和任务，以最高的法律效力，保证这一目的和任务的完成。

新宪法之所以能有如此巨大力量，起到这个伟大的保证作用，当然是由于它的内容规定的正确性，反映国家的实际情况，体现了党的方针政策和全国人民的意志。新宪法的基本原则和主要内容是党中央提出的，由宪法修改委员会制成草案，于去年4月底公布，经全国人民进行了5个月的广泛讨论，收集了各方面的大量意见，再由宪法修改委员会研究整理，最后提交五届全国人大五次会议审议通过，才公布施行。新宪法的制订是十分慎重、十分缜密的。它一经公布就获得全国人民的欢呼和拥护。可见新宪法真正体现了全国人民的意志，反映全国人民建设社会主义祖国的热烈愿望。新宪法是根据党的六中全会的《决议》和十二大的《报告》制订的。它确认社会主义现代化建设为国家在今后相当长时期的中心任务，又把发扬民主，加强法制，提高以共产主义思想为核心的精神文明,以及改革和完善国家机构,使之成为有能力、有效率的工作机关等作了规定,以保障中心任务的完成,是完全体现了党的路线、方针、政策的。由此可见,新宪法是全国人民意志和党的主张的统一的产物,是政策与法律一致性的表现。这就说明新宪法一定能够在党的领导下,获得全国人民,特别是国家干部和党员的贯彻执行。

这里说新宪法体现了人民、国家和党的统一意志,能够得到贯彻执行,是从理论上说的,是一个可能的问题。为要使理论得到实践,把宪法条文上规定的原则、制度,实际上一一贯彻实行,还得有一个过程,还得花很大的力量。只有宪法原则见之于人们的行动,才能够发生威力,发生治国安邦的作用,达成保证社会主义现代化建设的目的。如果有法不行,束之高阁,不管它订得怎样美好完备,也是纸上谈兵,是枉然的。现在各国宪法之所以都规定了宪法实施保障条文,有的还定了单行的实施法规,其原因就在于此。我国新宪法中再三强调民主和法制原则,规定宪法的尊严和最高法律效力,其意义也在于此。

新宪法规定:"国家维护社会主义法制的统一和尊严","一切国家机关和武装力量、各政党和各社会团体、各企业事业组织,都必须遵守宪法和法律。一切违反宪法和法律的行为,必须予以追究。任何组织或个人都不得有超越宪法和法律的特权"。这里所说的政党,包括共产党在内。所说的国家机关,包括权力机关、行政机关、司法机关在内。所说个人,包括国家干部和共产党员在内。他们都必须遵守宪法和法律,依照宪法和法律的规定办事,无一例外。中国共产党党章规定:"党必须在宪法和法律范围内活动",共产党员"必须自觉遵守党的纪律和国家法律。"这些规定是很重要的。党是人民的一部分,宪法和法律一经国家权力机关通过和颁布,任何党组织和党员都应和人民一样遵守法律,依法办事。党是国家工作的领导核心,党员应起模范作用,党组织和党员都严格遵守宪法和法律,其他一切组织和人民群众也就能遵守宪法和法律了。党组织和党员是否能模范地执行宪法和法律,是宪法和法律能否贯彻执行的关键问题。但可惜正如胡耀邦同志所说:"现在的问题,不但有相当数量的群众,而且有相当数量的党员,包括一些负责干部,对法制建设的重要性还认识不足,有法不依,执法不严的现象,在一些方面依然存在。""这种状况必须坚决加以改变。"因此胡耀邦同志指出,新宪法公布以后"要在全体人民中间反复进行法制的宣传教育……使每个公民都知法守法。特别要教育和监督广大党员带头遵守宪法和法律"。这为新宪法的实施指出了关键问题,是十分重要的教导,全党各级组织和同志必须遵照执行。

现在新宪法已经公布了,我们必须认真学习新宪法,切实遵守新宪法,做一个行宪护宪的模范,为社会主义现代化建设,为社会主义祖国的发展而努力奋斗!

(原载《社会科学》1983年第1期)

# 新宪法一定能够实行

新宪法总结了过去,肯定了现在,规划了未来,是我们国家办事的总章程,受到全国人民的热烈拥护。

但是,不少人还担心:它能否认真实行,会不会像过去几部宪法那样遭受破坏践踏呢?我认为,尽管还可能出现某些小干扰,但新宪法一定能实行!根据是:

首先,新宪法第五条明确规定:"一切国家机关和武装力量、各政党和各社会团体、各企业事业单位都必须遵守宪法和法律。一切违反宪法和法律的行为,必须予以追究,任何组织或者个人都不得有超越宪法和法律的特权。"这条规定是新宪法的创举,有了这条新规定,新宪法就真正有了最大的尊严和权威。这里说的一切国家机关,当然包括行使最高立法权的全国人民代表大会在内;这里说的各政党,当然包括领导我们事业的核心力量中国共产党在内;这里说的个人,当然不仅是普通老百姓,也包括各级党、政、军领导人在内。因此,这条规定具有十分重大的意义。过去在讨论法制问题时,往往有许多不同意见,争论不休,如"法治还是人治?""法大还是权大?"等等。现在新宪法作出了结论,为法制实践提供了保证,也为法律理论解决了问题。

其次,严格执行宪法和法律,不但在宪法中作了规定,而且在新党章中也作了规定。新党章中规定"党组织必须在宪法和法律范围内活动",共产党员"要遵守党的纪律和国家法律"。胡耀邦同志在十二大报告中强调指出,"特别要教育和监督广大党员带头遵守和执行新宪法"。有了共产党和共产党员带头遵守和执行新宪法,新宪法的实行就有了最大的也是最可靠的保证。

第三,执行政策和遵守法律是一致的。我们过去总认为政策是党决定的,法律不是党制定的,执行党的政策,才是第一位的,是否违反法律是不怎么重要的,把执行政策和遵守法律对立起来。实际上,政策和法律都是党的主张,都体现人民的意志和利益,是统一的、一致的。新宪法的每一条内容都是党的政策的法律化。虽然说,党的政策是根据当时的实际情况制定的,宪法和法律是比较长期、稳定的,但是,宪法和法律也不是一成不变的,如果它与实际情况不符了,也可以通过法定手续加以修改。何况,现在我们党领导制定的新宪法正确地达到了"总结过去,肯定现在,规划未来"的要求,是我们党的政策的集中反映,因此执行政策和遵守法律没有矛盾,两者是一致的。

(原载《民主与法制》1983年第1期)

# 发展马克思主义法学

马克思、恩格斯在他们的名著《共产党宣言》中揭示资产阶级的意识形态时说："你们的观念本身是资产阶级的生产关系和所有制关系的产物，正像你们的法不过是被奉为法律的你们这个阶级的意志一样，而这种意志的内容是由你们这个阶级的物质生活条件来决定的。"马克思的这一论点和其他法学著作，科学地说明了法律是统治阶级意志的体现，是维护统治阶级利益，为他们的统治服务的一种工具。马克思主要从分析资本主义社会现象得出的结论，把整个阶级社会的法的基本原理都说清楚了，也就建立了马克思主义法学。列宁领导俄国人民创立了历史上第一个社会主义国家，有必要和可能来研究社会主义法制问题。在列宁、斯大林领导下，苏联法学家逐步建立了社会主义法律体系，也建立了社会主义法学体系。

十月革命以后，马克思列宁主义传入中国，马克思主义法学也传入中国。在新民主主义革命的根据地，我们废除了国民党的反动法律，制定了自己的革命法制。建国以后，人民民主专政的政权对人民实行民主，对敌人实行专政，人民法制有了两方面的任务。不久，毛泽东同志提出两类社会矛盾的学说，对人民政权和法制的性质、任务，作了明确的解释。

在生产资料所有制的社会主义改造基本完成以后，国家的主要任务转变为社会主义现代化建设，社会阶级结构起了变化。一九七八年十二月，党的十一届三中全会进行了拨乱反正，认真讨论了民主和法制问题，指出发扬民主和加强法制是破除个人迷信和防止野心家阴谋篡党夺权的保证力量，是调动社会各方面的积极因素、进行社会主义现代化建设的重要工具。一九八二年九月，胡耀邦同志在党的十二大报告中指出："社会主义民主的建设必须同社会主义法制建设紧密地结合起来，使社会主义民主制度化、法律化。"这说明社会主义民主和社会主义法制结合在一起是我国新的历史时期治国安邦的有力武器。

根据党的十二大提出的这个总精神,我国当前的政治制度、宪法、刑法、民法和诉讼法都有了新的发展和修改。这是根据马克思主义法学基本原理,结合中国的具体实践而制定的具有中国特色的社会主义法制,使马克思主义法学有了新的发展。马克思主义不是凝固的、一成不变的教条,它的活力正在于从社会实践中提出新的因素以充实其内容,从而发挥了它的新的意义和作用。如何根据这个发展来说明我国社会主义法制的特征、性质和内容,寻求实施的形式和方法,并提升到理论的高度,促进其进一步发展,这是我们法学工作者当前的光荣任务。

(原载《文汇报》1983年3月18日)

# 政治思想教育与法制的关系

## 一

政治思想与法制都是上层建筑,建立在同一个经济基础上,马克思主义政治思想和社会主义法制都是反映社会主义经济基础,体现工人阶级的意志,为巩固和发展社会主义经济服务。马克思、恩格斯在《共产党宣言》中说:"你们的观念本身是资产阶级生产关系和所有制关系的产物,正像你们的法不过是被奉为法律的你们这个阶级意志一样,而这种意志的内容是由你们这个阶级的物质生活条件来决定的。"这是说明两者的根源是相同的。

两者也有所不同,思想属于意识形态,法制是社会制度。意识是对经济基础的反映更为间接些,存在于个人头脑里,有更大的随意性。法制则是统治阶级意志上升为国家意志所形成行为规范,为全体人民所一体遵行,是不可违反的,有强制性的。在我们国家里,不相信马克思主义和社会主义的人还是有的,国家并不强迫他信服。但违反社会主义法律的,不论你信不信马克思主义和社会主义,也不论你是什么成分或干什么工作的,都是不允许的。如果违反了就要法办。这是两者的效力和处理方法不尽相同,但并不妨碍它们的性质和作用相同之处。两者是有关系,而且关系是很密切的。

## 二

对于政治思想教育我是门外汉,不能班门弄斧,这里谈点法制问题。

法制是什么?根据革命前辈董必武同志的说法:法制,顾名思义就是法律制度。他把这个制度的内容分成二个层次,一是有法可依,二是有法必依,其中心问题是依法办事。中共十一届三中全会公报把这两句话增加为"有法可依,有法必依,执法必严,违法必究",使执法守法这一层意思说法更为严肃了。实现法制,首先必须有法,其次是遵法守法,依法办事。如果有法不依,法律就是一批废纸,也是枉然,不成其为法制。法律是人们的行为规范,是要人们照着做的。道德也是人们的行为规范,但法律与道德不同,道德是人们共同承认的行为规范和自觉遵守,以教育和社会舆论来维持它的实现。法律是统治阶级认为维持其统治秩序所必须一体遵行的共同规范,它由国家制定,并以国家的强制力保证其实施,不论人们自顾和不顾,都必须照办,违反了法律就要受到国家机关的干涉,严重的要受到惩罚。我国向来把法律比作规矩,比作准绳,比作模子,指出法律是约束人们的条条框框。我们现在说的循规蹈矩、模范作用、以法为准绳,就是根据这个意思来的。不过现在的法律更加严密了。我国现在规定全国人大制定的法称为法律,国务院和省级地方人大制定的法称为法规,国务院各部委和省级人民政府制定的法称为规章。此外的机关,包括县以下的人大和政府以及企事业单位及人民团体制订的章程、规则和乡规民约等都不能称法。这些章程规约也有规范性,但只是在它们自己范围内行使,而且只是行政性的,如果违反了,只能以纪律或一般奖罚办法来处理,不能适用刑罚。国家司法机关是不办这些案件的。严格规定法与非法的界限,规定犯罪和违法的界限,规定犯罪构成的因素,规定执法机关的职权范围和行使权力的程序。只有司法机关才能审判案件,只有公安机关才能逮捕、拘留人犯,搜查犯罪证据,其他单位关押人员,侵入住宅,搜身抄家,都是侵犯人身自由,变成违法行为。许多人不懂法,往往把小偷和有问题的人关押起来,甚至捆缚殴打,都是错误的。法律是很尊严,有很大的权威的,都具有规范性、稳定性、科学性、阶级性,规定得严密一点是必要的,有好处的。

## 三

我国社会主义法制的基本原则。根据毛主席的说法,我国宪法有二个原则,一是社会主义原则,二是民主原则。根据宪法规定还有一个法制原则,这三个原则不仅是宪法所有,也是全部法律的原则。

社会主义原则。宪法规定我国是工人阶级领导的、工农联盟为基础的人民民主专政的社会主义国家。社会主义制度是中华人民共和国的根本制度。禁止任何组织或者个人破坏社会主义制度(第一条)。我国经济制度的基础是社会主义公有制(第六条)。国家发展社会主义教育事业(第十九条),规定国家为人民服务,为社会主义服务的文学艺术事业(第二十二条),国家培养为社会主义服务的各专业人才(第二十三条),国家加强社会主义的精神文明(第二十四条)。一切社会制度,如男女平等,民族平等,宗教信仰自由,科学研究、文艺创作、文化事业的自由等,都是有着社会主义的内容。总起来说,这些就是国家提倡爱祖国、爱人民、爱劳动、爱科学、爱社会主义公德,在人民中进行爱国主义、集体主义和国际主义、共产主义教育,进行辩证唯物主义和历史唯物主义的教育,反对资本主义的、封建主义的和其他的腐朽思想(第二十四条),也就是坚持四项基本原则。

除此以外,我国刑法是以马克思列宁主义、毛泽东思想为指针,以宪法为根据,保护人民民主专政,保护社会主义财产,保障社会主义革命、社会主义建设的顺利而制订(第一、二条),惩办的对象首先是企图推翻人民民主专政政权和社会主义制度的反革命罪,破坏社会主义经济秩序罪,以及危害公共安全罪。

我国的民法(根据即将制订的民法通则)也不同于保护私有财产和剥削制度的资产阶级民法,而是以巩固和发展社会主义公有制,维护社会主义的经济秩序和社会秩序,保障社会主义现代化建设事业的顺利进行为基本任务。

我国的婚姻法实行婚姻自由、一夫一妻、男女平等的婚姻制度,保护妇女、儿童和老人的合法权益,是同封建思想、资产阶级思想和习惯势力作斗争的社会主义婚姻家庭制度。

总之,我国全部法律制度完全是社会主义的内容,实施这个法制也就在思想上和行为上坚持了党的四项基本原则。

民主原则。我国是人民民主专政的国家,人民民主专政就是对人民实行民主,对敌人实行专政,二方面结合起来的政治制度。它给予各种民主权利,实行真正的民主,高度的民主,并作了充分的保障。民主的内容,首先是人民管理国家的权利。宪法第二条规定:"中华人民共和国的一切权力属于人民,人民依照法律规定,通过各种途径和形式管理国家事务,管理经济和文化事业,管理社会事务。人民行使国家权力的机关是全国和地方各级人民代表大会。人民代表大会都由人民选举产生,对人民负责,受人民监督,其他国家机关都由相应的人民代表大会产生,对它负责受它监督。也间接为人民负责,受人民监督。宪法又规定,我国国家机关都实行民主集中制的原则。一切国家机关和国家工作人员必须依靠人民的支持,经常保持同人民的密切关系,倾听人民的意见和建议,接受人民的监督,为人民服务。"(第二十七条)这是民主的主要内容。

民主也意味着自由和平等。当然,民主、自由、平等都不是抽象的,而是具体的,有阶级性的,而且在一定的社会,按照其法律制度的规定行使的。我国人民在社会主义制度下,有广泛的自由权利,公民的人身自由不受侵犯,住宅不受侵犯,有言论、出版、集会、结社的自由,有通信秘密的自由,有宗教信仰的自由,有进行科学研究、文学艺术创作和其他文化活动的自由。这些自由都是受法律保护,不受侵犯的。

古代专制君主是不要法律的,他们有的在表面上也颁布了法律,但这些法律是对付人民的,他们自己是不受法制约束的。十七世纪以来,西方资产阶级为了废除封建等级制度和特权,为了争取民主政权,争取自由和平等的权利,提出"法律面前人人平等"的口号,这口号表示了资产阶级的法制精神,自然只是资产阶级的民主和自由,与无产阶级是不相干的,我们的民主同资产阶级的民主其性质根本不同。我们在法律上提出的平等是民主平等、男女平等。公民的社会地位平等,权利义务平等,法律的适用平等。任何人都要同样遵守宪法和法律,从事任何职业的人,任何国家工作人员,包括各级领导人员,除了职务上的权力以外,都是一个普通的公民,没有超越于法律的特权。我们的平等是无产阶级的平等,不但废除了封建特权,也废除资产阶级金钱特权,是废除剥削制度和不存在剥削后的人民大众的平等。正如胡耀邦、胡乔木同志所说的体现在共产主义精神的"人与人之间的平等关系"。

法制原则。这个原则已如前面所说,是"有法可依,有法必依",严格依法办事的内容。宪法第三条规定:"国家维护社会主义法制的统一和尊严","一切国家机关和武装力量、各政党和社会团体、各企业事业组织都必须遵守宪法和法律。一切违反宪法和法律的行为,必须予以追究。任何组织和个人都不得有超越宪法和法律的特权"。我国刑事诉讼法规定:"人民法院、人民检察院和公安机关进行刑事诉讼,必须依靠群众,必须以事实为根据,法律为准绳。对于一切公民,在适用法律上一律平等,在法律面前不允许有任何特权。"(第四条)中共党章也规定:"党必须在宪法和法律的范围内活动"(总纲最后一项),党员要"自觉遵守党的纪律和国家的法律"(第三条第二项)。这都是法律必须严格执行,对任何人都要执行的法制原则。我国古代法家主张以法治国,提出"明法度,必赏罚","弃知去己,任法而弗躬,事断于法"和"刑无等级,法不阿贵"等说法,也会有"有法必依,执法必严"的法制精神。但这些说法只是学者的一种思想,一种要求,正如资产阶级法治主义的学者的"法律至上"成为空想一样,在地主、资产阶级专政的社会里,真正的法制原则是不可能实现的。只有在人民掌握政权而法律是体现工人阶级的意志、保障人民大众利益的社会主义国家,才能真正实现法制原则。

我国社会主义法律的三个原则:社会主义原则、民主原则、法制原则,其内容同社会主义—共产主义政治思想和道德相一致,而且是有助于这些道德和思想的实现的。

## 四

政治思想教育和法制都是社会主义国家所需要,是两项重要工作。两者并不矛盾,是相互保证,相互促进的,所有轻视教育或者抱法律虚无主义都是错误的。

我国古代学者,有儒家和法家二派(当然还有其他学派),儒家重道德、重教育,所谓"导之以德,齐之以礼,有耻且格;导之以政,齐之以刑,民免而无耻"。仁义道德、礼义廉耻,是儒家的为人准则。到了宋明儒者更加重视内省工作,他们援引孔丘的"吾日三省吾身"的教导,提倡慎独,倡导正心诚意、明心见性的自觉教育。但在实践上,他们从来没有放弃刑罚不用。孔子为鲁相的第三天就诛了少正卯;王阳明是有名的理学家,但残酷地镇压了农民起义;晚清的曾国藩是蒋介石所最崇拜的大儒,他竭尽全力宣传忠孝节义,但对太平天国却进行很凶暴的征剿,甚至所到之处,把太平天国治下的群众都杀尽斩光。当时人曾称曾国藩为曾剃头,不愧是"宁可错杀一千,不可漏网一个"的蒋介石的师祖爷。法家重法轻礼,以严刑峻罚来禁止犯法行为,他们不相信人能不为恶,而只使人不敢为恶。他们说:"尧舜为帝不能治三家,中主抱法处势可以治天下。"又说一个慈母不能劝导儿子不犯法,一个法吏却能把他治得服服帖帖,他们用这些例子来证明他们的主张是对的。历史上有人评法家为刻薄寡恩,就是指他们的重刑主义。但法家也不是不要教育,不是不主张劝善,不过是以法为教,以吏为师和重视农战的功利主义者,与儒家有所不同。历史的实践证明,儒家和法家的学说都偏于一端,不切合实际,所以汉代以后,已经是儒法结合,刑礼并重,或者说是以礼为主,以刑为辅,汉唐的刑律都是在儒家的思想为指导下编订出来的。历史上有见识的统治者从来没有只重教育而废刑法,也没有一味镇压而不讲教化,他们总是把教育和法制结合起来作为治理国家的手段。

我们以马列主义毛泽东思想为指导，建立了人民民主专政的国家，从事于现代化建设，不可不重视政治思想教育，也不可不重视法制精神。具体地说遵纪守法应该是政治思想教育的重要内容的一部分。学校里有教育法令，有学位条例，有学生守则，有课堂规则，有宿舍规则，最近人大还要颁布义务教育法，都是教育者和学生所必须遵守，没有这些法令和规章制度，恐怕教育是不好办的。不接受教育而违纪犯法的青年今天还有的，将来也是难以避免。如果没有法制保障，思想教育也难以完全奏效。这是一方面。

另一方面法制工作也不是就法谈法，走单行道。为了实施法制，首先要普及法制教育，让大家知法、懂法、遵法、守法。过去有人说道德防患于未然，法律制裁于事后，其实并不尽然。现在预防犯罪，就是要施行政治思想教育和道德教育。犯人犯罪以后，对他们进行改造，仍然采取教育与惩办相结合的方针。刑事上的综合治理就是结合劳动、教育、刑罚，群众管制与专职机关协作的办法。对青少年进行教育，要求学校、家庭、社会相配合。有轻微犯罪和习惯性违法的青少年，采用劳动教养和工读学校的办法，这证明教育和法制不是分离而是相互结合的。今天加强法制的工作，并非单纯政法机关的事，社会学校也要分担责任，政法机关的任务不是单纯的刑罚，要兼采劳动改造、政治思想教育的方法来完成，专政手段与民主手段已难分开了。这是我国社会主义法制的一个特点。

不久以前，邓小平同志在中央书记处的一次讲话，说纠正不正之风，"一靠教育，二靠法制"。这是马列主义的原则，是实践经验的结果。今天已在多方面具体施行了。

教育与法制相结合，互为补充，互为保证，是提高共产主义思想，维护社会主义制度的有效办法。在政治思想教育中加一点法制课程，搞政治思想教育的同志研究一下法制精神，我想对工作是有好处的。

以上漫谈一点教育与法制的关系，拉扯得宽了，说错的地方，请同志们指正。

（约写于 1983 年，原为手稿）

# 关于机构改革的几个问题

## 一、机构改革的重要性和迫切性

机构改革是当前的一项十分重要的工作。在农业改革以后，企业、事业和国家机关的改革也已开始了。小平同志说："精简机构是一场革命。"耀邦同志说："改革是实现社会主义'四化'建设的重要保证之一。"为什么把机构改革提高到如此重要的地位？这是因为我们社会主义现代化建设的方针、政策已经在党的十二大确立了，"六五"计划也在五届全国人大第五次会议上通过发表了。方针、政策、计划决定之后，接下来就是如何实施和执行的问题。执行是靠广大工作人员的，而人员是在一定机构内组织起来进行工作的。因此机构是否适应形势，能否充分发挥每一个工作人员的力量来完成工作任务，便是关键问题。

目前我们国家的机关、事业、企业机构，都是社会主义性质的，在党的领导下工作的，应该说基本上是健全的，是能够完成任务的。但是由于历史的、社会的关系，例如民主革命战争时代的供给制，虽然在当时是有其重要意义，也发挥过重大的作用，但后来慢慢地有了所谓"干与不干一个样，干多干少一个样"的捧着铁饭碗吃大锅饭的毛病。再加几千年来封建衙门的流毒还未完全肃清，人们在思想上、作风上还受到一定的影响，从而还有着某些官僚主义作风。由于这两种原因，形成机构重叠，人员臃肿，职责不清，工作疲怠，功过不分，赏罚不明，工作效率不高等问题。这是当前机构组织和制度不能适应我们"四化"建设需要的重要之点。

今天，我国面临的重要问题，是经济力量不足。正如《关于建国以来党的若干历史问题的决议》所指出：我国目前的主要矛盾是社会生产不能满足人民日益增长的物质文化需要。要解决这个问题，就要全国上下，大家都加紧工作,把生产发展与文化设施赶上去。三中全会以后,党中央经过几年的准备,在调整、改革、整顿、提高方针下,要求经济、文化加速向前发展,并规定至本世纪末,我们的国民经济总产值要翻两番。时间很快,目前已过去二年多了,"六五"计划差不多已过去了一半,下面的"七五"、"八五"、"九五"只有三个计划多一点了,要把我们国民经济包括农业、工业及各方面的生产全面提高翻两番,这不是一件容易的事情。我们只有急起直追,一个人能做两个人的事,一天能完成两天的工作,才有可能赶上去。这主要是如何提高工作效率的问题。要提高工作效率,首先要改革我们的组织机构,整顿我们的工作制度,改变我们的工作作风。这在今天是太迫切需要了。如果改革推迟半年,就会使我们工作耽误几个半年。所以大家对机构改革工作都有迫切感,要全面而系统地改,坚决而有秩序地改,争取早日完成改革,大大提高工作效率,快一点把"四化"建设搞上去。

## 二、机构改革的几个原则

机构改革的目的是提高工作效率。但国家机关与事业、企业单位的性质不同,提高效率的办法也不同,必须根据国家机关的特点来制定改革的方案。这方案应该注意以下三个原则。

1. 负责制与民主制相结合

改革后的机关应该实行责任制,这是肯定的。国务院实行总理负责制,各部委实行部长、主任负责制,各省市实行省长、市长负责制,一切国家机关都要实行责任制,是宪法规定了的。但同时宪法又规定,国家机构实行民主集中制原则。首长负责制与民主集中制是否矛盾呢?我认为不矛盾的,两者结合起来,对机关的工作能更有效地推行。机关无人负责,领导人软弱无力,干部自由散漫,遇事议而不决,决而不行,工作抓不起来,当然不行。但只有领导人负责,而没有发挥群众的积极性,不能集中大家的智慧,群策群力,团结一致,努力工作,也是不行的。既要民主又要集中,集中实行领导负责制,民主发挥群众的主观能动性,必须两者结合起来。不能认为讲民主就妨碍了领导的负责精神,讲集中就损伤了群众的积极性。如何使新的机构,既便于领导人的负责抓工作,又能发动群众力量的民主精神,是机构改革中应该研究做到的。

2. 科学管理与人的主动作用相结合

改造自然和改革社会的工作必须首先摸清事物的客观规律,然后按照客观规律来考虑工作方式和工作程序,才能发挥作用,获得效果。国家机关有权力机关、行政机关、司法机关、军事机关,有经济管理机关、文教管理机关和其他各种机关,业务不同,性质不同,工作方法也不同。资产阶级学者曾经就各项工作,逐一研究其组织和程序,分析其过程,记下了数据,得出如何工作才最有效率的方案,并使用各种仪器来进行管理,这就是所谓科学管理法。当然资产阶级的科学管理法为追求资产阶级的利益,有其片面性,不可能真正合乎客观规律。而社会主义国家废除剥削,不图一个阶级的私利,完全能够从实际出发,研究、发现和运用事物的客观规律性,根据具体工作的需要,科学地组织机构,安排力量,规定工作方式和程序。我们的科学管理学、行政学和行政法,今天还没有很好研究,没有现成方案可用。今天进行机构改革,必须从头开始,研究各项工作的规律,制定改革方案,把过去不科学的制度改变过来。但任何科学方法总离不开人的作用,说到底,所谓科学管理仍然是如何合理发挥人的作用。是人使用机器,而不是机器使用人。因此,不管怎样的管理,必须同人的主观能动性相结合,否则就不能获得最大效率。特别是我们的物质文明还不高,机器设备还不足的今天,研究新的管理方法,更需要考虑科学性与人的主动性相结合。

3. 政治觉悟与物质利益相结合

国家机关主要是执行方针政策,完成国家的计划任务,为人民的根本利益和远大目标服务。这与工农企业的生产物质财富,以增值利润为目的,以把工作与利润挂钩来推动生产的方式不尽相同。因此,对国家工作人员,首先要提高政治思想,培养他们的革命热情和全心全意为人民服务的精神。但也不能只讲国家利益而忽视工作人员的个人利益,不能只要精神文明而不提物质需要。这就要改革工资福利制度,视工作的难易、劳逸等不同情况,规定高低不同的工资福利制度,视工作成绩的好坏、大小,规定奖罚制度,多作精神鼓励,也要在物质生活上为之作妥当的安排。但有一点必须注意,国家工作人员绝不能从任务本身中来取得个人利益,也不能在制度规定的国家给予以外去找个人收入。因为国家机关工作人员都是手中有权,而且权力是比较大的,如果允许从自己的业务中来分配个人收入,或允许在国家给予以外,自找收入,如税利人员从税收分成,公安人员可以直接以罚金或没收财物作奖赏,就容易发生苛敛扰民的行为,甚至发生贪污受贿、营私舞弊的罪行,是不可不注意的。

### 三、精简机构，调整人事

精简机构，强化领导班子，是机构改革的具体内容，第一步的工作。多年来，我们国家机关的一个重要缺点是机构庞大，人员臃肿，彼此重复，上下重叠的现象严重。上面领导多头，下面无所适从，彼此关系不清，工作容易扯皮。据说建筑一所房子，只是一份设计书就得经过三十多个单位或部门审核，盖上三十多个大印，才得批准。至于施工中间的交涉折衡就更多了。这不仅浪费了无谓的精力，拖长了建筑周期，也损耗多少财力、物力，大大降低了工作效率，分析其原因就在于机构重复，工作扯皮。

宪法规定，我们的地方国家机关有省、县、乡三级。地方各级人民政府组织法规定，省以下可以设行政公署，县以下可以设区公所，城市可以设街道办事处，都作为上一级政府的派出机关。派出机关不是一级政权，只是受派遣做指导、检查与监督工作，无须多设工作机构。因此，我们的地方机关有"三实二虚"的说法。即省、县、乡是实的，地方和区是虚的。但实际情况是，虚的机关往往比实的机关还大。最近有的省已把地方一级机关裁撤，改由本区域内较大的市来兼任其职，这是很好的办法。区公所和街道办事处也应大力简化。

在省、市人民政府下面设的厅、局，是具体的业务管理机关了，但是现在在省、市政府与厅、局之间，还有许多委员会、办公室，而且成为掌握大权的领导机关。是否有所必要？其中有的是有具体业务的，这可以存在，应同厅、局是同样的地位。有的是中间重叠机构，应该坚决删并。国务院不是已经减少许多部、委了吗？省、市机关特别是县一级机关是大可精简的。有许多单位，上面要下面不一定要，有的下面要上面不一定要，应该根据实际情况作合理调整。如从司法行政机关说县一级单位少、人员简，是否还需要设司法局、司法科？审判机关，我们是实行两审终审制的，大城市比较集中，有了高级人民法院是否还需要中级人民法院？事实上两院是设在一起，遇有重大案件，两院是协作办案的。这问题也可以研究。大城市的检察分院当然也可以撤销。又如每一单位内部，是否一律要设局、处、科甚至下面设组、股？所以，在机构改革中，对上下层次、同一层次里的很多机关，大有可以考虑精简之处。精简之后，因为任务清楚了、责任分明了，工作效率就会提高。

机构要改革，人事更需调整。人是主持着机关，直接进行工作的。人员得力与否，他们的思想、作风、能力如何，对机关工作有着直接的关系。现在中央提出工作人员要"四化",即革命化、年轻化、知识化、专业化,这些都很重要,一定要严格照办。干部"四化"主要是从政治上、能力上、身体上来保证更好地做好工作,完成任务。"四化"首先是革命化,提高工作人员的思想、作风是很重要的。必须通过思想工作,使大家认识自己对国家、对人民应负的责任,为革命而工作。如果像有些人那样,精神不振作,拖拉着过一天算一天,或者只为个人打算,甚至还沾染着更大的不良作风,这种精神面貌不改变,尽管年轻有知识,也做不好工作,担负不了国家交付的担子的。这是很值得注意的问题。

### 四、实行工作责任制

国家机关机构改革的核心问题是实行工作责任制或称岗位责任制。机关的工作责任制与农工企业承包制讲的"责、权、利"不同。社会主义国家机关的任务,主要是行使国家权力,执行政策纲领,管理各项经济文教事业,为人民服务。它不能像企业那样直接把工作任务同利润相结合,更不能以个人得利来鼓励干劲。国家机关如果重在谋利,一切为赚钱打算,后果就不堪设想。为了提高国家机关的工作效率,应该特别强调责任制,为了使责任制发挥作用,必须从职、权、责三方面解决问题,即每个机关、每个工作人员都要有明确的职务,有相应的权力去执行工作,对工作的完成与否要负责任。

责任制的每一个问题是确定职务。每一个单位和单位内的每一个人员的地位和职务,必须规定得清清楚楚。机关和个人各有各的职务,不要重复,不要含糊,不要你可以干,我也可以干,或者你不干可以,我不干也可以。如果各机关分工不清,就容易产生扯皮和推诿现象,工作就不可能搞好。

目前各机关分工不清,除了已经说过的机构重复和层次重叠的原因之外,还有党政不分,政企不分的问题。这两个问题必须在机构改革中同时解决。

责任制的第二个问题是划分权力。机关或个人履行职务都必须有相应的权力,没有权是无法履行职务的。职与权必须相连,这叫做有职有权。过去上级的权力太集中了,现在要权力下放。在一个机关内部,领导人有指挥权,业务人员有执行权,技术人员有技术决定权,会计人员有财务监督权,各有各的职,各有各的权。权通常分人事权、财务权、业务权。人事权就是选择工作人员,决定任免和考核奖惩的权力。我国宪法规定,国务院总理由国家主席提名,国务院委部的主任、部长,由总理提名,都经全国人大决定任免。按此规定,每一个机关的负责人由上一级机关决定,而这一机关内部的工作人员则由本机关负责人决定。例如学校校长、系主任有权聘请教师,这不仅因为他们直接领导本校本系的教学任务,也因为他们最了解教师的学术水平和教学能力。其他财务权、业务权也一样。当然各机关负责人使用权利时必须遵守一定的制度并接受上级机关和群众的监督。在民主制度下,任何权都不是绝对的,但有一定的分权,这又是民主制度的一条重要原则。

这里谈一谈审判独立问题。人民法院依法独立行使审判权。人民检察院依法独立行使检察权,是宪法规定的,当然应该遵守。但任何行使这一权力,曾经有过不同意见。有一个时候,强调审判员独立进行审判,后来挨批评了,又强调应由法院院长负责,审判员不能判案,连在判决书上也不具名了。于是流传着这么两句话:审判员看卷办案,院长听汇报批案。实际上两者都是偏了的。人民法院是由院长、庭长、审判员组成的,其间还有一个审判委员会。院长、庭长,组织、领导和监督审判工作(也可亲自办案)。审判委员会对重大案件进行民主讨论。审判员通过合议庭,对具体案件负责。这样分工协作,人民法院独立行使了审判权。还有一个问题,审判机关不能因为独立审判而摆脱党的领导、权力机关的监督,特别是人民群众的监督。同样不能因为有了党的领导、权力机关和人民群众的监督而否定了人民法院的审判独立,这是负责制和民主制的辩证结合。

第三个问题是承担责任。机构改革了,人员调整了,工作有职有权了,最后要对任务的完成情况承担责任。我们不能把工作做得好、做得不好一样看待。过去劳逸不均,功过不分,赏罚不明,是造成工作效率低下的主要原因。今后一定要改变这种情况。对工作完成得好的必须奖励。奖励的方式很多,可以是经济上的奖励,也可以是荣誉上或从职务提升来奖励。今后升级制度,工资制度都要与工作成绩结合起来,不能再搞论资排辈或平均主义了。对工作成绩差的,犯了错误的,应该处罚,处罚的办法也可以是多方面的,如批评、记过、扣发奖金、停止升级,直至降级使用或开除职务。总之必须有奖有罚,奖罚与工作成绩结合起来,工作人员的积极性才能充分发挥。

关于司法机关的奖罚问题,一般可视审判员办案情况而定。例如到一定时间可进行一次检查。对办案正确、合法、及时的,应予以奖励。有了错案、冤案、办案人应负责任。同时视全院全部办案成绩如何,论定院长、庭长的责任。资产阶级法院肆行法官专横,他们既武断判案,又对判决不负任何责任。我办我的案,你不服上诉好了。上诉结果如何,同原判案人无关。这是完全错误的。我们人民法院必须对经办的案件负责,把办案的正确或错误同办案人的奖罚联系起来。这样才能减少错案,提高审判质量。

总之,所谓责任制就是要把每一机关、每一人员的职务分清,各守各的岗位,各有各的职务。有了职位就要有相应的权力,让他们运用权力去执行职务,他人(包括上级和领导人)不应横加干涉。最后视成绩的有无、大小、衡量责任,分别功过,给以奖罚。有职、有权、有责,就是工作责任制的全部内容。

最后要提一提的,机构改革是一件大事,牵涉面广,既要有决心来办,又必须稳步前进,把事情办好。在工作中必须思想先行,搞通思想,转变作风,保证改革的顺利进行。改革之后,必须把成熟的经验和办法用法律或规章制度固定下来,使大家有法可依,有法必依,任何个人不得任意更改。

有关机构改革的问题很多,这里简单谈以上几点个人意见。由于对具体的机关任务很不熟悉,难免有闭门造车,与事实相反的错误,请读者指正。

(原载《法学杂志》1983年第4期)

# 对《保护妇女儿童合法权益的规定(草案)》的意见

一、保护妇女儿童合法权益是一项重要工作,应该有些积极的具体办法。妇女儿童受歧视和迫害的事现在仍到处可见,而且习以为常,仅仅是教育告诫,难以迅速转变这个风气。必须大造声势,震动人心,才能改变那些封建陋俗和资产阶级腐朽风气。《规定》提出一些处理办法,以行政手段强迫执行,是必要的。但这个问题毕竟大部分是人民内部的思想作风和陋俗的问题,而且牵涉面广,有的还以为是从爱护妇女儿童的心意出发的,处理办法仍须着重宣传教育、易风移俗方面,而伴之以行政处分、处罚。这是一个方针问题,首先应该考虑。

二、处理办法首先要着重对机关、单位、团体,特别是基层组织如街道办事处、乡政府和居(村)民委员会及教育、民政及公安、司法系统的基层单位做工作,除了在思想认识上提高他们以外,把这工作的责任交给他们,要求他们积极处理这些问题。《规定》的第二条要加重写一写,并且分别写得具体一点。

三、对于损害妇女儿童利益的行为及处理办法,要逐一分开来写。首先要把工作上的错误、一般陋习与违犯法纪的行为分开,处理办法也应有差别,要全面考虑。第二项要重在教育,纠正他们的错误,后者则要加强处分、处罚。

(约写于1986年,原为手稿)

# 实施《统计法》是国家的大事

第一部《中华人民共和国统计法》已经颁布实施了。这是总结建国以来统计工作的丰富经验,指导和保证统计工作顺利进行的重要法律文件。实施《统计法》是有关国家、集体和全体公民切身利益的大事。

为什么说实施《统计法》是国家的大事?

首先,实施《统计法》是适应社会主义生产有计划、按比例发展的客观要求,也是办好各项社会事业所必需。任何社会化的大生产,客观上都要求把社会劳动按照一定的比例分配到生产的各个部门,以保证社会再生产的协调和顺利进行。社会主义公有制从根本上消除了资本主义制度下那种个别企业生产有组织性和整个社会生产无政府状态的矛盾,摆脱了经常性的比例失调和出现周期性的经济危机的命运。国家作为代表全体人民利益的社会中心来掌握经济命脉,必须有计划地分配社会劳动,使各生产部门之间保持平衡;或者调整因发展不平衡而失调的比例,组织新的平衡。任何正确的计划或调整方案不会从天下掉下来,也不靠哪个先知者拍脑袋想出来,而是根据社会实际情况,现有生产资料、生产条件和社会需要而制订的。这些社会实际情况又是运用统计这个社会化大生产的产物作为认识手段,准确、及时、全面地收集信息、提供可靠的资料反映出来的。以往的经验教训告诉我们:离开了精密而可靠的统计工作,计划经济非出纰漏不可;经济越发展,越需要加强统计监督。目前,我国有十亿多人口,拥有千万个大小企业、事业单位和团体,还有迅速发展的个体户等,多种经济成分并存的局面,使社会主义生产呈现出错综复杂的关系。但是,单位不论大小,事情不分巨细,只有经过多种多样,各个层次的统计工作,才能条理清楚,一览无余。如今高度发展的社会化大生产,要求有更细密的、更科学的统计工作,要组织这样大规模的统计工作而求其整齐划一,符合要求,非要有章可循、有法可依不可。三十多年来,我国已制定颁布了一系列统计工作的政策、原则、条例和办法,发挥了积极的作用。现在的《统计法》

就是在过去经验的积累和当前这种新的形势下产生的。

其次,《统计法》是保证统计工作正确进行,保障社会主义生产有计划发展的法律武器。《统计法》保障各级统计机关和统计工作人员的正常活动,行使国家统计职责,规定了统计活动的规范和准则。《统计法》规定了:(一)统计制度和统计机构的设置,被调查者有依法提供统计资料的义务以及统计资料的保密和公布等内容;(二)统计机关和统计人员的职责和权力;(三)各级领导要依法加强对统计工作的领导,健全机构,组织专业学习和培养人才;(四)有关统计活动的法律责任等。由此可见,今后认真实施《统计法》,就可以运用法律武器,保证统计资料的准确、及时,实事求是,如实反映客观实际,能够切实地了解国情国力。

第三,实施《统计法》有助于正确地处理国家、集体、个人三者关系,促进我国现代化建设事业的顺利发展。在我国,所谓国家利益实际上是全国各族人民的共同利益,是他们的长远利益和根本利益,也是人民的局部利益和个人利益的保证。国家作为社会经济文化的组织者,在生产过程中要统筹兼顾,正确处理国家、集体、个人三者关系,就是说国家要通过全局,了如指掌,一方面要求局部利益服从整体利益,个人利益服从集体利益;另一方面国家要关心和增进集体和个人的利益。《统计法》第三条规定了:国家机关、社会团体、企业事业组织和个体工商户,以及在中国境内的外资、中外合资和中外合营企业、基层群众性自治组织和公民,都有义务如实提供统计资料和情况。随着《统计法》的实施,不仅可提高统计工作的水平,而且有助于正确处理国家、集体、个人三者关系,克服不正之风,有效地与违法乱纪行为作斗争,加强社会主义民主和法制,促进现代化事业发展。

既然实施《统计法》是关系到社会主义国家的大事,那么,它不仅是统计机关和统计人员履行职责所必须遵守的,也是其他机关、团体、企事业单位和全体人民关心国家大事,履行各自职责所必须遵守的。让我们共同努力做好统计工作,以保证我国国民经济和社会发展计划的正确制订和执行,保证我国社会主义现代化建设顺利进行!

(原载《上海统计》1984 年第 1 期)

# 繁荣马克思主义法学研究

　　过去一年,全国法学界在党的领导下做了许多工作,法学研究机构和团体有了发展,法学书刊的出版,在数量和质量上都有所提高。它们举行了多次有收获的学术讨论活动,发扬了百家争鸣的精神,拓广了法学研究的境界。对1982年公布的新宪法组织了学习和宣传,对两年来从重从快惩办严重的经济犯罪和破坏社会秩序的刑事犯罪分子的工作,进行了研究和教育宣传工作,都取得了好成绩。由于全国社会科学规划领导小组的组织领导,法学界同志在年初的昆明会议上制订了法学研究的国家计划,落实了研究单位和人员,已经开始工作。在全国规划的推动下,各省市以至各科研、教学单位也制订了自己的研究计划。这些规划和计划组织了全国法学界的力量,对法学各学科的基本理论,对法制实践中提出来的重要问题,在"六五"计划期间进行研究,开创了法学研究的新局面,法学研究将获得很大的繁荣。

　　"六五"计划的执行,还有两年时间。在这两年中,怎样更好地开展法学研究工作呢?陈丕显同志在1982年11月召开的中国法学会第一届理事会第二次会议上说:"有重点地科学地系统地总结我国法制工作的新经验,搞出有分量的科研成果。这些成果不但有助于社会主义事业的发展,同时,又反过来影响和促进我们的法制建设。这就是开展中国法学研究的新局面和正确道路。沿着这条道路走下去,创造更多成果,我们的法学也就繁荣起来了。"

　　在法学研究的进程上要遵守什么原则和准则呢?陈丕显同志指出:"研究法律离不开宪法。"1982年新宪法规定的四项基本原则是我国一切工作都必须遵循的最高准则,也为法学研究指明方向。阐明指导思想,是法学研究工作所必须遵循的最高准则。做任何工作都不能没有明确的方向,也不能没有正确的指导思想。否则,我们的工作就会像无舵无橹在大海中随风飘荡的孤船,不知将飘向何方,造成什么后果。我们在研究工作中要多读书,不论古今中外的书都要读。我们也要到社会中去了解各种社会现象,研究社会问题。这些书和社会现象是形形色色的杂然并陈的东西。我们是党领导下的马克思主义法学研究者,为建设社会主义而研读这些书,考察这些现象的,那就必须用马列主义毛泽东思想的立场、观点和方法去辨别糟粕和精华,去其糟粕,取其精华,以为我用。

剥削阶级的各种制度和学说是在他们的条件下产生,为他们自己的利益服务的。即使是同样的封建社会,同样的资本主义社会,也会因各国情况,先后时期的不同而不同。他们的制度和学说,尽管大体相同,也是互有分歧,各适所需的。剥削阶级决不会为社会主义,为社会主义中国的需要而出谋划策。如果我们食古不化,或重洋崇外,一定会背道而驰,造成严重的错误。譬如"无罪推定"原则,是资产阶级在封建司法的专横黑暗情况下为无辜被害的人(包括资产阶级分子)设想而提出来的。这在当时是有其进步意义。但在资产阶级自己当权以后,虽然在法律上采用了这一原则,而在不同国家、不同时代仍有不同的态度,有的是变质了。作为历史的东西,这是可以研究的。但主张以"无罪推定"作为我们的诉讼原则就错了。在今天的社会主义制度下,我国处理的刑事被告,主要是敌我矛盾中的犯罪分子。我国审判上重证据,重调查研究,严禁逼供信;以事实为依据、法律为准绳,是实事求是的科学方法,能够做到毋枉毋纵的。我们绝不用"主观推定"的办法。即使我们的法律还不够完善,也应在人民民主专政的立场上,对以事实为根据、法律为准绳的原则的具体运用上,研究和提出更完整、更适当的补充意见和办法,不能搬用"无罪推定"原则。搬用资产阶级的东西必然会造成分不清社会主义和资本主义,不理解唯物主义和唯心主义的错误。

新宪法规定了我国一切工作所必须遵循的思想基本原则,也对国家的根本制度、根本任务,以及政治生活、经济生活、文化生活和社会生活方面作了原则规定。我们今天研究法律,不论是研究国家机关的机构改革,研究经济体制和经济法规,研究刑法、民法、诉讼法,都必须恪守宪法的规定,坚持四项基本原则,否则不免要迷失方向,扰乱步伐,伤害而不是繁荣我们的马克思主义法学,不利于我国的社会主义现代化建设。

繁荣法学研究的工作方法主要是理论联系实际。这个方法是历史唯物主义在法学研究上的具体运用,是党中央和毛泽东同志历来提倡和实施的用以了解情况、决定政策的行之有效的重要方法,也是搞好学术研究的必要方法。我们现在已经在法学研究上广泛采用了这个方法,但也有一些同志不很重视或未能很好运用这个方法。这一方面有客观上的原因,但主要的还是主观上不习惯。我们一定要改变坐在书房里,从书本中来到书本中去的摘摘抄抄,搬弄旧材料、旧知识的治学方法。事物不断发展,知识必须更新,只有接触实际,到事物变化的现场中去做工夫,才能了解新情况,发现新问题,总结新经验,摸出规律,获得真知灼见,作出超越前人的新贡献。

接触实际的方法,首先是参加实际斗争。如丕显同志提到的政法大学师生参加了河北省的惩办严重刑事犯罪分子的工作,感到"收获很大,胜读三年书"。过去,党经常组织理论工作者下工厂、下农村,参加土改、民主改革的实践,现在我们法学研究者也要走出书房,到立法工作中去,到司法工作中去,到综合治理工作中去,到各项研究的具体对象中去,在实际斗争中总结经验,提高学术水平。其次是调查研究。这是一项比较间接的方法,但比在书房中讨生活要好得多。调查研究也有两种方法,一是到有关单位去索取现成材料,请领导人作一次报告,回来综合起来写个调查报告;二是到更实际的部门去,到群众中去了解情况,记录、录像,获得实际情况,自己制作第一手的资料。第二个方法比第一个方法更为具体,更为实际,不过要多花一点力气。没有劳动不会有收获,研究工作者不能吝惜力气。

联系实际也有困难。解决困难首先要求研究工作者自己放下架子,虚心承教,同实际工作者和群众打成一片。同样也要求实际部门不怕麻烦,支持和帮助理论研究者接触实际。正如丕显同志所说:"有计划地为法学研究人员、教学人员深入实际创造方便条件。可以有计划地安排他们参加一定的实际工作,经常向他们介绍实际工作情况和问题,让他们有机会接触到必要的材料,同他们合作进行某些专题的调查研究和经验总结。"做到了这些就很好了。

繁荣法学研究的第二个重要办法是经常进行学术交流,开展学术讨论。学术问题,特别是社会科学,要从各种复杂的社会关系中找出其发展变化的规律,做出把它运用到实际中去的方案。这是很不容易的。要做多方面的研究,需要从各个角度来考察。要彼此交换意见,共同商讨,切磋琢磨,取众人之长,补一己之短,凝结群众智慧而成。这就需要开展学术交流和讨论。这种交流和讨论,可以由较大的有关机关团体来组织进行,也可以由一个小的单位来组织进行。范围可大可小,但要有计划、有准备,在每一次会谈中研究一、二个问题。一次解决不了的,停一停,安排一个时间再讨论。

学术讨论必须采取百家争鸣的方针,目的是充分听取各种不同的意见。既然是各种不同的意见,这中间当然有赞同的、反对的意见,也有正确的、错误的,或部分正确部分错误的意见,要允许大家说出来,以便分析比较,分别取舍,提高自己。百家争鸣也要采取批评和自我批评的方式,实事求是,摆事实,讲道理,提出有根据的论证来否定或修正错误的意见,肯定和接受正确的意见。真理不讲不明,是非不辩不清,但要以理服人,不是以势压人。学术问题要同政治问题分开,但在学术研究上也不能不接触到政治实际,问题是要以学术研究的态度来进行讨论,不宜以政治斗争的态度来处理不同意见。是争鸣吗? 从错误的不正确的意见来考虑问题吗? 要求发言句句正确,谁也不敢参加讨论,如果完全是正确的,那也不是讨论,是训话了。这都不符合学术讨论的要求,不利于繁荣学术的。但百家争鸣是唯物辩证法的一个方式,是通过百家争鸣来发展和提高马克思主义,完善社会主义制度的。正确的和成功的学术讨论,不是在讨论中没有错误言论,而要辩明是非,纠正错误的意见,引导到正确的结论上来。迷失方向、混乱是非,形成资产阶级自由市场的做法,决不是百家争鸣的方针。

为了做好法学研究,一定要有准则:就是坚持四项基本原则,恪守宪法;要明确方向,就是繁荣马克思主义的法学,开展社会主义法制的新局面;也要有适当的方法,主要是理论联系实际,开展百家争鸣的学术讨论。现在,全党正在整风,经过整风必定会端正我们的党风和学风,也会提高整个学术界的思想作风,大家必将勤勤恳恳,切切实实,做好法学研究工作,完成国家和地方交给的各项科研计划,拿出优良的科研成果,为党和国家作好助手,为社会主义法制,为社会主义现代化建设,作出贡献。

(原载《民主与法制》1984年第1期)

# 共同开创法学研究新局面

这次法学理论讨论会,历时八天,在与会同志的共同努力下,圆满地完成了对原定议题的讨论,今天结束了。

这次讨论会,除四名代表出国访问或因工作离不开而请假外,实到正式代表四十六名,列席代表十四名,其中包括了来自北京、上海和各地的立法、司法、法学研究和法律教育等部门的法学专家、学者。全国人大常委法制委员会副主任陶希晋同志专程前来出席会议,并先后作了两次重要讲话;法学界的前辈张友渔、陈守一,以及著名学者于光远等,都热情支持和关怀这次讨论会,给大会写了书面讲话和贺信。所有这些,都给与会同志很大的鼓舞。这次讨论会,是我们法学界在新的历史时期召开的一次盛会,是法学界为开创社会主义法制建设新局面而迈出的共同努力、团结战斗的重要一步。

根据我国社会主义法制建设发展的历史情况,这次讨论会集中探讨了有关建立中国式社会主义法律体系和法学体系的问题,这是当前我国法制建设中一个关系全局的十分重要的理论课题。提交大会的三十四篇论文,凝集了法学界对这一法学基本理论问题探索与研究的成果,从各方面来分析研究,发表了各种言之成理的理论见解。讨论会以这些论文为基础,在坚持四项基本原则的前提下,认真贯彻了双百方针和理论联系实际的原则,开展了不同意见的自由争论。通过讨论,不但大大地提高了与会同志对研究社会主义法律体系和法学体系问题的认识和自觉程度,而且,在有关社会主义法律体系和法学体系的含义、内部结构、部门划分,以及应有的国情特点等重要理论问题上,进一步交流观点,明确了认识,提出了一些有益的建议,并取得了某些比较一致的意见,为进一步深入研究这一重大法学理论问题提供了良好的开端。会议结束后,将把提交大会的论文选编成专集,作为这次讨论会的一个成果献给社会,并将会议讨论的情况和提出的问题,写成一份情况综述,以简报形式寄给大家。

同志们,这次法学理论讨论会是结束了,但关于中国式的社会主义法律体系和法学体系的研究,还仅仅是个开始,而法学理论研究还有许多重要的领域,等待我们去探索和开拓,摆在我们面前的任务是十分艰巨和光荣的。让我们以这次讨论会作为团结一致、协作攻关的起点,在党的领导下,共同为开创法学理论研究的新局面作出更多的贡献。

(原载《法学理论论文集》,群众出版社 1984 年版)

# 略论宪法和我国新宪法的特点[*]

## 一、宪法的一般概念

我国古书上早就有"宪法"一词,但那时的词义与现在的含义已不相同。原来的"宪"也是法、法令的意思,主要指皇帝的"敕令"和政府的命令。欧洲文字"宪法"的意思是"国家组织法"。近今所称"宪法"一般是指关于国家根本制度的法律。

近代宪法产生于资产阶级革命时期。为了发展工商业,资产阶级展开了反对封建制度的斗争,如近代欧洲一些国家,国王要资产阶级出钱纳税,资产阶级则要求设立议会,从国王那里得到一些保护自己、发展自己的权利。中国的清朝末期,在国内的革命和国外压力的影响下,也曾搞过所谓"宪政运动"。英国初期的宪法只是一些权力的分割。美国独立后制订的宪法,主要规定国家机构的三权分立及中央政府和地方政府的关系,都是很简单的。后来,宪法的体系有了发展,加入了社会制度、政治纲领、公民的权利义务、国家的组织机构等内容,体例更完整,结构更庞大,内容更丰富了。

(1) 宪法是国家的根本法

为什么称宪法为根本法?我国新宪法回答了这个问题。宪法"序言"部分的最后一段说:"本宪法以法律的形式确认了中国各族人民奋斗的成果,规定了国家的根本制度和根本任务,是国家的根本法,具有最高的法律效力。"这里说明根本法的两个特征。一是规定国家的根本制度;二是具有的最高的法律效力。

---

[*] 本文初载上海《社会科学》1982 年第 7 期,题目为"宪法的概念和我国新宪法的重要意义",收入《中国法学文集》时作了修改。

所谓根本制度,指的是国家最基本的任务、原则和制度,其中主要的是国体和政体。国体讲的是国家权力归哪个阶级掌握,谁是统治阶级、谁是同盟阶段、谁是被统治阶段,即社会各阶级在社会中的地位。这是决定国家阶级性质的根本问题。政体是统治阶级行使权力进行统治的具体组织形式和工作关系。政体与国体相适应,是保证国体的实现的。

宪法不是"法律大全",只规定国家的根本制度,其他制度和详细办法则由其他法律规定。宪法不仅不排斥其他法律,而且需要其他法律作为补充,使法制臻于完备。

所谓最高的法律效力,有两层意思,即宪法与其他法律比较,一是宪法为制订其他法律的根据与基础。如有的法律一开头就说明:"本法根据宪法第几条制订。"因此有的人称宪法是母法,其他法律是子法。二是指其他法律不能与宪法相抵触,否则无效,要被撤销或废除。我国宪法第5条规定:"一切法律、行政法规和地方性法规都不得同宪法相抵触。"

由于宪法的内容比一般法律重要,效力比其他法律高,它的制订与修改一般都有特殊的程序,比一般法律的制订和修改都要郑重。

(2) 宪法记录人民奋斗的成果

毛泽东同志说:"世界上历来的宪政,不论是英国、美国、法国和苏联,都是在革命成功有了民主事实之后,颁布一个根本法去承认它。这就是宪法。"①这说明宪法是革命的果实,是现实政治的记录。只有新的阶段取得革命胜利,建立新政权之后,才能够把自己的政治要求和实现这些要求的制度和机构组织等用根本法的形式固定下来,以维护和巩固自己的统治。如我们中国只有在推翻三座大山,建立中华人民共和国,才于1949年制定起临时宪法作用的新政协共同纲领和1954年的宪法。

新政权建立后,社会不断发展,宪法的原有内容逐渐与现实不相符合了,这就需要修改宪法。但修改不同于新制,修改是在原有的国体、政体没有根本变化的情况下,在原统治阶级领导下进行的。譬如我国1954年宪法经过1975年、1978年、直到这次的修改,都有不同社会因素,但阶级力量和政权性质没有变。因此,宪法虽然修改了,国体与政体、社会制度、国家基本体制等大纲节目都没有变。这次修改主要是社会主义制度需要改进与完善,民主与法制需要进一步发扬和提高,以适应社会主义现代化建设的需要。

宪法与其他法律一样,都是体现统治阶级的利益和意志的。封建阶级的法是这样的,资本主义法是这样,社会主义法也是这样。但社会主义法与剥削阶级法有两点明显的不同。第一，剥削阶级的法是维护私有制经济和剥削制度，代表少数的剥削者的利益；社会主义法维护社会主义公有制经济、反对人剥削人的制度，体现工人阶级领导的人民大众的利益。第二，剥削阶级与劳动人民，即统治者与被统治者的利益根本相反，不可调和。剥削者不会考虑劳动人民的利益，有时似乎也照顾一下劳动人民，那是为了更有利于他们的统治，对劳动人民进行更大的剥削。工人阶级要改造世界，解放全人类，领导团结人民大众共同管理国家，并不剥削任何人。对于反对和破坏社会主义的人，主要是要改造他们，也可能改造他们，使之成为新人。所以，工人阶级没有阶级的私利，而是考虑广大人民的共同利益，能够体现广大人民的共同意志的。现在我国已经基本上消灭了剥削阶级，由社会主义的工人、社会主义的农民和社会主义的知识分子为主体组成广大人民队伍。工人阶级的利益和广大人民的利益根本一致，工人阶级的意志已成为人民大众的共同意志了。这部宪法就是工人阶级领导的、以工农联盟为基础的广大人民的利益和意志的体现。

宪法的性质决定于国家的性质，不同性质的国家有不同性质的宪法。历史上虽然有过封建末期统治阶级受到人民的压力而搞的宪政，但世界上主要只有两种类型的宪法：资本主义宪法与社会主义宪法。资本主义宪法维护资本主义私有制，剥削工人的剩余价值，主张自由竞争，以攫取最大的利润。它表面上也讲主权在民，搞三权分立的民主，但这种民主是资产阶级的民主，劳动人民是享受不到的。社会主义宪法保护社会主义公有制，废除各种剥削制度，建立人民当家作主的国家制度和政治制度。

## 二、宪法的历史发展

宪法的历史，以西方资本主义国家为先行，西方又以英国为最早。1215年的《大宪章》至今仍旧是英国宪法性文件之一。大宪章是英国国王受封建领主、教会、骑士、城市市民的压力，把王权作了某些限制，开创了国王必须接受法律约束的先例。其后，1679年的《人身保护法》、1689年的《权利法案》，都在国会斗争下颁布，确立了贵族与资产阶级联合专政的君主立宪制度，进一步限制了王权，提高了国会的地位。再以后经过《王位继承权》、《议会法》等法案，英国的权力就从英王手中完全转到议会手里。现在英国是议会制国家，议会制定法令，由内阁执行，英王只是象征性的国家元首。英国宪法是经过多次斗争、妥协，逐步建立起资产阶级政权的历史典型。

成文宪法以美国为先例。美国原来是英国的殖民地，经过18世纪的独立战争，才正式成为独立的主权国家。在独立战争中，经过大陆会议，在1776年发表了《独立宣言》，1777年制定了《邦联条例》；1787年在费城召开制宪会议，制订了《美利坚合众国宪法》（1789年生效）。该宪法一共才7条。前3条分别规定联邦的立法权、行政权、司法权；第4条规定州与州，州与联邦的关系；后面3条是关于宪法的制订、修改程序与宪法具有最高效力的规定。这部宪法没有政治纲领，没有人民的权利与义务，实际上只是政府组织条例。后来1791年通过了10条修正案，被称为《民权法案》，才规定了公民的自由权利。修正案并不改动原有条文，而是附加在宪法后面，修正一条加一条，现在美国宪法已有26条修正案。所以表面上看，美国宪法200年来未改变，最稳定，实际上一直在修改，而且越来越多地用法院判例来解释宪法条文，把宪法内容作了很多的改变，以适应自由资本主义到垄断资本主义的发展的需要。

法国从大革命时期制订了第一共和国宪法（1791年），把有名的《人权宣言》作为序言列入宪法，实行内阁制，议会为立法机关，总统不掌权。1958年，戴高乐的第五共和国宪法改为总统领导内阁，实行半内阁半总统制。法国由于政局多变，屡屡改订宪法，现行宪法已是第16部宪法了。

德国的宪法，最早是1749年法兰克福会议通过的德意志帝国宪法。第一次世界大战后，1919年资产阶级掌权，改帝制为共和制，在魏玛地方制订宪法，称为"魏玛宪法"。该宪法内容较全面，为其后别的资本主义国家所效法。第二次世界大战后，德国分裂了，联邦德国沿袭《魏玛宪法》制订了资产阶级内阁制的宪法，民主德国受苏联的影响，制订了社会主义体系的宪法。

日本经过19世纪的明治维新，基本上进入资本主义社会。1864年的明治宪法即《大日本帝国宪法》，封建味很浓，是地主贵族占优势的资本主义性质的宪法。二次大战后，日本受美国的管制，接受欧美制度，于1946年制订了《日本国宪法》，实行三权分立，规定"天皇乃日本国之象征"。《日本国宪法》的一个特点是放弃战争，不保持战争力量。根据日美安全体制，日本的安全由美国驻军负责，它自己只建立自卫队，维持国内治安。

苏联十月革命后建立了社会主义制度，于1918年制定《苏俄宪法》，以《被剥削劳动人民权利宣言》作为第一篇，宣布废除剥削与资本主义所有制，后面规定总纲、政权的结构。1924年制订了《苏联宪法》，1936年作了修订，被称为"斯大林宪法"。现行宪法是1977年修订的。

朝鲜、罗马尼亚、南斯拉夫的现行宪法都是社会主义宪法。

我国宪法发展史较短。1908年的《钦定宪法大纲》、1911年的《十九信条》都是清皇朝在革命压力下不得已而颁布的。前者开头就写着"大清皇帝统治大清帝国,万世一系,永永尊戴"、"君上神圣尊严,不可侵犯",充满封建性。后者在辛亥革命爆发后制订,稍稍表示限制皇权,是用以破坏革命的。这两宪法都没有实施。辛亥革命后,建立了以孙中山为临时大总统的中华民国,1912年3月制订了《中华民国临时约法》,基本上学的是西方制度,实行三权分立,是我国历史上唯一的资产阶级性的宪法。但不久孙中山被迫辞去临时大总统,继任总统袁世凯废除了这个临时约法,1914年另外颁布了为复辟帝制作准备的总统独揽大权的《中华民国约法》。后来袁世凯复辟称帝,这个约法也就完了。北洋军阀执政时期,曹锟贿选总统,1923年曾公布所谓《中华民国宪法》,被称为"贿选宪法",是历史上的一个污点。国民党反动派专政时期,1931年制订了《训政时期约法》,规定国家权力归国民党全国代表大会代行,是一部反动宪法。1946年11月,蒋介石破坏国共和谈,发动全面内战,制订了《中华民国宪法》,名义上是五权宪法(行政、立法、司法、考试、监察),实际上集五权于总统一人,成为蒋介石个人独裁的反动宪法。这个宪法遭到全国人民的反对。随着我国人民解放战争的胜利,我党中央宣布废除国民党的伪法统,它就同蒋家王朝一起被消灭了。

以上极简单地介绍了西方国家和我国旧时代宪法的制订和变动的概况,历史地证实宪法的一般概念,即宪法是革命、夺权斗争的成果。什么阶级夺取了政权,成为统治阶级,他们就根据自己的意志,把自己的政治要求,和实现这个要求的根本原则、根本制度、组织机构,制成法律,颁布为国家的根本法,规定它有最高法律效力,作为他们的治国武器。所以宪法是统治阶级意志和利益的反映,是现实政治的记录。宪法的性质就是政权的性质,为一定的政权服务,并随着政权的变动而变动的。

### 三、新宪法的特点

我国人民在中国共产党领导下,在新民主主义革命时期,已在革命解放区制订了宪法性的文件,那就是1934年的"苏区宪法大纲"、1941年的"陕甘宁边区施政纲领"、1946年的"陕甘宁边区宪法原则"。1949年新民主主义革命在全国胜利,中华人民共和国建立,制订了《共同纲领》等3个宪法性文件,1954年正式制订了《中华人民共和国宪法》,以后又3次修改颁布了宪法。这些都是人民的宪法。人民的宪法同旧中国的反动派的宪法，其内容、其性质根本不同，正和人民政权同反动政权性质根本不同一样。

1982年颁布的我国新宪法，是1954年宪法的发展，从内容上看，有以下几个特点：

(1) 明确了人民民主专政

新宪法规定我国是"工人阶级领导的、以工农联盟为基础的人民民主专政的社会主义国家"。在我们这个社会主义国家里，广大人民是国家的主人。但这里的广大人民是受工人阶级领导、教育而共同走社会主义道路的集体，并不是各走各的路的对立阶级。人民民主专政有其广泛性，也有其阶级性。这与中国共产党领导的广泛的统一战线正相适应。无产阶级专政是社会主义国家的政治原则，它在不同时期和不同社会有不同的形式。人民民主专政是无产阶级专政在我国实现的一种具体形式。它完全能够发挥无产阶级专政的实际作用，正确地体现我们社会主义国家的性质。

(2) 调整了社会主义经济制度

新宪法关于我国经济制度的规定，也与过去三部宪法的规定不同。这次规定我国经济制度以生产资料的社会主义公有制为基础，在全民所有制的国营经济，有劳动群众集体所有制的集体经济，也有城乡劳动者的个体经济。但这三者不是并立的，其中以国营经济为领导力量，个体经济则是公有制经济的补充。此外还允许有各种形式的中外合资经济，这是一种特殊形式。这样有主次轻重之分而互相配合的经济制度，能够发挥多方面的力量，活跃生产和市场，是完全适应当前社会主义发展形势，切合实际的，从而有力地推动社会主义现代化建设顺利前进。

(3) 扩大了人民的民主权利

民主与国体、政体密切关联。我国是人民民主专政的国家，国家一切权力属于人民。人民行使权力的机关是全国和地方各级人民代表大会。新宪法进一步规定：各级人民代表大会由选举产生，对人民负责，受人民监督；国家行政机关、审判机关、检察机关都由人民代表大会产生，对它负责，受它监督。这样，人民通过全国和地方各级人民代表大会就管理了全部国家事务了。除此，新宪法又规定国营企业职工、集体经济组织的劳动者管理各自的企业，决定经营管理的重大问题；规定城市和农村人民都在居住地区组织居民委员会，成为基层自治组织。再加公民对国家机关及其工作人员有批判建议之权，对其违法失职行为有检举、申诉、控告之权。这就从经济到政治，从地方到中央，特别在基层,人民群众通过各种途径和形式,管理国家事务,管理经济和文化事业,管理社会事务,民主权利比过去的3部宪法有了很大的扩大,进一步体现了人民当家作主了。

(4) 加强了社会主义法制

新宪法除在"序言"中宣布宪法的地位和权威外,还在第5条中规定:"国家维护社会主义法制的统一和尊严。""一切法律、行政法规和地方性法规都不得同宪法相抵触。""一切国家机关和武装力量、各政党和各社会团体、各企业事业组织都必须遵守宪法和法律。一切违反宪法和法律的行为,必须予以追究。""任何组织或者个人都不得有超越宪法和法律的特权。"这是比过去任何一部宪法都更明确有力地规定宪法和法律的权威,提高了法律的尊严。

此外,新宪法又恢复了1954年宪法所规定而为1975年、1978年宪法所取消的"公民在法律面前一律平等"的规定,恢复了1954年宪法规定而为1975年、1978年宪法所否定的"人民法院依照法律规定独立行使审判权"、"人民检察院依照法律规定独立行使检察权"。并且作了过去3部宪法都没有的新规定:"人民法院、人民检察院和公安机关办理刑事案件,应当分工负责,互相配合,互相制约,以保证准确有效地执行法律。"这些都曾经在司法实践和法学理论中屡屡引起争论的问题,这次在宪法中作出了明白的结论,对于全国人民(包括干部在内)确立法制观念,是有重大的教育作用和法律权威的。

(5) 改善了国家体制

新宪法加强了全国人大常委会和国务院的职权;充实了基层组织,在中央的统一领导下,充分发挥了地方的主动性、积极性。

国家机构调整中有二点是过去所没有的、突出的情况,即规定国家机关的责任制和领导干部的有限任期制。国务院实行总理负责制,国务院所属部位实行部长、主任负责制,一切国家机关必须严格实行责任制。责任制与领导干部任期不得超过二届的制度相结合,更能发扬民主,提高工作效率,消除官僚主义。

新宪法规定行政监察制度,尤其是突出地"对国家的财政金融机构和企业事业组织的财务收支,进行审计监督",是有重要意义的。

以上各点证明新宪法是总结了32年国家工作的正反经验,根据粉碎林彪、江青反革命集团以来的新形势、新成就,根据党的十一届六中全会《关于建国以来党的若干历史问题的决议》的精神,实事求是地提出国家的根本任务、根本制度、工作纲领和原则、公民的基本权利和义务、国家机构等;规定为有最大权威的根本法。它发展了 1954 年的宪法,纠正了 1975 年的宪法。新宪法的特点和重要意义就在于明确指出"今后国家的根本任务是集中力量进行社会主义现代化建设",有力地保证"中国各族人民将继续在中国共产党领导下,在马克思列宁主义、毛泽东思想指引下,坚持人民民主专政,坚持社会主义道路,不断完善社会主义的各项制度,发展社会主义民主,健全社会主义法制,自力更生,艰苦奋斗,逐步实现工业、农业、国防和科学技术的现代化,把我国建设成为高度文明、高度民主的社会主义国家"。

(原载《中国法学文集》,法律出版社 1984 年版)

# 法学

## ——《中国大百科全书·法学卷》序

法学,又称法律学、法律科学,是研究法这一特点社会现象及其发展规律的科学,属于社会科学的一个学科。

法学起源很早,在中国的春秋战国时期,西方的古罗马时代,就都已有了法学的著作。中国秦代以前的"刑名法术之学"或"刑名之学",汉代以后的"律学",都是论述以刑罚为主的法律问题的学说。西方古拉丁语中的jurisprudentia,原意是法律的知识或法律的技术。至于法学(即法律科学,英语为 science of law、德语为 rechtswissenschaft)一词,到了近代才广泛流行于西方各国,在中国是19世纪末西方文化传入后开始使用的。

## 法学概说

**法学的性质和任务** 法学随着法的出现而出现。自从社会上有了法,特别是有了成文法以后,也就有了法学。恩格斯说:"随着立法发展为复杂和广泛的整体,出现了新的社会分工的必要性:一个职业法学者阶层形成起来了,同时也就产生了法学。"(《马克思恩格斯选集》第2卷,第539页)这是因为,统治阶级通过国家制定了法,除了运用国家权力强制执行以外,还得对法进行宣传、解释和辩护,求得法的更圆满的实施;并且要进一步研究法的内容和形式、法与社会各方面的关系,谋求制定更恰当的法,使它更能为统治阶级的利益服务。因而统治阶级中就有一些人专门为法进行说教,发表许多关于法的言论和文章,有的还写了专著。这就是统治阶级的法学,既是阶级统治所需要,又是属于统治阶级所有。

由于法的实施对整个社会生活进行了干预,影响及于社会各阶级,统治阶级以外的其他各阶级也都对法有所反应,有所议论、批评,以至反对。这些意见形成了他们的法律思想和法学。可是在剥削阶级统治的社会中,只有统治阶级的法学才能取得支配的地位而被运用于社会生活的各个方面,违反统治阶级利益的法学,往往被压制、禁止。但阶级社会的阶级矛盾是有消长的。代表新生产方式的阶级的法律观点,起初虽然是微弱的、被压制的,但随着这个阶级力量的成长壮大,经过革命取得了政权,他们的法律学说也就发展成为占统治地位的法学,发挥着指导新法的制定和维护新法的作用。

法学同法一样,是有阶级性的。奴隶主、封建主或资产阶级的法学,生根于不同形式的私有制和剥削制度,它们的共同任务在于维护和巩固剥削阶级的经济关系,为确认和发展对剥削阶级有利的法律关系作辩护。以辩证唯物主义和历史唯物主义为理论指导的无产阶级的法学即马克思主义法学,是建立在社会主义公有制的经济基础上,为维护、巩固和发展社会主义法制,从而为保证社会主义物质文明和精神文明的建设直至最后实现共产主义服务的。历史上从来没有对一切阶级一视同仁,或者对一种法制既不拥护又不反对的超阶级的法学。

**法学研究的对象、范围和分科** 由于不同时期、不同阶级、不同学派的法学家,对法有不同认识,因而对法学研究的对象和范围,也往往有不同的看法。仅就近现代资产阶级法学而言,有的从抽象的理性、正义或某种精神出发,认为法学在于研究亘古不变的理想法,使之成为现行立法的依据。有的从法律形式出发,认为法学应着重研究法律规范本身,而摒弃对法律规范作任何政治的或道德的评价。也有的从法的实际效用出发,主张法学的任务在于考察法与社会事实的相互关系。但是,法是一种十分复杂的社会现象,如果只是孤立地"就法论法",或者主观抽象地研究法的问题,都不可能弄清法的实质;只有根据历史唯物主义的观点,把法与社会经济和其他社会现象联系起来进行分析、比较、综合,才能对法作出科学的回答。

法是阶级社会上层建筑的组成部分。从本质上看,法是统治阶级意志的体现;从形式上看,法是以国家意志出现,具有普遍约束力的调整人们行为的规范。法学既应研究法律规范本身的内容和结构,又应研究法与经济、政治、社会、道德、历史以及其他各方面的相互关系。理论与实际密切结合,是研究法学的根本方法。

法学研究的具体范围同法学的分科是密切联系的。从法的各种类别来说,法学研究范围首先是各部门法,如宪法、行政法、家庭婚姻法、民法、经济法、军事法、刑法和行政诉讼法、民事诉讼法、刑事诉讼法等。从而有与之相适应的宪法学、行政法学、家庭婚姻法学、民法学、经济法学、军事法学、刑法学和行政诉讼法学、民事诉讼法学、刑事诉讼法学等法学分科。这些部门法属于国内法范围。法学研究范围还包括与国内法相对称的国际法。广义的国际法包括国际公法、国际私法和国际经济法等。因而法学分科还有国际公法学、国际私法学、国际经济法学。再则宪法、民法、刑法等部门法不仅现在有,历史上也有;不仅一国有,其他国家一般也有;对不同时期、不同国家的法作比较研究,因而法学又有法律史学、外国法学和比较法学的分科。

从法的制定到实施来说,法学研究的范围和分科包括立法学,即研究立法的目的、原则,立法的技术、程序和对立法的评价等一系列问题。法既经制定就要实施,因而法学还应研究法律的实施、法律实施的保障以及法律的社会作用和效果等一系列问题。进行这种研究的学科,可以称为法施行学(包括执法、司法和守法等问题)。

从认识论来说,法学也可以分为理论法学和应用法学两大类。理论法学综合研究整个法的基本概念、原理和规律等。中国法学界目前把理论法学称为"法学基础理论",在西方法学界称为"法律哲学"、"法理学"或"法律理论"。苏联和一些东欧国家把国家和法两个社会现象结合起来研究,称为"国家和法的理论"。应用法学主要是研究有关国内或国际法律规范。但这并不是说应用法学没有自己的理论,只是这种理论同理论法学的理论有所不同。相对地说,应用法学比较具体,与社会实践直接联系;理论法学则相对地抽象,是从应用法学中概括出来又用以指导应用法学的。法律思想史如果是指研究法学基础理论的历史,可以说它是介乎理论法学和法律史学之间,因为从形式上看,它和法制史一样,属于法律史;但从内容上看,它不同于法制史,法制史是研究应用法学的历史,而法律思想史是研究理论法学的历史。

上述法学范围或分科,是从不同角度来划分的,在横的方面,各分科有的内容会彼此交叉;在纵的方面,又是多层次的,有些分科还可以再细分为若干专业。法和法学体系的划分同社会发展相适应。一般地说,古代法的体系较为简单,而到近现代则趋于繁复。如中国古代法是民刑不分,诸法合体,而现代资本主义法则划分为许多部门。同时,法和法学体系又因法的本质不同而大有区别。社会主义法的体系不可能沿用资本主义法的划分方法。法和法学体系的合理划分,在理论上和实践上都很有必要,在理论上要求细密,而在法规编纂上的分类和学校课程设置上则不宜过细。在一个国家中,虽有相当数量的法学研究单位和研究工作者是以研究法律史、国际法、外国法和比较法等为专职,但就这一国家的法学总体而论,它所研究的重点是本国的现行法,包括现行法的立法学、施法行学和理论法学。

中华人民共和国建国以来的法学还是一门较新的学科。随着社会主义法制和法学研究的发展,它的分支学科的划分也在发展中。有的分科虽然仍旧沿用传统的名称,但其内容则不相同。例如中国民法已经不是什么私法了,同时调整经济关系的法也不只是民法一个部门,还有经济法和其他新的部门。与之相适应,法学分科上也就有了经济法学和其他新的分科。而随着现代科学技术的发展,把科学技术利用到法学领域来促进法学发展的法律系统工程学等也已经产生。

**法学和其他学科的关系**　在现代社会中,法在调整人们行为方面的作用极为广泛,以致法学与包括自然科学在内的各门学科,都有不同程度的关系。

任何阶级或学派的法学,都是以某种哲学作为自己的理论基础,因而法学同哲学的关系最为密切。在学术史上,哲学曾作为"科学的科学"出现,以之代替一切科学,特别是一些唯心主义哲学家,力图建立一个包罗万象的体系,将包括法学在内的一切学科都当作这一体系中的一个环节。19世纪黑格尔的哲学就是这种体系的最后尝试。他的"法哲学"是他的庞大的唯心主义体系中的一个环节。随着人类实践经验的积累,就有可能和必要对世界的个别部分分别独立进行研究,法学也就逐步确立为一门独立的学科。

马克思主义法学,是以马克思主义哲学,即辩证唯物主义和历史唯物主义作为自己的理论基础,从中汲取世界观和方法论,同时又对马克思主义哲学提供丰富的材料。但是这并不意味可以将马克思主义关于历史唯物主义的基本原理代替法学的基础理论,甚至代替法学本身,也不意味可以把马克思主义哲学这一总的方法论代替法学自身的方法论。现代西方法学界往往将法学的基础理论称为"法律哲学"。但这种法律哲学主要研究法的基本概念、原理和规律,是专业法学家的法律哲学。因而这种法律哲学一般是法学的一个分科,既不是哲学的一个分科,也不是法学和哲学之间的边缘学科。

法所反映的阶级意志,归根结底是由这一阶级的物质生活条件决定的,反过来,法又反作用于经济,推动或阻碍社会生产力的发展。法与经济的关系形成了法学与经济学之间的密切关系。法反映了社会的经济基础,经济领域的大量法律,为各项经济事业提供了法律保障,这使法学和经济学更直接地联系在一起。法学和经济学都要研究法和经济的相互关系,但研究的角度和方面不同。经济学研究经济规律本身的问题,法学研究有关经济发展上的法律保障问题。

在历史上,政治学和法学曾长期结合在一起,例如在古希腊,柏拉图的《理想国》和亚里士多德的《政治学》,是把政治和法律结合在一起来谈的,也就把政治学和法学结合在一起了。在中国,儒家学说曾长期占据思想领域的支配地位,伦理、政治、法律思想也就融合难分。在欧洲中世纪,天主教会居于统治地位,哲学、政治学和法学等学科都成了神学的附庸。古代印度的《摩奴法典》和公元 7 世纪出现的《古兰经》是宗教经典,也是法典。17、18 世纪资产阶级革命时期,这些学科才逐步摆脱神学的桎梏,但政治学和法学还是结合在一起。例如 J. 洛克的《政府论两篇》、卢梭的《社会契约论》,以至孟德斯鸠的《论法的精神》等作品,可以说都是兼具政治学和法学两种内容的著作。直到 19 世纪,两者才彼此分离,各自成为一门独立的学科。当然,国家、政府、政党等,都是法学和政治学所共同研究的问题,两者之间有着紧密的联系也是不言而喻的。

法学与社会学,正如它与政治学、经济学等一样,存在着相当密切的而且相互交错的关系。家庭、婚姻、青少年犯罪等问题,是社会学家和法学家都关注的一些问题。但社会学家是综合各种社会因素来加以研究,而法学家则着重研究这些问题的法律关系。

在研究法学和其他学科之间的关系时,我们还应注意法学与其他学科共有的或与其他学科之间存在交错关系的边缘学科。如法律社会学、法律心理学(尤其是犯罪心理学)、犯罪侦查学、证据学、法医学、司法精神病学、法律教育学、法律统计学和法律系统工程学等。

## 中国历史上的法学

中国历史悠久,拥有丰富的法律文化遗产。从周公、孔丘到孙中山的历代思想家、政治家的学说中,都有他们的法律思想。早从战国时期以来,就有专门的法学著作传世,其后历代法学研究都很兴盛。从发展阶段说,中国历史上的法学大体可以分为:①夏、商、西周的法学思想,②春秋战国时期的法学,③从汉代到清代中期的法学,④清末至中华民国时期的法学。

根据古代典籍记载,夏、商、西周时代有不少关于法的论述,出现了以天命和宗法制度为核心的法律思想。特别是汉人传述的儒家经典之一的《尚书》,记载了周公姬旦的"以德配天"、"明德慎罚"的政策,他改变商代"恃天命"、"擅刑杀"的统治方式,转而采取"重人事"的方针,这是古代法学思想上的一大进展。"明德慎罚"的说法显然就是后来儒家"德主刑辅"的主张,它一直是支配中国封建时代法学的主导思想。

春秋战国的几百年间是中国古代文化史上极为辉煌的时期,也是法律思想非常繁荣的时期。当时各种学说纷纷兴起,百家争鸣,对法的看法,是各家,其中主要是儒、墨、道、法四家争论的中心问题之一,法家更以主张法治而得名。

儒家的主要代表孔丘、孟轲和荀况,强调圣人、贤人,特别是作为最高统治者的圣君、贤相的个人统治力量,重视道德礼教的作用,要求实行"礼治"、"德治"和"人治",认为德礼教化比政刑压制有更大更好的效果,即所谓"道(导)之以政,齐之以刑,民免而无耻;道(导)之以德,齐之以礼,有耻且格"(《论语·为政》),"仁者无敌"(《孟子·梁惠王》),"以德行仁者王"(《孟子·公孙丑》)。荀况所说的礼与孔、孟所说的礼不尽相同。他说"礼者,法之大分,类之纲纪也"(《荀子·礼论》),承认礼中有法,法出于礼。但他又认为礼法是圣人所制,君子所执,"有治人,无治法"(《荀子·君道》)。这与法家的法治观点根本不同。荀况的学说,开创了其后主张礼刑合一、儒法合流的汉儒学派。

以墨翟为主要代表的墨家,从"兼相爱、交相利"的社会信念出发,提出以"天的意志"为法的根源,主张以天为法,循法而行;并认为饥寒是犯罪的原因,主张在经济上重视生产、节约、利民,在刑罚上"赏当贤,罚当暴,不杀无辜,不失有罪"(《墨子·尚同中》),执法要严明公平。墨家的法律思想,与儒家、法家都不相同。

以老聃、庄周为主要代表的道家,抱着"小国寡民"的政治设想,反对制定各种礼法制度,主张一切顺乎自然,强调"无为而治",认为"法令滋彰,盗贼多有"(《老子》第57章),"殚残天下之圣法,而民始可与论议"(《庄子·胠箧》),趋向于法律虚无主义。

春秋战国时期的法律学说主要是法家提出的。法家从历史上总结了治国经验,详尽地论证了法的性质和作用,从而排除了儒家的礼治、德治、人治思想,提出"不务德而务法"(《韩非子·显学》)、"任法而弗躬"(《慎子·君人》)的法治主张。

春秋后期,郑、晋两国把刑法铸在鼎上公布,引起叔向和孔丘的激烈反对,但子产认为这是适应社会发展的需要,是"救世"之道,为将成文法律公布于众进行了辩护。战国前期,李悝以"王者之政莫急于盗贼",搜集六国法令,编纂《法经》六篇。他根据实践经验,初步列出了法的体系和篇章,制成了最早的法典。这是中国古代法学上的一大成就。其后,商鞅在秦国主持变法,比较全面而深刻地阐释了法的理论。韩非对法作了大量的论述,集法家学说的大成。这表明法家作为一个独立学派已经兴起,标志着法学在中国历史上开始形成。《商君书》、《韩非子》以及托名管仲所写的《管子》里的一些篇章,都是中国历史上最早的,也是迄今比较完整地保存下来的法学著作。

在当时的历史条件下,法家的学说没有也不可能科学地阐明法这一现象,但他们对这一现象的某些侧面却提出了不少精辟的见解,揭示出法的某些外在特征。例如,他们指出,法是人类历史发展到一定阶段的产物,并且是随时代的变迁而变迁的。他们认为法作为一种权衡、尺度,提供了判断是非的准则,区别罪与非罪和处刑的根据。他们主张法应公开,并求其统一稳定,其适用应该平等,"刑过不避大臣,赏善不遗匹夫"(《韩非子·有度》)等等。他们认为人的本性是趋利而避害的,因而肯定赏罚可用,法既赏善罚恶,就是治国的有效工具,并进而提出执法必严,信赏必罚,赏要厚,刑要重,只有施行重刑,才能使人不敢为恶,以达到"明刑不戮"(《商君书·赏刑》)、"以刑去刑"(《商君书·去强》)的社会效果。韩非把法、术、势三者结合起来,用术(君主用人之术)、势(君主的权力地位)加强法的施行力景,集法家学说的大成。

经过战国时期的百家争鸣,中国古代法学非常昌盛。但这个局面随着秦国统一六国,实行中央集权的专制主义而终止。秦始皇听从李斯的意见,禁止《诗》、《书》、百家语,禁止私学,令民之学习法令者,以吏为师。不但各家学说被禁止,法学的研究也窒息了。到了汉代,武帝采纳董仲舒的主张,"罢黜百家,独尊儒术"。从此,情况倒了过来,传习儒家经典的"经学"成为汉以后的正统学术,儒家学说在所有思想领域中占居了统治地位,也垄断了中国二千多年的法学领域。

儒家主张礼治、德治、人治,但从不否认法及其强制作用。儒家法律思想的核心,就像《唐律疏议》所指出的:"德礼为政教之本,刑罚为政教之用。"事实上,汉以后的儒家是在"德主刑辅"、"明刑弼教"、"出礼入刑"的原则下实行"礼刑合一",在以儒为主的条件下实行儒法合流,法学已成为儒学的附庸。

中国各封建王朝的法都是以君主的名义制定和发布的,"法自君出"被视为一定不移之理。同时,君主的权力又被解释为来自天,即所谓"受命于天"。因而君主被称为"天子",君主及其法律是神圣不可侵犯的。这种思想经过董仲舒的演绎,以阴阳五行的说法与儒家经义相结合,成为"天人感应"的神学化的经学,提倡尊天崇道,为封建君主的绝对统治服务。

董仲舒等的儒家法律思想不仅使君主制定法律的权力披上神学外衣,而且将这种权力同以家族为本位的宗法思想和以"三纲"为核心的封建礼教结合在一起。阐述这种思想的儒家经义成为立法、司法的根本原则。"应经合义"是中国历代封建法律的特点。凡"不忠"、"不孝"的行为都被视为"重罪"（隋代起列入"十恶"），"引经断狱"也自汉代开始。董仲舒首先以《春秋》经义判案，将其判例232案著为《春秋决事比》，亦称《春秋决狱》。此种风气一直流传到魏晋南北朝。

从汉代起，在法学领域中出现了通常所说的"律学"，即依据儒家学说对以律为主的成文法进行讲习、注解的法学。它不仅从文字上、逻辑上对律文进行解释，也阐述某些法理，如关于礼和法的关系，对刑罚的宽与严，肉刑的存与废，"律"、"令"、"例"等的运用，刑名的变迁以及听讼、理狱等。有些法学著作中讲"汉末之时，法学再盛之世也"（清沈家本《法学盛衰说》），这里所说的法学就是指律学而言。西汉的于定国、杜延年，东汉的郭躬、陈宠等世代传法令，收徒讲学，学生多至数百人。东汉经学大师马融、郑玄等都曾对汉律作章句注解。晋代张斐和杜预等也曾对晋律作注解。张斐在注律后上奏皇帝的《律序》（《晋书·刑法志》曾录其要点）中，除对当时的法律名词作解释外，还对立法原理和法律适用问题有所说明。东晋以后，私家注释逐渐由官方注释所取代。公元652年的《唐律疏议》是这种官方注释的范本。它集中唐代以前的法律思想，主要引述儒家经义，对律文进行疏解，宣扬君权至上、封建等级制度和宗法伦理。它是中国迄今完整保存的、最早、最系统的注释法学著作，对中国后世以及其他一些亚洲国家的封建法律都具有重大影响。《唐律疏议》传世以后，宋、明、清各代都有类似的著述。

三国魏明帝（226—239年在位）时曾设律博士，专门传授律学，有助于法学的昌明。律博士官制一直延续到宋。宋代王安石认为"立善法于天下则天下治"，曾经进行变法，设律学校，立明法科，提倡律学，但遭到阻挠，未能贯彻，从此律学不振。其实早在唐代，诗人白居易就曾指责当时轻法学、贱法吏，造成刑狱黑暗、诈伪丛生的弊端，提出朝廷应崇法学为上科，整饬吏治，严明法制。但经历宋、元、明、清各代，这种风气始终没有改变。

汉代以后的法学除了正统的律学以外，也不断出现与此不同的法律思想。晋代的鲍敬言有"非君"的思想。明末清初的黄宗羲在其所著《明夷待访录·原法》篇中明白指出：专制王朝的法律是帝王一家之法，非天下之法。他认为法是天下之公器，应该以天下之法取代一家之法。这是对历代"法自君出"信念的一大冲击。黄宗羲还提出"工商皆本"的主张，反映当时社会经济的发展，封建的传统思想已经发生了动摇。

此外,中国古代在法制史和法医学方面也有很大的成就。自东汉班固的《汉书》开始,历代纪传体史书中大多有《刑法志》(有的称《刑罚志》),其中不仅记载了刑法概况,旁及其他部门法,并引述前代史实,论列法制演变,法理异同,是很有特色的法制史料。宋代宋慈总结周秦以来的法医勘验经验编著的《洗冤集录》,是世界上法医学最早的著作之一,曾被译成荷兰、法国、英国、德国、日本、朝鲜等国文字。宋慈以后,宋、元各代继续有法医学的著作问世。

明代丘濬的《大学衍义补》,评注古代的政治法律制度,对古代法作了比较研究。清代薛允升著《唐明律合编》,分析唐明两代律文的源流、异同、得失,这二书开创古代法律的比较研究,但其立论都属儒家礼法合用的旧说,并无新的发现。

自1840年鸦片战争后,中国逐步沦为半殖民地半封建社会。在法律思想领域中,长期以来的儒家法律思想又演变成为封建主义和资本主义相混杂的法律思想。由于帝国主义的侵略,当时的爱国人士都有变法图强的要求。当权的洋务派主张中学为体、西学为用,进行改革(见洋务派的法律思想)。康有为、梁启超等模仿英国和日本的制度,要求实现君主立宪。孙中山、章太炎等采取美国和法国的民主共和国方案,鼓吹革命。梁启超、章太炎都曾研究中国古代法学,宣传西方法律思想。孙中山吸收资产阶级民主思想,提出了民权学说。他在20世纪初就主张国民行使选举、罢免、创制、复决四权,实现主权在民;在西方国家的三权分立的政治制度上加入中国固有的考试、监察二权,实行五权制度。他又在辛亥革命后临时大总统任期内,公布了资产阶级共和国宪法性质的《中华民国临时约法》,并陆续颁布了一些改革旧制度、旧传统的法令,从理论到实践都体现了资产阶级的民主主义法律思想。

清政府迫于人民革命运动,又受到帝国主义的压制,为了收回领事裁判权,不得不研究外国法律和修订本国法律。为此翻译外国法律,聘请外国法学家协助修订法律并讲学,派官员和学生出国考察和学习法律。光绪二十二年(1906)第一次成立法律学堂,从而传播了西方资产阶级法律思想。当时严复翻译的许多国外名著,其中就有孟德斯鸠的《法意》(即《论法的精神》)和穆勒的《群己权界论》(即《论自由》)这两本著名的政治学、法学著作。其他人也纷纷介绍和论述西方法学。资产阶级法学思想冲破了原有的封建法学体系。

西方法学的输入,促成了清末以至民国初期的法律改革。清末法学家沈家本曾任当时修订法律大臣,在传播西方法律思想和改革中国封建法律方面起过积极作用。他重视法学，推崇法治，认为"法学之盛衰与政之治忽，实息息相关"；在其著作《沈寄簃先生遗书》中既论述中国古代法律，也介绍西方法律思想。他是"会通中外"，从传统的儒家学说出发来接受西方法律思想的人物。但即使是这种立场，也遭到了儒家正统派的反对。当时围绕修订法律问题而掀起的"礼教派"和"法治派"的论争，是五四运动以前中国文化战线上旧学与新学、中学与西学之争在法学领域中的体现。沈家本修订的法律，因辛亥革命推翻了清政府，都未及实施。中华民国时期北洋政府继续以新旧折中的方针修订了法律。

其后国民党政府标榜三民主义的立法原则，实际上一贯违背孙中山的民主思想，一方面坚持礼义廉耻的封建观点，另一方面从法律思想上沿袭西方资产阶级的法学，制订许多法律，编成了所谓《六法全书》的法律体系。它采取了西方的法律形式，表面上前进了一步，实际上它是适应帝国主义、封建主义、官僚资本主义的需要，继续压制和奴役广大人民。随着新民主主义革命的胜利，中华人民共和国的建立，中国人民推翻了三座大山，废除了国民党政府的《六法全书》，才彻底结束了二千多年来的封建主义法学。

## 西方法学

人类历史上记载的丰富多彩的法学文化遗产，除中国外，还有西方及其他许多国家如古代埃及、古代西南亚两河流域及其邻近各国、古代印度以及中世纪伊斯兰教各国、日本和俄罗斯等国的法学。但就内容之丰富和影响之深远而论，首推西方法学。

西方法学的范围很广，通常指古希腊、古罗马奴隶制社会、西欧封建社会以及近现代的西方资本主义法学。

在以雅典为代表的古希腊城邦国家中，相对地说，成文法并不很多（较出名的有雅典国家形成时期的《德拉古法典》和梭伦的《阿提卡法典》），也谈不上有独立的法学。但在当时思想家、政治家，特别是柏拉图、亚里士多德、诡辩派和斯多葛派的哲学、伦理思想中，以至在古希腊的光彩夺目的文学作品中，都包含了许多关于法的基本问题的探讨。例如法是神授还是人定，法的基础是权力还是自然、正义或理性，是法治还是一人之治，以及法和民主、自由、平等的关系，法和国家的关系，自然法和实在法之间的关系，等等，这些思想对后世法学一直有很深的影响。

与古希腊不同,古罗马奴隶制社会的法极为发达。从公元前5世纪的《十二铜表法》到公元6世纪查士丁尼时编纂的法律(12世纪时称《查士丁尼民法大全》),可谓蔚为大观。罗马法的发展带来了罗马法学的相应发展,反过来,罗马法学又是推动罗马法发展的一个重要条件。罗马共和国末期的哲学家、政治家M. T. 西塞罗,根据斯多葛派哲学,首先较系统地提出了自然法学说,为罗马法的发展提供了理论基础。在西方历史上,正是在罗马帝国前期,第一次形成了职业法学家集团,第一次出现了法律学校和法学派别:拉别奥派(即普罗库卢斯派)和卡皮托派(即萨宾派,见罗马法学),第一次写下了大批法学著作。罗马五大法学家之一盖尤斯的《法学阶梯》,是一本迄今所知最早的并且完整保存的西方法学著作。罗马法学家以其法律学说、法律解答推动了罗马的立法和司法工作,对当时已相当发展的简单商品生产的法律关系,有比较完整的论述,对其后欧洲民法的发展有重大影响。

西欧封建社会的法,与中国封建社会的法不同,呈现出极为分散的状态。在西欧大陆长达几百年以至一千多年间,除罗马法外,还有各种各样的日耳曼法、教会法、地方法(封建法)、城市法、商法以及国王的敕令等,错综复杂地相互并存、结合或竞争,因而也形成了各种各样的法律学说。

由于罗马天主教会在政治、经济上占有很大势力,在思想领域中,基督教的神学居于垄断地位。像哲学、政治学一样,法学也成了神学的附庸,以教义代替法律。经院主义哲学家托马斯·阿奎那提出了当时最系统的神学法律思想,把所谓上帝的意志奉为最高的永恒法,即使是高于实在法的自然法也被认为是从属于永恒法。

从中世纪中期开始,随着资本主义经济在封建社会内部出现和成长,同时出现了以恢复和研究罗马法为核心的新的法学,即自12至16世纪相继出现的意大利的前期和后期注释法派和法国的人文主义法学派。这三派法学虽各有特点且相互对立,但通过它们,使罗马法在西欧大陆广为传播,从而为资本主义法律的出现和法律的统一化创造了有利条件。那时研究罗马法的法学家又一次形成了一个职业法学家集团。他们是代表市民等级,与僧侣法学家相对立的世俗法学家。这种新的法学家与近代大学的出现也是不可分的。前后期注释法学派以12世纪初创立的、欧洲第一所大学,即意大利博洛尼亚大学为基地,这所学校最初就是传授罗马法的。

与西欧大陆不同,英国中世纪的法基本上是在罗马法之外独立地发展起来的,英国中世纪法学主要是研究英国的普通法,从大量的判例来阐述公民的权利、商品交换和其他的法律问题,但也吸收了若干罗马法的原则,以补充和丰富英国法学。

近代资产阶级法学的出现,意味着一种与中世纪神学世界观相对立的法学世界观的出现。这是建立在资本主义雇佣劳动制基础上的唯心主义世界观。资产阶级的自由、平等和人权同这一世界观是不可分的。当时这种世界观的集中体现是17、18世纪的古典自然法学派提出的"社会契约论"或"天赋人权论",其代表人物主要有荷兰的H.格劳秀斯、英国的T.霍布斯和J.洛克、法国的孟德斯鸠和卢梭、德国的S. von 普芬多夫、意大利的C. B. 贝卡里亚等人。尽管他们各自的政治纲领和学说有很大差别,但总的来说,他们的自然法学说同中世纪神学法律思想根本对立,是当时新兴资产阶级反对封建压迫、争取民族独立的思想纲领。这为1776年美国《独立宣言》、1789年法国《人权宣言》以及近代资产阶级民主和法制提供了理论基础,使法学摆脱了神学的束缚,倡导了权利平等、契约自由、罪刑法定等一系列新的法律原则,创立了宪法、国际法以及像《法国民法典》那样典型的资本主义法典。古典自然法学固然不可能超出当时时代的限制,但它起过重大的历史进步作用。

从19世纪初开始,西方国家展开了广泛的立法活动,都在不同程度上建立了较完备的资产阶级法律体制。西方法律的两大传统,即通常所讲的英国法系(或称英美法系或普通法法系)和大陆法系(或称罗马法系或民法法系),也是这一世纪在世界范围内形成的。这些现象意味着资产阶级法治的确立。与此相应,在法学领域中,古典自然法学派衰落了,代之而起的是19世纪的三大法学派别:历史法学派、分析法学派和德国古典唯心主义哲学家的法律思想(在有的法学著作中被称为形而上学法学派或哲理法学派)。

从19世纪末开始,随着垄断资本主义的出现和各种社会矛盾的激化,西方资产阶级法学领域的一个重大特征,是出现了所谓"法的社会化"(亦称"私法的公法化")理论。这个理论认为法不应以维护个人权利,而应以维护"社会利益"为基础,社会化的新法律原则代替了个人权利的旧法律原则,于是各种"社会立法"纷纷出现,形成了诸如劳工法、社会保障法(社会福利法)、环境保护法以及经济管制法等新的法律部门。

进入20世纪后,西方法学的分派比以前更加繁多。但所有这些派别多半是从19世纪甚至更早的法律思想或法学派别发展而来的。大体上可分为四大派:社会学法学派(其中又有许多支派)、分析实证主义法学派(又包括纯粹法学派和新分析法学派)、新自然法学派(包括非神学的新自然法学和神学的即新托马斯主义法学派）和新康德主义法学派、新黑格尔主义法学派。它们的共同特点是：强调阶级调和与阶级合作，强调社会利益或社会利益同个人利益的结合，即强调法的社会化，等等。20世纪二三十年代，在德、意等国建立了法西斯政权，对内实行赤裸裸的暴力统治，对外肆无忌惮地进行武装侵略，将原有的资本主义法制摧毁殆尽。新黑格尔主义法学的绝对精神、社会连带主义法学派的组合国思想，成为他们的理论根据，为种族主义、国家主义、"元首至上"等法西斯思想辩护。

第二次世界大战后，由于法西斯政权的崩溃，一时盛行于德、意等国的新黑格尔主义和新康德主义法学已趋衰落，新自然法学复兴。在以美国为主的西方其他各国，新自然法学更为得势。20世纪五六十年代，由于所谓第三次技术大革命的刺激，西方各国的经济有了较大的发展；在这种新的历史条件下，这些国家的法制又有发展。目前，社会学法学、分析实证主义法学和新自然法学呈现三足鼎立之势，但彼此观点又日益靠拢。与此同时，由于国际交往的剧增，国际法学和比较法学的研究也迅速发展。这为法学的发展带来了许多新的课题。

近现代西方法学对西方国家以外地区，如亚、非、拉美地区许多第三世界国家有重大影响。这些国家在取得国家独立和民族解放前，一般是西方帝国主义国家的殖民地、半殖民地，所以在取得独立后所建立的法律制度，基本上仍是以西方国家的法律传统为范本，并在不同形式下和本地区或本民族的习惯法或宗教规范相互并存。当然，有些国家在取得独立后，为了维护民族独立，发展民族经济，争取彻底的政治独立和经济独立，也进行了法律改革，制定了许多适合本国国情的法律，并且有了自己的法律学说。

### 马克思主义法学

不论是中国历史上的法学还是西方法学，都是剥削阶级的法学，是为奴隶主、封建主或资产阶级的法说教，为他们的生产方式和政治统治服务的。尽管这种法学曾经提供了大量的法学历史资料，有的在阐述法律现象的某些方面也提出了合乎科学的观点，有的还不同程度地起过历史进步作用；但由于阶级地位和时代的局限性，他们的学说都是以唯心主义为基础，没有也不可能真正科学地阐明法的本质及其发展规律。

直到19世纪40年代马克思主义法学出现，法学领域才起了根本变革。

马克思主义法学以辩证唯物主义和历史唯物主义为理论基础,深刻地分析了社会各方面的现象,揭穿了剥削阶级的偏见,科学地阐述了法的本质及其发展规律,使法学成为一门真正的科学。

马克思主义法学同以往法学的根本区别,主要有下列几点:

① 在各派剥削阶级法学中,有的认为法与经济无关,甚至说法是决定经济的;有的虽也承认法与经济有关,但否认经济对法的最终决定作用。马克思主义法学研究了社会的经济基础与上层建筑的关系,认为法是统治阶级意志的体现,但这种意志并不是凭空产生的,归根结底是由这一阶级的物质生活条件决定的,是由这一社会的经济基础决定并反过来为经济基础服务的。当然,法与经济以外的其他各种社会因素,例如政治、哲学、宗教等也相互起作用,但这只是一方面的现象,而追究到它的根本,"法的关系正像国家的形式一样,既不能从它们本身来理解,也不能从所谓人类精神的一般发展来理解,相反,它们根源于物质的生活关系"(《马克思恩格斯选集》第2卷,第82页)。

② 剥削阶级法学家尽管对法的本质有各种不同的解释,但一个共同点是在不同形式上否认法的阶级性,甚至认为法是超阶级的"全民意志"的体现。马克思主义法学认为,法并不是超阶级的,它是由社会上居于统治地位的阶级通过国家制定或认可的行为规则,是为统治阶级的利益服务的。马克思、恩格斯在《共产党宣言》中讲到无产阶级时指出:资本主义社会中的"法律、道德、宗教,在他们看来全都是掩盖资产阶级利益的资产阶级偏见"(《马克思恩格斯选集》第1卷,第262页)。只有社会主义法制,才真正反映工人阶级领导的广大人民的意志和利益。总之,法同国家一样,是阶级社会的产物,是阶级统治的工具,在阶级社会中,它总是有阶级性的。到阶级消灭时,具有阶级性的法也就不存在了。但马克思主义在肯定法的阶级性的同时,也承认法在历史发展上同其他社会文化一样,都可以批判地予以继承。马克思主义法学就是在总结生产斗争和阶级斗争实践的基础上,总结了人类历史上的法律文化遗产而创立和发展起来的。

③ 剥削阶级法学一般也承认实在法是国家制定的,但由于他们往往把国家说成是超阶级的,把国家制定的法律说成是社会公共意志的体现,从而模糊了国家和法的阶级本质,曲解了国家和法的关系,鼓吹所谓"法律至上论",把法置于国家之上。马克思主义法学分析了社会阶级的关系,认为一定阶级的国家和法都是实现阶级统治的工具,国家是有阶级性的,它所制定的法也是有阶级性的。首先,取得政权、统治国家的阶级必须把它的胜利果实,用法律形

式固定下来,使之成为神圣不可侵犯的制度。其次,法律由国家制定,还须由国家的强制力保证其实施。"如果没有一个能够迫使人们遵守法权规范的机构,法权也就等于零。"(《列宁选集》第3卷,第256页)但国家既然制定了法律,就应当使之成为具有普遍约束力的社会规范。社会主义国家制定了法律,它自己也有必要在法律范围内进行活动,否则法律就不能发生预期的效果。

④ 剥削阶级法学大都认为法是超历史的,永恒存在的。马克思主义则认为,法并不是超历史的,既不是永恒存在,也不是永久不变的。法是人类社会发展到一定阶段的产物,随着私有制、阶级和国家的出现而出现。当法存在的时代,它又随着社会的生产方式和政权性质的变迁而变迁。剥削阶级的法律都建立在生产资料私有制的基础上,可以相互模仿沿用,而无产阶级废除了剥削,建立了社会主义公有制,则必须创建自己的法制。到了共产主义社会,随着国家的消亡,法也将趋于消亡。那时当然还有调整人们共同生活的各种行为规范,但它已不是原来意义上的法了。

马克思和恩格斯创立了马克思主义法学。马克思主义的三个组成部分中都包含有法律学说。马克思和恩格斯运用辩证唯物主义和历史唯物主义的科学方法,精密地考察和分析了阶级社会,特别是资本主义社会的本质,从而创立了马克思主义的政治经济学和科学社会主义,也清楚地说明了法的本质及其产生和发展规律,并深刻地批判了资产阶级思想家以及空想社会主义者、无政府主义者或其他机会主义者在解释法律时的各种唯心主义观点。他们在这方面的代表作有:《〈黑格尔法哲学批判〉导言》、《德意志意识形态》、《哲学的贫困》、《共产党宣言》、《论住宅问题》、《反杜林论》、《家庭、私有制和国家的起源》、《路德维希·费尔巴哈和德国古典哲学的终结》等。此外,在他们阐述历史唯物主义的一系列书信中,也有不少是直接涉及法律问题的,如恩格斯于1890年和1894年分别致J.布洛赫、C.施米特和W.博吉乌斯的信。

马克思和恩格斯经历了英国的阶级斗争,法国和德国的革命,特别是巴黎公社以及其他直接参加的革命斗争的实践,分析和批判了资产阶级的法律制度,进行了总结,进一步阐述了国家和法的理论。他们在这方面的代表作主要有:《英国状况 英国宪法》、《英国工人阶级状况》、《1848年11月4日通过的法兰西共和国宪法》、《法兰西内战》以及《资本论》中关于工厂法、其他劳动立法和关于原始积累的血腥立法等问题上的论述,等等。

列宁主义是帝国主义和无产阶级革命时代的马克思主义。列宁揭示了资本主义的最后阶段——帝国主义的发展规律,对马克思主义的无产阶级革命与无产阶级专政的学说作出了卓越的贡献。他亲自领导了十月社会主义革命，创建了第一个无产阶级专政的社会主义国家，从而也第一次创建了社会主义法制。他在发展马克思主义的过程中也发展了马克思主义法学。

列宁在领导革命斗争、特别是在与俄国自由资产阶级、孟什维克、第二国际修正主义者和其他机会主义者进行斗争的过程中，有力地揭露了沙皇俄国以及其他帝国主义国家的法律制度，特别是与资产阶级代议制民主相联系的资本主义法制的本质及其虚伪性。他在这方面的主要著作包括：《新工厂法》、《国家与革命》、《无产阶级革命和叛徒考茨基》、《全俄社会教育第一次代表大会》、《论国家》和《关于专政问题的历史》等。

列宁在领导十月社会主义革命和创建苏维埃政权的过程中，开始提出了有关社会主义法制的学说。他认为，无产阶级在革命过程中应废除被推翻的地主、资产阶级的法，而为了保卫无产阶级专政和建设社会主义，无产阶级又必须建立和加强社会主义法制。苏维埃政权制定的社会主义法体现了无产阶级及其领导下的广大劳动人民的意志，对社会主义经济关系的确立、巩固和发展有重要作用。社会主义法又是无产阶级专政实际经验的总结，在立法工作中不应仆从式地模仿资产阶级法律；但对各国文献和经验，凡能保护劳动人民利益的，则一定要吸收。在社会主义社会中，法制应统一，法律应严格遵守，应坚决地惩办犯罪行为，要运用法律同官僚主义进行斗争，等等。他在这方面的著作主要有：《全俄工兵代表苏维埃第二次代表大会》、《苏维埃政权的当前任务》、《新经济政策和政治教育局的任务》、《俄共(布)第十一次代表大会》以及《论"双重"领导和法制》等。此外，他在给苏维埃政权初期司法人民委员 Д.И.库尔斯基的许多信件中，也包含了不少有关社会主义法制的观点。

马克思和恩格斯生活在资本主义社会中，只能从分析资本主义社会提出法的一般理论，没有也不可能具体地论述社会主义法制问题。列宁创建了第一个社会主义国家，第一次具体地提出了有关社会主义法制的学说。他的这些学说是对马克思主义法学的创造性的发展，对其他社会主义国家来说，是极为宝贵的遗产。但由于他过早逝世，未能进一步阐述和发展关于社会主义法制的理论。

列宁逝世后，斯大林作为苏联党和国家的主要领导者，在为保卫、巩固和建设世界上第一个社会主义国家的斗争中，也对苏维埃社会主义法制和马克思主义法学有所发展。他在这方面的代表作是《第一个五年计划的总结》、《关于苏联宪法草案》、《在党的第十八次代表大会上关于联共(布)中央工作的总结报告》等。

世界上第一个社会主义国家苏联建立以后,工人阶级翻身成为国家的领导力量。苏联培养了大批无产阶级法学家。他们接受了马克思列宁主义的教育,在列宁、斯大林的领导下,从事社会主义法制工作,协助制定了社会主义的宪法、民法、刑法、诉讼法等法典及其他法律,初步形成了社会主义法律体系。他们根据马克思主义法学理论,在国家与法的理论、国家与法的历史方面,在宪法学、行政法学、民法学、刑法学、诉讼法学以及国际法学方面,撰写了大量著作,初步建立起马克思主义法学体系,对马克思主义法学作出了重大贡献。其他社会主义国家以及资本主义国家中的马克思主义法学家,对马克思主义法学的发展,也作出了各自的贡献。

## 马克思主义法学在中国的发展

十月革命后,马克思列宁主义在中国开始传播。20世纪20年代,中国工人阶级登上历史舞台,接受马克思列宁主义作为自己的世界观,用以指导中国革命。在法学领域里便面临着革旧创新,建立自己的马克思主义法学的伟大任务。

毛泽东思想是马克思列宁主义普遍原理和中国革命具体实践相结合的产物。毛泽东关于新民主主义革命、关于社会主义革命和建设、关于政策和策略以及关于思想政治工作和文化工作等理论中,都包含有丰富的法律思想。关于这方面的著作主要有《新民主主义论》、《论政策》、《论联合政府》、《论人民民主专政》、《关于中华人民共和国宪法草案》、《在省市自治区委书记会议上的讲话(1957年1月)》以及《关于正确处理人民内部矛盾的问题》等。其中很多原理、原则和科学方法,对中国当前和今后社会主义法制建设都具有重大指导意义。

周恩来、刘少奇以及中国共产党和国家的其他一些领导人,对中国法制建设问题也都有不少论述。

早在新民主主义革命时期,中国共产党领导的革命根据地就开始运用马克思主义的法律学说,建立革命法制。在国民党政府统治地区,马克思主义法学家和进步的法学家也开始运用马克思列宁主义观点,批判中国古代和西方的某些腐朽法律思想,提出人民法制的观点。他们反对帝国主义在法律方面侵犯中国主权,反对国民党政府的法西斯法制,在法庭上多次为被捕的革命志士辩护,揭露国民党的非法的黑暗审判。1946 年到 1949 年间,他们坚决反对国民党撕毁各党派政治协商的协议,批判国民党一党制造的反动宪法,参加了广大人民争取民主、争取和平的斗争。他们为中国新法学的建立作出了不少贡献。

1949 年 2 月,在中华人民共和国建立前夕,中国共产党中央委员会发布了《关于废除国民党的六法全书与确定解放区的司法原则的指示》,指出国民党的全部法律是保护地主与买办官僚资产阶级反动统治的工具,违反工人阶级领导的广大人民群众的意志和利益,必须全部废除,人民司法工作应以人民的新的法律作为依据。1952 年在全国范围内开展了司法改革运动,严肃批判了反映剥削阶级意识的旧法观点和旧法作风,提出了人民法制的原则和制度。这样就划清了社会主义法制同资本主义法制的界限,建立了马克思主义法学的基本观点。以后,随着中国法制建设的逐步加强,马克思主义法学在中国也有了相应的发展。

1954 年第一届全国人民代表大会第一次会议制定了《中华人民共和国宪法》,规定国家由新民主主义向社会主义过渡,规定人民民主专政的国家制度和民主集中制的政治制度,规定公民在法律上一律平等等重大原则,中国的法学迅速发展起来,法学研究和法律教育都有显著的成就。但中国法学的发展是经历了一段曲折过程的。1957 年批判资产阶级右倾思想扩大化了,把有些原属于马克思主义法学的内容也作为资产阶级思想进行批判。1966 年 6 月至 1976 年 10 月的"文化大革命",是一场由左倾思想出发而错误发动、又被反革命集团利用的运动,给国家和人民带来了很大灾难,使法制遭到严重破坏,法学遭到极大的挫折。

1976 年 10 月粉碎江青反革命集团后,1978 年 12 月召开的中国共产党十一届三中全会,是建国以来在党的历史上具有深远意义的伟大转折。会上提出了解放思想、拨乱反正,开始全面地、认真地纠正十年内乱中及其以前的左倾错误,作出了把工作的重点转移到社会主义现代化建设上来的战略决策,并着重地提出了健全社会主义民主和法制的任务。1981 年 6 月召开的中国共产党十一届六中全会通过的《关于建国以来党的若干历史问题的决议》,总结了建国以来的历史经验,提出了新的历史任务。决议指出:"必须巩固人民民主专政,完善国家的宪法和法律并使之成为任何人都必须严格遵守的不可侵犯的力景,使社会主义法制成为维护人民权利,保障生产秩序、工作秩序、生活秩序,制裁犯罪行为,打击阶级敌人破坏活动的强大武器。决不能让类似'文化大革命'的混乱局面在任何范围内重演。"特别是1982年颁布的《中华人民共和国宪法》，总结了建国以来的法制经验和法学理论，针对当前社会发展形势，对中国的社会主义法制原则，作了新的重要规定。这部宪法的颁布，使中国社会主义法制建设进入一个新的阶段，从而使马克思主义法学在中国又得到新的发展。

中华人民共和国的法学是马克思主义法学的基本原理同中国革命法制的具体实践相结合，符合中国国情，有中国特色的法学。毛泽东分析中国社会主义社会的矛盾，指出其中有两种不同性质的矛盾，即敌我矛盾和人民内部矛盾。解决不同的矛盾要用不同的办法，用专政的办法解决敌我矛盾，用民主的办法解决人民内部矛盾。必须严格区分和正确处理敌我矛盾和人民内部矛盾。毛泽东的这个关于两类社会矛盾的学说，在中国法学研究上起着十分重要的作用。

根据中国实行人民民主专政的经验，国家和法既有对敌人专政的任务，又有对人民实行民主、保护人民的任务。在社会主义建设的新时期，国家的任务是集中力量进行社会主义现代化建设。剥削阶级作为阶级已经消灭，但是阶级斗争还将在一定范围内长期存在。社会主义法仍然担负着两方面的任务，必须同时完成这两方面的任务，才能保证现代化的社会主义建设顺利进行。现在，社会主义法制需要进一步加强，而不是削弱。这就使中国的法学既符合马克思主义的基本原理，又具有中国自己的特色。

社会主义法不同于资本主义法，对人民来说，社会主义法主要不是强迫、禁止和制裁人们做什么或不做什么，而是指导人们进行合理和有效活动的准则。因此，立法原则也就不同。毛泽东在1954年讲到中国第一部宪法草案时，指出它的两个主要原则，就是社会主义原则和人民民主原则。这两个原则不仅是宪法的原则，也是其他法律的原则。社会主义制度是中国的根本制度，在政治上、经济上、社会文化上都坚持社会主义制度。中国的一切法律都是保障社会主义制度的巩固和发展。对于破坏社会主义制度，扰乱社会主义秩序以及其他严重的经济犯罪等行为，都要给以严厉惩处。对其他的违法犯罪行为也要给以惩处，但其性质不同。人民民主制度保证中国人民真正当家作主。在中国，国家机构实行民主集中制的原则，中央和地方各级权力机关，行政、审判、检察机关，社会团体和企业事业组织，一律实行民主集中制。这就保证国家的一切权力属于人民，使人民能够通过各种途径和方式，真正管理国家事务，管理经济和文化事业，管理社会事务，实现高度民主。根据人民民主原则制定的中国法律,包括国家机关组织法、选举法等,都是保护人民的权利和利益,使各个机关和它们的工作人员必须依靠人民的支持,密切联系群众,倾听人民的意见和建议,接受人民的监督,努力为人民服务。中国的诉讼程序法也充分保障诉讼当事人的权利,用民主的方式进行侦查和审判。社会主义是中国法律的实质内容,人民民主专政是保证社会主义实现的重要手段,社会主义和人民民主两个原则相互结合而不可分割,是中国法学的一个重要理论依据。

用人民民主力量来预防犯罪和改造罪犯的理论,是中国法学的又一特色。总的说来,中华人民共和国建国以来的社会秩序是良好的,社会生活安定,犯罪率较低,但还有犯罪。为了预防犯罪,中国采取了一系列有效的政策和措施,并提出了相应的理论。这方面的例证之一是对罪犯的劳动改造,即通过惩办与宽大相结合、惩罚管制和思想改造相结合、劳动生产与政治教育相结合、专门机关与群众相结合的方针,使罪犯改恶从善,悔过自新。又如为整顿社会治安而实行"综合治理"的方针,即充分发挥政法机关的作用,发动其他各部门、各单位都来做好治安保卫工作,组织各方面的力量,发动广大群众,采取多种措施,加强思想教育工作,改变社会风气,维护社会治安的方针,已取得了显著的成效。

中国法学的另一个独创性贡献是人民调解制度。人民调解委员会是基层自治组织的一个部分,它的任务是在人民法院指导下,调解一般民事纠纷和轻微刑事案件。调解必须按政策、法律进行,必须出于当事人的自愿。它不是诉讼的必经程序,但大大减少了法院的工作量,而且使亲属、邻里间的纠纷在初发生时就能获得解决,防止人民内部矛盾的激化,对预防犯罪,维护社会治安,减轻当事人在时间上和经济上的负担等,都是有益的。这一制度在革命根据地曾得到马锡五、谢觉哉大力提倡、推广,是中国社会主义法制的一个重要组成部分,是对诉讼制度的一个补充。

在中国共产党领导下,在马克思列宁主义、毛泽东思想指导下发展起来的中国法制,是社会主义中国治国安邦的重要工具。任何国家不能没有自己的法制,社会主义国家一定要健全社会主义法制。中国社会主义法是由国家制定的,它体现了全国人民的共同意志,符合人民的长远利益和根本利益,并且是切实可行的共同准则,全国必须贯彻执行。

中国1982年宪法规定:"国家维护社会主义法制的统一和尊严。""一切国家机关和武装力量、各政党和各社会团体、各企业事业组织都必须遵守宪法和法律。一切违反宪法和法律的行为,必须予以追究。""任何组织或者个人都不得有超越宪法和法律的特权。"董必武是精通法学,长期负责贯彻法制工作,坚持人民必须守法、干部必须依法办事的无产阶级法学家。他的法学理论著作已被编为《论社会主义民主和法制》一书。他的主要原则是"依法办事",即"有法可依,有法必依"。这项原则在1978年中国共产党十一届三中全会公报上发展为"有法可依,有法必依,执法必严,违法必究",其意义更为完整。其后,1982年中国共产党十二届全国代表大会通过的《中国共产党章程》规定,"党必须在宪法和法律的范围内活动"、党员必须"自觉遵守党的纪律和国家的法律"。这些规定是中国宪法和法律能够贯彻施行的重要保证,也表明了必须发展社会主义民主、健全社会主义法制和促进马克思主义法学在中国的发展。

中华人民共和国的法学,从建国以来,特别是近几年来,已经取得了一定的成就。这是中国人民,包括广大的政法工作者和理论研究工作者,在中国共产党领导下共同努力的结果。但它还远远不能适应建设社会主义现代化的需要。尽快地改变这种状态,使中国法学迅速地、健全地发展起来,并在新的形势下丰富马克思、恩格斯、列宁创立的马克思主义法学,为发展社会主义民主,健全社会主义法制,建设社会主义物质文明和精神文明作出更大贡献,是中国法学家面前的一项光荣而又艰巨的任务。

(原载《中国大百科全书·法学卷》,中国大百科全书出版社1984年版,署名张友渔、潘念之)

# 中华人民共和国国家机构

为实现人民民主专政的国家职能,根据民主集中制原则建立起来的中国全部国家机关的总称。主要有国家权力机关、国家行政机关、国家军事机关、国家审判机关和国家检察机关等。各个国家机关在国家机构中的地位、组成、职权范围和组织体系,由《中华人民共和国宪法》和各有关国家机关的组织法规定。

中国共产党领导中国人民经历长期武装斗争,夺得了国家政权,彻底打碎旧中国的反动国家机器,逐步建立、发展起来并得到巩固和加强的中华人民共和国国家机构,是工人阶级领导的、以工农联盟为基础的人民民主专政的政权组织,是社会主义类型的国家机器。

在新民主主义革命时期,中国革命人民在中国共产党的领导下,在各地区先后建立起不同形式的革命政权组织。第一次国内革命战争时期(1924—1927),在省港大罢工中建立的"省港罢工工人代表大会"和"省港罢工委员会",在湖南等地建立的"农民协会",都具有部分的革命政权机构的性质。上海工人武装起义中产生的"上海市民政府",在当时起了临时革命政府机构的作用。第二次国内革命战争时期(1927—1937),革命根据地建立了工农民主政权机构。抗日战争时期(1937—1945),抗日民主根据地建立了抗日民主政权机构。第三次国内革命战争时期(1945—1949),各解放区建立了人民代表会议和政府委员会。这些局部地区的人民政府机构,在组织、动员人民群众,赢得新民主主义革命胜利的斗争中,起了巨大的作用。同时为革命胜利后建立中华人民共和国的国家机构,积累了经验,打下了基础。

**建国初期的国家机构** 在中华人民共和国成立前夕,1949年9月,中国共产党领导的由各民主党派、各人民团体和全国各族各界人民的代表组成的中国人民政治协商会议召开了第一届全体会议。会议通过了《中国人民政治协商会议共同纲领》(见《中华人民共和国宪法》)和《中华人民共和国中央人民政府组织法》等宪法性文件和有关国家机构的基本法律。

《共同纲领》规定了建国初期政权机关的基本体制和组织原则:"中华人民共和国的国家政权属于人民。人民行使国家政权的机关为各级人民代表大会和各级人民政府。""各级政权机关一律实行民主集中制。"中央人民政府与地方人民政府间职权的划分,"使之既有利于国家统一,又有利于因地制宜"。"各下级人民政府均由上级人民政府加委并服从上级人民政府。全国各地方人民政府均服从中央人民政府。"

鉴于建国初期第三次国内革命战争尚未结束,反帝反封建的民主革命任务有待最后完成,召开普选的人民代表大会的条件还不成熟,《共同纲领》规定当时国家机构的体制是:中央人民政府委员会为行使国家最高权力的机关,它对外代表中华人民共和国,对内领导国家政权。它组织政务院,以为国家政务的最高执行机关;组织人民革命军事委员会,以为国家军事的最高统辖机关;组织最高人民法院及最高人民检察署,以为国家的最高审判机关及检察机关。

中央人民政府委员会直接领导中央政权机关并统一领导全国各级地方机关,权力是比较集中的。这完全适应当时军事初定,亟须扫除旧的残余势力、迅速医治战争创伤、恢复和发展国民经济等方面的形式需要。

当时的地方政权,由中央人民政府任命人员,组织地方人民政府,在新解放区并设立军事管制委员会,负责处理战争遗留工作,编遣国民党的残余部队,解放或接受并改造旧的统治机关和社会反动组织,扫除土匪盗贼及地主恶霸势力,进行土地改革及其他民主改革,进行社会救济和恢复工农业生产,安定社会秩序。

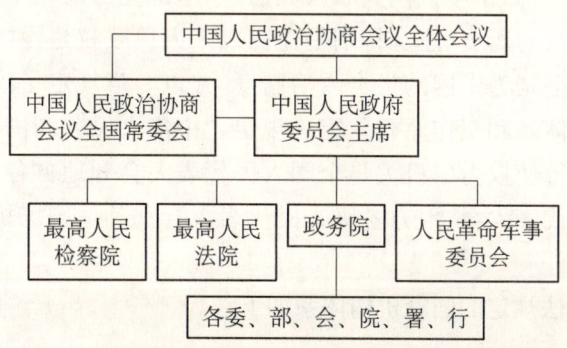

中华人民共和国建国初期中央国家机构组织系统简表

地方国家机构的建立,大体经历了以下几个步骤:(1)由军事管制委员会和地方人民政府召开各界人民座谈会,在新解放的农村,组织农民协会;(2)在各界人民座谈会的基础上,普遍召开各界人民代表会议,对军事管制委员会和地方人民政府的工作进行讨论,提出批评和建议;(3)在条件具备时,各界人民代表会议开始逐步代行人民代表大会的职权;(4)在条件完全成熟时,召开普选的人民代表大会。

建国初期,地方行政区划,除省(直辖市)、县(市)、乡(镇)三级外,在中央政府和省(市)之间,设有大行政区一级。在省、县(市)之间设有专区一级,在县、乡之间设有区一级。这些机关都是一级地方政府机关,同时又是上一级人民政府的代表机关。到1954年6月,撤销了大行政区的建制,调整省、专、县的建制,正式确立省、县、乡三级的地方国家机构体制(见中华人民共和国行政区划)。

**1954年宪法规定的国家机构** 1952年底,中国社会改革取得重大胜利,经济恢复的任务基本完成,人民民主政权日益巩固,国家进入由新民主主义到社会主义的过渡时期。其任务是逐步地实现国家的社会主义工业化,逐步地完成对农业、手工业和资本主义工商业的社会主义改造。为适应社会主义改造和社会主义建设的需要,在政权建设上,从中央到地方都实行了人民代表大会制度。1953年1月,中央人民政府委员会第二十次会议通过了《关于召开全国人民代表大会及地方各级人民代表大会的决议》。1953年2月,中央人民政府公布了《中华人民共和国全国人民代表大会及地方各级人民代表大会选举法》。在完善普选和召开各级人民代表大会的基础上,1954年9月,召开了第一届全国人民代表大会第一次会议(见中华人民共和国全国人民代表大会),通过了第一部《中华人民共和国宪法》。这部宪法总结了巴黎公社以来的无产阶级专政的历史经验,特别是建国以来人民政权建设的实践经验,规定人民代表大会制为中国的根本政治制度,并以专章规定了国家机构,确定了国家机构的体制和工作原则。宪法规定,"中华人民共和国的一切权力属于人民。人民行使权力的机关是全国人民代表大会和地方各级人民代表大会。全国人民代表大会、地方各级人民代表大会和其他国家机关,一律实行民主集中制"。

1954年宪法规定的国家机构体系如下:

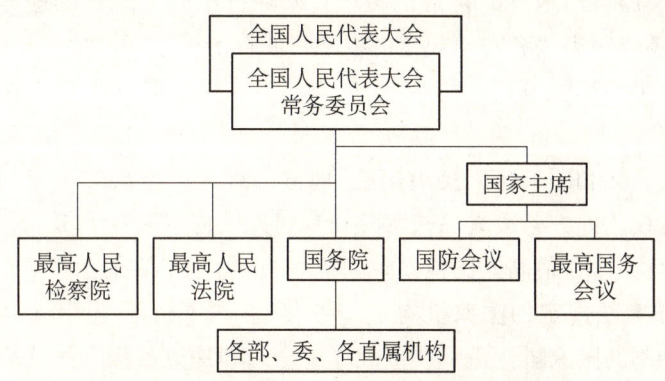

**1954年宪法规定的中央国家机构组织系统简表**

全国人民代表大会是最高国家权力机关，是行使国家立法权的唯一机关。

全国人民代表大会常务委员会是全国人民代表大会的常设机关。在大会闭会期间，行使全国人民代表大会的部分职权。

宪法规定设置中华人民共和国主席，作为最高国家权力机关的一个组成部分，对外代表中华人民共和国，根据全国人民代表大会的决定和全国人民代表大会常务委员会的决定，执行国家元首的职务。国家主席担任国防委员会主席，统率全国武装力量；在必要的时候召开最高国务会议，担任会议的主席。国家主席与建国初期的中央人民政府委员会主席不同，他不直接领导国务院和其他国家机关的工作。

中华人民共和国国务院即中央人民政府，是最高国家权力机关的执行机关，是最高国家行政机关。国务院由总理、副总理若干人、各部部长、各委员会主任、秘书长组成。国务院向全国人民代表大会和它的常务委员会负责并报告工作。国务院设部、委员会和若干直属机构，它们在国务院领导下主管各项专门业务。

在地方，省（自治区、直辖市）、县（市）、乡（镇）各级行政区均设人民代表大会和地方各级人民委员会为一级政权机关，地方各级人民代表大会不设常务委员会，人民代表大会闭会期间由同级人民委员会执行常设机关职权。省、县之间的专员公署，县、乡之间的区公所则是上级行政机关的派出机关，不是一级政权机关。

宪法规定在少数民族聚居的地方实行民族区域自治，自治区、自治州、自治县的人民代表大会和人民委员会是自治区、自治州、自治县的地方国家政权机关,也是民族自治地方的自治机关。它们除行使宪法规定的地方国家机关的职权外,还依照宪法和法律规定的权限行使自治权。

中华人民共和国最高人民法院、地方各级人民法院和专门人民法院行使审判权。

中华人民共和国最高人民检察院、地方各级人民检察院和专门人民检察院行使检察权。地方各级人民检察院和专门人民检察院在上级人民检察院的领导下,并且一律在最高人民检察院的统一领导下进行工作。

**1982年宪法规定的国家机构** 1966年后,国家由于遭到"十年动乱",人民代表大会制的国家机构遭到严重破坏。全国和地方各级人民代表大会不能按期开会,其他机关亦多不能履行职权,地方各级人民政府被革命委员会所取代,人民法院独立行使审判权被取消,检察权交由公安机关行使,撤销了检察机关,这就使中国国家机构的正常活动受到严重影响。1976年10月,中国共产党在人民群众的支持下,粉碎了江青反革命集团,结束了动乱时期。1978年12月,中国共产党召开十一届三中全会,实现党和国家工作的重点转移,并着重提出了健全社会主义民主和加强社会主义法制的任务。经过立法程序,规定各级人民代表大会及其常务委员会必须按期开会,使省、县两级人民代表大会增设了常设机构,县级和县级以下人民代表由选民直接选举产生。1981年6月,中国共产党十一届六中全会通过《关于建国以来党的若干历史问题的决议》,全面总结了建国以来的经验教训,提出必须巩固人民民主专政,完善国家的宪法和法律,"必须根据民主集中制的原则加强各级国家机关的建设,使各级人民代表大会及其常设机关成为有权威的人民权力机关"。1982年上半年,国务院对其体制和组织机构进行了重大改革。这一切,为制定1982年宪法准备了条件。

1982年12月,第五届全国人民代表大会第五次会议通过了宪法修改委员会起草的、经过全国各族人民广泛讨论的宪法修改草案,颁布了《中华人民共和国宪法》。1982年宪法仍然规定中国的人民民主专政的国家体制和实行民主集中制原则的人民代表大会制度,并在原有的国家机构体系上作了调整、充实,使之适应国家现代化建设的需要。

宪法规定:一切国家机关实行工作责任制,"国务院实行总理负责制,各部、委实行部长、主任负责制","中央军事委员会实行主席负责制",同时规定了中央国家机关的主要负责人的有限任期制,即连任不得超过两届。在国家机构的组织活动中,更明确了人民与代表机关、代表机关和其他国家机关、中

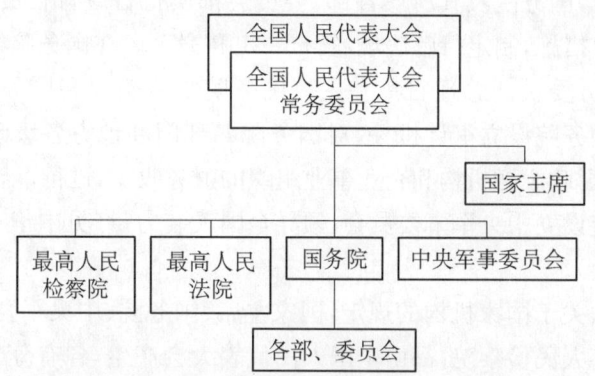

**1982年宪法规定的中央国家机构组织系统简表**

央和地方国家机关之间的正确关系，使国家权力机关和行政机关、军事机关、审判机关及检察机关，中央国家机构和地方国家机构职权的划分更为明确和合理，并从各方面发扬社会主义民主原则，使人民群众从各种渠道，以各种形式管理国家事务，从而加强和发展了人民代表大会制度和民主集中制与工作责任制相结合的原则。

宪法扩大了全国人民代表大会常务委员会的职权，改变全国人民代表大会是唯一立法机关的规定。全国人民代表大会常委会除解释宪法、监督宪法的实施、解释法律外，还可以"制定和修改除应当由全国人民代表大会制定的法律以外的其他法律"，在全国人民代表大会闭会期间"对全国人民代表大会制定的法律进行部分补充和修改"，"审查和批准国民经济和社会发展计划、国家预算在执行过程中所必须作的部分调整方案"。全国人民代表大会是最高国家权力机关，统一行使国家最高权力，但全国人民代表大会代表人数多，1年只开1次会，不能讨论很多问题，因而扩大全国人民代表大会常务委员会的权力，能更好地发挥国家最高权力机关的作用。宪法还增设全国人民代表大会的专门委员会，审议和拟订有关议案；在全国人民代表大会闭会期间，受全国人民代表大会常务委员会的领导，全国人民代表大会常务委员会的组成人员"不得担任国家行政机关、审判机关和检察机关的职务"。这些规定，加强了最高国家权力机关的建设（见中华人民共和国全国人民代表大会）。

宪法恢复设立国家主席。国家主席根据全国人民代表大会及其常务常委会的决定行使职权。这些职权除恢复1954年宪法有关规定外，还有两处重要的改变，一取消了最高国务会议，二不统率全国武装力量。

宪法规定,国务院及其所属各部、委员会都实行行政首长负责制,国务院有权规定行政措施,制定行政法规,发布决定和命令。在国务院组成上减少副总理,设立国务委员。总理召集和主持国务院常务会议和国务院全体会议。宪法还规定国务院设立审计机关,对国务院各部门和地方各级政府的财政收支,对国家的财政金融机构和企业事业组织的财务收支,进行审计监督。

宪法规定设立中央军事委员会,领导全国武装力量(见中华人民共和国中央军事委员会)。

根据宪法关于国家机构的规定,国家主席、国务院、中央军委主席、最高人民法院和最高人民检察院,都由全国人民代表大会产生,各有分工,各司其职,都对全国人民代表大会及其常委会负责,并受其监督。

宪法规定中央和地方适当分权。在中央的统一领导下,加强了地方的职权。

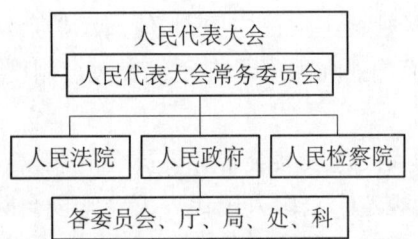

1982年宪法规定的省、县级地方国家机构组织系统简表

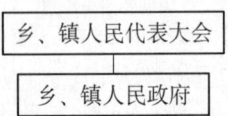

1982年宪法规定的乡级地方国家机关简表

为了发挥地方国家权力机关的作用,宪法规定,县级以上的地方各级人民代表大会设立常务委员会,改变了1954年宪法中规定的地方各级人民委员会是地方各级人民代表大会的执行机关,同时也行使地方人民代表大会常设机关职权的体制。宪法规定了省、自治区、直辖市人民代表大会及其常委会有权制定和颁布地方性法规(见法的渊源)。

宪法还增加了加强基层政权的规定。基层政权由人民直接选举、监督和罢免,同时接受上级政权的领导和监督。为了加强农村基层政权,健全农村集体经济组织,宪法改变1959年以来的人民公社政社合一的制度,保留人民公社作为集体经济组织,恢复了1954年宪法设立而其后被撤销的乡政权。

宪法规定在地方政权机关中扩大民族自治地方自治机关的自治权。

宪法规定居民委员会、村民委员会为基层群众性自治组织。

宪法规定,最高人民法院、地方各级人民法院和专门人民法院是国家审判机关(见中华人民共和国法院)。最高人民检察院、地方各级人民检察院和专门人民检察院是国家的法律监督机关(见中华人民共和国人民检察院)。人民法院和人民检察院分别独立行使审判权、检察权,不受行政机关、社会团体和个人的干涉(见审判独立)。各级人民法院和各级人民检察院对本级国家权力机关负责。地方各级人民检察院还对上级人民检察院负责。人民法院、人民检察院和公安机关办理刑事案件,应当分工负责,互相配合,互相制约,以保证准确有效地执行法律。

上述一系列规定,使中国国家机构从中央到基层,各级国家机关职权划分更加合理、清楚,有利于实行严格的工作责任制,提高工作效率,克服官僚主义。同时,依靠人民的支持,经常保持同人民的密切联系,倾听人民的意见和建议,接受人民的监督,努力为人民服务。这一切,将使国家机构日益巩固,有力地保证社会主义现代化建设取得更大的成就。

(原载《中国大百科全书·法学卷》,中国大百科全书出版社1984年版,署名潘念之、程辑雍)

# 阶级性始终是法律最重要的特征

**摘　要**：本文运用马克思主义观点，结合国际国内立法、司法的实际，对法律的特征作了探究，比较详细地论证了以下三个观点：一、法律是阶级矛盾不可调和的产物，是反映统治阶级意志和利益的特殊的行为规则；二、法律是阶级社会特有的社会现象，超阶级的人类共通的法律是没有的；三、社会主义法律仍有鲜明的阶级性。文章认为原始社会、共产主义社会有法律的观点是错误的，有些法律有阶级性、有些法律没有阶级性的观点是错误的，社会主义法律的阶级性已经削弱的观点也是错误的。

法律是独立于阶级之外，还是同阶级不可分离？是反映社会各阶级的共同意志，还是仅仅体现统治阶级的意志？历来的法学家们曾经为此而长期争论不休。直到十九世纪四十年代，马克思主义才对这个问题作了历史性的科学结论。可是，马克思主义理论虽然符合客观实际，但它还没有真正为人们所普遍接受，争论并没有结束。譬如，有人对法律的阶级性问题存在着怀疑和异议。他们从不同的角度，以不同的方式和形式试图证明：法律存在于整个人类社会中，原来没有阶级性，直到阶级社会里才打上阶级的烙印；即使在阶级社会，也有许多法律是没有阶级性的。法律是否始终有阶级性？这个问题不仅是理论问题，也是现实问题。今天，理论联系实际地来弄清这个问题，对于加强我国的社会主义民主和法制，巩固人民民主专政，顺利进行有中国特色的社会主义现代化建设，有着深远的意义。

**一、法律是阶级矛盾不可调和的产物，是反映统治阶级意志和利益的特殊的行为规则**

当前讨论法的阶级性问题中的分歧，从某种意义上说，是各人对法的概念缺乏统一的认识而引起的。关于法的概念，自古以来就众说纷纭，各个不同的阶级都从维护本阶级的利益出发，对法律下了各种不同的定义，并根据各自的定义，对法律作出了各种各样的解释，形成了各种流派。剥削阶级的法学流派虽然五花八门，各有说法，但它们有个共同的特点，这就是极力掩盖法律的阶级本质，把法律说成是社会共同的，是人类良知和理性的体现。例如，十八世纪法国著名的资产阶级启蒙法学家孟德斯鸠说："有一个根本理性存在着，法就是这个根本理性和各种存在物之间的关系，同时也是存在物之间的彼此关系。"他还认为：一般的法律"就是人类的理性；每个国家的政治法规和民事法规只是把这种人类理性适用于个别的情况"①。我们是马克思主义者。我们讨论法的本质，只能以马克思主义关于法的概念为基准，否则我们永远也不可能得到一个统一的正确的结论。

马克思主义经典作家虽然没有写过一部"法学教科书"，但关于什么是法和法的本质及起源的问题却有许多明确而一致的论述，其中比较有代表性的是1848年马克思和恩格斯在《共产党宣言》中说的一段话："你们的观念本身是资产阶级的生产关系和所有制关系的产物，正像你们的法不过是被奉为法律的你们这个阶级的意志一样，而这种意志的内容是由你们这个阶级的物质生活条件来决定的。"②列宁更直截了当地说："法律又是什么呢？法律就是取得胜利，掌握国家政权的阶级的意志的表现。"③以上的论述集中反映了马克思主义关于法律概念的基本内容。

第一，法律不是从来就有的，到了阶级社会才有法律；法律是阶级矛盾不可调和的产物。既然法律同阶级的关系如此密切，那么，还得说清什么是阶级，阶级是怎样产生的，为什么有了阶级以后一定要有法律呢？关于阶级，列宁是这样论述的："所谓阶级，就是这样一些集团，这些集团在历史上一定社会生产体系中所处的地位不同，对生产资料的关系（这种关系大部分是在法律上明文规定了的）不同，在社会劳动组织中所起的作用不同，因而领得自己所支配的那份社会财富的方式和多寡也不同。所谓阶级，就是这样一些集团，由于它们在一定社会经济结构中所处的地位不同，其中一个集团能够占有另一个集团的劳动。"④可见，阶级是在社会生产力发展到一定水平，一个人的劳动成

---

① 孟德斯鸠：《论法的精神》，第1、5页。
② 《马克思恩格斯选集》第1卷，第268页。
③ 《列宁全集》第13卷，第304页。
④ 《列宁全集》第29卷，第382—383页。

果除了本人生活需要所消费外，尚有剩余，而所有制形式又有可能使一部分人单独占有生产资料，并利用所占有的生产资料去攫取另一部分人的劳动成果时产生的。于是社会分成了剥削阶级和被剥削阶级，成为阶级社会。其后阶级结构发生变化，社会也发生了变化。

在原始社会，人类生产力水平极低，人们是在一定的集体中共同劳动、共同生活的。那时候，生产资料为全体社会成员所有，劳动产品在全体社会成员中平均分配，没有占有者和被占有者、剥削者和被剥削者，没有一部分人要统治和压迫另一部分人。所以，在原始社会里是没有阶级的，也没有阶级统治的机关。原始公社的领导机构是由全体社会成员选举产生的，它们不是凭借暴力来进行统治，而是依靠"人们对于氏族制度机关那种自由的，自愿的尊敬"①。正因为这样，原始社会没有国家，也没有现代意义的具有强制力的维护一部分人对另一部分人统治的法律。

法律是在历史发展到一定阶段，即到阶级社会才有的。因为任何一部分人对生产资料的占有必然招来另一部分丧失生产资料的人的反抗。占有生产资料的阶级为维护这种占有，镇压被占有者的反抗，就逐步建立了国家，逐步制定了法律，利用国家和法律去镇压被占有者的反抗。国家和法律都是在阶级矛盾不可调和的地方和时候产生的，都是有组织的暴力。"国家是阶级统治的机关，是一个阶级压迫另一个阶级的机关，是建立一种'秩序'，来使这种压迫合法化、固定化，使阶级冲突得到缓和。"②

法律是阶级矛盾不可调和的产物，还特别表现在不同类型的新旧法制的交替中。当社会上有了新的生产关系，有了代表这个新的生产关系的新兴阶级，也就出现反映这个阶级意志的新法律，去代替旧的法律，以维护它们的阶级利益和统治。这是生产力与生产关系、上层建筑与经济基础关系规律作用的结果。历史上某个阶级代表新的生产关系，它就是一个新兴的上升阶级。反映这个阶级意志，维护该新的生产关系的法律，则表现出进步的内容，由此推动社会和历史的进步。例如，我国古代的商鞅变法，汉承秦法，再发展到唐律，形成了我国封建法制的全盛时期，也是我国新兴地主阶级产生和成长的见证。这些法律对维护封建制生产关系，摧毁奴隶制生产关系，在历史上起着巨大的进步作用。在近代欧洲，资产阶级的立法，顺应了当时资本主义生产关系

---

① 《马克思恩格斯选集》第 4 卷，第 168 页。
② 《列宁选集》第 3 卷，第 176 页。

的建立和发展,也在历史上起着巨大的进步作用。马克思和恩格斯都高度评价过近代资产阶级第一部民法典——《拿破仑法典》。可见,没有新兴地主阶级的成长,不可能有代表这个阶级利益的汉、唐法律;没有新兴资产阶级掌握法国政权,《拿破仑法典》也是不可能产生的。我们必须指出,新兴阶级法律的产生,腐朽没落阶级的法律退出历史舞台,都是经过激烈的阶级斗争实现的。在激烈的阶级斗争中,代表旧的生产关系的统治阶级总是力图利用其掌握的国家政权,制定法律,限制新的生产力的发展,镇压代表新的生产关系的进步阶级的力量;新兴阶级总是先夺取国家政权,通过新的立法,巩固其统治地位。也正是在这个时候,法律所代表不同阶级利益的情况表现得特别明显。

第二,法律只反映统治阶级的利益和意志,不反映被统治阶级的利益和要求。这是因为:(一)法律是由政治上占统治地位的,掌握国家政权的阶级制定的。被统治阶级处于无权的地位,它没有可能把自己的意志通过法律反映出来。(二)统治阶级制定法律,其根本目的就在于镇压被统治阶级的反抗,维护其政治、经济上的统治地位。历史上一切统治阶级都把镇压被统治阶级反抗作为法律的首要任务。恩格斯在论述到英国资产阶级法律时深刻地指出:"整个立法首先就是为了保护有产者反对无产者","只是因为有了无产者,所以才必须有法律"。[①] 历史上有奴隶主法律、封建主法律和资产阶级法律;各种法律所保护的生产关系并不相同,具体的法律规定也有很多差异,但是它们有一点是共同的,即一切可能动摇其政治统治,危及其根本利益的行为,法律都予以严厉的禁止和镇压。我国古代法律中有所谓"十恶大罪"的,都是关于危及统治阶级政治、经济根本利益的行为。根据历代封建统治阶级法律规定,凡属"十恶大罪"的,在任何情况下都不可能宽恕和赦免。资产阶级法律中有许多虚假的民主许诺,但资产阶级宪法中多有这样的条款:凡属所谓"民主制度"或"共和国政体不得成为宪法修改之对象"。它们所谓的"民主制度"或"共和政体",就是资本主义政治制度,是代表了资产阶级最根本的利益,不允许任何人去触动它的。我国是社会主义国家,人民大众是国家的主人,法律是工人阶级及其领导下的广大人民意志的反映。我国法律的根本任务是维护人民民主专政,维护社会主义制度;一切破坏社会主义制度,反抗人民民主专政的行为都是我国法律严格禁止的行为。毛泽东非常明确地指出了我国法律的性质和任务:"军队、警察、法庭等项国家机器","对于敌对阶级,它是压迫的工具,

---

[①]《马克思恩格斯全集》第2卷,第570页。

它是暴力,并不是什么'仁慈'的东西"。① 可见,以镇压被统治阶级反抗为目的的法律是决不可能反映被镇压的被统治阶级的意志的。

第三,法律是由国家强制力保证执行的反映统治阶级意志的特殊的行为规则。马克思说:"法律是肯定的、明确的、普遍的规范。"② 法律是人们的行为的规则,规定人们能做什么,不能做什么。法律规范的普遍约束力是法律的重要特点。现在有人抓住法律是一种行为规则这点大做文章,大谈在原始公社制度下,已经有人们共同遵守的行为规则,这种行为规则也是法律,但是它是没有阶级性的,从而以之为他们的法律没有阶级性的论点服务。的确,法律是一种行为规则,原始公社的习惯也是一种行为规则,但它们的实质是不同的。原始公社的行为规则是在原始公有制生产基础上自发产生的,是千百次的重复行为而自然形成的传统习惯,是人们自发遵守的。法律则是一部分人所规定而强加于另一部分人的,它的施行完全依靠国家强制力。列宁说:"如果没有一个能够迫使人们遵守法规的机关,权利也就等于零。"③ 这就是说,如果没有国家强制力的保证,法律就无法施行。可见,法律这种行为规则同原始公社的习惯这种行为规则的根本区别在于:法律反映制定者的意志,打上了深刻的阶级烙印,它必须有统治阶级掌握的国家强制力保证其执行。原始公社的习惯是自发形成的,不出于任何阶级(那时还没有形成阶级)的意志,是人们自发执行的,不需要任何强制。简单地说,法律这种行为规则是有强烈阶级性的,原始公社的习惯这种行为规则是没有阶级性的。二者的性质既然根本不同,就应该分别定名,一个称习惯,一个称法。这不是很好吗?何必硬拉成一起,搞得纠缠不清呢?

## 二、超阶级的人类共通的法律是没有的

法律是社会的上层建筑,决定于经济基础,并为经济基础服务。它是反映统治阶级意志,通过国家机关制定,并由国家强制力保证其执行的特殊行为规则。可是人们看到法律的某些现象,往往提出疑问:社会上是否存在过同各个阶级都无关而反映社会所有成员意志的法律呢?历史事实证明,这样的法

---

① 《毛泽东选集》第4卷,第1413页。
② 《马克思恩格斯全集》第1卷,第71页。
③ 《列宁全集》第25卷,第458页。

律是没有的。一切法律都是有阶级性的。

第一,"市民社会的一切要求——不管当时是由哪一个阶级统治着——也必然要通过国家意志,以便以法律形式取得一体遵行的效力。"[1]法律对社会所有成员都有一体遵行的效力,常被看作法律是反映社会所有成员意志的根据。其实,我们只要研究了恩格斯的话,不难发现,法律有一体遵行的效力,不但反映了法律同统治阶级的其他意识形态的区别,还突出表明了法律有强烈阶级性的特征:(一)法律仅仅是在市民社会里——阶级社会里才存在的。(二)一切法律都是统治阶级维护其统治的工具。(三)法律的此种社会现象实质上反映的是统治阶级的意志,但它是以国家意志形式出现的。"在议会中,国民将自己的普遍意志提升为法律,即将统治阶级的法律提升成为国民的普遍意志。"(四)统治阶级的意志一旦提升为国家意志,以法律的形式出现,此种意志即获得了社会一体遵行的效力。统治阶级正是通过法律这种形式对整个社会实施统治的。有了法律,国民"在行政权力的面前",就"完全放弃自己的意志,而服从于他人意志的指挥,服从于权威"。[2]

必须指出,从统治阶级的意志提升为国家意志,是有一套复杂的立法程序的。"这种立法愈复杂,它的表现方式也就愈益不同于社会日常经济生活条件所借以表现的方式。立法就愈显得好像是一个独立的因素。"[3]这样法律所反映的阶级意志也就隐藏得愈深。

法律对全体社会成员有一体遵行的效力,是法律相对独立性的重要表现。首先,法律不但为被统治阶级遵守,统治阶级也必须遵守。这样,统治阶级各个成员相互冲突的意志通过法律概括为统治阶级的一般意志;各个统治阶级成员必须服从于统治阶级的整体意志,统治阶级通过法律使全阶级的意志得到了统一。历史证明,统治阶级这种内部意志的统一极为重要。历史上,许多统治阶级集团是由于统治阶级的内部意志不统一、各个统治集团的互相倾轧而垮台的。因此,历史上的各个统治阶级都十分强调通过法律调整统治阶级的内部关系。

例如,世界历史上最早的一部奴隶制法典,公元前十八世纪的古巴比伦王国的《汉穆拉比王法典》,共有282条条文,全部内容几乎都是关于调整奴隶

---

[1]《马克思恩格斯文选》两卷集第2卷,第393页。
[2]《马克思恩格斯全集》第8卷,第214页。
[3]《马克思恩格斯选集》第2卷,第539页。

主、高利贷主、自由民之间的财产关系,借贷、租佃、商业买卖和债务关系,婚姻和财产继承关系的。如果个别奴隶主破坏了这些关系将危及整个奴隶主阶级的统治。我国古代法律也十分强调对封建地主阶级内部个别人的叛逆、篡位、弑君、弑父、淫乱及各种危害封建统治的行为的惩罚。国家还专门成立了检举统治阶级成员违法活动的机构,如御史台等。资产阶级更提出了"法律面前人人平等"的口号。这一切都表明法律作为统治阶级意志,是指统治阶级的整体意志。法律作为调整统治阶级内部关系的工具,只是表明统治阶级个别成员的意志服从于统治阶级整体意志,从而使统治阶级以统一的意志来实施其统治权。这种统一意志的形成,消除内部矛盾,统一对敌,也就增强了统治的力量。可见,统治阶级遵守法律与被统治阶级遵守法律在形式上似乎相同,但在本质上是完全对立的。统治阶级遵守法律,是按照它自己的意志办事,维护的是自己的利益;被统治阶级遵守法律,服从的是他人的意志,完全违背自己的意志和利益,两方面都明确地显示其阶级性。如果我们看不到法律一体遵行效力掩盖下的统治阶级与被统治阶级所遵守法律上的这种本质差别,我们就要犯极大的错误。

第二,法律具有的执行全社会公共职能这个特点,也常被作为人类社会有超越阶级的法律的根据。的确,马克思说过,在剥削阶级国家里,"政府的监督劳动和全面干涉包括两个方面:既包括执行由一切社会的性质产生的各种公共事务,又包括由政府同人民大众相对立而产生的各种特殊职能"[1]。有人根据马克思的这段话,将法律分为两个部分:一部分是起到"由政府同人民大众相对立而产生的各种特殊职能",称为政治的职能,或政治的立法,说这部分法律是有阶级性的。另一部分法律"执行由一切社会的性质产生的各种公共事务",称为社会的职能,社会的立法,说这是反映了社会各个阶级的需要,是没有阶级性的。这种将统治阶级法律割裂开来,划分有无阶级性的方法也是错误的。

首先,我们必须看到,阶级社会是一个统一的阶级社会。在阶级社会中,有统治者,也有被统治者;有剥削者,也有被剥削者。从阶级关系上说,他们是分裂的。但是从另一种意义上说,社会各个阶级是互相依存的,没有被统治者,也就没有统治者;没有被剥削者,也就没有剥削者。因而剥削阶级对被剥削者,总是要采取两手措施,既要剥削、压制他们,又要保护他们,维持他们的

---

[1]《马克思恩格斯全集》第25卷,第432页。

生存,并欺骗和安抚他们,使他们安居于被剥削的地位,以维护这个社会的和谐统一。这是矛盾的,又是统一的。聪明的剥削阶级是善于使用这两手政策的。许多历史学者称道"轻税薄赋,与民休养"的君主为贤明君主;称"横征暴敛,摧毁民力"的君主为暴君昏君,是懂得这个道理的。现代资产阶级更多注意于社会公共事务,例如维护交通秩序,保护环境卫生,保养自然资源以及宇宙开发等。看起来,这不仅是哪一个阶级的私利,对统治阶级与被统治阶级似乎都是有利的;甚至如劳动保护、救济贫民等更有利于被统治阶级。但是,我们必须看到,如果这种公共事务遭到破坏,社会陷入混乱,将从根本上破坏统治阶级的统治秩序,因而统治阶级不能不管这些公共事务;但在管理这些公共事务时,它们总是从自身的利益出发而考虑安排的。所以,当统治阶级把保护自然环境、维持生态平衡、保证正常的交通秩序和社会秩序的规定上升为法律的时候,它已注入了统治阶级的意志,反映了统治阶级的利益和要求,已深深地打上了阶级的烙印。

其次,我们必须以完整的统一的法律体系的观点去看待某个阶级的法律。任何具体的法规都必须放到统一的法律体系中去认清它的性质,任何将具体法规同统治阶级的法律体系割裂开来的观点和做法都是错误的。法律作为上层建筑,是指反映统治阶级利益的法律观点,以及在此观点指导下的法规、法令和实施这些法律的组织与方式等等,也就是说,这是一个完整的法律体系。割裂某个具体的法规或法律条文在法律体系中的地位,孤立地区分某一法规或某一条文对谁有利的看法,是不科学的。我们从来不否定剥削阶级法律中可以包括某些有利于人民的条款,但是,我们必须从那些法律制度整体上来看待这些条款,认清它的阶级本质。1949年2月《中共中央关于废除国民党的六法全书与确定解放区的司法原则的指示》中说得非常清楚:"任何反动法律——国民党的六法全书也是一样——不能不多少包括某些所谓保护全体人民利益的条款,这正和国家本身一样,恰恰是阶级斗争不可调和的产物和表现,即反动阶级为保障其基本的阶级利益(财产与政权)的安全起见,不能不在其法律的某些条文中,一方面照顾一下它的同盟者或它试图争取的同盟者的某些部分利益,企图以此来巩固其阶级统治;另一方面,不能不敷衍一下它的根本敌人——劳动人民,企图以此缓和反对它的阶级斗争。"当然,剥削阶级敷衍它的根本敌人,对被统治者的斗争作出一点"让步",是在仍旧维护剥削者的统治下实行的,它决不允许此种"让步"动摇它的统治地位。同时统治者对被剥削者的某些'让步',让他们生活得好一点,维护其生存和生殖能力,这也是为了使剥削者有可能继续进行剥削。法律中关于各种"公共事务"的法规、条款,从它的立法动机到具体效果来看,都是为了并有利于统治阶级的统治这一点,是显而易见的。

第三,由于上述所谓社会性的公共事务立法的观点,有人认为经济法律也只有社会性,没有阶级性。这种说法也是错误的,而且错得更为严重。因为任何类型的法律,其主要内容和任务都在于维护和发展其经济基础,维护和巩固其政权组织,使本阶级在经济上、政治上都牢牢站稳了统治地位。镇压被统治阶级的反抗,调整统治阶级的内部关系,是后一种任务;调整经济关系,组织经济生产、流通,增加社会财富,是前一种任务。政治任务是从经济任务而来,经济任务更是统治阶级的根本利益所在,也是阶级社会产生两极化和阶级矛盾的原因。在封建性的土地制度下,绝大部分土地都被地主阶级所占有,农民被束缚在土地上,终年胼手胝足,而耕耘所得却绝大部分作为地租,被地主阶级所掠夺。"朱门酒肉臭,路有冻死骨",是封建社会两极化的形象图。史不绝书的千百次农民战争,都是官逼民反,地主阶级剥削的结果。在资本主义的生产资料所有制下,所有工厂、商店及其他公私企业都掌握在资产阶级手中,工人出卖其劳动力,在复杂的机器下做了工资奴隶,而大部分劳动成果却成为剩余价值被资本家所榨取。尽管资本主义的剥削比封建剥削稍稍"文明"一点,但拥有亿万金钱,深居高楼大厦,过着豪华生活的是资本家,而落入失业大军,在贫穷线下过着贫困生活的则是劳动人民。在私有制下,社会上的任何经济组织和经济事业都是富人剥削穷人的设施,这种组织和设施越高级,其剥削程度越严重。由于这种剥削的需要和剥削所得提供的条件,剥削阶级的政权组织和统治地位才得以建立。一部《资本论》就是马克思分析了商品这个经济细胞而得出整个资本主义社会必然产生阶级斗争和最后覆亡的结论。现在竟有人认为国家和法律的经济功能只有社会性而无阶级性,而且经济功能越来越大,政治功能越来越小;在现代社会,国家和法律的政治功能必将为经济功能所代替,阶级性必然为社会性所代替。不知道这种议论是从什么观点出发?有什么事实根据?在私有制和剥削制度存在时候,任何经济设施都是为地主资本家服务的。只有变私有制为公有制,废除剥削,社会经济事业才转变性质而为劳动人民服务。我们只有从这一根本观点出发,才能正确理解法律的性质,否则是会堕入资产阶级学者的圈套中去的。

第四,有人认为有关自然现象和科学技术的法规,如交通管理、环境保护、生态平衡、宇宙空间开发和利用、科学技术的利用和发明的保护等法令是没有阶级性的。人所周知,自然规律是没有阶级性的。但是,必须指出,在阶级社会里,自然的开发和科学技术的利用总是掌握在统治阶级的手里,如何利用自然和科学技术,就必然受到阶级统治的影响。至于依靠国家政权,将其利用自然物力为自己谋利的行为上升为法律,以约束社会其他各个阶级的行为,更不能不具有阶级性了。因此,这一切利用自然规律,谋求生产力发展的法律、法令,都是有利于代表统治阶级利益的生产关系的。统治阶级总是力图通过这些法律、法令,造成一个生产发展、社会秩序安定、有利于它们统治的长治久安的局面。在现代资产阶级社会里,资产阶级更希望通过对自然规律的利用,最大限度地竭尽物力、人力,以榨取最大的超额利润。但是,历史表明,任何发明创造如果危及了旧的生产关系,危及了统治阶级的统治,它不但得不到法律的保护,相反,这类发明创造的开发和使用还会受到各种阻挠,发明者还会受到无端的政治迫害。意大利著名科学家布鲁诺和伽利略、波兰伟大天文学家哥白尼所受迫害的事例,都说明了这个问题。由于剥削阶级利用自然规律的这种阶级局限性,它们尽管在某个时期制定了一些有利于生产力发展的法律,但是,在绝大多数的情况下,特别当这个阶级是腐朽没落的生产关系代表的时候,其法律多是阻碍和破坏生产力发展的。这同无产阶级自觉地运用自然规律立法,推动历史发展的情形是根本不同的。这是因为一切有关自然现象和科学技术的法律,并非单纯的自然规律的再现,也非调整人与自然、人与物的关系,而是在自然、技术、物这些方面调整人与人的关系,也就是阶级关系。只要认真分析一下,我们不难发现即使现代资本主义社会科学昌明,善于利用自然科学和技术科学,但它们对这些也是根据主观要求,有所选择,深深地打入阶级烙印的。例如:资本家运用专利法而收买了技术发明权,是为他们的垄断利益服务的。根据自然规律而保养林木、牲畜和水产物是合理的,但要知道,在旧社会,一切森林、牧场、鱼塘等自然资源都是私有的。这要问一声那里的收益是为谁所有?在宇宙空间问题上有着超级大国的空间霸权斗争,也是大家知道的。提到环境保护法,大家都认为是有利于社会公共福利的法律。但是这在资本主义国家和社会主义国家的情况又是迥然不同的。资产阶级并不是自觉地从维护人民群众的利益来制定环境保护条款的,它们多数是从维护垄断阶级的利益出发来立法的。有的条款完全是出于统治阶级的一己私利,有的是迫于人民群众的压力。在环境保护立法中,人们都认为日本的环境保护法比较完善。但是,人所周知,日本是受环境污染侵害十分严重的国家。在六十年代和七十年代,日本发生了著名的四大公害案件(四日市的气喘病案件、新潟的水俣病案件、富山的骨痛病案件、熊本的水俣病案件），受害人成千上万，涉讼历时近四年，在人民群众斗争的强大压力下，才通过对被害人有利的判决。最近美国联合碳化物公司设在印度博帕尔市的工厂泄漏毒气，使当地人民中毒，近二千五百人死亡，五百人失明，十万人可能终身残废。据英国报纸透露，许多资本主义国家的跨国公司往往输出有毒商品，或者在发展中国家设立有危险性的工厂，降低保险设备以攫取厚利。这不是清楚地说明了问题吗？

第五，有人提出这样的问题，古往今来的各种类型的法律中，是否有完全相同的法律规定？如果有这样的规定，难道不表明人类社会中，有一个超越阶级的法律为各社会共同适用吗？我们认为，的确，在古往今来的各种类型的法律中，从形式到内容都不乏相同之处。但是，这些相同之处，所维护的阶级利益，所反映的阶级意志是完全不同的。例如，在各个阶级法律中，都有关于保护公民财产的法律条款，但这相同的条款却反映了不同阶级的立法动机。封建地主阶级法律保护财产所有权，是以保护封建地主所有制为其立足点的。现代资产阶级法律保护财产所有权，是以保护其对生产资料，其中包括对劳动力的自由占有为其动机的。社会主义国家的法律，是在确定公有财产不容侵犯的前提下，保护公民的合法的劳动所得，是按劳分配的体现，起到不断提高人民的物质生活和文化水平的作用。可见，相同的条文，在不同的阶级法律里，所反映的阶级意志是完全不同的。又如，各个阶级都有宪法、民法、刑法。在上述各个法律中，也不乏有相同的条款。共和制曾为不同的阶级专政服务，选举法中有的条款也为不同的阶级所采用。但是这是从形式上看问题的，如果就其具体规定和整个法律来看，从阶级实质来看，就不一样了。共和制曾为奴隶主专政采用，为资产阶级专政采用，也可为无产阶级专政服务，但其具体内容和阶级实质是不同的。只看到政体的相同而忘了国体的相异，是会把问题搞糊涂的。

人所周知，人类社会中的基本现象，都受着社会规律的支配，如经济基础和上层建筑的关系，统治阶级和被统治阶级的关系等等，如果不从基本规律来分析事物，而只就一些表面现象来扣问题，很难免不发生错觉。不论是政治立法，社会立法，或有关科学技术的立法，实际上都是调整人与人之间的关系，也就是阶级关系。所以，各个阶级法律调整的对象虽然有相同的，并不表明各个阶级法律的实质也是相同的。因为在阶级社会里，相同的形式有不同的阶级内容。例如，国家与人都是抽象的概念，但抽象的国家和人是没有的。有的是具体阶级的国家、具体阶级的人。自然现象是客观的东西,没有阶级性的,但是它总是为某个具体的阶级所占有和利用。技术方法和自然规律是没有阶级性的,但人利用它,并制成法律时,就不能不带有阶级性了。总之,国家、社会、人和自然,在不同的阶级法律里,都有不同的阶级内容。如果我们仅根据某些阶级法律所调整的对象相同,就断定这些法律是为各个阶级所接受的共同法律,一定会发生错误。

### 三、社会主义法有鲜明的阶级性

以上的论述告诉我们,法律是阶级社会的特有现象,它始终是有阶级性的,没有阶级性的法律是没有的。只有到了阶级完全消灭的共产主义社会,法律才会最后消亡,是法律和它的阶级性一起消亡了。那么,法律是怎样消亡的,共产主义社会里的共同行为规则是怎样形成,怎么代替现在的法律的?这是一个相当复杂的问题,应该由那时候的人根据社会发展的具体情况去解释,我们探讨这个问题还为时过早。现在最有现实意义而必须明确认识的是当前的社会主义法的问题。

有人认为,社会主义是向共产主义过渡的,并且是逐步过渡的,那么社会主义社会的阶级结构将逐步转变,共产主义因素将逐渐增加,社会主义法的政治功能将逐步减少,社会功能将逐步增加;那么,阶级性已不是社会主义法的本质属性,而社会性是它的最重要的特点了。这时,法律已不成为阶级统治的工具,而是人民内部的调节器,不是专政所需要,而是民主的保证了。但是,理论与实践告诉我们,这种看法只是主观猜想,是不符合马克思主义的法学理论,也不符合中国的实际情况的。社会主义法仍然有其鲜明的阶级性。

首先,从法的类型来看社会主义法同剥削阶级法的区别。无产阶级同一切剥削阶级,在根本利益上是完全对立的,社会主义的国家和法同剥削阶级的国家和法,在本质上是相反的,两者都有阶级性,是不同的阶级性。马克思在总结了巴黎公社的革命经验后强调指出,无产阶级决不能利用剥削阶级的国家机器来达到自己的目的,必须彻底地砸碎剥削阶级国家机器。列宁在俄国革命中进一步发展和实践了马克思主义理论,提出了"要打破旧法律,摧毁压迫人民的机关,夺取政权,创立新法制"[①]。早在抗日战争时期,毛泽东就指示

---

[①]《列宁全集》第 10 卷,第 245 页。

在抗日革命根据地要"废除一切束缚人民爱国运动的旧法令,颁布革命的新法令"。在全国解放前夕,我党中央就发布了《关于废除国民党的六法全书与确定解放区的司法原则的指示》,它强调:"在无产阶级领导的工农联盟为主体的人民民主专政政权下,国民党的六法全书应该废除。人民的司法工作,不能再以国民党的六法全书为依据,而应该以人民的新的法律为依据。"无产阶级的社会主义国家之所以要废除代表剥削阶级的旧法制,建立反映无产阶级和人民利益的新法制,这是因为过去一切法律制度都是代表少数人意志镇压多数人,无产阶级的社会主义法律是代表多数人的意志对少数剥削者实行专政,这两种法律在阶级内容上是完全相异的。因此,无产阶级的社会主义国家不能简单地利用剥削阶级国家旧法制为新的社会制度服务。

我们强调法的阶级性,并非否定法的继承性。前面已经说过,剥削阶级法的个别条文、某些内容也可能对人民有利,对社会有利。这些东西是可以借鉴、吸收,取其有益的成分,去其有害的毒素,加以改造利用。这就是所谓批判的继承。但整个旧法体系又是必须摧毁、废弃的。有的同志以为我们过去废除国民党的六法全书,后果不好,以致建国以后长期法制不完备。这是一种误解。国民党的全部法制精神是拥护地主买办官僚资产阶级反动统治的工具,压迫和束缚广大劳动人民的武器,是不可能用来为建设社会主义服务的。我们过去长期没有制定某些基本法律,是由于自己头脑中的法律虚无主义,要人治不要法治,强调个人意志的作用,不重视体现工人阶级整体意志的法律的缘故。党的十一届三中全会以后,中央强调民主与法制以后,就在比较短的时间内制订和颁布了《刑法》《诉讼法》《民诉法(试行)》和许多单行的行政法规、民事法规、经济法规,就是证明。必须"打破旧法律,创立新法制",这是我们的经验、我们的原则。

其次,从社会阶级结构的变化来看社会主义法。社会主义法是工人阶级及其领导下的人民大众意志反映,其本质属性是工人阶级的阶级性。有的同志指出,在建国初期这样说是可以的,现在我国急风暴雨式的阶级斗争已经过去,剥削阶级作为阶级已经消灭。在现阶段,我国主要的任务是发展社会主义生产力,强调社会主义法的阶级性已无任何的实际意义。这种观点的明显错误在于:一、剥削阶级作为一个阶级消灭了不等于我国现阶段没有阶级斗争了。对此,邓小平同志深刻地指出,"我们反对把阶级斗争扩大化,不认为党内有个资产阶级,也不认为在社会主义制度下,在确已消灭了剥削阶级和剥削条件之后还会产生一个资产阶级或其他剥削阶级。但是我们必须看到,在社会主义社会,仍然有反革命分子,有敌特分子,有各种破坏社会主义秩序的刑事犯罪分子和其他坏分子,有贪污盗窃、投机倒把的新剥削分子,并且这种现象在长时期内不可能消灭"[1]。这说明,法律作为统治阶级镇压敌对阶级,维护统治阶级统治的工具的基本职能仍然没有改变。二、剥削阶级作为一个阶级消灭,不等于改变了统治阶级与被统治阶级的关系。在社会主义时期,法律仍然是工人阶级及其领导下的人民大众意志的反映,工人阶级的社会主义法律不可能反映被推翻的剥削阶级的意志。如前所述,工人阶级和被推翻的剥削阶级是两个利益根本对立的阶级,社会主义法律只反映工人阶级和人民大众的意志。工人阶级对被推翻的剥削阶级分子的改造、教育和使用,使他们成为自食其力的劳动者,消灭了这个阶级。这都是根据工人阶级意志实行的,剥削阶级作为一个阶级被消灭,只能说明工人阶级意志的胜利,而决不是工人阶级取消自己的意志,更不是工人阶级意志与资产阶级的意志统一为一个意志。三、社会主义社会的阶级结构已经发生重大变化。有的同志说,现在的工人阶级是领导阶级,不能称为统治阶级了。如果仍旧说是统治阶级,统治谁呢?这种说法是错误的,因为他们把统治关系和领导关系搞混乱了。在社会主义社会,领导关系存在于人民之间,统治关系存在于人民与敌人之间。我国的工人阶级、农民阶级及其他劳动者和爱国者团结在一起,是联盟关系、统一战线的关系。在统一战线内部,工人阶级是领导阶级。这是一方面。另一方面,今天作为阶级的剥削阶级已经消灭了,但社会上还有反革命分子,还有破坏社会秩序、破坏经济建设的严重刑事犯罪分子。况且,从国际上看,世界大同的局面远没有到来,帝国主义、霸权主义及其他国外侵略势力不仅存在,且很强大,我国的防御任务还很严重。怎么能说没有敌对势力呢?对国内的反革命分子、严重刑事犯罪分子和潜入的外来敌对势力,不能不加以镇压,不能不实行统治。对这些人来说,他们就是被统治阶级,我国工人阶级及其领导下的人民大众都是统治阶级;社会主义法就是体现工人阶级及其领导下的人民大众的意志,起着保护人民、惩办犯罪、维护社会主义秩序、坚持社会主义制度、巩固人民民主专政的作用。正确理解社会主义法的无产阶级性,是非常重要的实际问题。

其三,从人民民主专政方面来看社会主义法。我们知道,社会主义时期是从有国家有法律有阶级的社会向无国家无法律无阶级的社会过渡的特殊历史

---

[1]《邓小平文选》,第155页。

时期,"同这个时期相适应的也有一个政治上的过渡时期,这个时期的国家只能是无产阶级的革命专政。"①无产阶级专政,在我国又称为人民民主专政。"对人民内部的民主方面和对反动派的专政方面,互相结合起来,就是人民民主专政。"②人民民主专政的权力,是由工人阶级和在它领导下的人民群众通过法律形式来行使的。根据我国宪法的规定,我国的"一切权力属于人民";"人民依照法律的规定,通过各种途径和形式,管理国家事务,管理经济和文化事业,管理社会事务"。这就是民主方面的主要任务。宪法又规定,"国家维护社会秩序,镇压叛国和其他反革命的活动,制裁危害社会治安、破坏社会主义经济和其他犯罪的活动,惩办和改造犯罪分子";"抵抗侵略,保卫祖国"。这就是专政方面的主要任务。人民民主的权利必须制度化、法律化,由社会主义的法律加以保障。对反动派实行专政也必须按照社会主义法律的规定,依法办事。社会主义法的这两种职能、两项任务,在整个社会主义时期始终是同时存在,互相依存,互为作用的。发扬了民主,调整了人民内部关系,更能调动人民群众的积极性,增强人民群众的团结,有利于对敌人实行专政。加强了对敌人的专政,防止了敌人的破坏,有利于保障人民群众的和平劳动,有利于国家的四化建设。不能说因为目前是社会主义四化建设时期,经济建设的任务重了,人民内部问题突出了,敌我矛盾的案件少了,对敌斗争的工作可以放一放,专政的武器可以削弱一些。也不能说由于某一时间打击犯罪的工作紧张了,民主可以收缩一下,在对敌斗争中稍稍侵犯一点人民权利也无所谓。为了强调一方面而削弱另一方面的做法都是错误的。因为我们的民主是社会主义民主,我们的专政是无产阶级专政。如果实行一种民主而削弱了专政,它决不是社会主义民主;实行一种专政而削弱了民主,它也不是无产阶级专政。民主与专政是我国人民民主专政制度的两个方面,同时体现了社会主义法的阶级性。认为社会主义建设时期,法的阶级性已经削弱了,或者已经消灭了的说法是十分错误的。

其四,从现代化的经济建设来看我国的社会主义法。前面已经说过,任何社会的统治阶级都十分重视经济建设,并视为自己的根本利益所在,作为根本任务来办的。但不同的统治阶级所建立的经济制度和发展方向是不同的。它们的法律主要就是保证它们的经济制度。我国社会主义法是以建立和发展社

---

① 《马克思恩格斯全集》第 19 卷,第 31 页。
② 《毛泽东选集》第 4 卷,第 1480 页。

会主义经济为自己的根本任务的。建国以后,我国就颁布了《土地改革法》和剥夺国民党官僚买办阶级企业的办法和条例,没收封建地主的土地为农民所有,没收帝国主义和官僚买办阶级的企业为国家所有。接着又颁布了初级和高级的农业合作社示范章程,对农业、手工业和资本主义工商业的社会主义改造和各项有关国营企业的条例,进行了"一化三改"的工作。这就是根据法律来改革旧的生产关系,解放生产力,建立和发展社会主义经济。最近几年来我国制订了一系列的经济法规,在农村和城市改革经济体制,对内搞活经济,对外执行开放政策,有领导地主动地进一步调整社会主义经济关系,加速了社会主义四化建设。这次经济体制改革的主要内容,是在社会主义公有制的基础上,发展有计划的商品经济,提高经济效益,扩大商品生产和流通,以满足人民的物质和文化生活的需要。这就是发展有中国特色的充满生机和活力的社会主义经济。对外开放,吸收国外资金和技术及一切有利于我国社会主义经济发展的东西,是我国社会主义四化建设的需要,是坚持社会主义制度而非削弱社会主义制度,是实现工人阶级及其领导下人民大众的意志而非违反他们的意志。最近邓小平同志对香港核电投资有限公司代表团说:"有人说中国的开放政策会导致资本主义。"我们的回答是,"我们的开放政策不会导致资本主义。实行对外开放政策,会有一部分的资本主义东西进入,但是,社会主义力量更大,而且会取得更大的发展,社会主义的比重将始终占优势"。① 这是一个严肃声明。中国从建国初期改革地主资产阶级的生产资料所有制,建立社会主义公有制,到现在进一步调整和提高社会主义生产关系,加快社会主义经济建设,以及将来由社会主义过渡到共产主义,表明我国经济建设一直是鲜明而强烈地反映社会主义法的无产阶级性。除了工人阶级还有什么阶级能够坚持社会主义制度,坚持社会主义到共产主义的方向呢?所有认为经济体制改革会导致资本主义,或者说社会主义和平建设时期的法律已经消失了阶级性的说法都是错误的。

其五,社会主义法律担负着消灭阶级,最终使国家与法律归于消亡的历史任务。我们知道,阶级是要消灭的,国家和法律也是要消亡的。但无论是阶级的消灭,还是国家与法律的消亡,都需要一定的条件,这就是社会物质财富的极大丰富和人民群众的共产主义思想觉悟的极大提高。社会主义法制将为这两个条件的实现创造条件,从而也为最终的阶级消灭,为国家与法律的消亡创

---

① 1985年1月20日各报刊载的新华社北京电。

造条件。人所周知,作为阶级的剥削阶级已经消灭了,但体力劳动与脑力劳动、城市与乡村、工人和农民的三大差别的存在,表示阶级还没有消灭。我国现在的生产力还不高,社会财富也不富,我国还是发展中的国家,我们还需要相当长的时期的坚强努力,坚定地依靠工人、农民和知识分子,巩固经济基础,加强人民民主专政的力量,把我国建设成为有高度的物质文明和精神文明、高度发展的现代化的社会主义国家。无产阶级革命的最终目的是要彻底地消灭剥削,消灭阶级,实现没有阶级、没有剥削,从而也没有国家和法律的共产主义社会。无产阶级要实现共产主义社会,不是使人类重新回到原始社会的极端贫穷状态中去,贫穷是不可能建成共产主义的。共产主义就是要彻底地消灭贫穷,使社会财富极大的丰富起来,实行"各尽所能,按需分配"的产品分配制度。只有这样,才能从根本上消灭阶级,使国家和法律趋于消亡。列宁非常深刻地指出:"产生违反公共生活规则的捣乱行为的社会根源是群众受剥削和群众贫困。这个主要原因一消除,捣乱行为就必然开始'消亡'。捣乱行为消亡了,惩治捣乱行为的法律也就必然开始消亡了。"①正因为这样,无产阶级夺取政权后,总是大力地开展经济建设,大力发展生产力。从根本上说,它们都为创造共产主义的物质基础,为阶级的消灭和国家与法律的消亡准备条件。

有人向我们指出,既然我们的最终目标是使国家和法律趋于消亡,为什么我们现在大谈加强人民民主专政(即无产阶级专政),大谈加强社会主义法制,大谈法律的阶级性呢?对于这个问题,毛泽东早在《论人民民主专政》一文中已作了回答:"你们不是要消灭国家权力吗?我们要,但是我们现在还不要,我们现在还不能要。为什么?帝国主义还存在,国内反动派还存在,国内阶级还存在。我们现在的任务是要强化人民的国家机器,这主要地是指人民的军队,人民的警察和人民的法庭,借以巩固国防和保护人民利益。以此作为条件,使中国有可能在工人阶级和共产党领导之下稳步地由农业国进到工业国,由新民主主义社会进到社会主义社会和共产主义社会,消灭阶级和实现大同。"②我们是历史唯物主义者,我们懂得历史的发展规律。我们知道,从资本主义过渡到共产主义,从有阶级有法律的社会过渡到无阶级无法律的社会,是不能超越无产阶级专政的历史时期的。在现阶段,我们要加强人民民主专政的力量,而不是削弱它;要发挥社会主义法制的作用,而不是消除它。我国三十多年来,

---

① 《列宁全集》第 25 卷,第 450 页。
② 《毛泽东选集》第 4 卷,第 1413 页。

特别是最近几年来加强社会主义民主与法制的经验证明,在社会主义时期,任何不切实际地奢谈不要法制的民主,奢谈无产阶级专政机关职能的消亡,奢谈法律是社会各个阶级共同意志的表现,从而忽视了社会主义建设必须在工人阶级的领导下进行的原则,模糊了社会主义同资本主义的根本区别,都会给我国安定团结的政治局面,给社会主义现代化建设带来损害。

(原载《上海社会科学院学术季刊》1985年第4期,署名潘念之、董立坤)

# 从经济体制改革谈经济法

党的十二届三中全会通过了《关于经济体制改革的决定》(以下简称《决定》),按照马克思主义基本原理同中国实际相结合的原则,总结三十多年来的经济工作经验,走自己的路,系统地、全面地改革我国社会主义经济体制,使它具有中国特色,充满生机和活力,促进社会生产力的发展。这不仅使我国当前的经济建设拨正了指针,增强了活力,而且对马克思主义政治经济学和经济法学作了重大的发展。这里试就个人学习《决定》的心得,谈谈社会主义经济法的问题,请同志们指正。

## 一、经济法在社会主义社会的重要性

《决定》指出:"经济体制的改革和国民经济的发展,使越来越多的经济关系和经济活动准则需要用法律形式固定下来。国家立法机关要加快经济立法,……"又把"制订并监督执行经济法规"作为政府机构管理经济的职能之一。这里所说的法律形式,指的是什么法律?文中已经说明是"经济立法"、"经济法规",完整地说就是"经济法"。

经济建设是我国当前的工作重点,进行经济体制改革,就是为了更好地开创社会主义现代化建设的新局面。经济是社会的基础,经济体制一经改革,必然带动社会其他体制的改革,它起着核心和火车头的作用。保障经济体制改革的经济法将是社会主义法的重点,并将对整个法律体系的改革起着推动作用。再看,现在国务院共设四十五个部级机构,其中管经济工作的有三十个,占总数的三分之二。从建国到1984年年底,国家大约颁布了近三千件的法律和法规,其中经济法规占百分之六十。可见经济工作是国家最重要、最大量的工作,经济法是数量最多、内容最重要的法律部门。经济法在我国法律体系中占有很重要的地位和作用,是自不待言的。所以彭真同志说:"我们有各种法,最重要的、最繁重的是经济法。在社会主义国家,经济法是基础法。"

《决定》指出,经济体制改革和国民经济发展所形成的经济工作的准则,要有经济法来加以固定,以保证经济工作的正确进行,这正说明了我国经济法的性质和地位。

## 二、经济法有了明确的概念

我国法学界对经济法有各种不同的看法。究竟什么是经济法?经济法的任务是什么?大家意见不同。《决定》把这个问题解决了。

仍旧是前面引用的《决定》里的话:"经济体制的改革和国民经济的发展,使越来越多的经济关系和经济活动准则需要用法律形式固定下来。"这里说的用以固定"经济关系和经济活动准则"的法就是经济法;说的"经济关系和经济活动"就是经济法调整的对象;而它的主体主要是企业。企业是经济实体,从事于生产、贸易、交通运输和其他各种经济业务,有着对上、对内、对外的种种活动和关系。这些活动和关系,总起来说,就是企业的经营管理职能。国家机构对整个国民经济,特别对国营企业也有管理职能,也是经济法的主体。但国家不能管得太多,主要是放权给企业自主经营。因此,可以说,经济法就是经营管理法或经营经济法(就其职能说),就是企业法(就其主体说)。

迄今,许多同志从经济关系涉及面来看,有的说经济法是调整纵向的经济关系,有的说是调整横向的经济关系,有的说既调整纵向关系也调整横向关系。这种种说法有一定的道理,但都不完整、不完全正确。其所以不完整,是因为它只看到某一片面的情况,没有顾及全部问题。其所以不完全正确,是因为它只从形式上看问题,没有触及内容本质。至于从行政角度或所有权关系来把经济法划归行政法或民法范围,也是不正确的。因为《决定》提出政企分开,使经济法和行政法有了明确的分界。《决定》认为所有权同经营权可以适当分开,经济法调整的不是财产所有权关系,而是企业本身的经营管理职能,使经济法和民法也有了明确的分界。

从上述各方面的分析来看,我们过去在《中国经济法浅说》(法律出版社1985年版)中提出如下的概念,虽然还可以作些小的修改,但基本上是正确的。这就是:

"中国经济法是调整国家在组织管理国民经济和经济组织(企业)自身在其经营管理中所产生的经济关系的部门法。"

如果把这个概念说得更简括些,用《决定》的话来说,便是:经济法是表达企业经济关系和经济活动准则的法。这就总括了企业的整个经营管理职能,是形式和内容相联系的完整概念。

### 三、企业是经济法的主体

为什么说企业是经济法的主体?

《决定》指出,"城市企业是工业生产、建设和商品流通的主要的直接承担者,是社会生产力发展和经济技术进步的主导力量"。又说,"增强企业的活力,特别是增强全民所有制的大、中型企业的活力,是以城市为重点的整个经济体制改革的中心环节"。既然企业是整个社会经济的主导力量和中心,各种经济关系和经济活动是企业在其经营管理中产生的,那么,企业自然也就成为调整经济关系和经济活动的经济法的主体了。

企业就其所有制来说,有全民所有制企业,就是国营经济,这是我国社会主义经济的主导力量。有集体所有制企业,就是合作经济,这是社会主义经济的重要组成部分。有个体经济,包括个体手工业者、个体商贩和个体服务性行业,这是社会主义经济的必要的有益的补充。还有中外合资经营企业、合作经营企业和外商独资企业,也是我国社会主义经济的必要的有益的补充。此外,还有各种形式的联营企业,特别在经济特区和对外开放城市有许多特殊的企业。将来香港、澳门、台湾特别行政区成立,还有整个地区的资本主义经济。这些企业虽然所有制不同,组织形式不同,但都是从事经济活动,都是有经营管理职能的经济实体,都是经济法的主体,都要以经济法为准则去履行它们的经营管理职能的。

再就企业的业务范围来说,有工矿企业、建筑企业、交通运输企业、商业企业、金融企业和各种服务性企业,还有农、林、牧、渔场。不问所有制类型、组织形式、规模大小、业务范围如何,凡是进行经济活动,以经济法为准则去经营管理它们的业务的都是企业,都是经济法的主体。反之,凡是不从事经济活动的,从严格意义上来说就不是经济法的主体。如果是兼营商品经济的,其兼营部分是企业,其他部分不是企业。分清企业和非企业的界限,对经济法的调整范围有很大的意义。过去有的同志把机关、团体、公民个人都作为经济法主体,是不确切的。

企业具有三个特征:1.它必须是从事商品生产或交换的经济实体;2.它

必须具有相对独立的地位,能够自主经营,独立核算,自负盈亏,充分实现自己的经营管理职能,有自我改造和自我发展的能力;3.它要有自己的机构和资金,能独立对其内部活动(如生产管理)和对外经营(如订立合同)担负财政上和法律上的责任。

企业经过登记,得到主管机关批准的,可以取得法人资格,享受法人的权利。社会主义法人特别是国营企业,同资本主义法人有根本性的区别。首先,资本主义法人是资产阶级集中资本的工具,是"结合资本、资本集团"。社会主义国营企业法人是从事商品生产经营的经济组织,是全民性的企业,对人民负责。其次,资本主义法人公司脱离了股东,公司大权掌握在董事和经理的手中。社会主义法人的所有权和经营权虽分开,但企业仍然受国家的指导和监督。再其次,资本主义法人便于资本家实行垄断投机,操纵国计民生,攫取最大的剩余价值。社会主义法人使企业增加活力,发展生产,丰富社会物质财富,为人民服务。社会主义企业也要增加利润,但对它进行全社会的分配,兼顾国家、集体、个人三方面的利益。最后,社会主义法人在内部实行民主管理,保证了职工的主人翁的地位,资本主义法人则与之相反。

法人的组织形式和法律制度,适应商品经济的需要,有利于企业的经济活动,可为社会主义经济吸收和运用。

### 四、所有权和经营权适当分开——调整国家机构和企业的关系

《决定》指出,"根据马克思主义的理论和社会主义的实践,所有权同经营权是可以适当分开的"。这里说的是适当分开,既要分开,又非绝对分开。所有权同经营权分开,是由经济的发展和企业结构的变化而引起的。在简单商品经济中,不论生产和交换,所有者都是亲自劳动和管理,两者都在自己手里,是不分开的。到了一个业主的经济活动渐渐扩大,并分布到各地区以后,他已无法直接管理这些企业,因而不得不分别由其家属或委托、聘请专人去经营管理各个企业,自己只能掌握各个企业总的方针和一定的管理权、监督权,取得利润。这时,所有权和经营权开始分离了。到了资金上有合伙、合股,机构上设总店、分店,特别到近代资本主义股份公司出现以后,这种分离就完全定型了。马克思指出,股份公司成立,"实际执行职能的资本家转化为单纯的经理,即别人的资本家的管理人,而资本所有者则转化为单纯的所有者,即单纯的资

本家"(马克思:《资本论》第3卷,人民出版社1975年版,第493—494页)。公司的经营权转入董事、经理等少数人的手中,股票持有者只是凭股票收取股息和红利,不直接过问公司的业务了。这种组织形式有利于扩大资本和集中经营,也产生了投机和垄断的问题。

社会主义经济同资本主义经济根本不同,它既无剥削也无私人垄断。但采取所有权和经营权分开的管理形式,也是我们的原则,是有利于发展有计划的商品经济的。列宁在十月革命后提出新经济政策,曾经设想了租让制,把国家接收而又无力经营的工厂、矿山交给外国资本家去经营。这种设想虽因外国资本家不合作而没有完成,但他认为社会主义国营企业的所有权和经营权是可以分开的。全民所有制的企业称为国营企业,是以国家为代表的,但国家不可能,也没有必要直接去经营这些企业,于是,它授权、委托、派出国家代理人去主持或管理这些企业,把微观的经营权交给他们。农村的集体所有的土地也不必集合当地全体农民来集体耕种,可以把土地分别交给农民家庭或合作社承包,这就是几年来在农村实行的土地联产承包责任制,把农村经济搞活了。

除国营经济以外,集体经济的所有权和经营权有分有不分,可以有不同形式。私营企业(包括外资经济)采取股份公司的组织形式的,已如上面所说,两权是分开的。至于个体经济,不论小工商业或小农业,特别是"夫妻老婆店",仍是所有权同经营权合一的形式。这些形式随着经营的发展,也还会有变化。我国现在既然保持了多种经济形式和各种经营方式,其所有权同经营权的关系也存在着多层次的结构。这是客观情况决定的。

在国家机构同国营企业之间的关系上,体制改革的主要之点是国家行使所有权,企业有自主经营权。其表现形式是政企职责分开,国家机关简政放权。社会主义国家有管理经济的职能,协调各个企业的经济活动,使之符合国民经济发展的总体要求。但国家的管理不能过细过死,要做到大的方面管住管好,小的方面放开放活。

社会主义企业的任务是担任具体的经营管理工作,完成生产、交换等业务,要不断革新技术,改进管理制度,降低消耗,提高经济效益,不断提供社会财富,满足人民日益增长的物质文化需要。要完成这些任务,企业必须有充分的经营自主权,根据实际情况,灵活运用,以充分发挥企业的主观能动性、进取性和开拓精神,发挥职工的创造性和积极性。如果企业的手足被绑得不能动弹,必然处于消极和被动地位而无所作为。《决定》对国家机构的经济管理权和企业经营权,分别作了明确的规定。当然,有些具体规定还会根据经济发展的情况和其他条件,因时因地发展变化。按这些规定建立起国家机构和企业的正确关系,消除企业吃国家大锅饭的弊病,是当前经济体制改革的重要任务,也是经济法的重要内容。

## 五、建立多种形式的经济责任制——调整企业和职工的关系

经济体制改革的内容,除了建立国家机构同企业的正确关系外,还必须建立企业同职工的正确关系,以消除职工吃企业大锅饭的弊病。这是企业内部的关系,包括领导体制或管理体制的问题。过去,我们的国营企业曾经实行过一长制、职工代表大会领导下的厂长负责制、党委领导下的厂长负责制。经过实践,都有缺点。

"现代企业分工细密,生产具有高度的连续性,技术要求严格,协作关系复杂,必须建立统一的、强有力的、高效率的生产指挥和经营管理系统。只有实行厂长(经理)负责制,才能适应这种要求。"厂长(经理)负责制要求:对上,厂长(经理)只对直接管理本企业的一个机构负责;对内,统一行政和业务指挥、管理人财务、供产销在内的生产工作经营活动;对外,代表本企业承担权利义务的法律责任。"在社会主义条件下,企业领导者的权威同劳动者的主人翁地位是统一的,同劳动者的主动性创造性是统一的。"我国《宪法》规定:"国营企业依照法律规定,通过职工代表大会和其他形式,实行民主管理。"厂长(经理)负责制同民主管理相结合,是社会主义企业管理的特点之一。为了体现这一特点,企业实行厂长(经理)负责制,必须协调厂长(经理)同企业党组织和职工代表大会的关系。

在企业内建立党组织有很重要的意义。国营企业是全民所有制的工厂、农场或商店,由广大职工共同劳动,执行社会主义经济任务。党组织对他们实行政策领导和政治思想工作是必不可少的。过去党委放弃了党组织本身工作,党不管党,而去管企业行政和一些事务工作,往往是政治和行政两项工作都没有做好。改革的办法是党政职责分开,各司其职。企业中党组织要做党本身的工作,把本企业的党员组织起来,加强政治思想教育,加强政策教育,加强劳动纪律和优良工作作风的教育,使党员确实成为先进分子。通过党员(包括党员的厂长、经理在内)的模范作用去带动全体职工,保证企业任务很好完成。这正是加强党的领导,符合党的领导原则的。

企业在实行厂长负责制的同时,必须健全各项民主管理制度。"企业活力的源泉,在于脑力劳动者和体力劳动者的积极性、智慧和创造力。当劳动者的主人翁地位在企业的各项制度中得到切实的保障,他们的劳动又与自身的物质利益紧密联系的时候,劳动者的积极性、智慧和创造力就能充分地发挥出来。"实行民主管理制度主要是充分发挥职工代表大会的监督作用:审议企业重大决策、监督行政领导依法行使职权、维护职工的合法权益。以厂长(经理)负责为主,结合了党组织的保证作用和职工代表大会的监督作用,既支持和保证厂长(经理)行使职权,又防止了厂长(经理)违反政策、法纪和陷于个人独裁的流弊,这是比较好的企业管理制度。

此外,还应按照企业的分支部门、职能单位和车间、班组的组织,建立层层包干、层层负责的多种形式的岗位责任制。这个责任制必须使每一个单位、每一个工作人员都有明确的职权范围,分配一定的任务,负一定的责任,有高度严格的劳动纪律,按质按量按时完成工作任务,并分别进行考核和核算,使每个劳动者的工资、奖金同他的劳动成果联系起来,正确执行按劳分配的原则,达到责、权、利相结合,国家、集体、个人利益相统一。这就提高了职工的责任心,充分发挥了他们的主动性、积极性、创造性、智慧和能力,使其能够对国家作出最大的贡献。

### 六、实施有计划的商品经济——调整企业对外协作和竞争的关系

商品经济是生产发展的历史产物。在社会水平逐渐提高以后,出现了分工,出现了交换。从物物交换到以货币为价值尺度而进行买卖,再由为买而卖,到为卖而买,交换变了性质,由主要为互通有无,变成由此而赚钱获利。这种经济活动就是商品经济。商品经济促进社会经济的发展,到资本主义社会发挥了很大作用。商品交换在社会主义社会仍然存在,并且能为社会主义经济的发展服务。这是由于社会主义生产还有分工,价值规律还起着作用。社会主义要对生产成果进行全社会的分配,还得采取交换的方式,因为这是最方便和矛盾最少的方式。所以商品经济是"社会经济发展的不可逾越的阶段,是实现我国经济现代化的必要条件"。

但是交换产生于供求关系,交换的尺码是价值,而供求和价值不可能完全平衡,于是使中间商人有机可乘,有利可图,从而发生投机、私人垄断的行为。

这是商品经济的自发趋势，造成了近代资本主义经济的畸形发展，对社会经济机体和劳动者的利益有害。商品经济有促进生产发展的一面，也由于它的广泛发展产生某种盲目性而造成社会损失的一面。但在社会主义条件下是可以由适当的国家计划，并运用经济杠杆和行政管理，加以指导、调节，防其弊而用其利的。社会主义国家的这种条件是：有强大和统一的无产阶级专政的政权；社会主义公有制占绝对优势地位；剥削阶级已经不存在；劳动人民当家作主；企业的经营目的和管理制度是为人民服务，对人民负责。有了这些条件，社会主义国家就能防止商品经济在资本主义社会发生的弊病，使它为社会主义服务。因此，实行计划经济同运用价值规律、发展商品经济，不是互相排斥的，而是统一的。过去把它们相对立起来的思想是错误的。同时，"有计划、按比例发展"仍然是社会主义经济的原则。我国实行的是有计划的商品经济，不是资本主义市场经济。现在的问题是改进计划工作而不是放弃计划。把供求关系和价值规律吸收在计划之内，又用计划来调整指导物价和市场活动，多订指导性计划，减少指令性计划，并留有余地，以便灵活运用，有些农副产品和小商品、服务性行业可以听从市场调节，从而保证重大比例关系比较适当，国民经济大体上按比例地协调发展。这就是有计划的商品经济，有中国特色的社会主义经济。

自觉运用价值规律的有计划的商品经济，对社会主义经济可能产生的作用是：

打破过去条条块块的封锁，为企业提供了活动机会和创造了活动环境，促进企业之间的联系、协作和交换关系，把原材料的供应、产品的销售和生产结合起来，形成更有活力、更有生气的经济实体。

既扩大联营和联合，有利于协作，也必然产生竞争，以至于出现投机、垄断和其他一些有损于社会主义的不正之风。但只要加强国家计划和法律的管理，便可以避免竞争的消极作用，消除投机、私人垄断和大鱼吃小鱼的现象，而发展相互支援和协作的关系。通过竞争，商品在市场上直接受到广大消费者的评判和检验，优胜劣汰，暴露弱点和缺点，促进生产的改进。

变过去的封闭型为开拓型，以大、中城市为依托，必然使社会经济活动循着自然资源和市场而形成经济布局和经济中心，并进一步形成国家的统一市场，完成现代化的过程。

各种类型的经济有了联系和联合，渐渐地促使它们接近和融合。由于我国国营经济的力量和地位，并有着计划指导和行政管理，这种接近和融合必然是逐步靠近社会主义,增加了社会性和全民性,走上社会主义的轨道。

可见,商品经济是可以用来为社会主义服务,发展成为有计划的商品经济的。但我们必须坚持原则,正确而又灵活地加以运用。

以上谈了经济体制改革的问题,也就是谈了经济法的问题。因为法律"只是表现和记载经济关系的要求"(马克思:《哲学的贫困》,《马克思恩格斯全集》第 4 卷,人民出版社 1975 年版,第 121～122 页)。中国经济法只是表现和记载我国经济体制改革和国民经济发展所形成的经济关系和经济活动的要求。《决定》提出:以国营大中企业为中心,建立国家机构同企业的正确关系,建立企业同职工的正确关系,建立企业对外协作和竞争的正确关系,从而使企业有充分的生气和活力,发展社会生产力。建立企业的这三个正确关系是经济体制改革的中心内容,也就是经济法的中心内容。因为这三个关系正是要用法律形式固定下来的经济关系和经济活动的准则。把这中心内容和《决定》指出的其他问题,有体系地用法律条文记载下来,就是一部完整的经济基本法或经济法总则。根据《决定》来说明经济法的概念、主体、对象、调整的原则和方法,并把经济基本法和各种单行法规的关系,作了有体系的理论阐述,就是经济法学。现在《决定》发表了,已经开始实施,并将胜利完成。随着经济体制的改革和国民经济的发展,一部概念明确、体系完整的具有中国特色的社会主义经济法无疑地将会成熟起来。

(原载《政治与法律》1985 年第 4 期)

# 建设精神文明要有法制保障

在社会主义建设中必须精神文明和物质文明并举,因为精神力量可以变为物质力量,人的精神状态对物质建设有着极其重大的关系。

共产党员的党性党风和社会风气一向是很好的,但是从"大跃进"时期有了浮夸风后,说假话、争虚荣、逢迎应付成风,官僚主义、个人主义思想也变得严重起来了。到了"文化大革命",有些人以革命之名行反革命之实,说是反对封资修,实际上他们自己的思想作风正是最腐朽没落的。他们败坏风气,腐蚀人心,遗毒至今还待肃清。我们的干部本来是全心全意为人民服务、为革命贡献自己的一切,现在却有人以权谋私、搞不正之风,为一己的玩乐,浪费大量公共财产。我们的社会风气本来是路不拾遗,助人为乐,现在却有了偷盗抢劫、诈伪欺骗、哄抢公物,发生严重的经济犯罪和治安犯罪;还有些人借经济改革之名,钻改革的空子,买空卖空,投机倒把,走私偷税,欺行霸市,非法牟取暴利,甚至崇洋媚外,丧失人格,损坏国家威望。这种风气不纠正,罪行不惩办,社会主义现代化建设就要遭到严重损失,更谈不上建设精神文明了。

要纠正不正之风,建设精神文明,一靠教育,二靠法律。党中央明确指出,不正之风有许多是思想问题,或起源于思想问题。对此要采取教育批评的方式来纠正。但是建设精神文明也要制度化、法律化。如语言美、行为美、讲礼貌、讲卫生都要有个准则,有具体内容,然后人们才能照着做,也有个标准可以检查。其次,社会上的许多损公谋私,投机倒把,贪污盗窃行为,大多由于我们没有制度或制度不严,被坏人钻了空子,这些漏洞应该填补,规章制度应该修订。对新的政策和工作要有预见,正反两方面都要考虑到,要有法律制度,防止片面性。至于因不正之风而到了犯罪地步的,更应依法严厉惩处。坏人坏事的感染性很大,坏事不禁,就会污染一片。在社会主义时期,社会处于新旧交替、逐渐转变的过程中,优良的社会风气需要通过教育来培养,各种丑恶事件要有法律来禁止。教育与法律始终相辅相成,不可偏废。湖北八峰村的"治乱"三部曲：一是综合治理，采取思想教育的各项措施；二是加强法制教育；三是有章可循，有奖有罚。在很短期间内就把一个穷得出奇，乱得可怕的村子，变成人人遵纪守法、个个和睦相处的文明村。这就是教育与法纪相结合建设精神文明的好例子。

有了法律，必须严格执行，执法不严，坏人就有侥幸之心，难免以身试法。法律治罪于已然，也防患于未然，儆诫人们不得为非。法律不严格执行，这些作用就会完全丧失。最近几年不正之风蔓延开来，犯罪案件有所增加，制度不够严密，政治思想放松是一个原因，而有法不依，执法不严，更是一个重大原因。特别有些中下层干部敢于硬顶软拖，以致政策不能落实，法律不能实施，未尝不是上面心慈手软，红头文件只有一般号召，而不雷厉风行的缘故。广大群众对于这种执法不严、打击不力的现象，意见是很大的。

最近中央领导同志已经十分重视这个问题，宣布打击经济犯罪，必须敢于碰硬，打破关系网，不管涉及什么人，都要查个水落石出，依法惩处。一个单位出了严重问题而不能严肃处理，要追究领导责任。这些指示和办法是十分正确，十分及时，受到大家欢迎的。最近上海华谊案件，已经彻底查明，严肃处理，逮捕法办了包括区公安局副局长在内的犯罪分子，撤了海关关长等人的职务，给区公安分局的党组书记等人以纪律处分。这样说到做到，从严从快处理案件的作风，为全国各地各单位树立起榜样，是十分可喜的。

（原载《群言》1986 年第 4 期）

# 以企业经营活动为中心的经济法学设想

中国社会主义经济法学萌芽于新民主主义革命时期,形成于建国以后,经过社会主义改造,到了国家工作重点转移为社会主义现代化建设时期就蓬勃发展。现在,我国经济法规已是法律体系中数量最多的,内容丰富,直接联系着经济体制、经济建设的重要部门。随着对内搞活、对外开放政策的实施,企业界迫切要求有明确和完备的经济法来指导和保证企业的活动,以提高生产,繁荣经济。《中共中央关于经济体制改革的决定》指出:"经济体制的改革和国民经济的发展,使越来越多的经济关系和经济活动准则需要用法律形式固定下来。国家立法机关要加快经济立法,法院要加强经济案件的审判工作,检察院要加强对经济犯罪行为的检察工作,司法部门要积极为经济建设提供法律服务。"《中共中央关于制定国民经济和社会发展第七个五年计划的建议》提出:"今后还将抓紧各项立法工作特别是经济立法工作,力争在'七五'期间建立比较完备的经济法规体系,逐步使各项经济活动都有法可依。"今天我国的经济法律、法规虽然还不够完备,但经过几年来加快立法工作,整理建国以来颁布的法律、法规,它的内容日渐明确,体系也日渐完备。

随着经济体制的建立和发展,经济法的理论研究也迅速开展。目前已有许多经济机关和学术机关设立了经济法研究室,政法院系、财经院校设立了经济法系或教研室,从事于经济法的研究或教学工作。有关经济法的著作越来越多。大家渐渐了解到经济法的外部关系和内在规律,了解到如何运用经济法来指导和保障经济建设的顺利进行。经济法的理论体系也在形成中。

经济法在中国社会主义法律体系中占有重要地位,对经济工作日益起着重要作用。这是无可争议的。然而经济法毕竟是一个新的法律部门和新的法律学科。当前经济立法还跟不上经济发展的需要,经济法的理论研究,特别是经济法学的核心,经济法基础理论的研究又落后于法制工作。现在极需从实际出发,深入摸清经济发展的规律,研究经济活动的法律规范,经过分析,总结出基本原理和中心思想，从而明确而透彻地说明各个问题，提高经济法制的建设。这是经济法学的一项十分重要的工作。迄今为止，经济研究法的同志对经济法的理论体系，主要是对经济法的中心思想还有不同的意见。应该说，同志们的工作是依据《中共中央关于经济体制改革的决定》的原则指导，并且是结合经济工作的实际，为社会主义现代化经济建设服务的，其目的和要求是明确一致的。但由于各人观察问题的角度和出发点不尽相同，在具体问题上还有分歧和争论。譬如说，有的同志把有计划的商品经济关系一劈为二，以其中的纵向经济关系归由行政法或经济行政法调整，横向经济关系归由民法调整，把我国活泼多样的经济关系生硬地套入旧传统的体系中，不免有削趾适履之弊。又如，由于建国以来计划经济的僵化模式还未完全改变过来，有的同志仍然过分强调经济工作的集中管理而提出国家管理中心的经济法学说。在后，有些同志经过研究，提出"政企分开"的原则，提出把经济法的内容分为国家对国民经济的组织管理关系和经济实体（企业）自身的经营管理关系的双层次叠合的说法，以改进前两项学说。最近，有的同志根据"增强企业的活力，特别是增强全民所有制的大、中型企业的活力，是以城市为重点的整个经济体制改革的中心环节"的精神，考虑到企业实际上担负着生产、交换、分配等经营活动的全部任务和它日益提高的社会化地位这个趋势，提出我国经济法应以企业经营活动为中心，由此出发来论证经济法各个问题的设想。这个设想是吸收其他各种学说的有益成分逐步形成，基本上符合于我国经济体制改革的发展形势和经济活动、经济关系变化的实际，比较接近于具有中国特色的社会主义经济法学说。

本书汇集的各篇文章是采取以企业经营活动为中心的经济法学说的。其所以主张这一学说，是由于：

一、企业是国民经济的细胞和基础，国民经济是由许许多多的企业所组成，没有企业就没有国民经济，调整国民经济关系就要调整企业关系。

二、企业是社会生产力的直接承担者，企业的发展需要法的指导。

三、企业是生产关系的直接体现者，新的生产关系的建立需要法的协调。

四、企业自主经营是搞活企业的关键所在，也是经济体制改革的核心问题。而企业的自主经营还有不少社会阻力，需要法律来确认和保障。

五、企业的经营活动是企业如何接受国家方针政策的宏观管理和监督，搞好自身的组织机能，与其他企业在开展广泛协作等方面建立合理而又有活力的关系，是企业在社会主义道路上取得自身发展和社会效益的重要因素。

这种关系有别于单纯的行政措施和财产所有权关系,是经济法区别于行政法和民法而独立存在的原则和依据。

前几年,研究我国经济法理论问题时,有关同志写了《中国经济法浅说》,提出经济法包括国家组织管理国民经济和经济实体(企业)自身的经营管理活动的双层次想法。《中共中央关于经济体制改革的决定》发表以后,学习了《决定》,根据《决定》的方针原则,进一步探索和研究经济法的内容,写了本书所收入的几篇文章,比较明确了经济法应以企业经营活动为中心的思想,并以此出发来诠释经济法问题,觉得都能说得通,讲得清,而且有中国特色。但是,这个设想还是不完整的,不成熟的,论述还是初步的,提要式的,对经济法的有些具体问题还没有深入接触到。现在把这几篇文章汇印出来,作为资料,提供研究经济法的和领导经济工作的及企业界的同志审核批评,争取教益,以求得这一问题更明确、更完整、更系统、更能说明中国经济法问题,以期对中国经济法理论的建立和办好社会主义企业,发展社会主义现代化建设的伟大事业有一点微末的贡献。

(写于 1986 年 12 月,原载《中国经济法理论探索》,上海社会科学院出版社 1987 年版,卷头语)

# 关于经济法的几个理论问题

经济活动是人们社会生活中最重要、最广泛的部分，这种活动的关系最复杂，需要用法律来调整。这是历史实际所证明，谁都没有异议的。用什么法？怎样来调整呢？就有不同意见了。在我国当前实践中调整经济关系的法，有宪法、行政法、经济法、民法、劳动法、刑法等，其中经济法的调整是主要的、基本的。

## 一、中国经济法的兴起

1978年12月，党的十一届三中全会提出"把全党工作的着重点和全国人民的注意力转移到社会主义现代化建设上来"。党中央接着又决定要改革经济体制，把过分集中的管理权力"大胆下放，让地方和工农业企业在国家统一计划的指导下有更多的经营管理自主权"。提出要运用经济手段和法律手段，按客观经济规律来管理国民经济，管理企业，加强了经济立法和经济司法工作。于是经济法的研究开始兴旺了。本来，"经济法"这个名词早已在我国法学上和社会上出现了，但在这个时候才受到注意和重视，是出于社会实践的要求，不是偶然的。

1984年12月，党的十二届三中全会发表了《中共中央关于经济体制改革的决定》，提出了一个重要问题，即我国国民经济除了受国家的管理外，应该有企业的自主经营权。企业是经济实体，是进行生产、交换和其他各种经济业务活动，繁荣经济，提供社会财富的具体力量。企业是国民经济的基础和细胞，国民经济是无数企业的总和。所以发展国民经济就要发展企业，为国民经济的发展提供法律保障就要为企业的发展提供法律保障。这就使经济法的概念完全明确，有必要发展成为一个独立的部门法了。

## 二、经济法的内容

经济法是调整企业的经营管理关系,提供经济工作准则的法。首先,它要保证企业的经营自主权,使它能够在法律规定的范围内自主开展业务活动。第二,要规定企业的各种管理原则和制度,实行厂长(经理)负责制和各种形式的岗位责任制。第三,要规定企业经过技术测验和可行性论证,采选自己的机械设备和操作工艺,并鼓励技术研究,不断革新设备和工艺。第四,要规定企业机构组织和联营制度的多层次性和多样化形式,使它能够视业务情况,灵活运用。第五,要把职工的劳动质量同工资、奖金挂钩,实行多劳多得的分配和合理的奖励制度。第六,一定要让企业独立核算,自负盈亏。最后,经济法的任务是实现社会主义的企业管理方针,指导和保护企业的经营管理,提高劳动生产率和经济效益,发展生产力,完成国家计划,为社会提供财富,满足国家和人民的物质需要。

## 三、经济法的主体和调整对象

经济法既是调整企业的经营管理关系,它的主体自然是企业。不问所有制如何,也不问是什么行业和规模大小,只要是搞经济活动的经济实体都是企业。企业的组织形式有工厂、商店、农场、公司和总分机构或联合单位等其他名目,都是经济法的主体。公民、团体、事业单位为自己的需要而购置物品、器材、建筑或租赁房屋的,是民事主体。公民只有承包户、专业户、搞个体经济的才是经济法的主体。团体、事业单位兼营商品生产或交换部分,分开独立核算的是经济法的主体,其他部分不是。国家为自己工作需要购置物品、器材、建筑或租赁房屋而发生财产关系的是民事主体。其进行财政预算收支,包括税收、发行公债、借款、金库出纳、发行货币,以及以国家名义直接对国民经济进行管理、监督工作的,是行政法主体。只在以所有权人的资格而组织、管理国营企业,并分配其利润的,才是经济法主体。国家在行使这方面的职能时,实际上是处于企业的地位,同企业一样成为经济法主体,是一种特殊主体。许多经济法学家笼统地把国家、人民团体、事业单位、公民都列为经济法主体,是不确切的。

在经济法的调整对象问题上,过去有两种不够符合实际的意见。一种意见认为经济法调整公有制经济，民法调整私有制经济，或者说，经济法调整计划经济，民法调整商品经济。这是不妥当的。因为我国社会主义经济是以国营经济为主导，公有制经济为主体，个体经济、私营经济为补充力量，经济计划的综合平衡是包括价值作用和市场调节在内，都是结合在一起的。《决定》指出我国社会主义经济"是在公有制基础上的有计划的商品经济"，有计划的商品经济是一个新的概念，不是两个概念。因此，经济法不能推开商品经济不管。另一种意见是主张由一个法律部门调整全部经济关系。无奈经济范围太大，关系也太复杂，不是一个法律部门所能调整得了的。我们批评国家机关过去把所有社会经济都管起来，而且管得过紧、过死，说它的问题是"管不了、管不好"。现在要求由一个法律部门来独管一切经济关系，恐怕也是"管不了、管不好"。苏联民法学派主张由民法来统一调整整个国民经济的财产关系，只是限制在财产所有权上，而不是一切经济关系。苏联经济法学派主张建立经济法体系，也是只管经济实体的经营管理活动，并不过问公民个人的吃饭穿衣和个人财产的继承等问题。其所以如此，是由于各个部门法的性质、地位不同，各有调整的范围，不能超过自己的范围。

　　经济法调整什么？按照前面各节所说，我认为经济法是作为企业经营管理活动的准则而调整它在这些活动中同各方面的关系的法。理由之一，"社会主义的根本任务就是发展社会生产力"，而社会生产力却为企业搞好生产、流通、分配等的经营管理活动所体现。发展社会生产力必须落实到发展企业活力。理由之二，国民经济是各个企业经营活动的总和，没有企业的经营活动就不存在国民经济。理由之三，国家对国民经济的管理监督，使之按计划、有比例的发展，使之走社会主义道路。这也是以企业的经营管理活动为对象而进行的。总之，既然国民经济是各个企业经营活动的总和，那么，用法律形式固定下来作为经济体制改革和国民经济发展所产生的经济关系和经济活动准则的这个经济法，具体地说也就是调整企业经营管理活动的法，就是办好企业的法律保证。因而经济法也可以称为企业经营管理法或经营经济法。它与使用经济学的企业管理和经营学是相称的。

　　企业为了进行经济活动，必然有对上、对下、对内、对外的关系。对上是建立同国家机构的正确关系，对下是建立同分支机构的正确关系，对外是建立同其他有关企业的正确关系，对内是建立企业同职工和职工相互之间的正确关系。正如邓小平同志所说："国家和企业，企业和企业，企业和个人等等之间的关系，也要用法律形式来确定，它们之间的矛盾，也要用法律形式来确定。"调整这些关系,正是经济法的主要内容。

## 四、经济法的原则

中国经济法有自己的原则,就是根据社会主义企业的特点和它的活动规律总结出来的,不同于其他法律原则。这些原则主要有下列几项:

1. 运用经济规律,讲求经济效益;
2. 计划指导与市场调整相结合;
3. 国家宏观管理与企业自主经营相协调;
4. 厂长(经理)负责与职工民主管理相配合;
5. 兼顾国家、集体、个人利益;
6. 政治思想教育与科学管理、技术革新相结合,坚持走社会主义道路。

这几条原则是互相结合,同时体现在经济法中,不能偏于一端。此外,平等自愿、等价有偿原则也适用于某些相互关系中,但不是经济法的普遍原则。因为经济法所规定的组织原则、奖惩制度和权利义务关系不一定都是从平等自愿、等价有偿的精神出发的。

## 五、经济法的调整手段

主要是经济手段,也兼用行政和教育手段。把这种手段用法律形式固定下来依法办事,就是法律手段。信贷、价格、汇率、利润的调整可以鼓励或者限制企业的经营。由国家定购、承销、调拨物资来扩大或缩小生产。国家拥有一部分物资,在市场价格大幅度升降时可以抛售或收购加以调节。免减税、财政补贴、运输、能源等的开拓和收费的等差,也有调节生产、流通的作用。在社会主义企业内部,实行精神鼓励和物质鼓励相结合的办法;加强劳动纪律、整顿工作作风、按劳分配,实行责权利相结合的岗位责任制;合理规定奖惩制度,奖勤罚懒,奖有功,罚有过。这些都是调动职工积极性,提高企业活力的经济手段。但是通过政治思想教育提高职工的精神境界,仍是搞好经济工作的根本保证。同时对一些不遵守法纪或犯其他严重错误的人员,予以记过、降级降职,直至开除的处分也是不可缺少的。国家管理与企业自主,行政手段与经济手段,在企业中都是并行不悖的。扩大自主权,搞活经济,不是绝对放任、无限制的自由。资本主义的营业自由、契约自由、私有财产不可侵犯、一切向钱看的观念,是不适用于社会主义社会的。

现代法律已逐渐采用多种方法来纠正错误,禁止犯罪。如刑事上的综合治理,民事上兼用行政手段。经济法以经济手段为主,兼用教育行政手段是合理的。

### 六、经济法的体系

经济法是多层次的,有总的基本法,也有各种单行的法律、法规。它们都是有机联系彼此配合,组成一个体系。调整企业的组织、经营、管理活动的全部过程的法律,如工业企业法、农业企业法、商业企业法、集体经济法、个体经济法、涉外经济法等是专业经济法。调整各类企业共同有关问题的法,如经济计划法、经济核算法、经济合同法等是综合经济法。调整企业经营活动的法,如金融法、物价法、外汇法、各种基金提成法规等是调节性法规。此外还有其他各种法规。这些法律、法规可按行业部门分类,也可按工作性质分类,纵横交错成为多层次、多方面的经济法体系。

企业经营是社会活动的一部分,与其他活动都有联带关系,因而经济法也不可避免会有与其他法交叉的地方,如经济合同的规定与民法交叉,工商登记的规定与行政法交叉。知识产权(发明权、著作权、演出权等)经登记成为专利或专用商标成为工业产权同经济法发生了交叉。凡不属企业经营范围的法律、法规不能归入经济法体系。否则包罗万象,混乱复杂,不成其为部门法了。

经济法能否有一部法典或基本法?我的回答是肯定的。经济法一定要有法典,会有法典的。几十年来苏联关于经济法的论争,其中重要的一点就是应不应编纂经济法典。民法学派反对单独编成经济法典,却又反过来说经济法没有法典不能成为部门法。捷克斯洛伐克在1964年就颁布了《捷克斯洛伐克社会主义共和国经济法典》(1982年作了修改),南斯拉夫在1965年颁布了《企业基本法》,保加利亚在1978年颁布了《经济组织基本权利和责任条例》,苏联也有类似的法律。它们实际已形成经济法典的基础和雏形。法律总是反映社会实践的,必须要在经验成熟了以后才能固定下来制成法律。综合性的法典尤其如此。它必须在各种单行法规比较完备、比较成熟的基础上,才能从这些单行法规中概括起来编成共同准则。我国经济法律、法规施行的时间不长,编出一部经济法典是需要时间的。但也有的部门法是没有法典的。例如,行政法是大家承认的部门法,但国际上从未有一部行政法典。

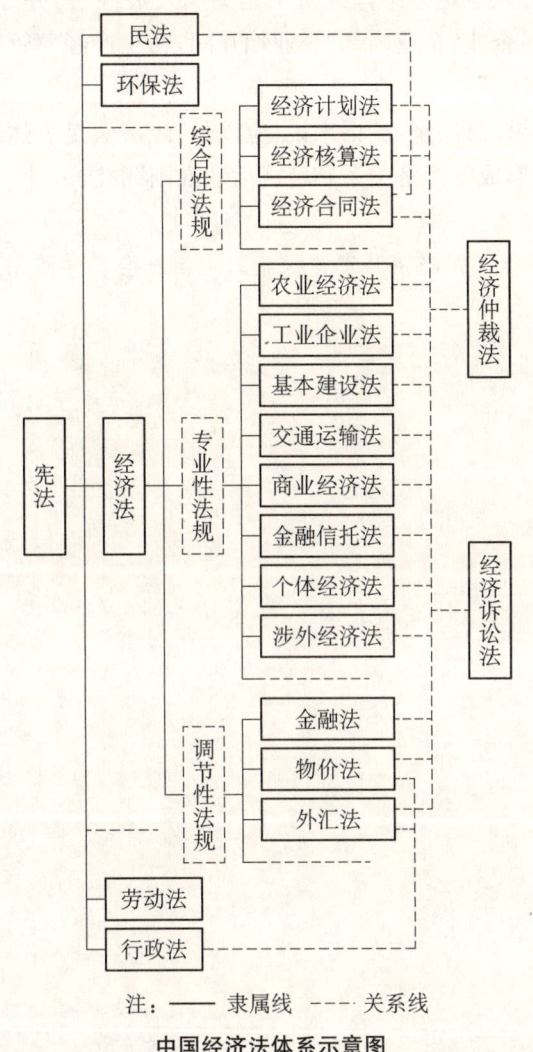

注：—— 隶属线　---- 关系线

**中国经济法体系示意图**

《决定》对经济法的概念已有明确的提法，经济体制改革正在前进。已经施行的经济法规也越来越多，越来越发生实效。党中央在《中共中央关于制定国民经济和社会发展第七个五年计划的建议》中指明，要建立经济法规体系。看来已经接近于概括一整套经济法规范，编纂出一部经济法典的时候了。新事物的出现，免不了遭受旧习惯和传统势力的反对。但经济法是从实际需要产生的，谁都阻止不了。我们只要实事求是地研究，虚心听取各方面的意见，稳步前进，是会对经济法的确立作出有益贡献的。

综上所述,可以认定:"中国经济法是为了发展经济,办好企业,运用经济规律,调整国家与企业、企业内部、企业相互间,在生产经营管理中产生的各种经济关系的部门法。"

这个概念如果用《决定》的话来说,应该是"经济法是表达经济体制改革和国民经济发展中形成的经济关系和经济活动准则"的法。

(原载《中国经济法理论探索》,上海社会科学院出版社 1987 年版)

# 关于编写经济法教材的几点意见

——在财经院校经济法教材编写会议上的讲话

华东地区财经院校教经济法的老师们利用每年暑假开一次会,讨论经济课程中的一些实际问题,这很好。1981年在黄山开会,1982年在庐山开会,我都没有去参加。这次在上海开,我一定要来,来向大家祝贺。

两年多来,你们实事求是地做了不少工作,对提高经济法的教学水平和研究工作起了很好的作用。现在你们更具体,更进一步了,共同着手合编一本适合财经院校使用的经济法教材。这样做是好事,也可以说在经济法研究上是一件大事。现在有些学校也在写教科书,写专著,但是真正出书的并不多。你们拿出教材来,不仅对财经院校有帮助,对整个法学界也有贡献。大家踏踏实实地做了许多具体工作,讲求实际,我希望大家继续努力,预祝大家成功。

在财经院校里研究和教经济法,比单纯搞法学教学和研究的单位(比如政法院系、法学研究所)好,你们有自己的特点,条件好。财经院校是研究财经管理制度的专业大学,对各项经济事业的经营管理都有专门研究,在整个经营管理的研究中来研究有关经营管理的法,即经济法,是最实际的,最能够懂得经济法的问题。这条件比我们好,我们搞经济法是比较抽象的,比较空的。我们要向你们学习。

下面谈谈几点看法。

## 一、经济法是不是一个部门法的问题

经济法是不是一个部门法,在法学界还有争论,但在经济学界,在工商企业工作者中间,是没有什么争论的。你们财经院校的老师们都认为它是一个独立的部门法,这个看法很好。你们比较具体地把握经济科学,是研究了经济管理工作中的实际问题后得出的结论。但法学界其他一些同志就不一样。今年(1983年)上半年在上海召开的法学理论讨论会上,虽然是少数,却有几位同志不承认经济法是独立的法律部门,而且态度很坚决。他们的理由是：1. 认为经济法没有自己的调整对象,没有内容,它只是把民法、行政法中的一部分划过来,挖别人的墙脚凑成的。2. 认为目前只有个别经济法规,没有统一的经济法典,个别的经济法规只应作为民法的一个部分,不能成为一个部门法。3. 认为一个部门法应该对违法行为有自己的处罚方法,但经济法却没有。有的同志甚至认为,你们搞经济法,把法律体系搞乱了。总之,他们认为,经济法规是属于民法的,即所谓"大民法",反对经济法独立成为部门法。他们这些说法是否有理？能否说得通呢？这让大家来评论。但有的话说得太勉强了。你们财经院校老师们都认为经济法是独立的部门法,就要把经济法理论建立起来,明确它的概念、内容、体系。你们编教材就是这个工作。作为经济法学科的教材编出来了,就对经济法的理论作出了贡献,也把上面那些责难驳倒了。希望你们的书能回答这些问题。

　　经济法问题在资本主义国家已经提出好久了,经济法这个名词也是他们首先使用的。我们是不久前才开始研究它。但是我们的经济法并不是搬外国的,我们的经济法是社会主义经济的产物,同资本主义国家的经济法有本质上的区别。我国建国以来就有经济立法的问题,只是作为一个学科来研究,才是近几年的事,是在党的十一届三中全会把党的工作着重点转移到社会主义现代化建设以后,才迅速开展起来。现在研究经济法,有的同志以为是新的问题,甚至有的同志以为历史上只有民法,没有经济法,现在有了民法就可以了,不必搞经济法。其实不只经济法作为部门法是新的事,民法也不是历史上一开始就有的。法在中国古代,在外国古代,开始时都是混合一起不分门类的。中国古代法一般称为"刑律"。过去各个朝代里的刑律,实际是各个法都有,以后才逐渐分开。资本主义国家的民法是从罗马法发展起来的。马克思说过,罗马法是最早的关于简单商品经济的法律。资本主义社会里的经济活动主要是商品经济,所以说罗马法是经济法未尝不可。但这样说,不是不要民法了,民法不重要了,民法还是重要的,还要保留它的一定地位。社会上的事物是从简单到复杂,不断发展的。法也是跟着社会关系的发展而发展,社会分工由简到繁,法的门类也由混一而分开。社会上出现了商品生产,就有反映商品关系的民法,现在建立了社会主义经济,作为私法的民法已经处理不了,于是有了社会主义经济法。今后经济法会不会再分开？也有这个可能。我们不能沿用过去西方国家老一套的法律体系来套我们中国今天的实际。我们的法学研究一定要从中国实际出发,经济法能不能成为独立的部门法,不是靠去争,也不要管有没有人反对,要看实际是否需要,理论上能否成立。我们刚开始研究经济法,不像民法那样已有上千年的历史,我们的经济法还没有一套完整的理论是不奇怪的。不过我们要加紧工作,要从我国的社会主义经济的实际出发建立起自己的经济法理论体系。应该先明确研究对象,把经济法的内容搞清楚,然后才能定下概念,提出立法原则,规定出法律规范,从各个经济法规综合成完整的经济法。

有人讲,经济法也是调整商品关系的。只说一句商品关系是不够的。我国宪法规定:"国家通过经济计划的综合平衡和市场调节的辅助作用,保证国民经济按比例地协调发展。"经济法调整的是有计划的商品经济,不是自发的商品经济。我们是社会主义国家,同资本主义国家性质不同,经济关系的性质也不同。资本主义国家发展到帝国主义时期,国家干预了经济,但是它并没有阻止经济建设的任务。在它们那里,经济活动是"私"行为,虽然它有法人制度,但它也是"私"的。因此它们称民法是私法。它们有公法、私法之分。社会主义国家认为法都是公法,没有私法。这是在经典著作中早已说清楚了的。我们国家,担负有经济建设的任务。斯大林关于社会主义国家职能讲得很清楚。今天我们国家工作重点已经转移到经济建设上。邓小平同志讲了八十年代三大任务,经济建设是关键,是中心任务。我国是公有制经济为主,虽然允许有个体经济、中外合资经济,但主要是公有制。而个体经济、中外合资经济,也是在国家计划之下、法律范围之内经营活动的。企业的经营管理已经不是私行为,而是国家的任务。因而调整这种经济关系的经济法是公法,不是私法。我们企业的经营管理性质同资本主义国家的不同。两种经济法的本质也不同,这点一定要讲清楚。你们的教材要多讲自己的经济法、有中国特色的经济法,少讲外国的东西。中国的经济法不仅与资本主义国家不同,同其他社会主义国家也不完全相同。中国的经济法所规定的是中国各种企业经营管理中的法律问题,虽然其中也有有关商品交换的问题,但不是调整交换中的所有权转移问题,而是研究如何组织生产交换才有利于社会和生产者的需要。这就同民法有区别了。不是所有调整经济关系的法都是经济法,有的不是,如继承法属于民法,惩治贪污条例属于刑法,还有其他的。一定要把经济法的概念和内容明确起来。

## 二、对教材编写大纲的看法

教材编写大纲包括了五个部分(法学基础知识、经济法基本原理、部门经济法、经济纠纷的仲裁与审理、经济犯罪及其诉讼程序)。你们经济法课先讲法理是你们的特殊需要。因为财经院校现在不开别的法制课,今后要谈一点像法学概论这样的知识,特别是宪法知识。财经院校的学生如果没有这些知识,将来毕业后做工作不好办。大纲安排的五个部分内容(严格说,第一和第五部分不是经济法的范围)是适合财经院校教学特点,是需要的。下面对具体问题谈些看法。

(一)经济法的基本原则。大纲提得很好,如按照客观经济规律办事,保护公有制和计划经济,实行民主集中的管理制度……都是要强调的。另外,党政分开、政企分开、企业有自主经营权,是不是还可以提一下。这是经济体制改革的一个重要的方面,教材要反映它。经济管理中有国家的性质管理和企业的自主经营,这两方面是不相同的。企业是经济实体,经营管理要重视经济规律,不要把行政机关与经济实体混在一起。我们主要讲经济实体,必须避免政企不分。再则,社会主义经济要提高效率,注意社会效果,要满足国家需要和人民的物质和文化生活需要,这一点是否也在基本原则中谈一谈。

契约自由和等价交换,原来是民法原则,社会主义商品交换是不是绝对的等价交换? 经济法应强调有计划的商品经济,市场调节为辅,不宜同民法一样只强调契约自由和等价交换为主的原则。

(二)经济法理论体系。"大纲"主要分两部分,基本理论部分(或者说是总则部分)和部门法(或者说是分则部分)。"大纲"分则部分问题不大,但总则部分谈什么还可以研究。从"大纲"上看,如所有权、债权,同民法雷同,不一定要谈,资本主义国家的民法分则一般是物权、债权、继承权。把民法的分编当作经济法总论是否妥当? 如果要谈,一定要和民法不同。总之,民法的东西不谈或少谈。总论谈什么,要谈经济管理中共同的东西,工农商企业管理中都适用的原则。经济法有没有共同的总的原则呢? 我想是有的。如上面说的按经济规律办事、岗位责任制、民主管理、提高经济效益和社会效益等都是。此外,是否再讲一点政企分开、企业自主经营、兼顾国家集体个人利益、按劳分配和奖惩等问题。合同是民法的东西,同时也是经济法的重要部分。经济合同调整的实质与民法合同不同。这些,我们要去研究。如果经济法没有自己的特点,怎么同其他部门法分家?

(三)讲诉讼程序,也是你们的教学特点。经济司法,经济犯罪问题,按体系说不属经济范围,财经院校教材上谈谈也可以,因为你们这里没有诉讼法课,但只要谈一般常识,是否要谈得那么细,倒不一定。

（四）经济法对违法行为有没有自己的处分方式和手段问题。它与经济法是不是部门法的问题也有关系，违反了经济法可以施行民事处分、刑事处分和行政处分，但也有经济制裁，用经济手段（如资金分配、信贷、税收……）来调整经济关系，而且是重要的。再退一步说，即使经济法没有自己的处分手段，也不妨碍它是部门法。婚姻法在社会主义国家是独立的，违反它一般是用民事处分、刑事处分，但是没有人反对它是独立的法律部门。

总之，你们编写的大纲有自己的特点，有自己的见解。希望你们对经济法的研究深入下去，把教材编好。但不要性急，建立一门学科是需要一定的时间的。

以上几点是个人看法，随便谈的，谈错的请老师们指正。

1983 年 7 月 15 日

（原载《中国经济法理论探索》，上海社会科学院出版社 1987 年版）

# 不存在所谓"大经济法"问题
―― 复某学刊编辑部的信

寄来某同志的论文并问我对此文有什么意见的信收到了。你们把指名同我"商榷"的文章给我一看,谢谢你们的爱护,对你们贯彻"百家争鸣"方针的慎重作法,表示钦佩。该同志的文章是主张用行政法来加强国家的管理职能,特别强调国家对经济事业的管理职能,这当然是有意义的。他在文章中批评我的《从经济体制改革谈经济法》一文是大经济法思想。但是拙文是说明经济法只调整企业的经济活动这一特定经济关系,与行政法、民法各有分野。一般所谓"大经济法思想"是指经济法要求调整一切经济关系,吞没了民法和行政法,而拙文并没有这种观点。似乎该同志没有看完拙文,或者误解了。他矢不中的,本来可以不必答复,但你们问了,我不能不谈谈自己的意见。

经济法作为法律规范,不论外国或中国,早已有了,而且是大量的。作为法律来说,在许多国家已经确立了,在我国还是近几年兴起的。因为是新的学科,理论还没有成熟,还有争论,不但有外来的责难,在经济法研究者内部也有分歧,这是免不了的。由分歧而逐渐一致起来,从不明确而逐渐明确起来,正是学术发展的过程。这种分歧和争论,不但不应该阻止,而且是应该欢迎和鼓励的。其实不但对经济法问题可以争鸣,对行政法、民法这样的老学科,今天也还有不同的看法,不该阻止发表不同意见。

经济法问题既然有分歧,有人把它的内容看得广一点,有人看得狭一点,有人拉得杂一点,有人提得单纯一点,也是很自然的。究竟该怎么样?大家讨论嘛。《上海法苑》今年(1986年)第四期《什么是经济法》的第一讲,说到它的概念时,曾经举出好几种广义的经济法说和好几种狭义的经济法说,我对过广和过狭的说法都不同意。我认为经济法是调整一定和特定的经济关系,而不是调整一切经济关系的。就在那篇文章(《从经济体制改革谈经济法》)中,我认为国家运用行政权力对国民经济的宏观管理属行政法范围,对经济中的财产所有权的确认及所有权转移关系属民法范围。经济法应该环绕于以企业为主体、经营管理活动为内容的经济范围。全文始终根据《中共中央关于经济体制改革的决定》所指示的搞活企业，国家简政放权，政企分开，国家有宏观管理权，企业有经营自主权这个原则立论的。在前举《什么是经济法》第一讲中，指出经济关系极为广泛，应按其性质及内容，分别由宪法、行政法、经济法、科教文法、卫生法、劳动法、民法、刑法和诉讼法来调整，"经济法不可能笼而统之，调整一切经济关系"。又在《经济法则》今年（1986）第一期《关于经济法的几个理论问题》中说，各种法律都有自己的性能和分野，由一个法律部门调整全部经济关系的主张是"勇气可嘉"，而实际是"管不了、管不好"的。我非常明确地把经济法同行政法、民法区别开来。我在同一文中分析国家经济活动方面的三个法律范畴，"国家为自己工作需要购置物品、器材、建筑或租赁房屋而发生财产关系的是民法主体（民法范畴）。进行财政预算收支，包括税收、发行公债、借款、金库出纳、发行货币，以及以国家名义对国民经济进行一定的管理监督工作的是行政法主体（行政法范畴）。只在以所有权人的资格而组织管理国营企业，并分配其利润的才是经济法主体（经济法范畴）。"我不只一次地提出（也在该同志看到的那篇文章中提出），经济法是企业法（就其主体说），是经营经济法（就其职能说）。再说明白点，就是以企业为主体的调整其经营管理活动的法律规范。虽然我不主张经济法的内容拉得过广，不应该同行政法、民法界线不清，但既然有人批评我是"大而化之"、"大拼盘"、"大经济法思想"，我就应该再考虑，再研究了。有则改之，无则加勉嘛！

　　该同志也许是专指我的经济法概念而提意见的，那么说明一下我提的概念吧。我在《从经济体制改革谈经济法》一文中所提的概念是转引《中国经济法浅说》一书中的概念。我在文章中认为这个概念基本正确，但还可以作小的修改。根据全文，可以明白这个概念中所称"经济关系"，指的是"企业的经营管理关系"。但在所引概念中的文字来看，其中"经济关系"一语确是不够清楚。要作小的修改指的就是这点。我在《经济法制》今年（1986年）第一期的那篇文章中，自己下了个定义是："中国经济法是为了提高经济效益，发展社会主义生产力而调整企业在经营管理活动中所产生的经济关系。"这里把经济法所调整的一定经济关系，指明是企业的经营管理活动中产生的经济关系，说得比较明确了。今年（1986年）第四期的《上海法苑》那篇讲话里又作了一些修改，说中国经济法是"为了发展经济，办好企业，运用经济规律，调整企业与国家、企业内部、企业相互间在生产经营管理中产生的各种经济关系"。三次概念均有所修改，把话说得更清楚些。这表明我对经济法的研究还不成熟，同志们对我有批评，我是欢迎的。

我对经济法的研究还不成熟，要再深入研究，但有一个想法：企业应自主经营，应有一定的活动准则，这个准则应该法律化，这项法律就是经济法。一切法律都是国家颁布的，但法律的内容不同，适用范围也不同。有的是关于国家本身的事务，由国家机关自己执行；有的是国家职能所体现的各种社会事务，分别由企事业单位、社会组织或公民来遵守执行。这就把法律分门别类了。如果说，国家颁布的法律都是行政法，那么我们将只有一种法，没有任何法律分类可言了。宪法不必说，民法、刑法何尝不是国家颁布，并以国家权力保证其实施的，是不是也不能独立成一个部门？都应并入行政法呢？

法的分类，是社会发展的结果。社会关系愈来愈复杂，法势必愈分愈细，执着传统的法律体系一成不变是不可能的。现在有的同志说，宪法以下只能有三种法，即行政法、刑法、民法，配以三种程序法，即行政诉讼法、刑事诉讼法、民事诉讼法，不能有其他法律门类。这种主张是谁创立呢？是什么传统呢？稍稍一查，便知道这是苏联民法学派的主张，而苏联又是从欧洲大陆的民法法系套过来的。这个传统如果不可动摇，那还有什么马克思主义法学的发展！还有什么有中国特色的法学！该同志的文章虽然没有明确否定经济法，但也照搬把经济关系一分为二，横向关系归民法，纵向关系归行政法，而且行政法还一管到底，管到企业内部的各种关系。那还有什么政企分开？还有什么经济法的地位呢？但事实上，他又从行政法中分出经济行政法和别的什么行政法来。作为独立部门的经济法、科教文法、卫生法、军事法等，该同志是反对的，而作为行政法的一个下属法的××行政法，他并不反对，还是积极主张的。把有关政治的、经济的、科教文的、卫生的、军事的这许多法纠合在一起，有什么单纯内容？有什么内在联系？不嫌"大而化之"成为"大拼盘"么？为什么加以"行政"二字应该分开，没有这二字就不可以分开呢？这除了"大"字思想作怪外还有别的什么？我是反对"大经济法"的，也反对"大民法"、"大行政法"。法无所谓大，也无所谓小，应有自己的特征和内容，实事求是，有多少内容就订多少法。按其独有的内容划分门类，不是很好吗？如果确实从行政关系的特点和性能来看，行政法正像许多人所主张的，它的内容应以国家机关的组织、职权、工作方式，国家工作人员的地位、任务、纪律、考核和任免、奖惩，以及它们同人民和各企事业单位的关系等为范围。这就有自己的特性和内在联系了，就是一门纯正的行政法而不是杂乱无章的大拼盘了。总之，我以为法的分类应该根据新形势、新关系，有所改进，不该以"旧传统"来压制新的法律部门产生。我国法律应该如何分类？旧的怎么改变？新的如何设立？大家应该从长讨论。让大家根据马列主义的基本原理和中国的实际情况，就自己研究所得，发抒自己的意见。如果有不同见解还是应该按"百家争鸣"的方针来办，文明争鸣，互相启发，共同提高。其属于立法的问题，不能长期争论不息，应采用民主集中方式解决。属于学术性的争论，不要忙于作结论，慢慢让实践来鉴定。

话说得多了，但一封信是无法把这个问题完全说清楚的。上面我的说法难免有错，请批评指正。

1986年9月6日

（原载《中国经济法理论探索》，上海社会科学院出版社1987年版）

# 第六辑

# 伟大的党，永葆青春辉金光

中国共产党是无产阶级的党，
中国共产党是马列主义、毛泽东思想的党。
　消灭剥削，消灭阶级，实现共产主义，
　是我们的党纲。
多少先烈，奋不顾身，为了主义而牺牲，
　多少先辈，艰苦卓绝，争求人类的解放。
好党员，无私无畏，忠心于党，
　真革命，愈战愈强，百炼成钢。

中国革命经过曲折的长期斗争，
　革命有阶段，革命不曾停顿。
"民主主义革命是社会主义革命的必要准备，
社会主义革命是民主主义革命的必然趋势。"
　这是两个革命相互联接的过程。
推翻三座大山，
　新民主主义革命得胜；
剥夺资产阶级，
　实现无产阶级专政；
社会主义发展到高级阶段，
　共产主义一定最后完成。
共产党员抱定决心，
　要走完全程而奋斗终身！

没有昨天的斗争，哪有今天的成就。

革命的力量,从斗争中积累而成。
"一不怕苦,二不怕死";
"革命战争时期的那么一股劲,
那么一股革命精神,那么一种拼命精神";
理论联系实际,密切联系群众,
还要批评与自我批评的作风端正。
毛主席、周总理,无数老一辈的革命家,
从民主革命时期培育这种革命精神发芽生根。
谁能不承认党的优良传统?
谁敢把革命历史妄加否认?

什么民主派——走资派
怎么拿资产阶级的帽子向革命领导乱扔?
为什么把革命精神、革命作风,
说成经验主义,当作主要矛盾?
是形而上学泛滥,
是唯心主义翻腾!
他们践踏人民群众,
混说"朕即国家",追步几千年前的封建帝皇。
他们仇视革命干部,
胡扯"儒法斗争",为的抢夺政权归他们一帮。
他们不仅破坏今天的社会主义革命,
早在三十年代就诅咒新民主主义革命折衷。
六十年代的王张江姚,趁"文化大革命"作乱,
狂叫"改朝换代",根本取消共产党。
他们比机会主义头子还毒,
比资产阶级分子更狂。

为什么? 为什么?
他们不是挂起"文化大革命"旗手的桂冠?
不是以马列主义理论家自称?
不对啊,不对啊。

他们是特务、叛徒、流氓、文痞四合一的反革命集团，
　　是林彪、陈伯达的伙计，老店新开，死而复生。
是法西斯蒂的支系，
　　是则天皇帝的现代化身，
是蒋家王朝派出的别动队，
　　集古今中外反动派的大成。
他们披虎皮，掌大旗，
　　惹是生非，打砸抢斗乱国政，
贼喊捉贼，扣帽打棍要杀人。
他们的目的是篡党窃国，复辟资本主义，
　　他们的身世是帝国主义、封建主义的孝子贤孙。

一举粉碎"四人帮"，大地更辉煌，
　　十年祸害一旦消，万众喜洋洋。
党在同"左"右倾机会主义斗争中向前发展，
　　战胜"四人帮"最是困难、复杂的一仗。
经过这一仗，
　　党的力量更坚强。
新干部经受了锻炼，
　　老干部再上一次战场。
前一辈老去了，
　　后一辈已经成长。
宇宙万物，生生不息，
　　无产阶级的革命红旗，永远飘扬。

我们的党是无产阶级的党，
　　我们的党是马列主义、毛泽东思想的党。
伟大、光荣、正确的党，
　　永葆青春辉金光！

　　　　　　　　　　　　　　（写于 1977 年 7 月 1 日，原为手稿）

## 中学"法律常识"课是守法教育
## 要用模范的事例鼓舞青少年

对中学生进行"法律常识"教育,要根据教育对象的情况,明确教育的目的,采取正确的方法,以取得最大的效果。"法律常识"课不同于大学法律系课程,也不同于司法干部教育,更不同于对犯罪青少年的教育。因此要正面教育、积极引导,培养青年民主的观点,法制的观点。要用好的模范的事例鼓舞青少年,使他们能明辨是非,知道什么该做,什么不该做,例如要提倡爱护公共财物,公私分明,自己的与别人的东西要分清。要和道德教育、遵守校规结合起来,着重于落实到行动中去。

(原载《民主与法制》1981年第8期"如何开好中学法制教育课"座谈会发言摘要)

# 一定要做好政法理论工作

## ——代《政治与法律》丛刊发刊词

我们党是一向重视理论研究的。它不断号召大家学习马克思列宁主义，研究革命中的实际问题，从而产生了马克思列宁主义的普遍真理同中国革命的具体实践相结合的光辉的毛泽东思想。

理论和实际统一是马克思列宁主义研究问题的一个基本原则。毛泽东同志曾严肃地指出学习中的两种不良倾向，一种是教条主义作风，另一种是经验主义作风，批评"教经济学的不引导学生研究中国经济的特点，教政治学者不引导学生研究中国革命的策略"的那种脱离实际的空洞说教。他主张用马克思列宁主义的立场、观点和方法来研究革命中的实际问题，向社会或历史实际进行调查研究，占有详细的材料，加以科学的分析和综合的研究，从中得出客观存在的而不是臆造的规律性，引出理论性的结论，以说明和解决问题。

在这样的教导下，党内的学习风气和理论工作是很端正和有成绩的。每一项工作开始先要学习，学习文件，学习马列主义理论，从理论上领会政策方针，学会工作方法，保证做好工作。每一项工作结束又要总结，从中得出经验教训，提高到理论，以指导今后的工作。理论从实践中来，又到实践中去求得证明，不断实践，不断总结，理论提高了，工作也做得更好了。

但历史的发展是曲折的，上述优良学风不久就被破坏了，特别是在十年"内乱"时期，更为严重。经过党的十一届三中全会，恢复了毛泽东思想的本来面目，党风改正了，学风改正了，理论工作又受到重视，各学科的教学和研究工作逐渐恢复了。1979年3月，邓小平同志在党的理论工作务虚会议上说："政治学、法学、社会学以及世界政治的研究，我们过去多年忽视了，现在需要赶快补课。"这就给政治学、法学的研究以很大的鼓舞。

现在政治学、法学的教学和研究虽然已经恢复了，但还不能满足客观的需要。这一方面由于主观的研究力量不足，不能更多地展开工作；一方面由于研究机关接触不到实际工作，材料很少，情况不明，研究受到限制。另一个问题是由于某种消极思想还未彻底清除，这样那样的禁区还未尽冲破。特别是政治学、法学研究的问题都是实际政治问题，学术与政治的界限难分，如与政法机关有不同看法和创见，容易受到非难或冲击。许多人因怕追究政治责任而不敢坚持研究，只好在马克思列宁主义著作中寻章摘句，而不能用马列主义的立场、观点、方法去分析新形势，研究新问题。

又一种情况，有些理论工作者没有确立革命的世界观，为革命进行政法理论的研究，而过多考虑到个人的名誉和地位，急功近利，急于求成，于是埋头写作，希望早日拿出作品来。希望早日拿出作品是可以理解的，但他们的写作不是积累材料、深入研究的结果，而是书里来、纸里去，陈陈相因，言之无物，甚至还有更坏的倾向。这就很不好了。

要求对政治法律问题进行马克思列宁主义的研究，首先要求研究工作者端正研究态度，不怕艰苦，认真工作，为革命事业作出贡献。其次要改进研究方法，做到理论联系实际。要做到理论联系实际，就要求理论工作单位和实际工作单位紧密联系，双方多交换资料，多交流经验，对某种政策性较强或困难较大的问题，约集双方有关同志共同商讨，进行较全面较深入的研究，找出矛盾，解决问题。即使讨论中有不同意见，也不要轻易否定。理论要由实践来证明。主观片面，以实用主义的态度研究问题是研究不出真理来的。

对政法理论工作者来说，还必须从实际工作中受到锻炼。要多读马列主义、毛泽东思想的著作，多读党和国家的文件。要有无产阶级革命家的修养。要广泛涉猎政治、法律各部门的知识与研究专门问题相结合。没有深厚的理论基础和广博的专业知识是做不好理论工作的。深入社会，体验生活，多调查研究，取得感性知识。这也是政法理论工作者所需要的。

理论工作必须深入实际、深入社会，从整个社会的范围来看问题，特别是研究政治法律问题更是如此。譬如审判工作，如不熟悉社会上的各种矛盾和斗争，并了解群众的要求，从对犯罪作斗争的角度出发去分析案件、运用法律，而只孤立地比照条文，就很难提高办案水平。办案如此，研究案例、研究审判经验也当然如此。又如立法工作，如不广泛调查社会情况，听取人民群众的意见，只凭抽象理论或死资料而起草条文，这项法规必将窒碍难行。立法工作如此，研究法律问题也当然如此。

总之，政法理论工作和政法实际工作是分不开的，理论工作是实际工作的一部分，是为实际工作服务的，两者如不结合是做不好的。再以修订宪法为例。这是一项法律工作，也是一项政治工作；是一项实际工作，也是一项理论工作。这次宪法修改草案之所以比较完善,能得人民群众的普遍赞许,就是由于宪法修改委员会接受党的十一届六中全会《关于建国以来党的若干历史问题的决议》,深入研究当前政治经济形势,广泛征求各方面的意见,并参考了内外各种宪法资料,进行了比较综合的研究,特别是党政领导干部和政治学、法学理论工作者共同工作的结果。这次宪法修改草案中有许多具体规定,是接受理论研究的结果,并在理论上作了结论的。譬如人民民主专政即无产阶级专政的问题,剥削阶级作为阶级已经消灭了的今天仍然在一定范围内存在着阶级斗争和专政对象问题,国家通过计划经济的综合平衡和市场调节的辅助作用安排国民经济的问题,设立国家主席而又不负行政责任的问题,加强国务院的职责和充实地方基层政权的问题,坚持四项基本原则而又党政分开问题等等,都是实践经验的总结,也是富有理论价值的。政法工作要与整个社会相结合,理论要与实际相结合,是一条马克思列宁主义的原则,这不论对立法工作、对司法工作和其他政治工作,也不论对实际工作和理论工作,都有重大指导意义。

政治法律的理论研究工作,实际就是政治法律的实际工作,是一项政治工作。做好这项工作,对建设现代化的、高度民主的、高度文明的社会主义国家有很大贡献。我们必须提高修养,端正态度,按照马克思列宁主义的原则,理论联系实际,把政治法律理论工作做好,完成党交给我们的任务。

《政治与法律》丛刊是政治学、法学专业的理论性刊物,它以马克思列宁主义、毛泽东思想为指导,坚持理论联系实际的方针,注重从理论上探讨新的历史条件下出现的新情况、新经验和新问题,从理论上作出概括和提高,力求刊登的文章有观点、有材料,有一定的理论深度。希望这个刊物能为政法理论服务,希望政法界同志给予支持。

(写于1982年,原为手稿)

# 关于贯彻规划座谈会精神、制订法学研究所规划的发言

全国（哲学社会科学）规划座谈会指出，社会科学研究要按照党的十二大的文件精神为指针，应向国家的五年计划要任务。这就是说，我们的研究要密切结合实际，为国家的"四化"建设和精神文明服务。我们的院和所都设在上海，我们的工作要结合上海的实际，从上海出发，从实际出发，提高到理论来解决问题，也就是为整个国家服务。

上海的法律、法制存在什么问题？社会上存在什么问题？政法机关的工作遇到了什么问题？是否需要我们来研究解决？这不能在研究室里想，要到实际部门去了解去请教，要同其他法学研究、教学单位协商合作。

各室是否讨论一、二次，了解全国座谈会的精神后，就请大家分头到领导机关、实际部门去访问；到社会上、基层组织和业务单位去调查，范围广一点。政法机关、经济机关、外事机关都要去，把情况带回来，把问题带回来。经过整理研究，提出我们的研究项目，或者初步提出后请有关单位的同志来谈谈，帮助我们修正规划，然后订出各室的三到八年规划。

为了配合国家任务需要、地方需要，我们的工作应该这样做。但这不是说不要重视理论问题。理论是很重要的，没有理论基础，研究不了具体问题。我们一定要精通马列主义。我们面对着社会主义法制，不掌握马列基本理论怎么搞。应该把马列有关著作研究透，三、五年内每个人都要较深刻地研究一两本马列主义的有关著作。要提出问题，比较研究，联系实际，真正懂得马克思主义法学理论。不仅如此，还要发展马克思主义法学。我国的人民民主专政、民主与法制问题，人民调解工作，劳动改造，工读学校以及我们提出的和平共处五项原则等，都有我们自己的创造，都得总结。要根据基本理论、参考古今中外的情况，研究我们的实际工作，不但要解决具体问题，还得从理论上作出总结，予以提高。

规划订得多大？在三年和八年中要列入多少研究项目？要出多少成果？我们要按照自己的力量来安排。既要把现有机构、人员、作风、思想整顿抓好，又要充实新生力量，要争取不断进来大学生（政法的、经济的、外事的），更重要的是自己培养研究生。对现有研究人员，特别是青年，要帮助他们进修，不断提高。

研究人员的思想作风和学风文风，还得再整顿。个人主义再去掉一些。要全心全意为国家建设服务，为社会主义事业而奋斗。要努力完成计划任务，要在组织领导下进行工作，不要搞个人名利，不要过分强调个人爱好。同志间要团结互助。"文革"中残留的派性和其他坏作风，要彻底消灭干净。要实实在在、认认真真地进行研究工作，作品应该是自己的研究成果，不要浮夸风，也不要写五十年代的教条主义文章了。能否搞个法学研究所的工作守则，订它十条、八条，大家遵守，并向院部备案。

经过三到五年，我们所能否成为真正有分量的研究机关，至少在上海，最好在全国有发言权，能否在五至八年内，写出八至十部有分量的专著、小册子，搞出一二十篇权威性的调查报告和建议书。在学术问题上能出新成果，受到法学界的重视。在立法、司法和其他具体问题上能提出切实可行的建议，能解决问题。只要认真地研究，我想这些是可以做到的，也应该做到的。我就平时考虑到的，提出二三十个选题，现在不作数，经过调查研究后再定，现供各室讨论时参考。

一、法的理论方面：

1. 马克思主义法学原理（先分别研究问题，再写专著）；
2. 中国法律思想史（分上中下三册，已列入今年计划）；
3. 中国的法制建设问题（包括立法、司法和培养法制观点）；
4. 人民民主专政的理论与实践；
5. 地方性法规的研究；
6. 上海地方法制史。

二、宪法、行政法方面：

1. 我国政治制度；
2. 我国人民代表大会制；
3. 我国的基层政权和居民自治制度；
4. 比较政府；
5. 西方文官制度；

6. 我国历史上的官吏考选和监察制度；

7. 机构改革和行政管理；

8. 宪法学。

三、民法、经济法方面：

1. 我国民法体系；

2. 我国经济法的性质、体系和任务；

3. 计划法、企业管理法、农业法、资源法、物资流通法（包括市场和物价管理法）、知识产权、专利法、外资利用法等等的研究；

4. 社会主义国家的财产继承问题、婚姻家庭问题研究；

5. 居民调解委员会；

6. 上海民事纠纷情况的调查研究。

四、刑法、刑诉方面：

1. 两法实施中存在的问题和解决的办法；

2. 我国刑法的特点；

3. 上海社会犯罪问题的调查研究；

4. 青少年犯罪问题研究；

5. 上海监狱、劳改、劳教、工读学校的调查研究；

6. 经济犯罪法问题的研究；

7. 刑事诉讼中的问题；

8. 律师工作研究。

五、国际法方面：

1. 当前国际关系的特点与国际法的任务与原则；

2. 不平等条约研究；

3. 香港、澳门法律地位；

4. 美国《与台湾关系法》的研究；

5. 反霸权、反侵略的法律斗争；

6. 国际私法中婚姻、财产问题；

7. 各国对外贸易法比较研究；

8. 国际纠纷的调解和制裁；

9. 国际经济秩序和国际经济法；

10. 国际法概论（已有初稿，正在增订中，明年可以完成）。

此外，编译室正在翻译的《各国宪政和民事制度》应该订入计划。《政治与法律丛刊》已出版二期，发行达 25 000 册。现在和明年仍然是季刊，1984 年是否改为双月刊，请考虑。要在明年争取到期刊登记。要加强力量，把这个刊物办好。资料室、学术秘书室、办公室都要提出计划来。

希望花两个月时间，出去调查访问，从实践中提出研究项目。所里研究三五次，各室也要活动几次，把三年计划、八年设想搞出来。

（1982 年 10 月 26 日在法学所室主任会议上的讲话，原载上海社会科学院科研组织处《汇报》）

# 在上海法学界人士法制工作
# 改革座谈会上的发言

今天丕显同志召集上海法学界人士座谈法制工作的改革问题，这很重要。我没有准备，随便谈谈。

上月看到《民主与法制》第1期上，刊载丕显同志接见该刊记者的谈话，其中谈到："现在老一套不行了，新一套就是要学法、懂法、守法、执法，一切依法办事了。"又说："宪法是一切国家机关、武装力量、各政党和人民团体、各企业事业单位及每一个公民的最高行为准则，制定了，就一定要坚决执行。实行法治，是肯定可以做到的。"这些话，说得好极了。

关于法治的问题，早在五十年代，我们就讨论过。但不久由于整风、反右，法治挨批判了，认为它是资产阶级的东西，之后也就不许再谈。到了"文革"时期，更是无法无天，一切法治机关均遭破坏，当然更不能谈法治问题。直到"四人帮"摧毁以后，经过党的三中全会，才恢复了法治的精神，规定"有法可依，有法必依，执法必严，违法必究"的原则、大家对法治，又讨论了一个时期。但不久听到有"我们国家是人治，法治不行，因为没有人怎能治国"的说法。这样一来，大家对法治问题，又不谈了。去年，新宪法公布，有一切以法律为准则、法律面前人人平等的规定。即如丕显同志所说的，大家都要学法、懂法、守法、执法，一切依法办事，实行法治。显然，丕显同志这番话，一定能起很好的号召作用，同时对我们过去争论不休地对法治问题的讨论，也能从理论上、实践上获得解决。因此，这是一次非常重要的、非常有益的讲话。

关于法治问题，我认为一切依法办事，就是今天我们要改革法制工作的总方针、总方向。现就几个具体问题谈些看法。先从干部的四个"化"谈起。

第一，关于干部革命化问题。

在党的领导下，一切工作都是为了革命。这是最大、最重要的总方向。现在我们大家都在干革命工作，革命工作的内容很多，就政法机关言，我想最重要的,是一个为人民服务的问题。这话毛泽东同志早就讲了。今天,许多政法机关的大门上,也写着"为人民服务"几个大字。这就表明为人民服务是一切国家机关工作人员应当共同遵守的准则。然而,多少年来,一向强调政法机关是专政机关,是严肃的"衙门",是管人的场所。从理论上讲,所谓专政是把法庭、警察、监狱联系在一起的。在旧社会,一提到法庭、警察、监狱就使人有望而生畏之感,因而与人民很不接近,事实上也无法接近。解放以后,党内虽然恢复了作风,但由于工作的性质是治安,是管人,因而有很多政法干部,为了执行任务方便起见,沾染了衙门式的老爷作风,态度生硬,脱离群众,违反了为人民服务的准则。不仅如此,从不少的人民来信中,从群众反映中,还存在公安部门打人、逼供等粗暴行为;司法部门也有不负责任和倾向性等现象。这些情况,我认为是比较严重的,是与"为人民服务"的精神相违背的。当然,为人民服务并不是说不管、不问,而是应该抱什么样的态度、采取什么样的方式方法去管去问的问题。例如采取民主的态度、说理的方法,通过深入调查研究,为人民解决各种问题。这样,做起来确实麻烦些,所花的时间和精力也比较多些,但是我们应该想到,我们社会主义国家与剥削阶级国家不一样,我们采用的是为人民服务的民主作风,而它们所采取的是不负责任的野蛮粗暴作风。这不仅是两者在工作人员作风上的差别,而且是体现社会制度优越性的问题。

今天,我们的大部分政法机关、政法干部都是好的,但也还存在着一些问题。例如我们的派出所,经常有人找上门来,要求解决人民内部矛盾,而民警同志往往因为问题不严重而推出不管,致使事情扩大,矛盾激化,因而造成更大的问题,甚至形成犯罪案件。如果我们工作同志,能急人民所急,抱负责态度,为人民分清是非,解决纠纷,这样就可避免矛盾的转化,使问题得到及时的平和解决。像家庭间发生争吵,公安部门不到伤人死人的程度,是不管的。而事实上由于不管往往造成严重问题,这种例子是很多的。我们有关同志,特别是基层同志,事情多,工作忙,最接近人民群众,因而也容易产生官僚作风和不负责任的态度。如果每一同志能来一个思想转变,严格遵守为人民服务的准则,使衙门作风的政法机关,变成为人民服务的接近人民群众的机关,这一改变,在干部革命化中,我认为看起来是平凡的,但在整个法制工作改革中,却是非常重要的。

第二,谈谈干部知识化和专业化的问题。

对于专业化问题,目前一般政法干部都懂业务,问题不大。对依法办事一点,从理论上讲,大家也无意见。然而实际上却还存在一些问题。过去有一时期，由于政法机关是专政机关，公安、司法人员首先要端正阶级立场，这是对的。于是公、检、法在录用干部时，往往选择一些家庭出身、本人成分好的工农同志，而对学校出身的学生则不甚欢迎。例如在五十年代，法律院系毕业的学生，照理应该分配到政法机关，由于不受欢迎，只好分配给其他单位，以致学非所用。而政法机关的干部，大部分却没有学过法律，在办案时，往往只凭自己单纯的阶级感情，最多依据他们所理解的政策或领导意图，来处理案件。由于未能按照法律程序办事，因而发生了较多的错误，甚至造成错案。有的同志认为政法工作还是根据领导人的政策办事为妥，如果每件案子都讲理论，事情就不好办。有时我们研究单位或学院的同志与实际工作同志谈理论时，他们常常感到头痛，认为对他们办案没有帮助，反而起了妨碍的作用。当然，从另一方面讲，研究理论的同志未能很好地、有效地为实际工作服务，也是有缺点的。

那么，是不是政法工作用不着讲理论呢？我看也不是的。我认为政法工作要讲理论。法律是有理论的，如果不讲理论，不讲法律，就事论事地办案，就容易形成简单化、粗糙，甚至违法。过去政法机关之所以不欢迎政法院系的学生或培训过的干部，主要理由是他们本来很听话，很顺从，办事妥当，现在学习回来，讲这个理论、讲那个理论，使领导感到麻烦，感到不那么称心如意了。甚至当我们研究理论的同志去与实际工作的同志接触时，也不受欢迎了，抱着对理论敬而远之的态度。这当然都是过去的事情了。今天的情况也不相同。目前，大部分政法干部都想学习理论，学习法律，但事实上却又存在很多困难，例如干部少，人手不够，特别是新补充进来的同志，没有很好的、更多的学习机会。前一时期，上海补充了一批从农场来的人员，后又有一批复员回来的解放军战士。他们经过短期训练后即参加工作。这些同志在政治素质上，在工作严肃性上，都是没有问题的。然而他们过去毕竟没有学过法律，也无办案经验，仅经短期训练即接手办案，事实上也确有困难。当然我并不反对这些工农干部参加政法工作，问题在如何帮助他们多学习一些，更提高一些。我认为对一个没有读过法律的同志来说，仅受几个月训练，看来是不够的。另外，对已担任司法工作且有一定办案经验的干部，如何从理论上加以提高，恐怕也是必要的。今后司法部门补充干部，最好还是从法律院校正式毕业生中挑选，否则在接手工作之前，最好先学习一个时期，至少也须一至二年。国家在这方面，必须花一点时间，花一笔投资。这样对干部专业化、知识化，才有保证。同时，为了提高办案质量，减少错案，对在职干部也应从理论上加以进一步培养和提高。这些都是比较迫切的，而且都是政法工作中必须改革的重要问题。

第三,关于四"化"中的年轻化问题。

年轻化当然是非常正确的方向。但从现实情况来看,今天我们机关中的负责干部,大部分年龄都比较大,如果严格地按照60岁必须退休离休的规定办理,那么拿上海讲,局以上一级的干部,势必形成大换班。这样对工作的继续性、连续性、稳定性都是不利的。解放后,特别是近几年,政府注意卫生措施,关心人民健康,营养食品多了,人民生活提高了,身体素质情况也比以前好得多了。实际上50岁至65岁是最好的工作时期,很多同志身体健康,精力充沛,革命意志旺盛,工作经验丰富。如果把60岁以上的干部全部退下来,从工作和力量来看,未免有些可惜。所以我认为年轻化的方向是对的,但不能一刀切,应该分别对待。例如对有些身体不好的同志,已不能坚持工作的,就是年龄不到60岁,也应提早退休离休。还有些同志革命意志衰退,整天忙着儿子、房子,未能抓好工作。这些同志虽然年龄未到,也应劝他们提早退下来。另一方面,对身体能胜任、工作确需要的同志,我认为还是可以酌情延长数年退离。这些方面,问题不大,不多谈了。

关于责任制问题,我国新宪法规定,一切国家机关,都应该实行责任制。即每一机关干部,对他们所担承的工作,必须负完全责任。现在工商企业的承包制,实际上也就是单位、部门、个人责任制。我们政法机关,是否也要建立责任制呢?我认为也是要的。大家吃大锅饭,工作多做少做、做得好做得不好,均无所谓。这样就很难提高工作效率、克服官僚主义、改进工作作风。特别是我们的政法机关,与人民的利益密切相关。干部对工作是否负责,直接影响到人民的权利和义务。所以我们一定要把工作做好。如人民法院办案,应该认真调查情况,根据事实,分清是非,然后按照法律规定进行判决,使所办案件完全正确,没有差错。这就是我们过去所规定的办案要及时、准确、合法,也就是一个司法人员应有的工作态度,否则就不能算尽到了责任。过去有人说:"我办的案,原告、被告或其他人如果对判决不服,或有意见,你们去上诉好了,我就是这样判的。"这种说法,我认为是对工作不够负责的表现。审判员对所办的案,上级法院维持原判也好,推翻原判也好,如果抱对我无关、无所谓的态度,那是不对的。从前封建时代,官吏办案,经上级复查,如果发现判错,就要处分,甚至去掉乌纱帽。这情况大家都知道。现在我们怎能按资本主义国家规定,强调个人办案,对办案的质量如何、有无差错,没有人管,本人可以不负责任呢?今天,为什么还有这么多的冤案错案?有的至今尚未平反,主要当然是"文革"的极"左"思潮造成的,但因办案人的主观、疏忽、随便、有倾向性和不负责任的态度而致造成错案的,也不在少数。旧的未结束,新的常听到。这是不好的现象。我们应该认真研究这个问题。

前一时期,有位法院同志和我谈起,由于法院未实行责任制,牵涉太多,改革很不容易。这也是实际情况。法院要实行责任制,第一要权力下放,即给法院一定范围内的权力,不要受各方面干扰。第二要职务分清。什么事情归什么单位管,要有明确规定。如果职务混淆不清,就容易造成相互扯皮,各部负责的现象。第三要奖惩分明。法院有权后,对办案正确的、及时的、数量多的同志,应给予奖励;对办案拖拉的、办错案的、有倾向性的应追究责任,给以处罚。如果工作做多做少、做对做错都是一个样,这就与责任制的意义相反了。为了实行法治,对人民负责,更好地为人民服务,我认为不论公安部门、检察部门、司法部门都应该从权力下放、职务分清、奖罚分明几方面来进行改革和考核。这也是一个比较重要的问题。

关于法院独立审判、检察院独立检察的问题,我国法院组织法、检察院组织法都有明确规定。但究竟如何进行独立审判?目前还有争论。最初大家学了资本主义一套,认为审判独立就是审判员个人办案,他人不得干涉。之后经过讨论,才有了较明确的概念。所谓独立审判,并非由审判员个人决定一切,而是由法院独立决定。法院既有组织审判员、审判长办案之权,当然也有决定判决和追究审判员责任的权利。法院是有领导的,院长有权过问审判案件。再则我们法院尚有审判委员会,由审判委员会讨论重大案件,讨论某些事实与法律有争论的问题。如果审判员、审判长遇到重大案件,就应把案件提交给审判委员会讨论。所以审判委员会也要参与案件的判决。这从法院内部讲,承办案件的审判员、审判长是一方面,审判委员会是另一方面。院长对整个法院承办的案件,负有监督的责任。终究如何进行独立审判,在法院内部可以考虑。但无论如何,作为承办案件的审判员,应有一定的权力。如果不论什么事情、什么案件,都听上面命令办事,那也不是一种负责的态度。

由于已明确独立审判是法院独立审判,不是审判员独立审判,现在在判决书后面把审判长审判员的具名,一律取消了。我以为这也不必。因为事实上并非审判长、审判员具名后,审判委员会同法院院长就没有责任了。同样地,审判委员会和法院院长参与后,就非把审判长、审判员的具名取消不可。因此,我认为在判决书后面,还是应该把审判长、审判员的具名写上去,以表示对这件案子的负责。

其次一个问题。法院虽有独立审判的权力,但它同党的领导、权力机关的监督、人民的监督还是分不开的。我们社会主义国家,不像资本主义国家那样,法官可以进行武断独裁。我们一切工作,都离不开党的领导,离不开权力机关的监督,更离不开人民的监督。现在中央已有规定,各地方各单位的党委,不要批案。这是对的。但不批案,并不等于党不领导。党对人民法院工作的方针、方向或某一时期的政策,以及工作中的一些方式方法,都应该领导。虽对各个具体案件不批,但对重大案件发生偏差时,党委还是应该予以纠正。至于权力机关,我们的宪法和法院组织法都有明示规定,法院是对同级的人民代表大会负责的。人民代表大会对法院的工作,要讨论,要监督。如发现错误,要予以纠正。至于人民群众对法院的监督,同样是必要的。我们国家一切权力属于人民。人民是国家的主人。对国家机关的工作,无论属于审判方面,经济方面,文化方面,人民都有权过问,并起监督的作用。如果法院在办案中,发生严重问题,人民起来讲话,要求法院改正是完全可以的。假如认为法院独立办案,拒绝党的领导,拒绝权力机关的监督,拒绝人民的监督,那同样是错误的。所以我们一方面实行责任制,给政法机关一定的权力,规定他们的职务;另一方面对他们的工作加以监督和考核,同时给予应得的奖励和惩罚。这些都是责任制的体现,是应该具体做到的。不做到这一点,工作就无法做好。因此,法院的独立审判同党的领导、权力机关的监督、人民的监督是相互结合,不能分离的。这一点我认为今天我们在改革政法机关工作中是应该要注意到的。究竟应如何实行政法机关的责任制,希望政法界同志很好地加以研究,并规定一些比较具体可行的办法。

除此以外,我对政法机关机构的改革,看不出有什么大的问题。今天公、检、法三个机关,分别工作,共同处理案件,我认为这个方式是好的。各单位的内部组织,大体上也是正确的。目前情况,一般讲是人员不够的问题,而不是人员太多。这是政法机关与别的机关不同之处。

此外尚有一个额外的问题,即关于检察委员会的问题。现在,监督国家机关的机构有几个方面。政法机关本身是有监督的。其他有党的纪律检查委员会等。纪律检查委员会自成立以来,做了很多事,对正确的工作起了很大的作用。但纪律检查委员会仅管党内事情、党员事情,对于广大非党员干部,如果有了问题就不一定管了。目前,对于审判案件等问题,有法院系统监督。但除此之外,社会上最大的案件、最多的案件,恐怕属于一般的行政案件。现在的冤案错案,也是行政案件方面特别多。行政机关在处理案件时,往往容易侵犯人民的权利。这些错案,法院不管,纪律检查委员会也难管,只有交与原机关或原机关的上一级复查。但是原机关往往不认错,不愿纠正,原因是原来就是自己办的案。我看主要还是一个认识问题。因他们总认为自己当初是办得对的,如认为错也就不这么办了。所以在嘱他们纠正的时候,总是考虑来考虑去,结果还是坚持原来的处理。如对知识分子的极"左"的错误问题,有的至今不改。不肯改倒也不一定是故意"顶"。由于他们的认识,他们的"左"的观点,就是这样看问题。所以在他们思想未改变之前,要纠正错误,是有一定困难的。而上一级机关,亦往往维护下级机关,甚至观点相同,不予纠正。

面对这么大的、大量的行政案件、行政诉讼,如果在行政机关本身得不到解决,应不应有各监察机关?在解放初期,有监察委员会,也有监察部。那时的监察委员会、监察部作用不大,因为没有很好规定他们的职务,给他们一定的权力,工作当然有难处。在1956年以后,也因为监察机关侵犯了党的权力,有人讲这是"以法干党",于是就把权力收到党内来。然而,把这许多工作,都交予党委,党委是否办得了?事实证明,党委是办不了的。党只能总的领导,下面还必须有分工。现在恢复了纪律检查委员会,就是这个证明。

(写于1983年,原为手稿)

# 在"七一"党员大会上的发言

今天我能出席这次会议,深深感谢党对我的关怀和鼓励!

我在上海社会科学院法学研究所工作,至今虽已四年,但没有做多少工作,更谈不到有什么成就。我只是热爱本职,把全部精力都放在工作上,凡是合乎党的原则而又必须做的工作,我都尽力去做,很少其他顾虑。当然,这样做也有缺点,会造成一些差错,是应该注意的。现在提出三点向大会汇报。

第一,抓业务也抓政治。我是负责业务工作的,但我认为要把业务搞好,首先要思想好、作风正,特别要公私分清、去私为公。只有一心为革命,全心全意为社会主义"四化"建设服务,没有个人打算,才会大胆工作,钻得深,提得高,实事求是,提出问题,解决问题,对马克思主义法学作出贡献。因此,有些政治思想和工作作风问题,照例不属于我的职责范围,我也插手过问了。1979年初有的同志认为坚持党的四项基本原则将没有百家争鸣,1981年军报上批判了《苦恋》,有些同志有反感,这些话传到法学所,我就对之作了批判,加以纠正。又有个别人自由散漫,不要组织领导;或者骄傲自满,老子天下第一,碰不得;甚至私心膨胀,用不正当的方法打击别人。我就提出召开批评和自我批评会议,分清事实,明辨是非。这虽没有完全解决问题,也压了邪气,不让它嚣张起来。法学研究人员必须又红又专,领导法学研究必须既抓业务又抓政治,我是这样想、这样做的。

第二,抓改革。由于历史和社会的影响,特别是受十年"文革"的破坏,党的优良传统丢了不少。有的干部变成了"官",有的革命组织变成了"衙门",还有不正之风。科研单位也有一些缺点和弊病。这主要是一般行政机关化,刻板守旧,照例办公,未能适应科研工作的需要。再加论资排辈,吃大锅饭,不能发挥科研人员的积极性。党提出机构改革、调整领导班子、整顿作风,是非常英明、及时的,我受到很大的启发,曾经研究了这个问题,一次二次地提了改革意见,也写文章,也在会议上发言鼓吹,并在可能范围内在自己单位进行了一些试验。当然,我的意见是不成熟的。改革需要领导与群众相结合,要有恰当的方案,要有一个过程,不能鲁莽急躁。但我认为社会主义破旧立新,就是改革,不改革就没有发展,不会提高,共产主义不会到来。机构改革,作风整顿,是做好各项工作所必需,是"四化"建设所必需,我们应当重视,要有紧迫感,要有点革命干劲,即说即行,不能等待。

第三,培养接班人。原来法学所的领导班子,不但老化,也残缺不全,急需补充充实。两年来我们提了三位同志为所长助理,经过一年多的时间,把其中两位上报任命为副所长。此外并调整了室主任,设法给予青年工作人员以学习进修的机会,发展了申请多年、条件已经成熟的中年知识分子入党。1981年冬我已提出离休的申请,组织上虽未批准,我逐渐摆脱日常工作,把担子压在新任副所长身上。上面召集会议,多让他们去,所内会议也请他们主持。学术活动、外宾接待,我出场的次数少了。今年之初在昆明召开全国政治学法学规划会议,我是领导小组成员,被邀出席的,但我没有去,让两位副所长去,主要是让他们多与学术界接触,有利于今后开展工作。去年党委书记叶芳炎同志去世了,经与院领导商定,由一位副所长暂行代理,使日后可以正式接替这一职务。现在院所调整领导班子,法学所已经有了基础,是可以比较顺利完成的。

这些工作都是微不足道,是一个共产党员起码应该做的。现在汇报,只是争取领导上和同志们的批评指正。我已上了八十岁了,我所新的领导班子已经着手调整,一待上级批准任命,我就可以离休了。今后摆脱行政职务,可以多做一点法学研究工作。作为一个共产党员,我将就力之所及,为党为革命尽我最后的力量。

1983年6月20日

(原为手稿)

# 新年祝愿

《民主与法制》对于法制宣传教育,起到了很大的作用,深得广大读者的欢迎。

《民主与法制》努力维护宪法和法律尊严,普及法律知识,为读者解决法律问题,提出典型的现实案例,进行分析批判,坚持事实真相,坚持法律原则,运用舆论力量,针砭违法行为,纠正错案,保护了人民利益。

《民主与法制》宣传法制的工作是完全成功的。现在广大青年学习法律知识的人多了,有不少同志写信向我询问学习法律的门径和可读的书刊,我就介绍他们阅读《民主与法制》和其他一些简明法学著作。我希望《民主与法制》再前进一步,使内容更富于知识性、现实性和指导性,仍旧保持题材新颖、文字生动、版面活泼、为读者所赞赏的刊物特色。祝《民主与法制》为我国的社会主义法制和现代化建设,贡献更大的力量!

(原载《民主与法制》1985 年第 1 期)

# 不正之风是应该纠正的

　　从搞活经济和开放政策施行以来，社会上出现了一股新的不正之风。这股风在当时是相当猛烈的，现在经过党和国家的纠正，已经基本刹住了。但在思想上，看来还没有完全解决问题。譬如有的同志今天还认为他们鼓吹"发财"，提出"能赚会花"，高消费、高工资，为"一切向钱看"辩护，批评"缝缝补补"的勤俭精神，说是以消费促生产，是无可非议的，纠正不正之风会干扰改革。殊不知资本主义国家经济危机，是供过于求，商品卖不出去，资本家赚不到钱，所以用种种办法来鼓吹消费，推销商品。我们的经济问题是生产不足，供不应求，解决的办法是发展生产，提高产品质量，以逐步满足人民的生活上的需要。我国现在还是发展中的国家，生产水平不高，人民生活还在逐步改善中，现在虽有一部分先富起来，但为数不多，有不少地方还是贫困的。小平同志说，我们要花二十年时间来埋头苦干，艰苦奋斗，才能到达小康局面。所谓"小康"是解决全体人民的衣食问题，还是不穷不富，要再奋斗五十年到七十年，才能达到发达国家的水平。现在我们还未到"小康"局面，却要求像发达国家那样的生活水平，甚至以不正当的手段来满足个人享受。我认为，这决不是搞社会主义。社会主义有纲领，有路线，有方针政策，有与之相适应的工作方法和思想作风。我们不能照搬资产阶级那样的生活方式。如果那样干，是搞不到社会主义的。

　　小平同志最近在科技会议上说："我们干的是社会主义事业，最后目的是实现共产主义。现在我们搞四个现代化，是搞社会主义的四个现代化，不是别的现代化。我们采取的所有开放、搞活、改革等方面的政策，目的都是为了发展社会主义经济。"又说："现在有人担心中国会不会变成资本主义。这个担心不能说没有一点道理。我们要拿事实来解除他们的这个忧虑，并且回答那些希望我们变成资本主义的人。"

　　《关于经济体制改革的决定》也曾着重指出，越是搞活经济、搞活企业，就越要抵制资本主义腐朽思想的侵蚀。越是开放,越是自由,越要加强党风,遵守纪律。

况且许多搞不正之风的同志,是有意钻空子的,即所谓"上有政策","下有对策"。这一"诀窍"的表现,决不是偶然发生的,有其社会原因和思想原因。他们总以为国家的家当很大,揩国家的油,大家分一点是无所谓的,甚至认为是应该的。因此,化大公为小公,化小公为个人所有,全不顾公与私,国家、集体和个人的正确关系。"一切向钱看"是为了满足个人享受,势必无所顾虑,无所不为。这种做法虽然破坏了四化建设的大局,但它却能败坏社会风气,迷惑人心;这对于调动广大群众积极建设社会主义会发生消极影响,对国家的经济计划和财政收支也有所干扰。这就不能说不是严重的问题了。这个问题如不先解决,我们搞机构改革、行政管理、干部制度都会流于形式,收不到实效。如何把正确的政治思想贯彻到业务中去,引导那些不正之风和错误倾向转到社会主义道路上来,是政治家、党和国家领导人的责任。而具体地调查、分析和研究这些问题,提出克服不正之风的理论和切实可行的解决方案,供党和国家采择,则是政治学家应当担当起来的任务。

(在中国政治学会大会上的发言,原载《政治学信息报》1985年5月28日)

# 《青年法律知识手册》序

当前,我国正在普及法律常识,要求全体公民知法守法。青年是重要的一部分公民,他们正在长知识、求学问,探索自然奥秘和社会真谛,求知欲很强。他们要学习的东西很多,当然也要学习法律。法律不是简单的戒条,而是长期来人们社会活动的经验总结,是调整社会关系(包括开发和利用自然的关系),维护社会秩序,富有历史意义和人生哲理、值得认真研究的一门大学问。

学法律为什么有这么重大的意义?本手册"法的基础理论"部分有了说明。这里再简单地提一提。

首先,法律是人们的行为规范。法律是由国家制定,用以维护这个国家的经济基础和维护这个基础所必需的社会制度,包括一定的政治统治和经济、文化等各方面的制度。它规定了什么事情是人们应该做的,什么事情是不能做的。如果违反这些规定,做了不许做的事,或者该做的事不做,就叫做犯法或犯罪,国家有专门机关来干涉和惩治这些行为人。法律这个行为规范是有强制性的,不论对你是否有利,是否合意,都得服从,都得照办。

法律体现统治阶级利益和意志。保护剥削阶级的法律,是保护他们的行为的,但是剥削阶级的剥削必须有被剥削阶级存在,并有可能以剥削为存在条件,因而剥削阶级的法律也得多少照顾其他阶级的利益,维持社会的协和存在。这正是为剥削阶级的长远利益打算,出于他们的意志。否则,"竭泽而渔"必将无鱼可钓,最终还是对剥削阶级不利的。

有些法律貌似公平和公正,其实不然,法律都是有阶级性的。譬如汉代刘邦占领了咸阳以后,颁布了三条主要法律,即"杀人者死,伤人及盗抵罪",历史上叫做"约法三章"。本来保护人身安全和个人财产是人们维护生存所必需,对每个人都是有利的,杀人罪、伤害罪、盗窃罪也是各个类型的法律所共有的,但是为什么杀人、伤人,什么人杀伤什么人,什么人盗窃什么财产,应该怎样办罪,各个类型的法律具体规定的就大大不同了。在奴隶社会,奴隶主可以杀死奴隶,奴隶的劳动收获全部归奴隶主所有,奴隶主对奴隶当然不会有杀人罪和盗窃罪。反之,奴隶侵犯奴隶主的人身或财产,那是罪大恶极的事,犯的不只是通常的杀人罪或盗窃罪了。这样,在奴隶制社会,杀人罪、伤害罪、盗窃罪只是存在于奴隶主或自由人之间的问题,在奴隶主与奴隶之间是不存在的。在封建社会、资本主义社会的这些罪,也因人因事而异,无所谓抽象的、共同的罪名。刘邦的"约法三章"看来极为抽象,似乎适用于一切人。事实并非如此。刘邦建立统治不久,萧何制定的《九章律》作了各种不同的规定,不就是有力的说明吗?

社会主义法律也有阶级性,但其矛头相反,是体现无产阶级及其领导下的广大人民的意志和利益,反对剥削阶级的。我们国家是人民民主专政、走社会主义道路的国家,人民当家作主,为广大人民的利益服务。无产阶级没有阶级的私利,而是废除人剥削人和人压迫人的制度,改造社会,走向人人地位平等、人人富裕幸福的共产主义时代。社会主义法律是保护人民、惩办犯罪、反映广大人民的意志、为人民所拥护和自觉遵守的。但极少数的反革命分子和其他严重犯罪分子,他们立意破坏社会主义制度和秩序,盗窃公共财产,损害国家和人民的利益,不可能遵守我们的法律,国家必须禁止他们的这些行为,办他们的罪,强制他们认罪服法和改造,不许违抗。所以,社会主义法律也是有强制性的行为规范,是全体公民所必须遵守的。要守法必须学法、知法,否则不自觉地犯了法,对自己、对社会都很不利。

其次,法律是治国的工具、办事的准则。国家是阶级专政的工具,必须维护一定的阶级统治,建立与之相适应的政治制度、经济制度和社会主义文化教育制度,从各方面进行工作。为了进行这些工作,又必须组织庞大的国家机构,有一定的工作制度。这些制度、机构组织和工作方式方法都是在法律上作了规定的。由于国家的实质不同,其具体规定、采用的工作尺度和工作方法也各不相同。

剥削阶级的国家是以少数人的剥削阶级统治多数人的劳动人民,只能用军事专制的方式、野蛮残暴的方式并配合迷信欺骗方式或虚伪民主的方式进行统治。剥削阶级国家的工作作风必然是官僚主义,强迫命令,实行愚民政策,大小官吏都骑在人民头上作威作福,无恶不作。旧社会称官吏的职守为"牧民",就是表示是把人民视为牛马来统治的。同时在剥削阶级内部为了分赃,总是勾心斗角、党同伐异,或者是官官相护、欺上瞒下,真是"上下交征利",无官不贪,无吏不污,腐败黑暗,是剥削阶级国家吏治的普遍现象。只有社会主义国家,废除了剥削,劳动人民都是为自己的利益而劳动,管理人员与直接生产人员只是劳动的分工不同,他们之间都实行按劳分配,没有剥削,也就没有压迫。他们都是国家的主人,过着共同的政治生活,乃能实行真正的民主,高度民主,物质文明与精神文明同时发展,合理地管理自己的国家,实现国家职能。社会主义国家的工作原则是依靠人民,为人民服务,工作人员必须勤劳清廉,想方设法做好工作,为国家和人民作出贡献。社会主义国家也有官僚主义和不正之风,这是旧社会遗留下来的不良风气,党和国家正在严肃法纪、加强教育,尽快克服和消除它,并且它是可以消除的。

法律维护统治阶级的根本利益是按照整个阶级的长远利益作出规定的。由于个别情况与整个情况不同,个人与整体不同,个人意志或部分人的意志往往会同阶级意志相矛盾,依照个人意志办事往往会破坏整个阶级的利益,毁灭了他们的阶级统治,因而在统治阶级内部,也有个别人或部分人违反法律,遭到惩处。历代昏君误国,奸臣祸国,即说明了这个问题。就是在无产阶级队伍里,在人民队伍里也难免有个别人犯错误,甚至犯罪的事。所以社会主义国家不仅要求公民个人必须守法,国家工作人员包括各级领导人员在内更必须守法,依法办事,以法治国。法学理论上称这种做法为法治主义;而称领导人凭个人意志办理国家大事的做法为人治主义。法治不是不注意人的问题,不是不要好的领导人,而是说有了好的领导人,他该凭什么来治理国家,凭体现整个阶级意志的法律还是凭个人的意志?中共十一届三中全会规定,国家要发扬民主,加强法制,要"有法可依,有法必依,执法必严,违法必究",就是实行社会主义法治。只有一切国家工作人员都严格依法办事,才能把工作做好,把国家治好。

第三,法律调整各种社会关系,是在物质生活和精神生活方面人与人的关系综合。现代人不是孤岛中的鲁滨孙,而是在社会中生活的。他们的一生,无论是衣食住行、学习和工作职业、婚姻家庭,还是政治、经济、文化活动方面,都必须保持一定的正常关系,都有法律的各种规章制度指导和约束其行动,关心其思想意识。如果对法律进行了学术研究,必然会联系到政治学、经济学、社会学、历史、地理、哲学,以及自然科学方面的理论。法学是各种学问所集成,是在认识上和实践上指导人们树立正确的人生观和世界观的学问。中国社会主义法是中国社会主义社会关系的实践总结,反映无产阶级改造社会、过渡到共产主义的远大理想。我们学习了社会主义法学就会巩固地树立起社会主义的信心,坚定地走社会主义道路,为祖国的繁荣强盛、人的富裕幸福而努力。

法是治国的必要工具,有了国家就有法。国家和法是阶级社会的特有现象。法从原始社会的习惯过渡而来,经过阶级社会的四种类型,最后还将过渡为共产主义社会的道德纪律和社会公约。习惯、法、共产主义社会公约是三个不同性质的规范,但它们必然要由前者逐步过渡到后者,这是历史发展的必然规律。社会主义法是最高类型的法,最后阶段的法,是通过无产阶级革命、废除剥削阶级的法建立起来,经过充实、提高,再逐步衰亡。我国现在还在社会主义发展时期,社会经济制度正在改革提高,人的思想意识也在逐步提高中,旧的和外来的腐朽思想还存在,法律的保护人民、惩办犯罪两方面作用和任务还不少。我们的法律还须求其完备,法制还需加强,以保证社会主义建设的顺利完成。认为社会主义法的根本性质已经变化,或者说社会主义时代不再需要法律的想法是完全错误的。我们在今后相当长的时候仍然需要加强法制,我们仍然需要知法、守法和依法办事。这是绝对不可忽视的。

青年作为一个公民,必须知法、守法,免得违法犯罪,以致受到惩处。将来就业工作,不论做的是什么工作,还有与其工作相关的各种专门法律需要学习,需要遵守,以免违法失职,害己害人。未来属于青年,国家的兴旺发达有赖于青年的努力。青年们任重而道远,必须学习法律、研究法律,用法律来武装自己的头脑,指导自己端正行为,做好工作,并带动其他人遵法守法,做个良好的公民和优秀的工作人员。

青年同志学习法律要由近及远,就自己的需要循序渐进。首先就一个公民所需要的,学习宪法、刑法、民法、婚姻法和一些行政法规如《治安管理处罚条例》、《交通规则》等;其次就自己的工作需要,学习有关的经济法、科教文法、卫生法、环境卫生保护法、自然资源法、财政税务法规,以及有关城市、农村工作的法规;如果你是司法人员,应该着重学习法院检察院组织法、民刑诉讼法、律师条例和各种公安法规;如果你是外交人员,应该学习各种对外法规、条约和国际法;如果你是军人,应该学习军事法规;如此等等,各学自己业务上的有关法律、法规。再学些法学基础理论、法律思想史、法制史、比较法学、古代法、外国法和其他各种法学著作。法律法规很多,法学著作更多,如果对法学有兴趣,还可进一步学习。

学习法律不仅要记住一些主要的法律条文,更要联系社会实际和工作实际,把各种法律规范融会贯通起来,了解法的一般性质和作用,了解社会主义法和剥削阶级法的重大区别,了解整个体系的法与个别法律、法规的关系,进而正确理解和熟悉社会主义法制。

《青年法律知识手册》按照法律体系分部门撰述，内容比较丰富，知识性强，一般与专业相结合，理论与实用并重，文字晓畅，深入浅出，是最好的法学普及读物，完全适合青年学习法律的要求。由于它体系完整，部门齐全，等同一套法学教科书或法学全集，但比法学教科书或法学全集更为简洁扼要，可以循序阅读，获得法律的全面知识。由于它是手册式编纂的，等同一部法学工具书，但比法学辞书有条理，可以就自己的需要，抽阅某一规范、某一概念或资料。这是自学法律知识的好书，也可供已经学过法律的同志作参考。希望全国公民，特别是青年同志们认识到法律知识的重要性，大家利用这一册《青年法律知识手册》来学习法律，树立起坚强而明确的社会主义法律观点，作为自己的行动上和工作上的指南，为祖国的社会主义建设作出最大的贡献！

（写于 1985 年 10 月 26 日，原为手稿）

# 《政治学基础理论》评介

王松主编,并与施鹏飞、王鼎元等同志合著的《政治学基础理论》,是以他们在华东师范大学讲课的讲稿为基础,进一步整理、提高而编写成书的。这本书除导论外分四篇。第一篇总论,研究国家的基本理论,包括国家的起源和历史类型、国家的本质和职能以及它同其他社会现象的关系;第二篇研究剥削阶级国家的政治制度;第三篇研究社会主义国家的政治制度;第四篇研究国际社会。全书约六十万字,分上下二册。上册已于1985年年底出版,下册将于1986年出版。

我读过这本书的原稿,写得很好。它运用马列主义的基本观点考察历史的和当前的政治实践,既不是抽象的空论,也没有陷入个别社会现象就事论事。而是理论联系实际,对国家问题的各个方面进行了有理有据的系统的阐述。该书有下列几个特点和优点:

(一)以国家政权为中心为线索来论述各个政治问题。历来的政治学家把政治说成"权术"、"管理"、"策略运用"、"社会分工",是一种社会事务。还有的学者把政权的组织形式看作政权本身,或者对政府、政党、社会、宗教、民族、法律和国际关系等问题孤立地分别描写,把政治说成是各种社会现象的凑合。没有核心,没有体系,也就看不到它的实质和作用。该书从列宁的"一切革命的根本问题是国家政权问题"、"政治的最本质的东西是国家政权机构"的根本观点出发,提出"政治学应该抓住政治中最本质、最主要、最根本的问题作为主要的研究对象"。全书以国家政权为中心来研究国家的本质、职能和组织形式,以及国家的起源和历史类型,再把政府、政党、社会、宗教、民族、法律和国际关系等问题围绕着国家权力中心这一核心,由此辐射开去,观察它们,找出它们同国家的关系。这就把政治理论系统化了,有了中心和脉络,让读者有了政治的整体观念,而不至分离割裂,视线模糊,看不出什么内容。这是本书的第一个特点。

（二）以阶级观点来剖析国家的实质和作用。历来的政治学家总是以"君权神授"、"自然理性"、"社会正义"、"社会契约"或"有机体说"等来解释国家的起源和意义,把剥削阶级的国家说成高贵人的统治,是永恒的真理,不可非议的,被统治人民必须俯首帖耳,忍受压迫和剥削。本书从马列主义的历史唯物论和辩证唯物论的基本理论出发,论述国家的起源和实质,证明"国家是阶级统治机关"的结论,不但剥削阶级的国家是如此,社会主义国家仍然是如此。但社会主义国家同剥削阶级国家的本质是相反的,它不是少数的剥削阶级统治多数的劳动人民,而是人民大众对少数的剥削阶级的统治。到了剥削阶级作为阶级已经不存在的时期,人民还需要国家权力来惩办那些破坏社会主义制度的反革命分子和严重危害社会治安及经济建设的犯罪分子,并且抵抗外来的侵略势力。人民手中没有政权,没有这个统治工具,谓能保护人民利益,保障和平建设社会主义的经济文化,是不可想象的。没有人民民主专政的国家,也就没有人民民主,没有社会主义。该书经过各种分析,指出:"国家的本质是阶级的专政。所谓阶级专政就是一定阶级的政治统治,是统治阶级共同的集体力量与意志的体现,是统治阶级通过国家对社会实施领导和管理,强迫统治阶级服从自己利益的权力",不能把阶级斗争看成只是暴力镇压,只有破坏的一面,它也有和平建设的一面,根本上是保护人民的利益的。现在有人一听到阶级斗争就发抖,因而企图在各方面抹掉阶级和阶级斗争的字样,改成"人民性"、"社会性"等词语,作为自我安慰。其实,阶级和阶级斗争是客观的存在,是社会发展的规律,改变了几个字眼是改变不了社会实际的。既不把阶级斗争扩大化、偏狭化,也不回避阶级斗争。这是该书的特点之二。

（三）从社会革命规律来指出国家类型的更替。传统的政治学总是把国家描绘成静止的东西,是永恒存在而不可变的。该书就经济基础与上层建筑的关系,从生产力的发展说到生产关系和上层建筑的变化,说到国家类型的更替的必然性。并且指出阶级斗争必然归结到无产阶级专政,产生工人阶级领导的工农联盟为基础的人民民主专政的社会主义国家。社会主义国家是最高类型的国家,高度民主的国家。它最大限度地发挥国家的积极作用,发挥人民群众的主动性和创造性,大力建设有高度精神文明和物质文明,走向没有阶级、没有剥削、社会繁荣、人民幸福的社会。从而说明革命是"社会进步和政治进步的强大发动机"。这具有现实的教育意义。这是该书的特点之三。

（四）理论联系实际。该书论述国家问题、政治问题并不是简单地在概念中兜圈子,也不是干巴巴地引用马列主义的词句和个别论断,而是运用大量的实际材料,把政治思想和政治实践结合在一起来说明问题,不仅体现除马列主义政治理论和国家学说的正确性、科学性,而且使之生动活泼地现实化,具体化,很有说服力。这是该书的又一特点。

该书内容丰富,说理透彻,体系完整,逻辑性强,易读、易懂,是一本政治学的好书。可以作为高等学校政治学课的教材。

本书的不足之处,一是还有不少书本气,没有大胆打破某些框框,重新组织政治学的体系结构,重点突出还不够。二是说话太文气,顺理成章,还没有把各种错误理论,进行更深入的分析批判,对当前的某些似是而非的观点结合批判也还不够。希望该书再版时有所充实。

(原载《政治学研究》1986 年第 3 期)

# 信念、收获、再努力

我从1924年入党，至今已有六十多年了。解放前在白色区域过着，解放后也有一段不短的空白时间，再加上自己努力不够，真正受党的教育不够，在风风雨雨中虽也做了一些工作，大多是具体事务，对党对人民没有作出什么贡献。特别在学术上，东拉一把，西抓一点，没有坐下来好好研究，到头来一无所成，落个白头空叹息。只有在政治上，特别在艰难岁月里，硁硁自守，没有亏损大节。入党以后一直跟着党走，坚信马列主义、毛泽东思想，即使在"文革"那样的混乱时期，从来未失去对党的信念。更幸得个人生活向来简单，没有什么奢望，没有名利思想，因而从不计较个人得失，没有因私心而闹矛盾、彼此倾轧的歪风邪气，少犯错误。

但是我的缺点还是很多的。

1. 由于在党的时间久，特别是青年时候在敌人统治下入了党，心是贴着党的，也就是说对党有偏爱，听到有违反党、诽谤党的言论，我不能视而不见，漠然置之，必定要起而争论。说话写文章，有过度的地方。正是由于对党的阵地守得紧些，思想上有些固执。但我十分赞成改革，力求革新，又是大家所知道的。

2. 由于一向在狭小范围内工作，在书房中过来，没有在广大群众中锻炼，不大接近群众，同时对人的看法也很简单，好就是好，不好就是不好，两面突出，好恶分明，对个别同志帮助不够，未能把所有的干部都团结起来。

3. 工作上有事务主义的毛病，忙忙碌碌，喜欢做具体工作，往往把事情管到底，不善于将将，不善于指挥大兵团作战，因而未能也没有时间去高瞻远瞩，从大处落墨，开辟道路，打开场面，成就不多。

以上这些缺点，在工作上造成不少损失，说明我是不适宜做领导工作的。在整党中增加了对这些缺点的认识。有缺点当然要改，不能因为离休了而放松思想。

有的老同志,离休了感到有点寂寞,我没有这种感觉。事实上,离休近一年了,我没有比在职时少忙。第一,过去未了工作还得继续做完;第二,也有一些新的社会工作。这是短期间的事。今后怎么办?我不能光是吃饭睡觉,无所事事,也不会种花钓鱼,琴棋书画,过优哉悠哉的生活。我有个想法,做一点理论工作。

在今天这个大发展,也可以说是大变动时期,有了许多新情况、新问题,也必然会产生许多新思想、新主张。譬如有人说:"时代变了,马列主义过时了";"新技术将冲垮传统观点"。这有些道理。马列主义要发展当然是正确的,可是怎么发展呢?发展到哪里去?这值得研究了。"发展论"与"过时论"恐怕是有区别的。假如说:哲学上脱离整个社会,而把人的价值观、人道主义独立起来,作为社会的主要问题来看;经济上的公有制不合时宜了;政治上的工人阶级专政太刺眼;法体现统治阶级意志的说法是错误的。那么,马列主义究竟有没有基本原理可用?社会主义到共产主义的道路走得通还是走不通?邓小平同志一再声明,我们搞的现代化不是什么别的现代化,而是社会主义现代化的说法,还有指导意义否?如果马列主义这一条垮了,我看四项基本原则的其他三条也非垮不可。我们不能在百家争鸣的眼花缭乱中是非莫辨,失去方向呀!但各种"过时论"又是不能简单否定的。这种说法是代表一种思潮,有其社会根源,有的也"言之成理",应当加以分析,细加研究。

遇到这些问题,我曾几次考虑,想从理论上来解决它,但感到自己的马列主义知识不够用。在今天经济建设的百忙中,不久前的全国党代会提出学习马列主义问题,特别是领导干部要学马列主义,是很有道理的。今后有时间,我准备重新学习马列主义,再读一些重要的理论著作,并运用再丰富一点的理论知识来考虑上列一些问题。虽然已经日薄西山,为时无多,但只要夕阳没有完全落下去,我还得学习,还得研究。至于有无成就,那是另一个问题,我不多去考虑了。

汇报如上,谨请组织上指正。

1986年4月1日

(原为整风小结手稿)

# 《审判知识》序

## ——进一步提高审判人员的政治业务素质

"七五"计划期间,我国将普及法律知识,使全国公民都学习法律,能够知法守法。学法的对象,主要是干部和青年。青年需要学法,其理显而易见。干部需要学法,不仅因为他们自身是公民,其个人行为一样需要遵守法律;更重要的还由于他们是国家公务人员,一切国家内外政务,不论立法、司法、经济、文教等都要经过他们的手办理,他们把工作办好办坏都与国计民生有关。他们手中有权,如何用这个权,这关系就重大了。他们行使职权,不是个人的事,而是国家和人民所授予,为国家办事,为人民服务的。他们必须依法办事,必须按照法律规定的权限行使职权,并依照法律规定的原则、程序和方法,把手中的权用好,把工作做好。

我国法律是国家权力机关根据工人阶级及其领导下的广大人民意志制定的,它是维护人民民主专政的国家秩序,保障社会主义经济建设和保护各族人民的权力和利益的重要工具,也是各机关、各单位人员办事的规范和准则。依法办事,就能保证把事情办好,对国家和人民有利,如果有法不依而自作主张,往往把事情办坏,至于以权谋私,则祸国殃民,为害就更大了。国家为了保证工作人员特别是干部忠于职守,把工作做好,制定了许多法律、法规,使他们在工作中有法可依,有章可循。可见,干部学习法律、依法办事,是他们的职责所在,绝不允许忽视的。

审判机关是国家机关之一,审判人员是国家干部的一部分,由于他们是执行法律、纠正违法、惩办犯罪、保护人民利益的,他们更必须知法守法,严格依法办事。审判工作中有一句重要格言,叫作"事实是根据,法律为准绳"。作为判案准绳的法律有宪法、刑法,还有婚姻法、继承法等民事法规,治安管理处罚条例等行政法规,以及许多经济法规、卫生法规、科教文法规等。如果是地方或专门审判机关,还得熟悉不少地方性法规和各方面的专业法规。为了弄清作为判案根据的事实,需要熟悉审判业务上的审判原则、制度、程序、方法等方面的法律、法规,如刑事诉讼法、民事诉讼法、人民法院组织法、人民检察院组织法、律师条例、司法鉴定规则等。此外有关机关(全国人大常委会、最高人民法院、最高人民检察院)的许多指示、解释性文件,也必须学习。审判工作者只要完全依据这些法律、法规办事,一定能够审清案件事实,正确适用法律,很好地解决民事纠纷,准确地惩办违法犯罪分子,维护社会治安和人民的合法利益。如果不依法进行详密的调查,搜集可靠的证据,并仔细听取当事人的意见及辩护人的辩护,就很难把客观事实搞清楚。事实是判案的根据和前提,搞清了事实,然后才能认罪定刑。事实不清楚,或了解案情有错误,偏听偏信或主管臆断而作的判决,没有不错误的。罪与刑是法律所具体规定的,一定要客观地、正确地依法判决,不能疏忽大意、畸轻畸重、失出失入,否则就会造成冤案错案。依法办事就能使审判人员在审判工作中避免犯错误。

宪法第一百二十六条和一百三十一条规定,人民法院(人民检察院)依照法律规定,独立行使审判权(检察权),不受行政机关、社会团体和个人的干涉。《人民检察院组织法》第七条规定:"各级人民检察院的工作人员,必须忠实于事实真相,忠实于法律,忠实于社会主义事业,全心全意为人民服务。"刚正不阿,执法如山,是一切司法工作者应有的品质。当然,我们必须肯定,我国审判人员大多数是品质很好,党性很强,并且熟习法律,认真办案的。这是主要的一面。有的审判人员不受利诱威胁,不畏有权力的人的干预,执法不阿,不惜被报复、遭打击,这是十分可贵可敬的精神。正是由于他们公正执法,惩治了罪犯,保卫了国家和人民的利益,才能以自己的公正行为,教育和带动了许多干部遵纪守法,教育和带动了广大人民学法守法。他们对国家的贡献是很大的。可是,毋庸讳言,现在还有少数司法人员,办案不依照法律规定,讲关系,论交情,枉法徇私,"故出入人罪"。如报刊揭载,某地基层法院办一件家庭纠纷案,把被告逮捕了,起初判以"通奸"罪,不成,改判虐待罪,不成,又判伤害罪,最后还是被事实否定了。这种做法决不是他们不懂法律,而是由于某种原因,主观上先决定要判刑,然后去找法律作借口。真是"欲加之罪,何患无辞"!有的为了保护自己的所谓"尊严",对于据理辩论、不够顺心的当事人,竟以妨碍公务罪加以拘押,或者禁止律师发言,甚至以"包庇犯罪"之名,把他逮捕游街的事,也有所闻。这些事例虽然是极少数的,但违反法律,违犯司法人员的纪律,丧失司法人员应有的品质,远远谈不到依法办事、忠于事实真相、忠于法律、全心全意为人民服务的要求了,其影响是极为恶劣的。所以审判人员当然应该熟习法律,正确地适用法律,而他们要有坚强的党性和优良的品质则是更为重要的一点。

　　本书——《审判知识》,是从干部必须依法办事的要求出发而写的。它按照法律条文顺序阐述,条理清楚,措辞明畅,严谨而正确地对审判人员介绍详尽的法律知识,使读者易学易懂,对审判人员的依法办事,提高办案质量,大有帮助。而且除法律知识以外,还提出审判人员的纪律与素质问题,要从政治上提高审判人员的品质,对于他们的忠于职守,忠于社会主义事业,更有重要意义。本书不仅对于初从事审判工作的同志是必读之书,对有经验的司法人员及其他关心审判工作的同志也极有参考价值。在普及法律知识的年代,我推荐这一本书。

(原载《政治与法律》1986年第6期)

# 《国际法概论》序言

　　二百年来,由于几次技术革命和产业革命掀起了浪潮,资本主义国家的经济洪波带着战舰大炮,冲破国界,侵入到世界各地,任何遥远的国家都不能闭关自守了。中国人民经过八十年的旧民主主义革命和三十多年的新民主主义革命,推翻三座大山,建立了新中国。当时百废待举,我们是非常盼望有良好的国际环境的。但在建国以后都先后遭到帝国主义、霸权主义的严重封锁,因而我们不得不采取独立自主、自力更生的方针来建设自己的国家。经过多年的艰苦奋斗,我们恢复了国力,建立和巩固了社会主义制度。同时,由于我们实施了正确的对外政策,争取朋友,逐步打开了国际上的孤立局面。现在,我国已同一百四十多个国家和地区建立了外交关系和友好往来关系,已经恢复了联合国会员和安全理事会常任理事的地位。我国国家领导人同外国国家领导人往来频繁,派出许多代表团参加国际会议和各种政治经济文化活动,已在国际上发挥了重大作用。

　　近年来,我国放宽经济政策,对外开放,引进国外资金、技术设备,有许多外国人士来我国投资办企业。我国也在很多国家设立银行、贸易公司,派出工程技术和劳务力量,帮助他们建设。我国的对外贸易额逐年增加,学术文化交流日益繁多。我国的开放政策、同各国往来关系,今后将更加扩大,外交工作将是我国的一项重要国务。

　　在扩大对外关系中,我们需要更全面地明白世界形势,了解各国国情,熟悉彼此交往中的习俗、惯例、准则和许多国际法规范。否则彼此扞格,是难以协商交涉,难以完成外交任务的。

　　国际法是历来外交活动中形成的惯例、规约和协商订立的协议、条约等等,经过专家学者的整理编纂,有一定理论体系和实际可行的国际关系实用规范,各国是应该共同遵守的。

　　我国是社会主义国家,我们坚持社会主义制度,与世界上的许多资本主义国家和其他一些国家的立国精神和对外政策不尽相同，但我们又承认一个国家的发展与国际形势息息相关，各国不可能彼此隔绝，互不往来。我们相信不同社会制度的国家可以和平共处，可以在经济文化活动方面互相借鉴，互相吸引，互相支援，互相得益。毛泽东同志在1954年召开的我国第一届全国人民代表大会第一次会议上宣布："我们的总任务是团结全国人民，争取一切国际朋友的支援，为了建设一个伟大的社会主义国家而奋斗，为了保卫国际和平和发展人类进步事业而奋斗。"邓小平同志在1982年召开的中国共产党第十二次全国代表大会上说："我们一定要兢兢业业地做好自己的工作，加强同全国各族人民的团结，加强同全世界人民的团结，为把我国建设成为现代化的，高度文明、高度民主的社会主义国家，为反对霸权主义，维护世界和平，推进人类进步事业，而努力奋斗。"对内加紧社会主义建设，对外维护世界和平，这是我国建国以来的长期国策。这两条国策又是相互联系、相互促进的。我们必须将爱国主义与国际主义相结合，立足本国，面向世界，独立自主，求同存异。

在国际交往中，坚持"互相尊重主权和领土完整，互不侵犯，互不干涉内政，平等互利，和平共处"的五项原则，以此来和平解决国际间的争议，反对侵略主义、霸权主义，保护各国的独立自主，和平发展。正因为是这样做的，三十多年来，我国在世界上赢得了信誉，赢得了朋友，保持了自己在国际交往中的尊严形象，并在各国人民中产生了深远的影响。

卢莹辉同志多年来用马列主义的基本原则，结合国际现状，实事求是地研究了国际法的问题。《国际法概论》的写作是她在上海社会科学院法学研究所的重点项目。在研究中，她重视国际法的一般准则、一般理论，但结合新的形势，提出了新的理论和原则。她充分论证第三世界在国际关系中的重大作用，确认和平共处五项原则是国际法的普遍原则，确认国际关系中不谋霸权的原则，确认每个国家对本国自然资源有绝对的和永久的权利，有权自主开发，用以提高本国人民生活。对国家主权、国家承诺、国家责任方面提出有利于民族独立的原则，反对强国操纵或压迫弱小国家的任何行为。书中把国家责任、国家承认、海洋法、外空法、国际经济关系等列为专章加以论述。

《国际法概论》分上下两册，共十五章，内容详实，取材新颖，立论精湛，行文流畅。科学性、通俗性、知识性三者密切结合，深入浅出地阐明了现代国际法的基本原理、原则和基本制度，总结了我国近年来涉外立法和对外交往的实践经验，做到理论联系实际，兼有学术性和实践性。它适合于大专院校文法系科作教材用,又是涉外单位、政法、财经、文教部门、工商企业界同志和社会科学研究者的自学读物。在对外开放、国际交往繁忙的时候,本书将对我国的涉外工作作出一定的贡献。

(写于1986年9月1日,原为手稿)

# 忆集美乡师

1933年暑假后，我在福建南安中学任教。那所学校是当地小军阀陈国辉出资创办的，设在离码头镇约三里的小山坪上。前面是公路，后面是溪涧，两侧有荔枝树和几家农户，远处众山环抱。校舍是新建的，内外环境不错。可是这学期开学不到两个月，学校就停办了。原因是十九路军进驻福建，陈国辉这支土匪军队被围困遣散了，经费来源断绝，学校只好停办，学生和教师各奔前程。

归途中我应张宗麟老友之邀，从厦门过渡到洪林村，在他主办的集美乡村师范学校做几天客，参观他们的"晓庄式"生活教育。一看果然不错，我被留住下来了。

乡师是集美的几所学校之一，办在离集美镇不远的洪林村，借用几所现成房子，疏疏落落，散在村子里。这里没有"学校重地，闲人莫入"之类的虎头牌子，也与集美各校的一式洋楼、自成学府的气象不同。乡师与农户的交错相处，不但"鸡犬之声相闻"，而且无论是种田人还是读书人，都是往来无间、怡然自得的。

乡师的教师和同学（没有专职的职员和校工）每日天初明就集合开"寅会"，首先唱《锄头舞歌》。歌词很简单，就是：

太阳上山暾暾，手把各锄头锄野草啊。

锄去了野草好长苗呀，锄去了野草好长苗呀。

寅会由同学和教师轮流主持，每次都有一两人讲话，汇报学习心得和工作经验，也谈政治形势和其他问题。寅会时间不长，会后大家分头打扫院落、村内各个场地、树林下的空地、村子里的道路，都打扫得干干净净。有的人打水砍柴烧饭。饭菜很简单，每餐只有一二样菜，有时吃菜粥、菜饭。我感新鲜的是吃蠔粥。在当地海涂捡了蠔子,去壳洗净后同米一起烧成了粥。我从来没有吃过这样的粥,起初有些不习惯,感到有点腥气,后来也爱吃了。

乡师很少一般学校的"上课",大部分时间是自学、劳动或工作。自学教材比较广泛,除规定的课程和教本外,同学们可以自主选读各种书刊,也可以自己学习所喜欢的学科。做笔记、写心得是自学的部分工作,另一部分时间是开讨论会,教师分别参加这些讨论会,但不是教师主讲,而是大家一起讨论。讨论的问题除学习的课程外,也提出时事及其他问题,包括小学教学实践和工作实践中的问题。日记是每人每天必须写的。在这里,鼓励大家记述见闻,发表议论。

乡师在洪林村及附近农村里办了几所农民小学,有几片小农圃,作为"教学做"的场地。这些"教学做"当然是符合农民的实际或要求的。乡师和它所办的小学都贯彻了陶行知先生的"社会即学校,生活即教育,教学做合一"的方针,一般称为"生活教育"。陶先生首先在南京晓庄办了农村生活教育,稍后在上海办了"山海工学团",抗战时期在重庆办了"育才学校",都是从这一方式有所发展。这比之同时流行过的所谓平民教育、乡村实验教育,在性质上和发展方向上是迥然不同的。

由于社会即学校、生活即教育的方针,其"教学做"自然会接触到当时的社会实际,接触到劳动人民的斗争,接触到民族解放事业的问题。这就是所谓"锄去了野草好长苗呀"。因此,陶行知的生活教育不免要受到反动统治阶级的迫害。但是可喜的是陶行知和他的生活教育不但不因受压迫而退缩,或屈服于封建主义和帝国主义相混合的法西斯淫威,反而是越受到压迫越是前进,走到抗日救亡和人民解放的光芒大道上去。就在集美乡师结束后我回到上海时,经过张宗麟同志的介绍,会见了陶行知先生,交换了关于生活教育的意见。我提出当前中国人民求解放的出路是反帝反封建,晓庄教育中反封建意识是很清楚的,但反帝思想还少了一点。当时陶先生听了非常明快地说:"以前提反帝问题少了,今后多谈一点就是。"果如所言,在日本帝国主义加紧侵略中国的时候,陶行知先生发起了国难教育社,参加伟大的抗日救亡运动。在抗战胜利、蒋介石肆行内战的时候,他仍然是反独裁、反内战、求民主、求解放的人民教育家、新民主主义战士,并在坚持斗争中去世了。当时在沪的中共代表团和上海广大人民曾为之举行丧礼,表示哀悼。

在这样的发展形势中,集美乡师的教育,绝不能满足资产阶级改良主义的要求,不可限制地走上了革命的道路。乡师学生多数是贫苦的工农子弟和有进步思想的青年。在先进的教育中,在接近长汀红色地区,特别是红军曾经直下漳州的形势下,洪林村不可能沉睡不醒的。果然,在1933年的寒冬腊月中,洪林村出现了大批标语。这些是:

抗租、抗捐、抗税,打倒土豪分田地!
推翻国民党反动统治,驱逐日本帝国主义!
拥护共产党,当红军去!

乡师本来已引起人们的注意,这些标语的出现,不仅造成当地统治机关和士绅们的极大恐慌,也招来反动军警的包围搜查。要斗争就得付出代价,终于,从集美总校传来消息,乡师被迫停办了。于是为求光明来到洪林村的青年们不得不另奔前程了。在这一学期,我第二次卷起铺盖,回到了上海这个大熔炉里。

经过五十多年,原在洪林村聚首过的从各条战线上归来的鹤发老人,相将回忆往事,互道沧桑。虽然童颜不可久驻,而当年的炽热童心则各有所发扬,没有听说有人落伍了。这是集美的光辉,乡师的光辉!

(约写于1986年,原为手稿)

# 《法律纵横谈》序

1978年12月,党的十一届三中全会作出历史性的决议,党和国家的工作重点转移到经济建设上来。与此相适应,为了发展社会主义经济文化事业,充分发挥人民群众的国家主人翁作用,使现代化建设具有坚强的动力,必须发扬与提高社会主义民主;为了使人民群众在"四化"建设中有章可循,有法可依,使社会主义民主事业健全发展,获得保障,必须加强与完善社会主义法制。民主必须制度化、法律化,法律必须以民主为基础、为依据,两者是互相依存、紧密联系的。于是,发扬民主、加强法制的重要性为大家所认识,并积极地执行了。

所谓社会主义法制,主要指的是要确立一整套的社会主义法律体系,培养人民的以马列主义、毛泽东思想为指导的社会主义法律意识,完善国家的立法、执法、守法、司法等一系列环节,使国家活动与公民行为沿着有法可依、有法必依、执法必严、违法必究的法治道路顺利发展。加强社会主义法制的主要问题在于发挥社会主义法律的作用。法的主要内容是法律。它是掌握国家政权的阶级,根据本阶级的整体意志与根本利益,由一定的国家机关按照特定的程序而制定,并依靠国家强制力来保证执行的社会行为规则。社会主义法就是工人阶级及全国人民的意志上升为国家意志的表现。法的主要作用在于处理国家生活,维护社会秩序,调节社会关系,引导并规范社会行为,保障社会合理发展。我国社会主义法律不仅是打击违法犯罪、保护人民的民主权利和利益、维护社会秩序的重要手段,更是组织经济活动、促进社会主义商品生产与商品流通的有效工具,它不仅是推动政治民主化进程的加速器,而且也是保障教育、科学、文化及卫生体育等社会事业有秩序发展的催化剂,是培养社会主义道德和优良品质的良好媒介。所以,党和国家现在十分重视加强社会主义民主、健全社会主义法制的工作。

要实行社会主义法治、健全社会主义法制,就须在全体公民(包括各系统的各级干部)中进一步普及法律常识,培养他们的社会主义法律意识(包括法治观念、法律知识、法学理论、权利义务观点等内容)。为此,全国人大常委会于 1985 年专案通过了一项关于用五年时间在全国公民中基本普及法律常识的决议。决议中明确指出:干部和青少年是普法教育的重点对象。在各级干部中普及法律常识的重要性,人人明白,毋庸多说。那么为什么说青少年也是普法的重要对象呢?这是因为,从人口数量来看,我国十亿公民中,青少年占了相当大的比例;从长期的战略观点来看,青少年是我们社会主义事业的接班人、"四化"建设的生力军和后备队,是我们国家的未来和希望。要使他们成为既有政治头脑,又有经济眼光,既能坚持四项基本原则,又善于运用经济杠杆和法律武器从事改革开放工作的有理想、有道德、有纪律、有文化的人才。从现实情况来看,为了实现与维护安定团结、和平建设的社会主义秩序,预防并减少违法犯罪现象,需在青少年中加速扫除"法盲"的工作;对已经或即将参加法制建设的青少年来说,现在急需提高自己的法律业务能力与法学理论水平;对目前正在学习阶段的中学生来说,要培养自己对法学理论知识的浓厚兴趣,强化自己的法律意识,增强社会主义法制观念,立下从事法律专业工作的志向。所以,不论从什么角度和什么意义上说,青少年始终是普法教育的重点对象。据此,在全国大中小学校普遍开设法学概论课和法律常识课,开展各种普法活动,以使学生获取各种法律知识,这是十分必要、非常及时的。

近几年来,为了适应普法工作的需要,法律书籍与法制刊物像雨后春笋般地涌现,这是大好事。但是,当前应市的法律书籍大多是法律院校的教科书、法学理论专著和一些刑侦案例汇编。教科书仅是课堂用书,一般都严肃而抽象,读起来比较枯燥乏味。理论专著是专业用书,内容繁多,说理深奥难懂,不是为初学法律者所需要。这些书一般不适宜于青少年特别是广大中学生阅读。至于案例汇编之类的书,宏观地说,还缺乏比较严谨完整的法律知识体系;微观地说,有些案件过程的描写对于人生观、世界观未成熟,思维能力尚处于发育阶段的青少年来说,也不都是适宜的,有的甚至还会带来某些副作用。因此,如何更多地撰写一些符合青少年特点、适合青少年需要、可读性较强而又内容健康的法学读物,就成为摆在法学家和法制实践工作者面前的一项迫切任务了。现在,由上海社会科学院法学研究所尤俊意同志撰写、上海教育出版社出版的《法律纵横谈》,可以说是在这方面作了有益的探索与尝试,因此是值得赞许的。

《法律纵横谈》试图对丰富翔实的法学材料,以生动活泼的笔调,作深入浅出、通俗易懂的阐述,溶知识性、思想性、趣味性于一体,为青少年读者勾划出有关法律知识及法学理论的一个大概轮廓。这种写法,在目前已出版的法学著作中还是不多见的。由于内容简明,可读性较强,我想它肯定会受到广大青少年读者的欢迎。即使是对于一般初学法律的成年读者来说,它也是一本值得一读的引人入胜的法学入门书。因此,我乐意在这里说几句话,向各位读者推荐这本书。

(原载《法律纵横谈》,上海教育出版社1988年版)

# 附 录

# 潘念之年谱*

**1902年**。1月27日,出生于浙江省新昌县石磁乡(今属儒岙镇)石磁村。祖父读书,进学为秀才。父亲名作舟,号清卿,亦为秀才,兼顾耕作,1925年去世。母亲杨氏,出身于地主家庭,嫁至潘家后亦参加劳动,1942年去世。潘家有山地和梯田四五亩,轮种茔田并租种他人的田数亩,每年收十几担稻谷和十几担杂粮维持生活。潘念之本名湘澄,出外读书后用名枫涂(或作凤图),1927年后改名念之,曾用名或笔名枫涂、涂、公皓、方今等,1949年前经营工商业时又用过潘公皓的名字。兄湘庭(或作相廷),曾学中医,一直在家务农、行医,1939年去世。弟湘芹,成年后也出外学习、工作。有姊二人,均嫁近村农民。亲戚中唯外祖父家是地主,一个表兄曾做过司法官,其余叔伯及同族弟兄及亲戚都是农民。

潘念之幼年身体瘦弱,曾患疟疾多年。但也经常参加轻易的农业劳动,直到15岁离村进城读书以后。自幼生活贫苦,吃的大部分是杂粮,衣服简陋,棉被单薄,时受饥寒之困。

**1908—1914年,6—12岁**。1908年入本村私塾(后改磁溪初等小学)读书,至1914年毕业。

**1915—1918年,13—16岁**。1915年入本县南明高等小学。1918年夏毕业。其间由于同情云南起义,反对帝制,对蔡锷和梁启超等人十分敬佩,曾用心诵习《新民丛书》《饮冰室文集》和《盾鼻集》[①]等书,萌发初步的反封建思想,并于日记中批驳了三纲五常、"天地君亲师"之说。级任教师吕赓渠将其日记转送校长陈黻章(当时日记需每天呈送级任教师批改)看了,被视为大逆不道,记两次大过两次小过。为此陈校长特地在学生毕业典礼前一天召集大会宣布并加以申斥,致

---

\* 本年谱由程维荣据相关资料整理编纂并作注,潘绍中审阅修改。
① 《盾鼻集》:梁启超参与护国运动(即"云南起义",1915年)前后所拟发之宣言、布告、电报、牍函与论文集,一册。盾鼻即盾牌把手,书名表示捍卫宪政,反对袁世凯复辟帝制之意。

使潘念之增加了反抗情绪,会后连毕业文凭也没有拿,就悄悄自己回家去了。

**1919—1922 年,17—20 岁**。1919 年至宁波,入浙江第四师范学校①学习。入校后,正值五四运动爆发,潘念之立刻就参加了抵制日货和学生会工作,接触了当时的新文化启蒙运动。他经常阅读北京大学出版的《新潮丛书》、上海《时事新报》副刊《学灯》及稍后的《民国日报》副刊《觉悟》,并广泛浏览其他新哲学、社会科学、文艺书刊。作为学生运动的积极参加者,潘念之热心宣传新思潮,反对学校中的两派旧人物(一是读古书、写古文的学究派,一是国家主义者)。当时学生建立了自治会,主张革新学校,提出很多改革教学和管理的意见,并要求解聘一部分顽固守旧的教员,引起教员的联合反对。那些被指应解聘的教员,都是当地的士绅,他们利用学生中的反对派向校长提出解散自治会、惩办为首人物。学生自治会因幼稚过"左"而陷于孤立。1921 年夏潘念之等人被"劝"离校。随即赴上海,入江苏第二师范学校②第二部。

其间,潘念之于 1920 年 6 月与其他进步青年成立社团,初拟名"血花社",后改称"雪花社"。参加者还有蒋本菁、谢传茂等共 7 人,以后陆续加入的有徐成美、张宗麟③等,潘念之被推为第一任书记。雪花社以"本互助之精神,作社会之改造"为宗旨,学习、研讨新文化,反对旧礼教,编行有社刊《大风》,并开办"雪花暑期学校"。成员多为省立四中、四师的进步学生。该社活动常邀请在省立四中任教的朱自清参加。社员除少数人以外,以后多数都投入了政治运动,成为共产党员和共青团员。"五卅"反帝运动以后,雪花社因无法适应时局的变化而停止活动。

**1922 年,20 岁**。夏季,潘念之从江苏第二师范学校毕业。8—9 月间,在宁波《时事公报》(1920 年 6 月创办,为宁波最大的民营报纸)副刊发表文章,介绍马克思主义,并在雪花社中发起成立"社会主义读书会"。

**1923 年,21 岁**。因毕业后找不到合适工作,潘念之曾到上海一个煤业商

---

① 浙江第四师范学校:前身为宁波府师范学堂,光绪三十一年(1905)创建。1912 年改为宁波师范学校,翌年改为浙江省立第四师范学校,校址在原月湖书院。1923 年并入省立第四中学师范科,校长经亨颐。四师以"诚敬勤俭"为校训,建校后累计毕业学生 640 余名,包括冯定、王任叔、沙孟海等。
② 江苏第二师范学校:位于上海,清末光绪三十年(1904)由龙门书院改建成苏松太道师范学校,民国前夕改江苏第二师范学堂,不久称江苏省立第二师范学校。首任校长贾丰臻。1913 年有教工 31 人,本科学生 177 人。1927 年与江苏省立上海中学合并。
③ 张宗麟:1899—1976,浙江绍兴人,教育家。抗战期间任上海光华大学教授、中国文化界救亡协会训练委员会主办等。参与编辑《西行漫记》《鲁迅全集》。1941 年参加新四军。中华人民共和国成立后任高教部计划财务司司长。

人家做家庭教师一个月。又至镇海县立小学教书,为期一年。下半年,社会主义青年团中央候补委员张秋人①受团中央委托,来宁波活动。

**1924年,22岁**。潘念之先后到慈溪普迪小学、宁波育德小学任教。3至5月间,由张秋人介绍加入社会主义青年团。5月,宁波第一次社会主义青年团团员大会上,成立社会主义青年团宁波地方团,潘念之被推选为组织委员。

**1925年,23岁**。经张秋人、周天僇介绍,潘念之加入中国共产党,任团的宁波第一届地委书记、中共宁波特别支部委员,并任《宁波评论》主编,开办宁波书店,推销中共中央机关报《向导》和《中国青年》等。3月,团宁波地委机关刊物《火曜》(周刊,16页)创刊,潘念之任主编。该刊主张国民革命,反对帝国主义和军阀、迷信与专制,至8月被禁,共出15期。6月初,宁波成立"五卅"惨案外交后援会,潘念之被推为执行委员,参与抗议帝国主义的集会与游行示威活动。同年离开育德小学。为接收"五卅"运动中因反对当局压制爱国运动而退出学校的一些学生,潘念之参与创办启明女子中学②并任教务主任。该校因党团员多,成为各项运动的中心,因而受反动士绅和官僚的攻击,曾经两次被取缔封闭。

**1925年,23岁**。10月,潘念之由党组织派至上海,在党领导下的上海大学③附属中学任国文教员,并任中共闸北区委宣传委员(区委书记为贺威圣④)。附中主任侯绍裘⑤,教务主任沈观澜(即沈志远⑥)。党的小组会上,党员以《共

---

① 张秋人:1898—1928,字慕翰,浙江诸暨人。1922年于上海加入中国共产党,当选为团中央候补委员,帮助建立宁波等地最早的党支部。1926年赴广州任农讲所教员、黄埔军校政治教官。"四一二"后,至杭州任中共浙江省委书记。由黄埔军校反动学生告发,1927年9月被国民党逮捕,翌年2月遭杀害。
② 启明女子中学:1925年2月由宁波地方党组织联络当地士绅创办,校址湖西醋务桥,设初中三个年级,学生数十人。吸收甬江、崇德、女师等校转来学生,并成立中共启明女中支部。校内学生阅读进步书刊,秘密教唱《国际歌》,排演反帝反封建节目。1926年8月,因遭旧势力反对而停办。
③ 上海大学:1922年由东南高等师范专科学校改建,设于闸北青云路,后迁江湾,正副校长于右任、邵力子。设中国文学等三个系和美术科,其中社会学系为首创。教员包括邓中夏、瞿秋白、恽代英等中共党员。校内建中共组织,有"东方红色大学"之誉。师生积极参加校内外反帝反封建活动,时称"武有黄埔,文有上大"。并设附中。1927年5月上大遭国民党当局封闭。
④ 贺威圣:1902—1926,浙江象山人。1923年考入沪江大学,1924年加入中国共产党,参加"五卅"反帝运动。受党委派至宁波协助党、团组织工作。1926年任中共闸北部委书记、中共杭州地委书记,不幸被捕牺牲。
⑤ 侯绍裘:1896—1927,江苏松江(今属上海)人,早年积极参加五四运动,1923年加入中国共产党。大革命时期任国民党江苏省党部宣传部副部长、中共党团书记,并在苏州秘密建立了中共苏州独立支部。1927年4月被国民党右派逮捕遇害。
⑥ 沈志远:1902—1965,曾用名观澜,浙江萧山人。1925年加入中国共产党,曾赴苏联学习。回国后因病与组织失去联系。1944年加入民盟。中华人民共和国成立后,曾任中央人民政府教育委员会委员、出版总署编译局长。1957年被错划为右派。为上海社会科学院经济研究所研究员。

产主义初步》为教材,有系统地学习了理论,也听了恽代英、瞿秋白、施存统等所讲的党课。潘念之为联系宁波的工作,与任弼时、恽代英有接触。

**1926 年,24 岁**。3 月,潘念之由党派回浙江发动反对军阀孙传芳的斗争,率领宁波的代表团出席国民党浙江省筹备委员会召集的全省代表会议。浙江的国民党组织,原由沈定一(玄庐)①等负责筹备。后来沈参加了西山会议派,开始排斥左派,想把浙江的国民党组织作为西山会议派的基地。中共党员宣中华②等组织成立国民党左派的浙江省党部。潘念之被选为执行委员及常务委员,实际负责浙江国民党左派的具体工作。4 月,潘念之到杭州工作。专职人员还有秘书长王贯三③等数人。办公地点在头发巷 15 号,主要工作是在各县建立国民党的机关(大部分通过共产党而组织),进行反帝反封建反军阀的宣传。不久,贺威圣到杭州担任地委书记。4 至 7 月,潘念之任国民党浙江省党部党团书记,曾经赴宁波、绍兴和钱塘江上游一带去视察,同时负责联络共产党的工作。6 月间,头发巷 15 号国民党机关被军阀政府封闭,潘念之和王贯三因住外边,免遭逮捕,并寻找新的办公地点。北伐战争开始后,浙江军阀压迫青年进步分子和左派日益凶恶,机关差不多一个月搬迁数次,潘念之有一次甚至借住到尼庵里去。7 月,浙江省省长夏超④转向广州革命政府。到 10 月中旬,夏超和孙传芳的矛盾爆发,孙传芳派兵回驻浙江,夏超匆促宣布独立,派他的警备部队从沪杭路向北拦击,和孙军一接触,立即溃退。当晚八九时,孙传芳部孟昭月、段承泽的军队开进杭州城,夏超全局溃败。

孟军到杭州以后,到处搜杀革命人士,党的活动又转入地下。10 月底,杭州地委书记贺威圣和杭州国民党县党部常委汪性天(也是共产党员)都遭逮捕。潘念之匆匆布置了工作,通知各方面迁移地址以后,就到上海向党报告情

---

① 沈定一:1883—1928,又名沈玄庐,浙江萧山人。五四时期在上海创办并主编《星期评论》,中共早期党员。1924 年 1 月出席国民党一大,当选为候补中执委。1925 年依附国民党西山会议派,背离中共主张,被中共中央开除出党。1928 年因国民党内部矛盾被暗杀。
② 宣中华:1898—1927,浙江诸暨人。五四时期浙江学生运动领袖,1924 年加入中国共产党,翌年任中共杭州地委书记,后任国民党浙江省党部常务委员兼中共党团书记。1927 年 4 月赴上海向中共上海区委汇报工作,途中被捕,不久就义。
③ 王贯三:1895—1962,又名自严,浙江嘉兴人。1925 年加入中国共产党,任国民党浙江省党部(左派)秘书长。"四一二"后避往上海,失去组织联系。1951 年任福建长汀师范学校校长,曾被错划右派。
④ 夏超:1884—1826,浙江青田人。早年加入光复会,后任浙江省会警察厅长。1924 年任浙江省省长,1926 年 10 月浙江宣布独立,任国民革命军第十八军军长兼浙江省民政长。孙传芳闻讯,派兵攻浙,夏部败亡。

况，并请在上海的浙江绅士褚辅成①等设法营救。过了一天，贺、汪两人即被孟昭月部秘密枪杀。

潘念之回杭州后，把杭州的工作交给王贯三负责，自己过江至绍兴，在绍兴进行群众组织和政治宣传工作。不久宣中华、蔡元培、褚辅成、沈钧儒等准备在宁波成立省政府，潘念之又从绍兴到了宁波。这时段承泽的部队向绍兴、宁波一带移动，省政府不及成立又退走。

其后潘念之回到上海。经过党内研究，宣中华率一部人员往温州，准备迎接北伐军，另外一部人员回杭州布置，潘念之则代表浙江国民党往南昌与北伐军方面的蒋介石联系。

**1927年，25岁**。1月，潘念之经九江至南昌，面见蒋介石，并由陈果夫找去谈话。在南昌十余日。下旬，从南昌雇小船顺信江经上饶返浙。到杭时，北伐军入城已数天，国民党省党部已公开办公。公开后的国民党浙江省党部设在旧省议会，设组织、宣传、农民、商人、青年、妇女等部，由常务委员三人主持。潘念之仍任常务委员兼组织部长，主要是管理党的内部工作。在中共推动下，杭州地区工农运动蓬勃发展。3月，省政府成立，潘念之任政务委员。左、右派之间的斗争日趋激烈。

4月11日，潘念之乘坐人力车往省党部办公。离大门五六百步，远远看到那里挤着一群人，有持枪的士兵数人把着门。因为连日消息紧张，潘念之心中有所警惕，便叫车子停下，站在车上远远望了一下，看到党部楼上人员来来往往，很是匆忙，情况和平日大不相同。潘念之下车折入一条小弄到宣中华的寓所，叫醒宣中华，告诉他事变已经发生。由于其寓所离省党部近，受人注意，让他首先避开。这时共产党杭州地委书记庄文恭②和宣传部长华林前来，几人坐在客室里商量对策。忽然外面敲门声甚急，正在寓所内的郑采丞因其妻胡识因是省党部的妇女部长，为反动派所注意，不让她露面，自己去开门应付。进来的是一群来捕人的士兵。郑采丞带着兵士上楼搜查，胡识因趁机离开，潘念之和庄、华二人匆促躲入客室的复壁中，躲在暗角里。搜捕的士兵曾从窗口向

---

① 褚辅成：1873—1948，浙江嘉兴人。早年加入同盟会。浙江光复时任省军政府政事部长，当选国会议员。1927年任浙江省政务委员会（临时省政府）代主席，后为上海法学院董事长兼校长。抗战期间为国民参政会参政员，发起组织民主科学座谈会（后改九三学社）。
② 庄文恭：1901—1965，浙江绍兴人，早年投身五四运动。1921年赴苏联学习，回国后曾任中共上海地委委员长兼宣传部主任、杭州地委书记、浙江省委书记，后与党组织失去联系。中华人民共和国成立后曾任财政部税务总局会计处长等职。

复壁探望，因内部黑暗看不到人，于是离去。寓内除宣中华先走，胡识因临时逸出外，其余十余人，连同郑采丞在内，都被士兵带走。潘念之等，约定晚间再谈，即推开壁门出来，从后门走去另一条小巷。

离开宣寓，潘念之还到学生会办公处去看了一下，又折了回来。这时雨已停止，路上尚泥泞，行人渐多。整个杭州都落入反动派手中，党的机关和各同志的住处都成了问题。潘念之在路上稍一徘徊，决定到省立医院的一个友人病房中去，接着就在那病房里坐了一个白天。

当晚，潘念之找到了庄文恭，得知总工会和各机关都被军阀封闭了，被捕的同志很多，各方面都联系不上，工作困难很大。工人正在酝酿罢工，但为避免过大损失，恐怕不能公开对垒。反动派仍正在四处搜捕。庄要潘暂避几天，把情况弄清了再说。

之后，潘念之屡次搬迁隐蔽。在贺威圣母亲贺老太太帮助下，离开杭州，6月至上海，曾在中共法南区委工作，同时与浙江各地还保持一些联系，曾经介绍一些青年到到莫斯科去学习，为另一些同志筹措费用，在当地坚持活动。还与庄文恭、张秋人见过面，谈过浙江的工作。

蒋介石发动"四一二"反革命政变时曾发了一张通缉令，对上海市和江浙二省负责国民党工作的共产党员及主要左派分子共十余人，通令逮捕，名单上也有潘念之的名字。潘念之在上海仍然是化名改装，深居简出，于是想到日本去继续求学。当年下半年开始向沈端先（夏衍）补习日文，又获得贺老太太的经济帮助，经过党组织批准准备前往日本。

**1928年，26岁**。4月，潘念之到日本留学，至在神田的正则预备学校补习日语。离开上海时，领导上通知潘念之的组织关系由党内直接转到东京，由东京的党组织去联系，但潘念之到东京以后始终没有接上关系，写信到上海询问也未得回信。当时组织联络地址常常移动，负责人也常有变更，信寄不到，从此潘念之失去组织关系近十年。

**1929—1931年，27—29岁**。春季，潘念之考入明治大学法学部。到学校听讲的时间很少，主要是在寓所自己看书或出外参加活动。在东京，潘念之和张又新、毛溥天等老友住在一起，半年以后，王任叔[①]也来了。潘念之又认识了

---

[①] 王任叔：1901—1972，浙江奉化人，现代作家，笔名巴人。浙江省立第四师范学校毕业，曾参加雪花社。早年加入文学研究会，1924年加入中国共产党。后入左联。曾在东南亚从事抗日文化活动。中华人民共和国成立后为驻印度尼西亚大使、人民文学出版社副社长。有《莽秀才造反记》《巴人小说集》等。

林静山,由林的介绍还认识了一位姓王的同志。经过他们介绍,潘念之参加了东京的中国留学生社会科学研究会。该会是留学生中的进步分子所组织的,主要研究马克思主义,也进行政治活动,经常在神田的华侨基督教青年会集会,有时和国民党、三青团分子发生冲突。社会科学研究会和日本共产党有着联系,并受后者领导。夏季潘念之回上海筹措学费,将所译《苏维埃中学生日记》售给光华书局出版。此后因东京局势变化(进步学生与国民党右派冲突并遭日本当局镇压)而留在了上海。

1929年下半年至1932年上半年在上海,潘念之主要靠译书维持生活,译有《蟹工船》《欧洲古代社会发展史》《经营经济学》,并编有《思想家大辞典》等。

在此期间,曾于1929年夏回到石磁村,按照父母安排与本县藤坑村女子王福芝结婚,旋即独自返沪。1930年3月,长女潘丽娟出生于石磁村。

1931年初,潘念之与王福芝离异,留下女儿由兄潘湘庭夫妇抚养。同年4月,张采苓在上海去世。张原为潘念之1925年在宁波育德小学的学生,后随其去杭州,1928年追随至沪,入上海法学院读书,对其生活和工作帮助甚多,两人商定在张于1931年暑假毕业后结婚,后者不幸染病身亡。

**1932年,30岁。**"一·二八"爆发后,潘念之参加了社联①、左联②的抗日宣传活动,并做了劳军抗日的工作。

暑假后,潘念之应邀赴福建南安中学教书。10月后转到厦门集美乡村师范学校任教。该校由张宗麟负责,采用陶行知的晓庄式的教育方法③,潘念之在那里第一次参与了他们的"生活教育"。回上海后,潘念之曾同陶行知和张宗麟争论生活教育与社会主义教育的区别,提出没有反帝反封建的思想实质,生活教育必然为地主、买办等统治阶级服务,反对他们的"教育工具论"。这个

---

① 社联:指1930年5月在上海成立的中国社会科学家联盟,上级机构为中国左翼文化总同盟。联盟纲领规定的任务有以马克思主义理论促进中国革命、批判非马克思主义思想等。执行委员会内设有党团组织。其成员在1936年多参加救国会。后自行解散。
② 左联:中国左翼作家联盟,在中国共产党领导下于1930年2月在上海成立,目的是团结进步作家创作革命文学,进行革命宣传,与国民党反动派进行斗争。鲁迅曾经是左联的核心。1936年春为适应建立抗日民族统一战线的形势而解散。
③ 陶行知的晓庄式的教育方法:陶行知,1891—1946,安徽歙县人,近代教育家,早年赴美留学。1927年3月,陶行知在南京神策门(后改和平门)外劳山脚下的晓庄创办一所新型乡村师范学校,称晓庄学校,并提出"生活教育"学说,提倡"教学做合一"、教育和农业生产劳动相结合的方法,三年间培养学生230余人,至1930年4月被国民党当局强行封闭。其后,陶行知又在上海附近建有上海乡村实验学校。1945年参与创建民盟,其后投入反内战、争民主的斗争。

意见曾被陶行知考虑。

**1933年,31岁。** 2月间,同操震球①应夏德琴聘,到河南民众师范教了半年书。夏、陶二人都是陶行知晓庄师范的学生,简单地传播陶行知的生活教育,某些方面和地主的乡村自治相接近,他们由于政治认识不足,还乐于为当地的"自治"服务。民众师范设在离南阳城20里的寮河镇,是为当地自治运动(南阳、内乡、镇平三县的联乡自治,是地主的保境政治)培养干部的。潘念之负责经济学课,每星期两次,采用的教本是少共国际所编的《政治经济学简明读本》,由日文本转译,每星期译一章讲一章。潘念之除上课以外,还同学生一起参加当地的群众活动,曾在一次群众大会上公开反对地主的自治运动。这受到了大部分学生的欢迎,但为另一些人所不满。6月初,潘念之突然遭到解聘。据说有人指其教的经济学讲义是为共产党宣传,向该县国民党机关告密。潘念之于是匆匆回到上海。

暑假后,到安徽亳县中学教了半年书。

**1934年,32岁。** 到广东汕头友联中学教了一年书。该校是当地的一所进步学校。教员学生中有一些参加过革命,但这时候形势已经比较险恶。潘念之由王贯三(当时改名自严,是潮州师范教员,前一学期在友联任教)介绍前往。当时离汕头不远的大浦中学有陶行知的学生潘一尘、唐文粹、王瑞符等在主持,与潘念之联系上,潘曾为他们的校刊写了文章。

是年,与当地学生周雪辉结婚。

**1935年,33岁。** 年初,携妻周雪辉由汕头回上海。

从1935年起的三年内,潘念之在上海主要从事文化写作。一开始是担任世界书局的局外编辑,这是世界书局总编辑朱兆萃的关系。潘念之和另外二人共同编辑一册《世界人名大辞典》,是以日本的一部同名辞典为蓝本而译写的。其后潘念之自己写了几本小册子,其中一本是《中国历史》,一本是《孔子的思想》。在抗战爆发前夕潘念之担任过天马书店②没有薪金的编辑工作。该店经理郭静唐(挹青)是第一次国内革命战争时的同志。

这一时期潘念之参加了上海进步的文化运动,如《现世界》所主持的时事

---

① 操震球:1902—?,安徽怀宁人。早年毕业于清华大学,曾任浙江省立湘湖师范学校校长。1945年加入民盟。中华人民共和国成立后任安庆市副市长、安徽省教育厅厅长。1988年当选省政协副主席。

② 天马书店:1932年由楼炜春等创办于上海,以出版文艺书籍为主,有鲁迅、茅盾、郁达夫、丁玲等人的自选集。1937年迁往武汉、广州,广州沦陷后停业。

座谈会等。一次,汪益增(维恒)①忽然从河南归德写信给潘念之,说:"胡先生需要一位秘书",问潘是否能够去。那时汪在胡宗南部队里做军需官。潘念之接到信很不高兴,当即给他一封回信,说:"几年来颠沛流离,幸尚保得一身清白,足以告慰老友。胡先生如能为国为民,虽执策马前,亦乐于效劳,否则宁愿箪瓢不继,毋以辱我志也!"当时潘念之以为汪为胡宗南选秘书,后来才知道是胡公冕②任甘肃平凉专员,要潘去帮助,托汪来征求意见。

在上海,潘念之还参加了救国会③,和各方面的进步团体都有关系,并介绍、安排一些青年赴延安。

12月,长子潘绍中出生于上海。

**1936年,34岁**。潘念之为光明书局主编"今日丛书"12册并自著其中《现世界巡礼》一册。5月,全国各界救国联合会在上海成立。下半年,与原"雪花社"成员和大革命失败后失散的同志如王任叔、金则人、徐镜平等共同组织"更社"团体(寓意革命精神的更生,至全面抗战爆发后自然终止),试图重新组织失散的同志走上革命道路。同年参加沈钧儒(1927年后一直与其保持联系)组织的东北义勇军后援会和文化界救亡协会及其活动。11月,国民党以"危害民国"罪在上海逮捕救国会领袖"七君子"(沈钧儒、王造时、李公朴、史良、沙千里、章乃器、邹韬奋),潘念之曾至苏州监狱探望。

**1937年,35岁**。是年,潘念之主办了两个时事和政治宣传的刊物,一是《一般话》,一是《人间十日》,其中心内容都是爱国抗日。《一般话》于1月1日

---

① 汪维恒:1895—1971,原名益增,浙江诸暨人。1924年加入中国共产党。大革命失败后与党失去联系,在南京、西安等地担任过国民党军少将、军需局长等。抗战期间与中共方面建立联系,利用职务为八路军提供物资,曾在重庆受到周恩来秘密接见。中华人民共和国成立后任上海市人大代表、市房地产局局长。

② 胡公冕:1888—1979,浙江永嘉人。1921年加入中国共产党。出席国民党一大并参加黄埔军校筹建。1930年初受中共中央军委派遣回乡开展游击战争,曾任红十三军军长。1932年在上海被捕,经营救获释。抗战期间进行统战工作,解放战争时期赴西北从事瓦解胡宗南部工作。中华人民共和国成立后任国务院参事。

③ 救国会:随着全国抗日救亡运动的高涨,1935年12月,马相伯、沈钧儒等发表《上海文化界救国运动宣言》,提出建立民族统一战线、停止内战、释放政治犯、共赴国难等主张,并成立上海各界救国联合会。翌年5月,在上海成立全国各界救国联合会(以上组织分别简称"救国会")。国民党当局以"危害民国"罪名,于同年11月逮捕救国会领袖沈钧儒、邹韬奋、章乃器、李公朴、史良、王造时、沙千里等"七君子"。这一事件激起全国人民公愤,各阶层群众纷纷支持七君子并进行营救。1937年7月卢沟桥事变爆发后,由于全国各界的声援,"七君子"获释。1945年10月,救国会在重庆召开大会,改名为中国人民救国会。中华人民共和国成立后,救国会鉴于已经完成其历史任务,在北京宣告结束。

创刊,为"小品化通俗化的综合半月刊",编辑兼发行者周超人,其间因"受到阻挠与困难"而有停顿,出版4期后于4月15日停刊。《人间十日》于3月10日创刊,为"小品化大众综合旬刊",编辑兼发行人章雨坪,共出版14期,于是年7月30日停刊。

"八一三"战事爆发后,上海文化界救亡协会举办抗日救亡工作人员训练班,张宗麟任主任,潘念之任副主任,和朱楚辛在训练班内负责具体工作。训练班的地点在愚园路华华中学内,招收了进步青年百余人,进行短期的政治训练。由于抗日战争中的统一战线关系,文化界救亡协会扩大成为各界救亡协会,国民党的一部分人亦参加了组织,CC分子潘公展①(上海教育局长)就企图争夺领导。由于这里多数青年的爱国热情很高,发现了个别打入的破坏分子,揭破了他们的面目,大家一致予以抵制。训练进行一个多月,上海四周已经沦陷,国民党军队已经退却,主持者只好结束训练班,把受训人员分派到战地去服务。一部分介绍到军队中去工作,一部分则转到后方去。这些同志其后在江南战场上做了很多向群众宣传的工作。训练班结束后,潘念之又担任救国会的秘书,布置在上海建立据点和大部人员转移至内地的工作。

9月,次女潘绍华出生于上海。

11月上海沦陷,潘念之率家属经宁波至新昌家乡,为母祝七十寿辰。后将家眷暂时安排于宁波居住(其中出生不久的次女留在石磁,由兄嫂抚养),单身沿浙赣线、南浔路经九江前往汉口。

同月,国民政府宣布移驻重庆,其大部分机关与人员仍驻武汉。是年建立八路军武汉办事处。12月,中共中央长江局成立。

**1938年,36岁。** 1月,潘念之至汉口,住天马书店,参加文化界工作队,组织浙籍青年回省工作。协同金则人、石西民、胡绳等发起组织战时社会科学研究会。4月1日,国民党军事委员会政治部第三厅在武汉成立,厅长郭沫若。潘念之在其第五处(主管一般宣传工作,处长胡愈之)第二科(领导抗敌宣传队,科长张志让)任主任科员,负责组织抗敌宣传队的筹建。

在此期间潘念之决心找党的关系,解决自己的组织问题。3月的一个早

---

① 潘公展:1895—1975,字干卿,浙江吴兴(今湖州)人。上海圣约翰大学毕业,担任报纸编辑。1927年由陈果夫荐至南昌蒋介石处,加入国民党,曾任上海特别市农工商局局长、社会局局长等,从事文化控制活动。

晨,潘念之到生成里的生活书店楼上晒台亭子间里看钱俊瑞①。潘向钱谈了失去组织关系的原因和几年来的情况,要求他转向有关的组织加以讨论,批准恢复组织生活。钱说,这问题早就该解决了,他答应替潘去提出。1个多月后,在追悼钱亦石②的会上,钱俊瑞对潘说:"你请求恢复组织关系,已经讨论通过了,稍晚会有同志来找你联系的。"说这话时张仲实③也在场。5月间,徐步通知潘念之参加党的小组会。从此潘念之恢复了组织关系。

第三厅为进行前线的宣传工作,曾组织宣传队。第六处组成十个戏剧宣传队,是洪深负责的;第五处组织五个抗敌宣传队,由潘念之负责。宣传队的队员是招考的,均经过一定审查。考取后集中训练了一个多月,然后编队出发。原定的五个宣传队后来缩编为四队。第一队队长吴荻舟,第二队队长何惧,第三队队长郑含华,第四队队长卢德明。每队都编配了共产党员,组织了支部。第一队派往广西,由桂林行营指挥;第二队派往上饶,归第三战区指挥;第三队派往老河口,归第五战区指挥;第四队派往西安,归天水行营(驻西安)指挥。

6月,武汉会战开始。8月,国民政府迁重庆。武汉沦陷时,政治部分二路后撤,一部分直迁重庆,一部分则向长沙和桂林迁移。潘念之随着第三厅的最后一批于7月底到了长沙。在长沙停了3个月左右又迁到桂林。撤出长沙由周恩来亲自指挥,是在一个傍晚急遽退出的。大部分人员结队步行,经过了一夜的急行军,到了湘潭附近的下摄司才停留下来。午夜时候,大家看到北面红光满天,那就是国民党所谓"焦土政策"的长沙大火④。

---

① 钱俊瑞:1908—1985,江苏无锡人。1931年加入左翼文化总同盟,并在苏联塔斯社上海分社工作。1935年加入中国共产党。抗战时到武汉从事抗日宣传,任中共华中局文化工作委员会书记。解放战争期间任新华社北平分社社长兼总编辑。中华人民共和国成立后任教育部副部长、中苏友好协会秘书长。著《世界经济与中国经济》等。
② 钱亦石:1889—1938,湖北咸宁人,早年与董必武等参与组织湖北新教育社,1924年加入中国共产党。大革命失败后赴日本与苏联学习,回到上海经党组织安排,任大学教授,宣传马克思主义。1935年后投入救国运动,抗战初期任八路军随军战地服务队队长。1938年1月病逝。
③ 张仲实:1903—1987,陕西陇县人。1925年加入中国共产党,受党派遣赴苏联学习。1930年回国,在上海从事进步文化和马克思主义理论宣传工作。中华人民共和国成立后曾任中共中央马列著作编译局副局长。
④ 长沙大火:1938年11月,日军攻占岳阳,威胁长沙,蒋介石下令对长沙实行"焦土政策"。13日晨,长沙当局在日军尚未进攻的情况下,在城内纵火,延烧数日。全市大部分机关、学校、银行、工厂和医院被烧毁,民房被毁5万余间,死者2万余人。事后,国民政府查办了部分肇事的地方官员作为替罪羊。

从退出长沙以后一直在行军中,经过衡阳、桂林、贵阳等地。10月,潘念之及其家属至桂林,停留了一段时间。

**1939年,37岁**。2月,潘念之率家属迁至重庆,后为躲避轰炸将家属移至郊区居住。3月,次子绍民出生于重庆郊区。

此时第三厅机构缩小。9月,潘念之参加慰劳团去北线劳军。慰问团是第三厅主持的慰劳会组织的,分两团,一团赴南战线,一团赴北战线。北战线的一团是张继当团长,贺衷寒当副团长。原来郭沫若自己打算率领慰劳团到前线去,已经布置了,后来被国民党阻止。他自己不能去了,就指定潘念之参加。从1939年9月出发,经历西安、洛阳、老河口、延安、榆林、宜川、兰州、西宁、武威、宁夏、磴口、陕坝等处。在西安和老河口潘念之曾和抗宣四队和三队见面,并向他们致以慰问,同时听了他们诉说的苦难。在延安期间,秘密向党中央宣传部汇报了工作。

在延安,慰劳团人员都获得毛主席具名赠送的书籍,其中一册是《苏共党史简明教程》(莫斯科外文版),这是潘念之第一次看这本书,在旅途中把它读完了。

**1940年,38岁**。1月,潘念之回到重庆。7—8月间,根据第六战区长官陈诚要求,第三厅人员到湖北恩施为第六战区军事会议布置会场,去的多为美术工作者,由洪深科长领队。恩施的会议是国民党第六战区在"随枣战役"[①]失败后举行的军事会议。潘念之随同前去,并旁听会议的一次作战报告,参加政治工作者的会议,看了看当地的情况,回重庆后向党内作了报告。此后陈诚、周恩来辞去政治部职务,国民党试图控制第三厅,将其改为文化工作委员会。

**1941年,39岁**。1月,皖南事变发生。春,潘念之经党的决定,离开文化工作委员会,由吴涵真介绍到黄炎培的战时公债劝募委员会[②],进行党的情报工作。这样,潘念之就结束了在第三厅的三年工作。

战事公债劝募委员会是为国民党政府募公债的,委员会的人员很复杂。进步的阎宝航、吴涵真(以上二人是救国会会员)、陈乃昌、李正文都在那里工

---

[①] "随枣战役":又称随枣会战或第一次鄂北战役。1939年4月,日军为解除平汉路对武汉的威胁,集结重兵欲在湖北枣阳一带与中国军队决战。中国军队在桐柏山至襄河两岸组织防御。5月间中国军队发起总攻,将桐柏、枣阳、随县等地恢复交战前态势。是役毙伤日军1.3万多人,中国军队损失近2.8万人。

[②] 战时公债劝募委员会:抗战期间国民政府为推动民众购买公债的专设机构。1940年9月在重庆成立,蒋介石、孔祥熙分别为主任委员和副主任委员,黄炎培为秘书长,下设各处、组办理具体事务。1941年3月开始在全国各地与海外侨胞中开展战时公债劝募活动。至1942年4月该会撤销。

作。但多数的是中华职教社的人,如杨卫玉①、沈肃文等都是,也有不少国民党方面的人。潘念之在那里担任劝募处(处长是杨卫玉)国内组的组长,工作是统计各地经募数字,制作报告。潘在该会未暴露党员身份,但国民党特务的嗅觉灵敏,那里一个秘书万异向孔祥熙作了报告。

**1942年,40岁**。潘念之与朱济忍、楚湘汇等合作开办党的事业兴华炼油厂,任厂长。该厂位于涪陵(现为重庆市涪陵区),在吴克坚②的帮助和筹划下设立起来。闵刚侯③、华斌等帮忙拉了一些股款,利用楚湘汇与公路交通运输局的关系,放了贷款建厂,签订供应汽油的合同,进行以桐油炼代汽油的工作。当时汽油缺货,桐油滞销,工厂用极简单的半手工办法,把桐油制成代汽油,即可供公路汽车作燃料用。厂内职员有谢筱迺、余金堂(党员)等。工程所王芝伦过去也曾参加过进步活动,是吴克坚介绍的。

开始生产以后,由于楚湘汇和朱济忍发生冲突,朱济忍退出,楚湘汇要潘念之到位于重庆的公司出任经理,潘把厂的工作交给谢筱迺负责,到了重庆,仍兼任厂长。

**1944年,42岁**。年初,潘念之应汪维恒之邀到西安的一家军需制革厂任厂长。当时吴克坚已去延安,代表党组织联络兴华厂工作的是熊瑾玎④。潘念之把这意见和他商量,并得到他的同意。行前的一个晚上,又到劝工局街的《新华日报》营业所三楼去看了董必武。潘念之把去西北的事告诉他,征求他的意见,并让他转移组织关系。董老同意潘去西北,表示去那边只一两年时间,如和地方发生关系,反多不便,组织关系仍在重庆不必转了;要注意当地情况,有机会时向这里汇报。这样潘念之就决定去西安了。

---

① 杨卫玉:1888—1956,江苏嘉定(今属上海)人。早年留日,毕业后回国任教,创办江苏女子职业中学。抗战期间任广西省政府顾问,创办平乐职业学校。1945年参与发起民主建国会。中华人民共和国成立后任轻工业部副部长。
② 吴克坚:1900—1986,湖南平江人。1924年加入中国共产党。十年内战期间曾在特科从事保卫党中央的工作。抗战期间在重庆筹备出版《新华日报》,任该报总编辑,并随同周恩来进行国共谈判。解放战争时期在南京、上海进行党的秘密情报与联络工作。中华人民共和国成立后任中共华东局统战部长、全国人大常委会副秘书长(并见下文情报局注)。
③ 闵刚侯:1904—1971,江苏武进人,东吴大学毕业,赴日本九州大学读法学,回国后在上海任律师。1946年加入民主同盟。1949年加入中国共产党。中华人民共和国成立后,任全国政协副秘书长、司法部副部长。
④ 熊瑾玎:1886—1973,湖南长沙人。1924年加入中国共产党。后到上海任中央会计,以开商号为掩护所建中央秘密联络点长达3年未被敌人发现。曾被敌人逮捕,在狱中坚贞不屈。抗战时任《新华日报》总经理。中华人民共和国成立后任中国红十字会副会长、全国政协委员。

离开重庆前，潘念之把兴华的业务作了布置。兴华公司由楚湘汇任董事长兼经理，调谢筱迤任协理，另由楚的一个姓黄的朋友任厂长，协理指挥厂务，这样厂的工作仍能维持下去。

5月，幼女潘安国出生于西安。

西安制革厂是第一军需局所直属的，有一千多工人，基本上是手工业，制作皮鞋、皮带、上鞍等品。厂内机构和人员都是原来的，管理生产的是从私营制革厂转过来的职员，有几个军需人员，大都是搞钱做生意，并无多少政治气息，厂内没有国民党的组织。潘念之一个人去，不十分管事，厂务仍由原来的职员分头负责，潘只各方面看看，了解一个大概。再加和汪维恒有着"老朋友"的关系，在厂内没有太多困难。

到西安后约半年，日本侵略军攻陷了洛阳，进迫阌乡、潼关，西安形势紧张。汪维恒为准备退路，在天水（甘肃南部）筹设军需工厂，把西安的一部分物资西迁于天水。汪要潘念之去天水建厂。

8月间，潘念之由西安到了天水。在天水选购厂址，建筑厂房，按置机件，经过半年时间，就开始生产。天水军需工厂是国民党政府的公家厂，和兴华炼油厂的"商办"不同，它和当地机关关系较多，尤其是国民党部队方面，常常来要东西。这厂的"上层"关系是汪维恒交代招呼的，一般应酬往来由厂内职员去办，潘念之对他们敬而远之，关起门来办厂。1945年的春天，蒋介石赴兰州，曾在天水停留几小时，招待布置中有人提出让蒋到那厂来参观，潘念之知道了，故意向当地军事负责人何凌霄（汪的朋友）说，厂内工人"复杂"，最好不要让蒋来参观。当蒋到天水，并在厂外经过时，工厂紧闭大门，不让一个职工去和他们接触，蒋的一帮人员也没有进厂。厂内没有国民党的组织，但是厂外地方特务却注意到这厂，有一个职员是黄玠然介绍来的，朋友寄的几本进步书刊，被特务们注意了，有被捕的危险，潘念之设法让她避开，才免遭逮捕。此外有三个职员是谢筱迤介绍来的，比较单纯。其他人员，大部分是西安军需局派来的军需人员，整天敲诈讹钱，彼此互相攻讦。

**1945年，43岁。** 年初，重庆兴华炼油厂结束，改设正大公司，计划在天水兰州一带搞生产，谢筱迤曾来天水商谈了一下，并通过军需局的关系，运了一批机件和书籍到兰州。潘念之同谢去了兰州一趟，在那边调查情况，打算设厂。9月，日本投降，形势改变而作罢。潘念之辞职到西安。

这一时期潘念之组织生活过得不是很正常，甚至是单线联系。在政治部第三厅,小组负责人起初是刘季平,后来是冯乃超[①];到战时公债劝募会时潘念之仍和冯乃超联系。办兴华炼油厂以后就同吴克坚、熊瑾玎联系。

在文化方面,潘念之也参加多种文化活动,在各方面作报告,写稿子,也曾为沈钧儒所办的出版社做过短期编辑,写过一本小册子《宪法论初步》(生活书店出版)。此外曾和谢筱迺、苑世杰等办过规模很小的"双江书屋",以出租书报来宣传新文化,在这小书店中也曾和一些旧社会的势力作过斗争。

潘念之到汉口了解大体情况后,就到重庆和谢筱迺等筹商整个计划,打算以汉口为重点,设立工厂,以重庆和上海两地为支翼,配合汉口经营贸易。李任子原来在重庆设立了一个小型印刷厂,他愿意合到正大里面来一起经营。于是把他的厂卖了,买进一套较好的印刷机器。当时川粮滞销价廉,汉口粮价高,几人就用其余的资本买进一批粮食,都准备运往汉口。因为轮船运输拥挤,就由木船来运。

**1946年,44岁**。年初,潘念之经郑州到汉口,住在正大公司。正大的主要负责人是谢筱迺、余金堂、李任子、华斌和潘念之(都是党员)。组织上的联系人是张明(刘少文[②])。当时兴华炼油厂结束了,获得的赢利大部分(约2 000万)交给党组织,一部分发给楚湘汇等人,让他们分出去,自己同志每人发给一点生活补助费,其余应得的数,几人合起来另组正大公司,继续经营生产事业。当时准备在汉口建立一个小型印刷厂,但未成功。

4月,潘念之至上海。在上海染织业同业公会临时工作,住在襄阳南路敦厚里正大公司的房子里,在上海的有华渭臣、杨静尘。华斌也随着他所工作的航空公司到了上海。通过组织上与他们联系的是吴克坚。潘念之到上海以后,关于正大的事,就由潘直接联系了。但是正大在上海的业务没有打开,一时也无法打开。当时其打算,不要在这里设摊子,只留一两人联系就够了,正大的中心应该放在汉口。可是不几天,潘念之突然接到汉口的电报,由重庆运机器和粮食到汉口的木船,在宜昌附近触礁沉没了。那些机件和粮食,是正大仅有的资本。这一损失使正大一蹶不振。虽然在重庆保了运输险,但

---

① 冯乃超:1901—1983,广东南海人。曾留学日本,回上海后从事革命文化运动。1928年加入中国共产党,曾任左联中共党团书记。中华人民共和国成立后历任政务院文化教育委员会副秘书长、人事部副部长、中山大学党委书记等。

② 刘少文:1905—1987,化名张明,河南信阳人。1925年加入中国共产党,1933年参加察绥抗日。到瑞金,担任中共中央局秘书,参加中央红军长征。抗战期间任中共中央重庆局情报部部长。解放战争时为中共上海局委员、中共中央社会部副部长等。1955年授中将军衔。

在当时币值跌价，物价逐日飞涨的形势下，交涉了几个月才拿回的保险费，已经贬值很多。经过和吴克坚商酌，缩小了机构，把重庆和上海的机构都撤销了。

汉口方面租了一家印刷厂，又经营一些土产运销。营业都不太好。其后李任子到广州去跑了一趟，也没有什么进展。到了那年年底，很少的一些资本也亏蚀了。经过吴克坚同意，结束了正大公司，人员都另外找了职业。

下半年潘念之曾帮助杨培新筹备《商务日报》的上海版。杨培新原名杨韦尘，是1938年第三厅所组织的抗宣第三队队员，曾到重庆《商务日报》当记者。日本投降后他打算在上海发行《商务日报》，要潘念之帮他筹募些经费。潘替他们向几个有关方面（如卢绪章的广大公司）募了一些股款，向宦乡等接洽办报业务，并为这个工作和周恩来、潘梓年[①]商谈。和潘梓年见面是在朱葆三路的《新华日报》办事处，和周恩来见面是在溧阳路郭沫若家里。他们都以为办报费力多，而当时局势坏，不可能发挥很大的作用，不如搞别的工作好。最后潘念之和吴克坚商量决定，停止了筹备。

这两年潘念之的社会职业，除了1946年进行正大公司业务外，还在这年冬季通过邢文铎关系（邢是1927年的同志，其后离开了组织，但对老朋友还有一些照顾）到上海染织业同业公会做了三个月的临时工。这个公会当时正负责对同业分配棉纱，要一批人来进行调查、分配和统计等工作。这些工作都时间很短，主要是借此掩护，并支取一些薪金来维持生活。

这两年内潘念之仍参加救国会的活动。1945年10月，救国会改为中国人民救国会。潘念之去了西北，依然参加其工作，被推为中央委员，在重庆上清寺张澜的家里开过几次会，做过一些活动。期间潘念之的组织联系人仍是吴克坚，往来较密切的有闵刚侯、黄玠然、张纪恩、朱楚辛、谢筱迺、华斌等（当时闵、黄、朱三人尚非党员），1947年上半年和徐步本往来亦较多。徐原是第三厅时的同志，1941年去了解放区，1947年突然到潘念之寓所看望，是由胶东解放区派他到青岛，准备接收工作的，后因形势改变，转来上海。这半年内潘念之帮他做了一些工作，并通过吴克坚替他和胶东作了电报联系。这年夏天他从海上回胶东去了。潘念之本拟和他一起去山东解放区，因吴克坚不同意没有去。

---

[①] 潘梓年：1893—1972，又名宰木，江苏宜兴人。1927年至上海，"四一二"事变后加入中国共产党，从事左翼文化运动。以后任《新华日报》社社长，曾在中共中央城市工作部工作。1949年后为中国科学院哲学社会科学部副主任等。

**1947年,45岁**。上半年,潘念之在中华职业教育社①所办的中华工商专科学校②教了半年经济地理。是通过黄炎培和杨卫玉的关系去的,同时在该校教课的有马寅初、杜国庠等。这时朱济忍在上海办了一家公司,潘念之帮了他半年多,还曾帮胶东解放区来的徐步本在上海做了一些工作。在此期间潘念之与吴克坚保持秘密联络,几年中为党做过一些情报工作。

是年,潘念之被选为中国人民救国会的中央常务委员,参加了几次大会,其中一次是在史良律师事务所内开的。常务委员会大半在沈钧儒住宅和他的律师事务所内召开。后依照吴克坚的决定,为避免引起外界注意而辞职。

**1948年,46岁**。年初,通过褚辅成的关系,潘念之曾接受上海法学院的聘请,教政治经济学,但到了学校以后,因该校情况复杂,没有教下去,就把这课转托沈叔年(沈钧儒的儿子)去教了。是年由闵刚侯介绍,在一家叫作万禾的公司里搞了大半年。该公司完全是一个掩护,作为休息和会客的地点。是年秋,潘念之曾为该公司采购烟叶,回到新昌家乡去看了一趟。新四军三、五支队正开展活动,村中子弟颇多加入了游击队,附近已建立根据地。潘念之并将女儿绍华和此前为避免国民党特务纠缠,暂时送回家乡的绍民、安国陆续接回上海。

**1949年,47岁**。5月23日,人民解放军开始对上海发起全线总攻。27日,上海解放,市军事管制委员会成立。潘念之奉命负责后来的上棉一、二、三、八、十九厂和申新纱厂及其他私营纺织厂的接管工作,并被党指定为国民党上海市政府留守代表赵祖康等人和接收上海市公安局的张登(即沙文汉)的联系人,并调查联系经济情况,反映私营工商业方面的意见和消息。到6月中旬,接管工厂的工作基本完成。

吴克坚要求潘念之把正大公司恢复起来,作为情报局③(后称联络局)的生

---

① 中华职业教育社:推行职业教育的中国教育团体,由蔡元培等发起,1917年成立于上海,黄炎培为主要负责人。先后创办中华职业学校、中华工商专科学校等。中华人民共和国成立后,在北京设总社,上海等地设分社。
② 中华工商专科学校:1943年由中华职业教育社创建,翌年在重庆借校舍开学,校长江恒源,校董事会正副董事长张群、黄炎培。1946年迁于上海,保留原工商科,增设会计、银行等科,其后又恢复机械工程科。1952年停办,各科分别并入交通大学、上海财经学院等。
③ 情报局:应为上海情报工作委员会。1946年5月,吴克坚奉命到上海开展地下工作。1949年4月,中央决定在上海市委领导下成立上海情报工作委员会,以潘汉年负总责,吴克坚副之。并在委员会下设办公室,以吴克坚为主任。下文所称"联络局",即上海解放初期的中共中央社会部上海联络局,由情报局改建,亦负责情报与联络工作,吴克坚为中共华东局统战部副部长兼上海联络局局长。

产机构。但这公司只有一个名义，既无资本又无业务基础。为着经营这一公司，潘念之邀梁鋆天、蒋本菁到公司里来工作，先从简单的贩卖作起，进而国内运销，再展开国外贸易。到1952年该公司结束时已积累了数十亿元（旧币）上缴国库。在1949年9月以前，潘念之直接领导着正大的工作，以后由李微曦、章格等负责。9月以后，潘念之任正大公司董事长，主持管理委员会。

9月，潘念之出任上海工商联筹备委员会常务委员至年底。9月间该会的若干负责人赴北京出席政协会议，潘念之临时主持会务，在结束旧商会和工业协会、初步改组各工业公会方面，和工商界的旧人员有过斗争。到11月初，原来的人回上海，潘念之结束了在那边的日常工作。同月，参与创办《上海工商》旬刊，并任前三期主编人。

到年底，联络局另外搞了一个生产机构——益华钢铁厂，是收买商人余名钰的日亚厂改设的，这厂由戴宗羲实际负责，和正大合并管理，潘念之被联络局指定为董事长。1951年益华转让给新疆军区生产部。

**1950年，48岁**。1月，华东军政委员会成立，吴克坚任秘书长。潘念之经周恩来总理任命，任参事室副主任，主任是沈志远，但沈一直没有来工作，实际上参事室是潘念之负责，这工作一直做到1953年4月。参事室有参事七八人，都是党外人士，有工作人员四五人，其后把办公厅的资料室也并入参事室，人员多了一些。参事室的工作是调查研究，起草文件，初步审核各部委提出的华东军政委员会的指示、法令等文件，审阅各省市的工作报告，向政务院提出报告，编辑《华东政报和政策法令汇编》。

**1951年，49岁**。是年3月，胞弟潘湘芹在镇反运动中以反革命罪在上海被捕。潘湘芹（1903—1959）从小外出做工，后成为工程师，担任杭州铁路分局车辆检修段主任，虽曾加入国民党，但为中共地下组织做过不少工作。1947年，经潘念之报告党组织同意，潘湘芹就任杭州铁路局国民党党部常务委员。中华人民共和国成立初，潘湘芹作为起义人员，参加了浙江干部训练班，并由潘念之介绍去上海益华钢铁厂工作，任副厂长，直至被捕，由上海市人民法院于1953年（刑字526号判决）判刑10年。潘湘芹被捕后，潘念之曾多次向有关方面汇报情况，力求澄清事实。

**1952年，50岁**。是年，潘念之兼任中共中央华东局统一战线工作部政权处长，下半年又兼任华东劳动就业委员会秘书长至翌年4月。11月，中央决定撤销大区军政委员会，成立大区行政委员会。

**1953年，51岁**。2月8日，华东行政委员会主席饶漱石任命潘念之为行政委员会参事室副主任,在报请中央人民政府任命以前,先行到职工作。

在该年开展的"新三反"整风①中,提出了潘念之包庇其弟潘湘芹等问题。4月,潘念之开始受到批判。4月21日,《解放日报》头版发表报道《潘念之违法乱纪包庇反革命分子》等多项"严重问题",称"有关领导方面正严肃处理中"。7月,潘念之调华东普选办公室工作,离开了原领导岗位。普选工作结束后,参加华东民政局的结束工作。10月,中共华东局纪律检查委员会发文,称潘念之"利用职权包庇反革命分子②","并冒用机关及首长名义为潘犯开脱罪责",其行为"离开了党的立场,严重违反了党的组织原则",据此决定开除其党籍,同时撤销职务,降级使用。自此,潘念之蒙受冤屈长达26年。

**1954年,52岁**。是年,大区一级撤销。潘念之与妻周雪辉感情破裂,协议离婚,由周雪辉抚养子女。

**1955年,53岁**。1月,转华东政法学院研究处工作。是年,与钮文漪(江苏吴江人)结婚。10月起至1956年2月,潘念之在华东政法学院夜大学兼课,讲授社会主义政治经济学。从此结合工作潜心研究政治学和法学。

**1956年,54岁**。撰写《念之自传》手稿。下半年撰写了《我国少数民族和民族自治地方》书稿。

**1957年,55岁**。3月,幼子潘大彤出生于上海。

**1958年,56岁**。在华东政法学院《法学》编辑部工作。

**1959—1963年,57—61岁**。在上海社会科学院政治法律研究所工作。其中1959年参加了上海工厂的技术革命总结工作。后应邀参加了《辞海》关于政治、法律词条的编写工作。

**1963—1972年,61—70岁**。在华东政法学院任教。由于工作成绩突出,于1964年被提升一级。

**1972—1979年,70—77岁**。调复旦大学历史系任教。其间参与翻译一批日文版图书。

**1976年,74岁**。10月,中共中央粉碎江青反革命集团。

---

① "新三反"整风:根据中央指示,上海市曾在1952年进行反对贪污、浪费和官僚主义的"三反"运动。1953年1月5日,中共中央又根据山东分局纪律检查委员会反映的基层工作情况,向全党发出了关于开展反对官僚主义、命令主义和违法乱纪的"新三反"整风(或称"新三反"斗争)的指示。中共上海市委决定在全市范围有领导、有计划、有步骤地开展"新三反"斗争,重点是反对各级领导机关和领导干部中存在的官僚主义作风。

② 即其弟潘湘芹。

**1978年,76岁**。12月,中共十一届三中全会在北京召开。全会否定和批判了"两个凡是"的错误方针,实现了思想路线的拨乱反正,强调加强社会主义民主与法制建设。

**1979年,77岁**。3月,经上海市委(79)批字第196号文件批准,由上海市委教工办党组经过复查,对潘念之的冤案进行平反。结论是:"潘念之与潘湘芹是兄弟关系,也是工作关系。潘湘芹在解放前为我党做了一些有益的工作,解放后在国家工厂工作是经过组织批准的。潘念之在潘湘芹被捕后向有关部门反映的情况,基本属实。为此,撤销原华东局纪律检查委员会关于开除潘念之党籍的决定,恢复潘念之同志的党籍与原工资级别。"

不久,潘念之参与重建上海社会科学院法学所和华东政法学院,出任法学所副所长(实际主持该所工作),兼华东政法学院副院长。是年9月,潘念之在"文革"以前就参与编写,后又担任编辑委员会委员和分科主编的《辞海》(全书主编夏征农)由上海辞书出版社出版。11月,潘念之动员法学所力量编写的《七个法律通俗讲话》,由上海人民出版社陆续出版。

**1980年,78岁**。当选上海市人民代表大会常务委员会委员、政法委员会副主任。12月,中国政治学会在北京成立,当选为学会顾问。是年,由潘念之担任编辑委员会常务编委、主要撰稿人的《法学词典》,由上海辞书出版社出版,并于1984、1989年再版。

9月,上海市高级人民法院为已于1959年病死狱中的潘湘芹作出平反判决〔(80)沪高刑申字第1183号〕,其中说:"潘湘芹自1948年起即在中国共产党地下组织领导下积极掩护地下党干部进行工作,并利用其合法身份,提供交通方便;在杭州解放前又能保护国家财物。据此:一、撤销上海市人民法院一九五三年市刑字第526号之判决;二、对潘湘芹按起义人员政策对待。"

**1981年,79岁**。1月,潘念之参加由宪法修改委员会秘书处邀请部分专家学者在北京人民大会堂举行的修宪座谈会,在会上提出全国人大设立宪法委员会监督宪法实施,和恢复国家监察机构等意见。7月,上海社科院党委批准成立法学所所务委员会,由潘念之任主任。10月,上海市政治学会成立,潘念之当选为首任会长。11月,华东政法学院《法学》复刊,任编委。是年,法学所组织编写的"国外法学知识译丛"12册开始由知识出版社陆续出版,潘念之任其中《法学总论》册主编。

**1982年,80岁**。4月,中共上海市委批准潘念之辞去华东政法学院副院长职务。6月,上海社科院法学所《政治与法律》创刊,潘念之任主编。

**1984 年,82 岁**。1 月,中共上海市委决定,潘念之任上海社会科学院顾问。3 月,中国政治学会第二届代表大会上,被推举为学会顾问。是年,潘念之应聘担任《中国大百科全书》总编辑委员会委员(主任为胡乔木),兼任该全书《法学卷》编辑委员会副主任(主任为张友渔)、宪法分支学科编写组主编。从此在中国法学界遂有"北张南潘"之誉。《法学卷》是年由中国大百科全书出版社出版。10 月,潘念之发起、组织法学所"法的本质问题学术讨论会"并在会上讲话。

**1985 年,83 岁**。5 月,被批准离休。是年,应聘担任《民主与法制》杂志社顾问。

**1986 年,84 岁**。参与审核法学所组织编写的《各国宪政制度和民商法要览》5 册并定稿,该丛书由法律出版社陆续出版。

**1987 年,85 岁**。是年,上海社会科学院组织讨论改革方案。潘念之就院机构改革的目的要求、院所分工、划清职责范围、调整人事、培养新生力量和建立各项规章制度等问题向院提出了全面的书面建议。

**1988 年,86 岁**。3 月 10 日,因癌症复发在上海去世。

---

**1993 年**。是年,《中国大百科全书》出齐。12 月,国家新闻出版署授予潘念之等"在编纂出版《中国大百科全书》工作中作出重要贡献"的荣誉证书。

**1996 年**。4 月,在上海社会科学院专人护送下,潘念之的骨灰由其家属从上海龙华公墓迁葬故乡石磁村后的青山上。新昌县领导班子代表参加了迁葬典礼。

**2009 年**。11 月,新昌县文物管理委员会 2009 年 6 号文确定将潘念之故居和墓址定为新昌县革命文物点。

**2018 年**。5 月 14 日,经上海市委批准,由上海市社会科学界联合会推出中华人民共和国成立以来在上海社科界辛勤耕耘、潜心治学,为哲学、社会科学繁荣发展作出重大贡献,在学界具有广泛影响和享有崇高声誉的首批 68 位"上海社会科学大师"入选名单,潘念之作为法学家名列其中。

# 潘念之主要著述、译著目录

## 一、著作、编著

《思想家大辞典》，潘念之、张采苓合编，世界书局1934、1937年版。

《乳牛饲养学》，潘念之著，(上海)中国农业书局1936年版。

《狐与狸》，潘念之著，(上海)中国农业书局1937年版。

《宣传组织与训练》，潘念之著，(汉口)光明书局1937、1938年版。

《救亡手册》，钱俊瑞、潘念之等编著，(上海)生活书店1938年版。

《中国与苏联》，冶方、念之等著，(上海)民族解放丛书社、光明书局1937、1938年版。

《后方民众运动概论》，潘念之著，(汉口)大众出版社1938年版。

《宪法论初步》，潘念之著，(重庆)生活书店1940年版。

《宪法基础读本》，潘念之著，(重庆)生生出版社1944年版。

《辞海》，潘念之任编辑委员会委员、分科主编，上海辞书出版社1979年版。

《七个法律通俗讲话》，潘念之等编著，上海人民出版社1979年版。

《法学词典》，潘念之任编辑委员会常务编委、主要撰稿人，上海辞书出版社1980、1984、1989年版。

《法学总论》，潘念之主编，知识出版社1981年版。

《中国经济法理论探索》，潘念之编著，上海社会科学院出版社1987年版。

《中国近代法律思想史(上下册)》，潘念之主编，上册：上海社会科学院出版社1992年版，下册：同社1993年版。

《中国大百科全书·法学卷》，潘念之任编辑委员会副主任、宪法分支学科编写组主编，中国大百科全书出版社1984年版。

**二、译著、编译**

《蟹工船》,[日]小林多喜二著,潘念之译,(上海)大江书铺1930年版。

《经营经济学》,[日]增地庸治郎著,潘念之译,中华书局1931年版。

《社会制度发展史》,[日]高桥清吾著,潘念之译,(上海)大江书铺1933年版。

《世界人名大辞典》,潘念之、金溟若编译,世界书局1936年版。

**三、内容或版本待考的著作、译著、书稿**

《苏维埃中学生日记》,潘念之译,光华书局1929年版(见《念之自传》)。

《货币论》,潘念之译(见《念之自传》)。

"今日丛书",潘念之主编,丛书包括由各作者分别编写的有关社会、经济、文化与国际局势的著作12种,上海天马书店1937年版;其中《现世界巡礼》由潘念之著(见《人间十日》1937年创刊号图书广告)。

《日本口语文法》,潘念之编(见《念之自传》)。

《中国历史》,潘念之著(见《念之自传》)。

《孔子的思想》,潘念之著(见《念之自传》)。

《宪法问题参考资料》,潘念之等编(见"读秀学术搜索"目录)。

《欧洲古代社会发展史》,潘念之译,大江书铺(见《念之自传》)。

《我国少数民族和民族自治地方》,潘念之著(见《念之自传》)。

《日本自民党及其政策的制订》《吉田茂传》《池田勇人传》《田中角荣传》《福田赳夫传》,以上潘念之参与翻译(见陈修良《一个为革命奋斗不懈的楷模》)。

**四、本文集未收录的部分其他文稿**

《敌伪和平运动失败以后》,《全民抗战》1939年第55—56期。

《论现阶段的日本南进问题》,《敌情月刊》1941年创刊号。

《公言:防范日寇的下一着》,黄炎培、潘念之等,《国讯》第296期(1942年)(见"读秀学术搜索"目录)。

《公言:拥护总动员法》,黄炎培、潘念之等,《国讯》第299期(1942年)(见"读秀学术搜索"目录)。

《驳杨兆龙关于法的继承性的谬论》,《法学》1957年第6期。

《论法律的本质》,《学术月刊》1958年第1期。

《人民民主专政在我国社会主义革命和社会主义建设中的作用》，在上海法学会年会上的报告，与李黎合著，1959年。

《我国人民民主专政的建立和发展》，政法干训班讲稿，1959年。

《关于精益、天成一厂技术革命的两个总结报告》，1959年。

《从政策法律的强制性谈起——在法学会座谈会上的发言稿》，1960年。

《从无产阶级领导的几个革命阶级专政到无产阶级专政》，1961年。

《关于辛亥革命和北伐战争被破坏的问题》，1962年。

《无产阶级专政是无产阶级革命的基本问题——驳"全民国家"》，在法学会座谈会上的发言稿，1964年。

讲课备忘录：《孟子·寡人之于国也》章，1964级讲稿。

《怎样看待农民战争中的农民政权》，1965年。

《赫鲁晓夫修正主义集团篡改苏联社会主义法为资本主义法——驳"全民法"》，与齐乃宽合著，1965年。

《要重视法学研究》，手稿，1979年。

《1980年的法制建设》，手稿，1981年。

《我国宪法的重要发展》，手稿，1982年。

《正确行使公民权利，自觉履行公民义务》，手稿，1983年。

《学习新宪法专题讲座》，第一讲：新宪法的伟大意义，手稿、打印稿；第二讲：新宪法的制定和伟大意义，手稿，1983年。

《关于加强社会主义法制的问题》，打印稿。

《坚持四项基本原则》，手稿。

《中国的社会主义宪法》，发言提纲，手稿。

《高度民主的政治制度》，写作提纲，手稿。

《军人也要学习宪法，遵守宪法——谈谈新宪法》，手稿。

《马克思主义法学的发展》，手稿。

《关于法学研究八年规划的几点建议》，手稿。

《人民民主专政》，手稿。

图书在版编目(CIP)数据

潘念之文集 / 上海社会科学院法学研究所编. —上海：上海社会科学院出版社,2019
 ISBN 978-7-5520-2800-3

Ⅰ.①潘… Ⅱ.①上… Ⅲ.①潘念之(1902—1988)—文集 Ⅳ.①C53

中国版本图书馆 CIP 数据核字(2019)第 126425 号

## 潘念之文集

编　　者：上海社会科学院法学研究所
责任编辑：陈慧慧
封面设计：梁业礼
出版发行：上海社会科学院出版社
　　　　　上海顺昌路 622 号　邮编 200025
　　　　　电话总机 021-63315900　销售热线 021-53063735
　　　　　http://www.sassp.org.cn　E-mail: sassp@sass.org.cn
照　　排：南京前锦排版服务有限公司
印　　刷：上海颛辉印刷厂
开　　本：710×1010 毫米　1/16 开
印　　张：31.25
插　　页：4
字　　数：534 千字
版　　次：2019 年 7 月第 1 版　2019 年 7 月第 1 次印刷

ISBN 978-7-5520-2800-3/C・181　　　定价：150.00 元

版权所有　翻印必究